EDGAR WOLFRUM

WELT IM ZWIESPALT

Eine andere Geschichte
des 20. Jahrhunderts

▲▲▼▲

KLETT-COTTA

Mit 32 Abbildungen im Tafelteil (nach Seite 224)

Klett-Cotta
www.klett-cotta.de
© 2017 by J. G. Cotta'sche Buchhandlung
Nachfolger GmbH, gegr. 1659, Stuttgart
Alle Rechte vorbehalten
Printed in Germany
Cover: Rothfos & Gabler, Hamburg
unter Verwendung von »Map« (Weltkarte), 1967–71 von Jasper Johns
akg-images / © VG Bild-Kunst, Bonn 2016
Gesetzt von Dörlemann Satz, Lemförde
Gedruckt und gebunden von GGP Media GmbH, Pößneck
ISBN 978-3-608-94306-1

Bibliografische Information der Deutschen Nationalbibliothek:
Die Deutsche Nationalbibliothek verzeichnet diese Publikation in der
Deutschen Nationalbibliografie; detaillierte bibliografische Daten
sind im Internet über <http://dnb.d-nb.de> abrufbar.

INHALT

Einleitung: Das Jahrhundert begreifen 7

TEIL 1
DIE VÄTER UND MÜTTER ALLER DINGE

1. Krieg und Frieden. Infernalische Zeiten, versöhnliche Zeiten 19
2. Demokratie und Diktatur. Jahrhundert ohne Maß und Mitte 45
3. Dritte Welt zwischen erster und zweiter. Der Klub der Blockfreien 75
4. Starke Staaten und gescheiterte Staaten. Das Erbe der Imperien 91

TEIL 2
IN DEN DRAMEN DES LEBENS

5. Naturbeherrschung und Umweltkatastrophen. Eine schreckliche Schönheit 117
6. Impfung und Aids. Medizin gegen die Geißeln der Menschheit 139
7. Vertreibung und Mobilität. Welt in (erzwungener) Bewegung 157
8. Genozide und Völkermordkonvention. Nie wieder Auschwitz 177

TEIL 3
VOM WAHREN, SCHÖNEN, GUTEN

9. Künstlerische Avantgarde und Repression der Kunst.
   Exzentrische Welten 199
10. Liebesglück und Geschlechterungleichheit.
    Das Private ist politisch 223
11. Säkularisierung und Rückkehr der Religionen.
    Existentielle Konfrontationen 243
12. Wissen und Analphabetismus. Ein Dilemma
    der Moderne 267

TEIL 4
DIE ÖKONOMIE ALS SCHICKSAL

13. Überbevölkerung und Bevölkerungsrückgang.
    Demographische Fallen............................ 287
14. Wirtschaftswachstum und Verelendung. Fiebrige Zeiten.. 305
15. Hunger und Wohlstand. Unterernährung kontra
    Diätwahn 329
16. Holzpflug und Mikrochip. Ochsengespann trifft
    High-Tech 345

Schluss: Ins 21. Jahrhundert – Welt aus den Fugen? 367

ANHANG

Anmerkungen...................................... 379
Literatur... 398
Bildnachweis....................................... 432
Dank 433
Register 435

EINLEITUNG:
DAS JAHRHUNDERT BEGREIFEN

Das 20. Jahrhundert war zum Verzweifeln grausam, durchzogen von fürchterlichen Kriegen, extremistischen Ideologien, abgrundtiefen Krisen und menschenverachtendem Terror. Kaum ein Tag verging, ohne dass Schreckliches vermeldet werden musste. Die Welt, so könnte man meinen, drehte durch, und die Menschheit war dabei, sich selbst abzuschaffen. Kriege, Vertreibungen, Genozide, Zwang, Unterdrückung und Ausbeutung prägten das Jahrhundert. Viele Historiker sahen in diesem »Zeitalter der Extreme« oder dem »radikalen Zeitalter« das »schrecklichste Jahrhundert der Weltgeschichte«.[1] Doch trotz allem Grauen – ganz so klar liegen die Dinge nicht. Dies ist nur die halbe Wahrheit. Das 20. Jahrhundert hielt nicht nur Katastrophen von bislang unbekanntem Ausmaß bereit, sondern ebenso große menschliche Triumphe. Eine Menge Gutes und Nützliches geschah, in vielem war das Jahrhundert besser, als die vorangegangenen Jahrhunderte es waren. Es weckte Hoffnungen. Die Freiheit bahnte sich ihren Weg, und es gelangen emanzipatorische Durchbrüche. Es kam zu friedlichen transnationalen Verflechtungen und zu einem medizinischen und technischen Fortschritt, der immense Erträge und Verbesserungen für die Menschheit lieferte. Globale Kulturen bildeten sich aus, der Welthandel verdichtete sich, die Vereinten Nationen versuchten, den Hunger zu bekämpfen und Kriege einzudämmen oder zu verhindern. Etliches, was zunächst Anlass zur Hoffnung bot, wurde aber am Ende nicht erfüllt oder drehte sich wieder ins Gegenteil. Manchmal gab es einen Fehlstart, der dann doch noch in einen unerwarteten Erfolg mündete. So ließe sich beispielsweise der Weg vom Völkerbund 1919 bis zur Gründung der UNO 1945 erzählen. Und viele Errungenschaften bedingten wiederum die Größe von Katastrophen. Solche Dimensionen von Scheitern und Erfolg, von Elendem und Prächtigem waren charakteristisch für dieses zutiefst widersprüchliche Zeitalter.

Im 20. Jahrhundert eröffnet sich eine disparate und vielgestaltige Welt, zusammengehalten durch unzählige Ereignisse und zahlreiche Strukturen und Prozesse. Es verbietet sich deshalb, dieses Jahrhundert allein aus einer einzigen Perspektive zu betrachten. In der Geschichtsschreibung war es bisher fast ausschließlich die dunkle, die katastrophische Seite, die Beachtung fand. Doch zu jeder dunklen Seite gehörten auch eine helle Seite und unendlich viele Mischungen und Übergänge zwischen dunkel und hell. Die Welt des 20. Jahrhunderts befand sich in einem permanenten Zwiespalt, und mit diesem Zwiespalt und seinen Schattierungen beschäftigt sich dieses Buch. Das Disparate, Zerrissene und Exzentrische sollen entschlüsselt werden. Ich möchte sowohl die dunklen als auch die hellen Seiten des Jahrhunderts darstellen. *The Dark Side of the Moon* hieß ein legendäres Album der Rockband Pink Floyd aus dem Jahr 1973. Die Band selbst wandelte ein Bonmot von Mark Twain ab, dem scharfzüngigen amerikanischen Schriftsteller, der für alle Lebenslagen Passendes zur Verfügung hält. Der Mensch sei ein Mond, der eine dunkle Seite habe, die er verberge. Die dunkle Seite der Erde im 20. Jahrhundert ist für die Zeitgenossen und die nachfolgenden Historiker alles andere als verborgen geblieben.[2] Im Gegenteil, sie hat in den meisten unserer Deutungen die hellen Seiten und freundlicheren Schattierungen fast völlig überlagert. Diesem Umstand will die Darstellung entgegenwirken und das Jahrhundert umfassender und alles in allem vielleicht gerechter deuten.

Durch die Welt des 20. Jahrhunderts ging ein Riss. Vergangenheit, Gegenwart und Zukunft gehören zwar immer zusammen, doch die Welt gestaltete sich im 20. Jahrhundert räumlich und zeitlich sehr unterschiedlich. Ernst Bloch hat im Jahr 1932 die emblematisch gewordene Figur von der »Gleichzeitigkeit des Ungleichzeitigen« geprägt. »Nicht alle sind im selben Jetzt.«³ Diese Denkfigur vermag die Verwobenheit und die Vielschichtigkeit der Geschichte des 20. Jahrhunderts zu verdeutlichen. Bei Hermann Hesse, dem eigensinnigen Wanderer zwischen den Welten, der für alle Zweifel, Krisen und Hoffnungen eines Klassikers der Weltliteratur steht, findet man eine Stelle, die in ähnlicher Weise anregend wirkte. Das »magische Theater«, eine Schlüsselszene in Hesses Roman »Der Steppenwolf«, der 1927 erschien, beschreibt genau diesen Umstand des Gleichzeitig-Ungleichzeitigen. Darüber, dass seine Leser die mythische Dimension des »Steppenwolf« weitgehend verkannten, ärgerte sich Hesse enorm. In einem Fragment aus dem Nachlass heißt es: »… für Augenblicke begriff ich, dass Worte des Mythos wie Chaos und Schöpfung, Worte der Vernunft wie Vorzeit und Entwicklung im Grunde nicht ein Nacheinander meinen, sondern ein Zugleich und Ineinander. Urwelt war nicht älter als Heute, war nicht gewesen: Urwelt und Heute waren zugleich«.⁴ Das also war der tiefste Sinn des magischen Theaters: die Zeitaufhebung, die Einheit von Möglichkeit und Wirklichkeit in der Collage.

Ist dies ein Schlüssel für das exzentrische Zeitalter? Eine wohlwollende historische Rückschau könne das 20. Jahrhundert nicht erwarten, bemerkte der Historiker Tony Judt in seinem letzten Buch. Er schrieb: »Vom Massaker an den Armeniern bis zum Völkermord in Bosnien, vom Aufstieg Stalins bis zum Ende Hitlers, von den Schlachtfeldern Flanderns bis nach Korea – das 20. Jahrhundert ist ein gnadenloses Narrativ von menschlichem Unglück und kollektivem Leid, aus dem wir trauriger, aber klüger hervorgegangen sind.«⁵ Und doch folgte anschließend eine Einschränkung: Was würde eigentlich passieren, wenn man nicht von einer solchen »Horrorgeschichte« ausginge? Hatte die Epoche nicht auch bemerkenswerte Verbesserungen gebracht? Dank medizinischen Fortschritts, politischen Veränderungen und gesellschaftlichen Neuerungen lebten die meisten Menschen gesünder und länger als in allen Zeiten zuvor. Sie erfreuten sich zumeist großer Sicherheit und sozialer Errungenschaften. Technische Möglichkeiten ließen den Menschen sogar ins Weltall vorstoßen. Das 20. Jahrhundert war also von zutiefst paradoxen Entwicklungen geprägt. Nie zuvor hat sich die Menschheit als Ganzes gleichzeitig teuflischer gebärdet und nie so Gottähnliches geleistet. Um beides zu beschreiben, braucht es allerdings andere Bausteine als solche, die nur ein Modell von Tod und Abgründen errichten.

Die vorliegende Darstellung geht deshalb von dramatischen Kontrasten aus. Gegensätzliche Entwicklungen im Zeitverlauf des 20. Jahrhunderts werden erzählt. Dabei sollen möglichst zahlreiche Ausprägungen menschlichen Daseins in Zeit, Raum und Kultur einbezogen werden, also politische, wirtschaftliche, soziale, kulturelle und mentale Entwicklungen: Krieg und Frieden, Demokratie und Diktatur, Genozide und Völkermordkonvention, Liebesglück und Geschlechterungleichheit, Wohlstand und Hunger, Überbevölkerung und Bevölkerungsrückgang, Säkularisierung und Rückkehr der Religionen, um nur einige zu nennen. Der Gedanke ist, dass wir das 20. Jahrhundert bei globaler Betrachtungsweise nicht auf einen einzigen Nenner bringen können, sondern dass die Gleichzeitigkeit von Ungleichzeitigem vorherrscht, dass wir es mit parallelen Welten zu tun haben, mit Licht und Schatten, Tag- und Nachtseiten zugleich.

Diese parallelen Welten sind jedoch nicht durch wasserdichte Schotten voneinander getrennt. Sie stellen also keine schlichten Gegensatzpaare dar, sondern ergänzen sich und stehen in einer Art schöpferischem Spannungsverhältnis zueinander. Es geht nicht darum, das 20. Jahrhundert in eine binäre Logik hineinzuzwingen. Vielmehr sollen die Überschneidungsfelder herausgestellt werden. Einfach gesagt: Es gab viele dritte, vierte ... Wege, und diese gilt es zu beachten. Wichtig sind die Schnittmengen und Übergänge zwischen den beiden Extremen. Um Beispiele zu nennen: Wie vollzieht sich der Übergang von Krieg zu Frieden? Warum werden Diktaturen überwunden und wie gelingen Durchbrüche zur Demokratie? Wie kommt es zu Emanzipationsbewegungen und warum sind dennoch Geschlechterungleichheiten nicht verschwunden? Das Lokale und das Globale oder das Nationale und das Transnationale sind oft nur scheinbar binäre Pole, in Wahrheit jedoch Aspekte, die miteinander verbunden sind und in Beziehung zueinander stehen. Sie agieren auf vielfältige Art und Weise miteinander, sind also »koproduktive Gegenstücke«.[6]

Damit ist die Leitlinie dieser Deutung des 20. Jahrhunderts umrissen. Hell und Dunkel stießen aufeinander und erzeugten in ständigem Austausch mannigfache Mischungsverhältnisse. So entstanden dynamische Spannungen. Es gab keine alleinige »Triebkraft« oder eine »Lokomotive« der Geschichte, jedoch einige Basisprozesse. Dazu zählt ohne Zweifel die Herrschaft gewalttätiger politischer Ideologien. Unter allgemeinerem Blickwinkel stechen jedoch andere Aspekte heraus: das dramatische Schrumpfen von Raum und Zeit, die Mobilitätssteigerung von Ideen und Gütern, die Revolution im Kommunikations- und Verkehrswesen, insgesamt eine rasante Beschleunigung auf allen Ebenen des menschlichen Lebens.

Dieses Buch versucht, Sichtachsen auf das 20. Jahrhundert freizulegen. Dennoch enthält es, wie könnte es anders sein, Auslassungen. Zu jedem Spezialkapitel wird es Experten geben, die Details vermissen und alles viel genauer wissen, als dies in einer gerafften Erzählung gelingen kann. Doch das veröffentlichte Wissen dieser Experten ist die Grundlage meines Buches. Die verwendete Literatur ist umfänglich, und sie wird zu jedem Kapitel im Anhang aufgeführt. Gleichwohl habe ich, um der Lesbarkeit willen, nur sparsam Anmerkungen gesetzt. Vollständigkeit der Darstellung wird nicht im Entferntesten angestrebt, sie wäre ja auch, wie immer, eine Illusion. Denn die Totalität der Geschichte zu erfassen, ist unmöglich. Vielfalt und Komplexität der historischen Wirklichkeit werden verringert, und in dieser Verringerung liegt der Entwurf eines geschichtlichen Narrativs, nämlich der Welt im Zwiespalt begründet.

Eine Bemerkung muss zur Standortgebundenheit gemacht werden. Meine Deutung ist eurozentrisch angelegt. Die Antworten auf die Frage: Wie lässt sich das 20. Jahrhundert begreifen, versuche ich von meinem Standort aus zu geben. Ich vermag nicht den »Sehepunkt« eines asiatischen oder afrikanischen Kollegen einzunehmen, das wäre vermessen und könnte nur scheitern. Dies bedeutet jedoch nicht, dass man deren wertvolle Arbeiten ignoriert. Das Gegenteil ist der Fall. Viel unterschiedliche Literatur floss in diese Darstellung ein. Doch der Fluchtpunkt der Selbstverständigung bleibt europäisch. Das Buch ist also aus europäischer, oft deutscher Perspektive verfasst, und um bestimmte Aspekte zu veranschaulichen, kommen Beispiele aus Deutschland etwas häufiger vor als aus anderen Ländern. Ich halte dies für sachlich legitim. Darüber hinaus gibt es auch ein inhaltliches Argument dafür: In der ersten Hälfte des 20. Jahrhunderts hat Deutschland der Welt vor allem im Schlechten seinen Stempel eingebrannt. In der zweiten, friedlicheren Hälfte war die Bundesrepublik die drittgrößte Industrienation der Welt. Nach der Wiedervereinigung war Deutschland ein führender Staat in Europa, aber auch darüber hinaus, und in erstaunlichem Maße weltweit geachtet.

Dem 20. Jahrhundert wurden nicht nur verschiedene Etikettierungen wie »Katastrophenjahrhundert« verliehen, die umstritten sind. Wie man das Jahrhundert treffend zeitlich vermessen soll, ist ebenfalls noch nicht geklärt. Einige Historiker haben von einem kurzen Jahrhundert der Gewalt gesprochen, das die Zeit vom Ausbruch des Ersten Weltkrieges 1914 (oder der Russischen Revolution 1917) bis zum Untergang des sowjetischen Imperiums 1989 und der Sowjetunion 1991 umfasst. Andere suchten Erklärungen in einem »langen« Jahrhundert, das von etwa 1880 bis an die Gegenwart heran reicht und als Hochmoderne beschrieben wird. Wiederum andere modellieren ein »langes« 19. Jahrhundert, das weit in das 20. hineinragt.[7] Häufig gerät so die kalendarische Chronologie aus den Fugen. Ich werde mich im Wesentlichen an das kalendarische 20. Jahrhundert halten. Natürlich ist der Kalender

DAS JAHRHUNDERT BEGREIFEN

eine menschliche Konstruktion und nicht einmal ein Jahrtausendwechsel vermag Anspruch auf übergeordnete Bedeutung zu erheben. Die Zeit fließt dahin, und der 1. Januar hat die gleiche Substanz wie der 31. Dezember. Weder folgen Mentalitäten, noch wirtschaftliche oder politische Entwicklungen einer Jahrhundertschwelle, sodass es ein simples Davor und Danach gäbe. Alles ist einem jeweils zeitlichen und zeitversetzten Wandel unterworfen. Doch es bringt auch nichts, jedenfalls nicht für diese Darstellung, das 20. Jahrhundert für jeden einzelnen Bereich nach hinten oder nach vorne auszudehnen. Denn alles hat eine Vorgeschichte, die wiederum eine Vorgeschichte hat, die wiederum … Das Gleiche gilt für den Ausgang des Jahrhunderts. Geschichte hat kein Ziel und bleibt stets offen. Wie häufig ist nach 1945 das »Ende der Nachkriegszeit« ausgerufen worden? Wie oft schon sind allein in den ersten 17 Jahren des neuen Jahrtausends »entscheidende« Zäsuren für ein »definitives« Ende des 20. Jahrhunderts genannt worden? Fast jährlich kamen neue hinzu, von 9/11 im Jahr 2001 bis hin zur aktuellen Flüchtlingskrise in Europa und zum Brexit oder der amerikanischen Präsidentschaftswahl 2016.

Sämtliche 16 Kapitel dieses Buches werden mit einer Auswahl an zeitgenössischen Zitaten eröffnet. Sie sind jeweils in einer chronologischen Abfolge vom Beginn bis zum Ausgang des 20. Jahrhunderts angeordnet und umkreisen so das Zeitalter thematisch. Es sind Prismen, durch die wir auf Schlüsselereignisse und Themen blicken, welche dann in der Darstellung beleuchtet werden.

Das Buch erzählt die Geschichte des 20. Jahrhunderts in vier Teilen. Der erste Teil »Die Väter und Mütter aller Dinge« nimmt das berühmte Zitat des vorsokratischen Philosophen Heraklit auf, wonach der Krieg der Vater aller Dinge und der König aller sei, und untersucht den Komplex von Macht und Herrschaft. Zentrale Signaturen des 20. Jahrhunderts kommen zur Sprache: Krieg und Frieden, Demokratie und Diktatur, die Entstehung der »Dritten Welt« und die Bewegung der Blockfreien sowie das Wechselspiel von starken Staaten und zerfallenden Staaten. Der zweite Teil »In den Dramen des Lebens« handelt von großen Tragödien shakespeareschen Ausmaßes. Der größte Dramatiker aller Zeiten entdeckte in seinen Figuren und Ereignissen die Seele des modernen Menschen[8]: »Hamlet« ist bis heute die Symbolfigur des moralischen Protestes eines jungen Menschen gegen die Erwachsenenwelt; Richard III. verkörpert einen Verbrechertypus, der im 20. Jahrhundert mühelos wiederzuerkennen ist; »Othello« ist auch ein Lehrstück über Rassismus und Fremdenhass. In diesem Kapitel geht es also um gesellschaftliche Entwicklungen, um klägliches Scheitern und stattliche Erfolge. Diskutiert werden die Beherrschung der Natur und die Umweltzerstörung sowie unter der Überschrift »Impfung und Aids« medizinische Fortschritte, die den Sieg über heimtückische Krankheiten brachten. Anschließend gilt das Augenmerk dem größten Verderben des Jahrhunderts, den Vertreibungen und den Genoziden, die das Jahrhundert in die absolute Dunkelheit führten. Der dritte Teil »Vom Wahren, Schönen, Guten« zitiert Platon, den wegweisenden Denker der Geistesgeschichte und auch der Kunsttheorie. Es handelt im weitesten Sinne von der Kultur, ihren Freiheiten und auferlegten Reglementierungen. Eine künstlerische Avantgarde trieb die Kunst voran, wirkte oft subversiv und war deshalb beständig von Repressionen bedroht. Vergleichbares lässt sich auch über den Abschnitt »Liebesglück und Geschlechterungleichheit« sagen, wo einerseits die Frauenemanzipation und andererseits fortbestehende Unterdrückung behandelt werden. Ein weiterer Aspekt gilt dem Wissen und der Kehrseite, dem Analphabetismus. Dieses Gegensatzpaar durchzog das gesamte Jahrhundert. Und die »Rückkehr der Religionen«, wie ein daran anschließendes Kapitel überschrieben ist, widerlegte den Glauben an eine fortschreitende Säkularisierung, die angeblich zur modernen Welt dazugehörte. Der vierte Teil »Die Ökonomie als Schicksal« bezieht sich auf einen Ausspruch von Walther Rathenau, der in einer seiner Reden vor Industriellen im Jahr 1921 fiel, wonach die Wirtschaft »unser Schicksal« sei.[9] In diesem Teil werden das erstaunliche Wirtschaftswachstum auf der einen Seite und die fortschreitende Verelendung auf der anderen Seite dargestellt. Damit zusammen hing die skandalöse Entwicklung, dass man es trotz einer bis dahin unvorstellbaren Wohlstandssteigerung in den Industrieländern nicht fertig brachte, den Hunger in der Welt zu besiegen. »Holzpflug und Mikrochip« wiederum erzählt von den technologischen Entwicklungen, die an vielen Regionen der Welt vollkommen vorbei gingen. Das explosive Wachstum der Weltbevölkerung war der Basisprozess von allem. Doch es gab ein Spannungsverhältnis von Überbevölkerung in einigen Teilen der Welt und Bevölkerungsrückgang in anderen. Aus dem außerordentlichen Wachstum der Menschheit im 20. Jahrhundert von anfangs nur wenig mehr als eine Milliarde Menschen hin zu sieben Milliarden am Ende ergaben sich zwangsläufig erhebliche Probleme.

Millionen Menschenleben hat das zurückliegende Jahrhundert zerstört. Auch das von Stefan Zweig, der um 1930 der weltweit meist übersetzte lebende Schriftsteller war. Dann geriet der Kosmopolit zwischen die Mühlsteine der Diktaturen, wurde vom Nationalsozialismus verfemt und verließ Europa. Im brasilianischen Exil nahm er sich 1942 das Leben. Zuvor schrieb er seine hellsichtigen Erinnerungen »Die Welt von Gestern«. In tiefster Verzweiflung formulierte er darin einen hoffnungsvollen Schlusssatz. Die erste Hälfte dieses Satzes kann als Motto meiner Darstellung zum 20. Jahrhundert gelten: »Aber jeder Schatten ist im letzten doch auch Kind des Lichts, und nur wer Helles und Dunkles, Krieg und Frieden, Aufstieg und Niedergang erfahren, nur der hat wahrhaft gelebt.«[10]

TEIL 1:
DIE VÄTER UND MÜTTER ALLER DINGE

▲▲▼▲

1.

KRIEG UND FRIEDEN

Infernalische Zeiten, versöhnliche Zeiten

Abgeordnete, Männer des Deutschen Reichstags! Seit Monaten leiden wir alle unter der Qual eines Problems, das uns einst das Versailler Diktat beschert hat und das nunmehr in seiner Ausartung und Entartung unerträglich geworden war. (...) Polen hat nun heute Nacht zum ersten Mal auf unserem eigenen Territorium auch durch reguläre Soldaten geschossen. Seit 5 Uhr 45 wird jetzt zurückgeschossen!
Adolf Hitler vor dem Deutschen Reichstag, Berlin 1. September 1939[1]

▲▲▼▲

Wenn ich versuche, für die Zeit vor dem Ersten Weltkriege, in der ich aufgewachsen bin, eine handliche Formel zu finden, so hoffe ich am prägnantesten zu sein, wenn ich sage: es war das goldene Zeitalter der Sicherheit.
Stefan Zweig, Die Welt von Gestern. Erinnerungen eines Europäers, 1942[2]

▲▲▼▲

Ich frage euch: Wollt ihr den totalen Krieg? Wollt ihr ihn, wenn nötig, totaler und radikaler, als wir ihn uns heute überhaupt erst vorstellen können?
Joseph Goebbels, »Sportpalastrede«, Berlin 18. Februar 1943[3]

▲▲▼▲

Die Vereinten Nationen setzen sich folgende Ziele: 1. Den Weltfrieden und die internationale Sicherheit zu wahren und zu diesem Zweck wirksame Kollektivmaßnahmen zu treffen, um Bedrohungen des Friedens zu verhüten und zu beseitigen, Angriffshandlungen und andere Friedensbrüche zu unterdrücken und internationale Streitigkeiten oder Situationen, die zu einem Friedensbruch führen könnten, durch friedliche Mittel nach den

Grundsätzen der Gerechtigkeit und des Völkerrechts zu bereinigen oder beizulegen.
Auszug aus der Charta der Vereinten Nationen, Kapitel 1, Artikel 1, 26. Juni 1945[4]

▲▲▼▲

Jetzt bin ich der Tod geworden, der Zerstörer der Welt.
Robert Oppenheimer, nach dem ersten erfolgreichen Atombombentest der USA am 16. Juli 1945[5]

▲▲▼▲

Wenn die Vernichtung des Lebens Aller auf dem Spiel steht, ist jeder künftige Krieg sinnwidrig geworden, so lange er ein Ziel in dieser Welt haben soll.
Karl Jaspers, Die Atombombe und die Zukunft des Menschen, 1962[6]

▲▲▼▲

Sozialismus oder der Tod
Fidel Castro, 1961 und immer wieder[7]

▲▲▼▲

Langsam, aber, wie ich meine, sicher entwickelt sich eine internationale Norm gegen die gewaltsame Repression von Minderheiten, die Vorrang über die ›Sorgen‹ der Souveränität nehmen wird und muss. (...) Es ist wahrhaft tragisch, dass die Diplomatie versagt hat, aber es gibt Zeiten, wo die Anwendung von Gewalt zur Erreichung des Friedens gerechtfertigt sein kann.
UN-Generalsekretär Kofi Annan, 9. April 1999, anlässlich des 50. Jahrestages der Erklärung der Menschenrechte[8]

▲▲▼▲

Guten Abend, heute sind unsere Bürger, unsere Lebensweise, ja, unsere Freiheit mit einer Serie von mutwilligen und tödlichen Terroranschlägen attackiert worden. Es gab Opfer in Flugzeugen und in Büros: Sekretärinnen und Geschäftsleute, Mitarbeiter des Militärs und der Bundesbehörden, Mütter und Väter, Freunde und Nachbarn. Tausende Menschenleben wurden plötzlich ausgelöscht von bösen niederträchtigen Terrorakten.
Die Bilder von Flugzeugen, die in Gebäude fliegen, von lodernden Flammen, von riesigen Gebäudestrukturen, die kollabieren, haben uns mit Fas-

sungslosigkeit erfüllt, mit schrecklicher Trauer und mit einem stillen, unnachgiebigen Groll. Dieser Massenmord sollte dazu dienen, unsere Nation einzuschüchtern und in Chaos und Resignation zu treiben. Dies ist nicht gelungen. Unser Land ist stark. Ein großes Volk ist dazu angespornt worden, eine große Nation zu verteidigen. Terroristische Anschläge können zwar die Fundamente unserer größten Gebäude erschüttern, aber nicht das Fundament Amerikas. Sie können Eisen und Stahl zerbersten lassen, aber sie können der eisernen Entschlossenheit Amerikas nichts anhaben. Amerika wurde zum Angriffsziel, weil wir in der Welt die strahlendste Fackel der Freiheit und der Selbstverwirklichung sind. Und niemand wird den Glanz dieses Lichtes auslöschen. (…) Niemand von uns wird diesen Tag jemals vergessen, dennoch schreiten wir voran, um unsere Freiheit zu verteidigen und alles, was in unserer Welt gut und gerecht ist. Danke. Gute Nacht und Gott segne Amerika.
Fernsehansprache des US-Präsidenten George W. Bush, 11. September 2001[9]

FLUG ÜBER DAS MÖRDERISCHE JAHRHUNDERT

Die Geschichte der Gewalt prägt das 20. Jahrhundert zutiefst, und Eric Hobsbawm bezeichnete es zu Recht als das »mörderischste Jahrhundert von allen«. Es war mehr als alle Jahrhunderte zuvor eine Zeit mit Kriegszügen von bis dahin nie gekannten Ausmaßen, sowohl in der Heftigkeit, der Häufigkeit, als auch in der Dauer.[10] Das »tragische« und »katastrophische« Narrativ,[11] zu dem dieses Jahrhundert mit all seinem unermesslichen Leid uns verurteilt, darf in keiner Weise bestritten werden. Es trifft allerdings vor allem für seine erste Hälfte zu, für die zweite Hälfte weit weniger. Der Erste Weltkrieg seit 1914 bildete den Auftakt eines Jahrhunderts, durch das sich eine breite Blutspur grausamer Kriege zog und das sich durch zügellose Gewalt ins Gedächtnis gebrannt hat. Gleichzeitig jedoch war das 20. Jahrhundert, besonders nach 1945, stärker als jemals zuvor von Bemühungen geprägt, mit neuen Instrumenten Frieden zu sichern oder Krieg einzuhegen. So oder so: Krieg und Frieden sind *die* Signa eines Zeitalters der Extreme, und beide durchliefen in dieser Epoche vielgestaltige Strukturwandlungen.

Bereits der Erste Weltkrieg, die »Urkatastrophe des 20. Jahrhunderts«,[12] barg den Keim des neuen, des totalen Krieges in sich. Dazu gehörten Massenmobilisierung, eine totale Kriegsführung, überspannte Kriegsziele, der Einsatz neuer Waffen wie Maschinengewehre, Panzer, Flugzeuge, Giftgas und zudem Ideologien und Propaganda. Viele dieser Elemente wiesen schon auf den Zweiten Weltkrieg voraus. Das 20. Jahrhundert ohne die Weltkriege zu beschreiben, erscheint im Grunde unmöglich. Erster und Zweiter Weltkrieg bleiben für die Nachgeborenen die Grundkategorien dieses radikalen Säkulums. Die Zeiten davor wurden deshalb häufig zur Vorkriegs-, die Zeiten dazwischen zur Zwischenkriegszeit erklärt, was indessen deren Eigenständigkeit verleugnet und die Möglichkeiten oder gar Alternativen gering achtet. Darüber hinaus definierten die beiden Weltkriege auch die Zeit danach mit aller Konsequenz: Die beständige große Angst vor einem Weltkrieg Nummer drei war bezeichnend für die Epoche des Kalten Krieges. Doch nicht zuletzt die Vorstellungen eines »dritten Weltkrieges«, der angesichts von Atomwaffen zu einer Vernichtung der Menschheit geführt hätte, haben den Kalten Krieg zwischen den Supermächten davor bewahrt, »heiß« zu werden, obwohl man ein um andere Male in den Abgrund blickte und es zahlreiche Kriege unterhalb der Schwelle eines Atomkrieges gab.

Ging im Ersten Weltkrieg das alte Europa zugrunde, so war der Zweite Weltkrieg nach dem japanischen Überfall auf Pearl Harbor 1941 und dem Kriegseintritt der USA noch viel stärker ein weltumspannender, ein globaler Krieg. Die gesamte Welt stand in Waffen. Der Ausdruck »Weltkrieg« ist natürlich in beiden Fällen berechtigt, doch auch dazu angetan, regionale Differenzen in diesem Zeitraum zu verschleiern. Denn man muss sich zumindest eine Auffälligkeit klar machen: Im Ersten Weltkrieg war der Einfluss Asiens marginal, Japan war zu Beginn aktiv, China am Schluss, aber es war kein asiatischer Konflikt. Im Zweiten Weltkrieg hingegen waren der Krieg und seine Folgen für den südostasiatischen Raum dramatisch, die europäische Vorherrschaft war dort danach definitiv zu Ende, und in China bewirkte der Sieg den Übergang zum Kommunismus. Zwar hatten sich die Alliierten auf die Devise »Germany first« geeinigt, Deutschland sollte zuerst niedergerungen und der Nationalsozialismus besiegt werden, doch der pazifische Krieg gegen den ebenso verbissenen Gegner Japan spielt nicht nur in der amerikanischen Erinnerung bis heute eine weit größere Rolle als der europäische.

Beendet wurde der Krieg im Fernen Osten durch die Atombombenabwürfe auf Hiroshima am 6. August 1945 und Nagasaki, drei Tage später. Diese Bombardierungen waren die ersten und bislang einzigen Einsätze von Atomwaffen in einem Krieg. Sie läutete eine völlig neue Ära ein: das Atomzeitalter. »Jetzt bin ich der Tod geworden, der Zerstörer der Welt«. Dieser Vers aus der Bhagavad Gita, einer zentralen Schrift des Hinduismus, soll Robert Oppenheimer entfahren sein, als er die enorme Zerstörungskraft der ersten Atombombe nach ihrer Zündung am 16. Juli 1945 in der Wüste von New Mexiko mit eigenen Augen verfolgt hatte. Oppenheimer war seit 1943 der technische Leiter des »Manhattan-Projekts«, mit dem während des Zweiten Weltkrieges die Entwicklung der amerikanischen Atombombe vorangetrieben wurde.

In Europa, dem Kontinent, von dem aus das »Dritte Reich« nach der Weltmacht gegriffen hatte, im Osten einen rassischen Vernichtungskrieg führte und das Menschheitsverbrechen des Holocaust verübte, endete der von Goebbels ausgerufene »totale Krieg« 1945 mit einem totalen Sieg der Alliierten und einer »bedingungslosen Kapitulation« des »Dritten Reiches«. Die Deutschen waren vollständig besiegt, nur die wenigsten von ihnen befreit. Denn die meisten hatten sich mit dem NS-Regime eingelassen, viele waren direkt an Verbrechen beteiligt. Die immensen, bis dahin unvorstellbaren Gewalterfahrungen in der ersten Hälfte des 20. Jahrhunderts, die erschütternden menschlichen und materiellen Verluste, wirkten in der zweiten Hälfte pazifizierend. Zumindest insofern, als es darum ging, einen neuen großen Weltenbrand zu verhindern. Die beiden Weltkriege hatten die Mächtekonstellation auf der Welt grundlegend verändert: Die USA und die Sowjetunion, Letztere unter riesigen Menschenverlusten, stiegen zu Supermächten auf, während die europäischen Länder sich von Subjekten zu Objekten der Weltpolitik wandelten. Und in Ostasien schickte sich China an, Großmacht zu werden. Der bis 1989 anhaltende »Kalte Krieg« durchzog im Westen wie im Osten sämtliche Lebensbereiche,[13] führte zu einer sich immer schneller drehenden Rüstungsspirale und zu »Stellvertreterkriegen« der Supermächte in der »Dritten Welt«.

»KRIEG«

Was genau ein Krieg ist, scheint schwieriger zu bestimmen, als auf den ersten Blick zu vermuten ist. Das gilt jedenfalls für die Zeit nach 1945. Ganz allgemein gesprochen ist Krieg ein kollektives Gewalthandeln. Alle nötigen Differenzierungen bleiben problematisch, da Krieg historischen Veränderungen unterliegt. Das gilt für die gesamte Menschheitsgeschichte. Wie will man Krieg beispielsweise exakt abgrenzen von Unruhen, Massakern oder Terrorakten? Eine relativ gute qualitative Beschreibung lautet, dass Krieg ein gewaltsamer Massenkonflikt ist, der folgende drei Merkmale aufweist: Erstens sind an den Kämpfen zwei oder mehrere Streitkräfte beteiligt, bei denen es sich mindestens auf der einen Seite um reguläre Streitkräfte einer Regierung handelt. Zweitens muss bei allen Beteiligten ein Mindestmaß an zentral gelenkter Organisation der Truppen und des Kampfes gegeben sein, was auch eine politische Verantwortlichkeit für den Gewalteinsatz einschließt. Drittens müssen sich die bewaffneten Operationen mit einer gewissen Kontinuität und nicht nur als gelegentliche Zusammenstöße ereignen.[14] Nimmt man diese Definition auf, dann war Nordamerika in der zweiten Hälfte des 20. Jahrhunderts völlig kriegsfrei. An den

Rändern Europas fanden zwölf Kriege statt, in Lateinamerika 29, gefolgt vom Vorderen und Mittleren Orient mit 41 Kriegen, Afrika mit 58 und Asien mit 54 Kriegen.

Die Frage, warum seit etwa 130 Jahren die Zahl der bilateralen Konflikte beständig zugenommen haben, ist ebenfalls nicht leicht zu klären. Sie wird häufig damit beantwortet, dass die Anzahl souveräner Staaten in diesem Zeitraum enorm gewachsen ist. Staaten führen offenbar beständig miteinander Krieg.[15] Und gleichzeitig sieht man am Ende des 20. Jahrhunderts, nach dem Auslaufen des Ost-West-Konflikts, eine weitere gravierende Veränderung. Die Ära des klassischen zwischenstaatlichen Krieges fand ihr Ende; stattdessen traten seit den 1990er Jahren »neue Kriege« auf[16] und zwar innerhalb von Gesellschaften in zerfallenden Staaten wie etwa Jugoslawien, Somalia oder Ruanda. Wir werden darauf zurückkommen.

ZEITALTER DER WELTKRIEGE

Am Anfang stand der Weltenbrand. Der Erste Weltkrieg war entscheidender Faktor bei der Erzeugung der »modernen« politischen Gewalt. Dies zum einen, weil Intensität und Ausmaß des Krieges enorm waren, dann aber auch weil er eine neue Legitimierung erfuhr. Ein großer Teil der Bevölkerung eines jeden Landes empfand den Krieg aus unterschiedlichen Gründen heraus als »gerecht« – oft war dies eine Folge staatlicher Propaganda. Man hat sich angewöhnt, von der »Urkatastrophe« des 20. Jahrhunderts zu sprechen, was ein imposanter Begriff ist. Aber wenn man genauer hinschaut, kommen einige Zweifel auf. Erst die Pariser Vorortverträge nach dem Krieg in den Jahren zwischen 1919 und 1923 haben die Landkarte Europas und des Nahen Ostens verändert – und auch nur dort. Epochale Einschnitte sind hingegen meist schon vor dem Ersten Weltkrieg erfolgt: die Revolutionen gegen absolute Monarchien in Russland 1905, im Iran 1906, im Osmanischen Reich 1908, in Mexiko 1910, in China 1911. Vieles hat der Erste Weltkrieg allerdings gänzlich unberührt gelassen – etwa die europäische Kolonialherrschaft oder die innere Entwicklung der USA oder Südamerikas oder Japans. Und blicken wir nach Afrika, dem »vergessenen Kontinent«, so müsste man sagen: Es herrschte eine kontinuierliche Kolonialzeit zwischen 1880 und 1965, als die Dekolonisation ihren Höhepunkt erreichte.

Dennoch halten die meisten Historiker am Begriff »Urkatastrophe« fest. Das Schlüsseljahr bildet 1917. Auf der einen Seite stand die Oktoberrevolution in Russland, auf der anderen Seite der Kriegseintritt der USA. Damit war die Zweiteilung der Welt, wie sie bis zum Fall der Berliner Mauer 1989 und zum Untergang der Sowjetunion 1991 bestand, vorgezeichnet: hier Sowjetkommunismus, dort Liberalkapitalismus. Der Erste Weltkrieg als »Urkatastrophe« des 20. Jahrhunderts bedeutete Gravierendes, denn er zerstörte die alte Ordnung und die weltpolitische Vormachtstellung Europas; er ließ zwei neue Großmächte mit antagonistischen Gesellschaftssystemen entstehen, die die Welt bis 1991 prägten, die USA und die UdSSR; er löste ideologische Spaltungen und einschneidende territoriale Veränderungen aus, die bis 1989 die Landkarte bestimmten. Der Weltkrieg war eine Ansteckungszeit für einen aggressiven Nationalismus und für einen radikalen Antisemitismus. Der italienische Faschismus und der deutsche Nationalsozialismus wären ohne ihn nicht denkbar. Der Weltkrieg beschleunigte den Niedergang des Bürgertums als führender gesellschaftlicher Schicht in Europa. Er hatte 40 Staaten involviert, mindestens 65 Millionen Soldaten mobilisiert und kostete etwa 17 Millionen Menschen das Leben.

Eine Epochenwende bedeutete der Erste Weltkrieg auch deshalb, weil er der erste Krieg war, in dem mit Mitteln der modernen Technik Menschen massenhaft und anonym vernichtet wurden – durch Flammenwerfer, Gas, durch Torpedos von Unterseebooten, durch Bomben. Er war der erste, in jeder Hinsicht totale Krieg, wenngleich vor ihm der Amerikanische Bürgerkrieg 1861–1865 diesen Keim bereits in sich trug. Wie in allen Konflikten, so gab es auch im Ersten Weltkrieg nicht nur ein »Kriegserlebnis«, sondern viele Kriegserlebnisse. Die Soldaten hatten den Krieg anders erfahren als die Zivilisten, die Front anders als die Etappe, Akademiker anders als »einfache« Menschen, Männer anders als Frauen usw. Völker, die dem Ersten Weltkrieg die ersehnte nationale Unabhängigkeit verdankten, die Polen etwa, die Finnen, die Tschechen oder die Neuseeländer, blicken auf diesen Krieg mit anderen Gefühlen zurück als Deutsche, Franzosen oder Briten, für die der Krieg Niederlage, Zerstörung oder unvollkommener Sieg bedeutete. Für alle beteiligten Nationen war jedoch zumindest im Nachhinein eine Erfahrung besonders erschreckend: wie rasch die gewohnten Normen des bürgerlichen zivilisierten Lebens ihre Gültigkeit verloren hatten.

Man könnte sagen: Der Erste Weltkrieg war der große »Weichensteller«, zumindest für die deutsche und europäische Geschichte. Während viele andere Nationen vom »Great War«, vom »Großen Krieg« sprechen, wurde in Deutschland der Erste Weltkrieg nur als »Vorgeschichte« zu etwas noch Negativerem, und Böserem gesehen, nämlich zum Nationalsozialismus, rassistischen Vernichtungskrieg und Holocaust. Auch gibt es eine Kehrseite der »Urkatastrophe«, die ebenfalls beachtet werden muss. Als zukunftsweisendes Moment trat eine Forcierung der Moderne ein. In der Folge des Krieges kam es zu einem tiefgreifenden gesellschaftlichen Wandel und zu Revolutionen, insgesamt zu einer beschleunigten Demokratisierung. Dafür stand zum Beispiel das Frauenwahlrecht. Ganz allgemein kamen Selbstbestimmungsrechte dazu, und der internationale Völkerbund, der so schlecht nicht war wie sein Ruf heute ist, wurde aus der Taufe gehoben.

Einmal mehr zeigt sich also, wie ambivalent die Geschichte ist. So könnte man auch fragen, ob der Erste Weltkrieg überhaupt zum 20. Jahrhundert gehört – oder ob er eine »Kulminationskatastrophe« des 19. Jahrhunderts darstellt.[17] Damit wäre das »lange 19. Jahrhundert« modelliert, das von der Französischen Revolution bis zum Ersten Weltkrieg reichte. Dies gilt allerdings wiederum nur für das alte Europa und nicht für die ganze Welt. In Ostasien beispielsweise war die Zeit des Ersten Weltkrieges Teil einer Aufstiegsgeschichte. Weil sich die Europäer zurückzogen, konnte sich China emanzipieren. Vor diesem komplexen Hintergrund könnte man, alles in allem genommen, formulieren: Es entstanden überall auf der Welt Ordnungskonkurrenzen in noch offenen Situationen.[18] Und diese offenen Situationen schlossen sich mit den Jahren irgendwann, aber auf sehr unterschiedliche Weise. In Italien war dies 1922 mit dem Sieg des Faschismus der Fall, in Deutschland 1933 mit der Machtübernahme der Nazis, in China jedoch erst 1948 mit dem Sieg Maos im Bürgerkrieg.

Umstritten ist auch, den Zweiten Weltkrieg unbedingt und exakt 1939 beginnen zu lassen, jedenfalls dann, wenn man die europäische Perspektive verlässt. In globaler Sicht fällt eine verdichtete Gewaltdynamik bereits ab den frühen 1930er Jahren auf. Die japanische Besetzung der reichen chinesischen Provinz Mandschurei im Jahr 1931 könnte als Signaldatum für eine sukzessive Gewaltsteigerung angesehen werden. Hier wurde deutlich, wie sich internationale und regionale Konfliktherde zu einem Globalkrieg verknüpften. Zu diesen regionalen Konflikten, die sich schließlich verbanden, zählte auch der italienische Krieg gegen Äthiopien 1935 – ein erster rassischer Vernichtungskrieg. Mussolinis Italien zielte darauf ab, ein mittelmeerisch-afrikanisches »Imperio Romano« aufzubauen. Und der Spanische Bürgerkrieg von 1936 bis 1939 spiegelte die ideologische Polarisierung Europas und wies auf den Zweiten Weltkrieg voraus. Die massive Bombardierung von Städten gehörte ebenso dazu wie eine auf Hochtouren laufende Propagandamaschinerie in Rundfunk und Film. Dass der Putschist General Franco siegreich aus dem Bürgerkrieg hervorging, war der internationalen Situation geschuldet. Das »Dritte Reich« und das faschistische Italien standen unverbrüchlich an seiner Seite. Die iberische Halbinsel war für Hitler und Mussolini ein Probefeld neuer Waffentechniken, im deutschen Fall besonders der Luftwaffe. Im Morgengrauen des 26. April 1937 machte die deutsche Legion Condor die heilige Stadt der Basken, Guernica, dem Erdboden gleich. Während sich die westlichen Mächte weitgehend aus dem Krieg heraushielten, unterstützte die stalinistische Sowjetunion die Verteidiger der Republik. Doch moskautreue Kommunisten versuchten in Konkurrenz zu den Anarchisten und weiteren linken Gruppierungen in Spanien ihr eigenes Süppchen zu kochen, und so befehdeten die »Roten« sich bald untereinander. Diese innere dritte Front schwächte die Republikaner erheblich. Auch die bunte Mischung von Antifaschisten aus aller Welt, die sich in den Internationalen Brigaden sammelten, konnte dies nicht mehr wettmachen.

Das besonders aggressive und vom Willen zum Krieg getragene »Dritte Reich« legte zwischen 1933 und 1939 die Grundlagen dafür, durch Eroberungen ein kontinentales »Großdeutsches Reich« in Mittel- und Osteuropa zu errichten und dann nach der Weltmacht zu greifen. Nationalsozialismus und Krieg gehörten untrennbar zusammen. Judentum und Bolschewismus wurden zum nahezu identischen Gegner erklärt, und die Führung der Wehrmacht folgte dieser Radikalität und Ungeheuerlichkeit, die sich um kein Kriegs- oder Völkerrecht scherte, bereitwillig und nur gelegentlich zweifelnd. Dieses Verhalten stellte den »absoluten Tiefpunkt der deutschen Militärgeschichte« dar.[19] Im September 1940 trat Japan der Achse Berlin-Rom bei. Es bekämpfte jedoch nicht die Sowjetunion, wie die Deutschen es nach dem Überfall des Landes gewünscht hatten, sondern eroberte die südostasiatische, von Europäern kolonisierte Inselwelt. Als Reaktion auf US-amerikanische Sanktionen erfolgte der Angriff auf Pearl Harbor, wodurch Kaiser Hirohito den Pazifikkrieg gegen Amerika ausweitete. Der Traum von der japanischen Hegemonie zerbrach jedoch an zwei Mauern: der US-amerikanischen Militärstärke und dem anhaltenden Widerstand des chinesischen Volkes gegen die japanischen Unterdrücker.

Vor allem für die Deutschen ist der 8. Mai 1945 absolut zentral geworden. Doch nicht überall wurde und wird er als Tag des Sieges oder der Befreiung wahrgenommen. In Osteuropa begann mit der »Befreiung« die Unterjochung durch die sowjetische Vorherrschaft. Frankreich feiert eher die Befreiung von Paris im August 1944. So markiert der 8. Mai nur das offizielle Kriegsende und das auch nur für Europa, denn der Zweite Weltkrieg war im Mai 1945 nicht zu Ende. Japans Sonne ging erst dreieinhalb Monate später unter mit der Unterzeichnung der Kapitulation am 2. September. Dies hat auch für die amerikanische Erinnerungskultur Auswirkungen, in welcher der 8. Mai nur am Rande vorkommt. Wenn es um Europa geht, wird eher an den D-Day der Landung in der Normandie im Juni 1944 erinnert. Man könnte den Reigen um die Welt fortsetzen und sehen, wie stark der Stellenwert des 8. Mai und die Erinnerung an ihn in internationaler Perspektive variieren.[20]

Der Zweite Weltkrieg teilte Deutschland und Europa bis 1989 entlang der Blockgrenzen in zwei erinnerungskulturell separierte Lager. Eine postkatastrophische Opfererzählung obwaltete im Westen mit dem Holocaust im Zentrum. Dagegen prägte eine antifaschistische Heldenerzählung den Osten. Die Topoi der westdeutschen Erinnerung waren Stalingrad, das Grauen des Bombenkrieges, Flucht und Vertreibung sowie das Schicksal der Wehrmachtssoldaten in der Kriegsgefangenschaft. Blindstellen gab es allenthalben. Jahrzehntelang blieben die von der Wehrmacht gedeckten und zum Teil mit durchgeführten Massenmorde hinter der Ostfront sowie die Auslöschung der gesellschaftlichen Eliten in Polen praktisch ausgeblendet, ebenso das Verbrechen an den über drei Millionen in deutscher Kriegsgefangenschaft umgekommenen sowjetischen Soldaten oder der Holodomor, die Umsetzung des Plans, Millionen von Zivilisten in Weißrussland und der Ukraine verhungern zu lassen. In der DDR war es nicht anders: Nur wurden hier der mörderische Antisemitismus und die Shoa ausgespart, auch die Kriegsverbrechen der Roten Armee fanden keine Erwähnung. Japan benötigte bis 2015, um sich für Kriegsverbrechen an koreanischen Frauen offiziell zu entschuldigen. Mehr als 200 000 »Trostfrauen« waren während des Krieges zur Prostitution gezwungen worden. Die menschlichen Verluste durch den Weltkrieg waren schier unermesslich, die Gesamtzahl lässt sich nur schätzen. Durch direkte Kriegseinwirkungen wurden bis zu 56 Millionen Menschen getötet. Bezieht man Verbrechen und Kriegsfolgen mit ein, erhöht sich die Zahl der Opfer auf etwa 80 Millionen. Die höchsten Verluste erlitten die Sowjetunion und China, dort verloren 27 bzw. fast 14 Millionen Menschen ihr Leben, dann folgten Polen und Deutschland mit mehr als sechs Millionen Opfern. Doch während in Deutschland etwa fünf Millionen Soldaten fielen, waren es in Polen »nur« 300 000. Über 5,7 Millionen polnische Zivilisten wurden ermordet.

KALTER KRIEG UND HEISSE KRIEGE NACH 1945

Der Kalte Krieg trieb die Siegermächte im Westen und im Osten auseinander und erreichte mit der Berlin-Krise 1948 einen ersten Höhepunkt. Der Kalte Krieg war ein welthistorisch merkwürdiger Konflikt, weil die beiden Großmächte gar keine gemeinsamen Grenzen zueinander besaßen. Doch die »Dritte Welt«, die Ozeane, ja der Weltraum – zu denken ist etwa an den »Sputnik-Schock« von 1957 – wurden zu Bereichen, in denen die USA und die Sowjetunion miteinander konkurrierten. Die Strategie der zwei dominierenden kollektiven Bündnisse nach 1945 – der NATO und des Warschauer Pakts – unterschied sich in vielen Bereichen von politischen und militärischen Bündnissen der früheren Jahrzehnte und Jahrhunderte. So bildeten sie bereits in Friedenszeiten ein gemeinsames militärisches Oberkommando; außerdem gingen sie weit über reine militärische Absprachen hinaus, und ihr Kennzeichen war eine tiefergehende Interessenverbundenheit ökonomischer, ideologischer und gesellschaftspolitischer Natur. Ferner dienten sie der Absicherung des Hegemonialanspruchs der beiden Weltmächte; schließlich war es kaum möglich, den jeweiligen Block zu verlassen, zu schädlich wären die Auswirkungen auf das entsprechende Gesamtbündnis gewesen.

Die Frage nach den Ursprüngen des Kalten Krieges bot immer wieder Anlass zum Streit. Die traditionelle Auffassung des Westens, dass er durch das sowjetische Expansionsstreben verschuldet sei, wurde seit den 1960er Jahren in den USA durch eine »revisionistische« Historiker- und Politologenriege grundsätzlich in Frage gestellt, die statt dessen die auslösende Rolle der amerikanischen Politik betonte. Aber wann in der Geschichte lässt sich schon eindeutig urteilen? Beide Supermächte, und auch Europa, hatten ihren Anteil am Scheitern einer kooperativen Nachkriegsordnung, es gab eine Fülle von Weichenstellungen. Der Kalte Krieg war kein unvermeidliches Schicksal – allen Gegensätzen zwischen liberaler Demokratie amerikanischer Prägung und sowjetkommunistischer Mobilisierungsdiktatur zum Trotz. Er war aber andererseits sicherlich auch kein bloßes Missverständnis. Angesichts der Repressionen im Ostblock und der amerikanischen »Eindämmungspolitik« liegt diese Interpretation weit entfernt von der Wirklichkeit. Doch dass der Kalte Krieg auch aus Fehlperzeptionen erwuchs, ist nicht von der Hand zu weisen. Die Sowjetunion steigerte sich in eine Furcht vor dem »amerikanischen Imperialismus« hinein, und die USA in die Furcht vor der revolutionären Dynamik des Sowjetkommunismus. Bei näherem Hinsehen waren viele Vorstellungen übertrieben, und immer wieder machten sich in beiden Lagern Stimmen bemerkbar, die daran zweifelten, ob die Gegenseite wirklich so aggressiv und so mächtig war, wie die furchtsamen Dogmatiker behaupteten. Es kam zu einer Eskalation der Ängste, und diese wiederum löste neue Präventivmaßnahmen aus. Aus der »Strategie der Abschreckung«, dem »Gleichgewicht des Schreckens« und der »atomaren Overkill-Kapazität« wurde seit den 1950er Jahren, besonders nach dem Koreakrieg, regelrecht eine Wissenschaft gemacht.

Dass der Kalte Krieg immer »kalt« blieb, stimmt natürlich nicht. Der Krieg in Korea zwischen 1950 und 1953 war ja ein Schlachtfeld der Supermächte, die direkt involviert waren. Nur um ein Haar erfolgte kein amerikanischer Atombombeneinsatz, den der amerikanische General MacArthur wünschte, den US-Präsident Eisenhower ihm jedoch verweigerte. Am Rande des Abgrunds stand die Welt in den Wochen der Kuba-Krise im Herbst 1962. Damals galt noch das militärische Paradigma der »massiven Vergeltung«, falls es zu einem Atomschlag der Gegenseite kommen sollte. Dies hätte die Erde verwüstet. Erst nach der Krise trat ein neues Abschreckungsparadigma an die Stelle des alten: das der »flexiblen Antwort«. Die Kuba-Krise schien nur Hasardeure zu kennen, das machte sie so gefährlich. Die über Europa hinausgreifende Sowjetunion verlegte Raketen mit atomaren Sprengköpfen auf die Karibikinsel – die USA in unmittelbarer Reichweite. Natürlich konnte die geschockte Kennedy-Administration dies nicht tatenlos hinnehmen, wenngleich zu beachten ist, dass die Sowjetunion eine solche Bedrohung vor der eigenen Haustüre ihrerseits schon seit Jahren kannte – nämlich in Form der in der Türkei stationierten NATO-Raketen. Was die Kuba-Krise so brenzlig machte, war die Desperado-Politik von Fidel Castro und seinen Getreuen, die gewillt waren, gegen den Teufel USA »heroisch« in den Tod zu gehen. »Sozialismus oder der Tod« lautete ihre tatsächlich ernstgemeinte Parole. Selbst den ausgekochten Generalsekretär der UdSSR, Nikita Chruschtschow, erschreckte dieser nukleare Bellizismus zutiefst, und seinem klugen Nachgeben war es letztlich zu verdanken, dass die Krise nicht eskalierte.

Konnte die Kuba-Krise von 1962 noch in letzter Stunde entschärft werden, indem die Amerikaner und die Russen einen »Deal« bezüglich Kubas und der Türkei aushandelten, so erwies sich der kurze Zeit später aufflammende Vietnamkrieg als besonders fatal.[21] Er war die längste militärische Auseinandersetzung im 20. Jahrhundert und hat über drei Millionen Opfer gefordert, die meisten davon vietnamesische Zivilisten. Er hat eine ganze Region auf Jahrzehnte hinaus verwüstet und die Ökologie aufs Schwerste geschädigt. Er hat der Supermacht USA die erste Niederlage ihrer Geschichte beigebracht, die Nation gespalten und traumatisiert –

und das Ganze infolge eines überdimensionierten Eindämmungsdenkens, das jeden kommunistischen Erfolg als Etappensieg nach dem Dominoprinzip betrachtete. Man glaubte, wenn ein Stein fallen würde, so täten dies in einer Kettenreaktion auch alle anderen. Der Vietnamkrieg befeuerte die Proteste in den USA und heizte die 68er-Rebellion in der westlichen Welt an. Er ließ die Friedensbewegung wachsen, führte zu Antiamerikanismus und stieß das amerikanische Selbstverständnis, das bisher von Sieg zu Sieg geeilt war, in eine tiefe Krise. Die meisten amerikanischen Soldaten, die in Vietnam kämpften, waren noch nicht einmal im wahlfähigen Alter. Das Durchschnittsalter der amerikanischen Bodentruppen in Vietnam lag bei 19 Jahren, im Zweiten Weltkrieg hatte es noch 26 Jahre betragen. Die Niederlage im Vietnamkrieg brach der amerikanischen Supermacht beinahe das Rückgrat. Und als würde sich Geschichte wiederholen, war es ein Jahrzehnt später mit Blick auf die sowjetische Supermacht nicht anders. Was Vietnam für die USA bedeutete, das wurde Afghanistan für die Sowjetunion, nachdem die Rote Armee im Dezember 1979 dort einmarschiert war. Dieser Krieg, der ebenfalls nicht zu gewinnen war, demütigte und demoralisierte die bis dahin kraftstrotzende Militärmacht und trug erheblich dazu bei, dass sich der Niedergang der UdSSR beschleunigte.[22]

Mit Blick auf den Vietnamkrieg sollte indes nicht vergessen werden, dass selten in der bisherigen Geschichte eine Friedensbewegung einen so deutlichen Beitrag zur Beendigung eines Krieges geleistet hat wie in diesem Fall. Insofern war der Kommentar von Edwin O. Reischauer, dem ehemaligen US-Botschafter in Japan, treffend. Als nämlich 1973 der amerikanische Außenminister Henry Kissinger gemeinsam mit dem nordvietnamesischen kommunistischen Politiker Luê Đức Thọ den Friedensnobelpreis erhielt, bemerkte er: »Entweder haben die Menschen in Norwegen nur wenig Ahnung was da passiert ist, oder sie haben Sinn für Humor.«[23] Lê Đức Thọ lehnte im Übrigen den Preis mit der Begründung ab, dass die Amerikaner den vereinbarten Waffenstillstand durch das Weihnachtsbombardement gebrochen hätten. Kissinger gab seine Medaille 1975 wieder zurück. Vielleicht hätte der Preis der Anti-Kriegsbewegung gebührt. Die neue Friedensbewegung unterschied sich von älteren pazifistischen Bestrebungen durch die gesellschaftliche Breite, in die das Friedensziel eingebettet war. Sie verknüpfte sich mit neuen sozialen Bewegungen, etwa der ökologischen oder der Frauenbewegung. Einen ihrer Höhepunkte in Europa erreichte sie am Anfang der 1980er Jahre anlässlich der sowjetischen atomaren Aufrüstung und der NATO-Nachrüstung. Auch von daher greift es zu kurz, das Ende des Kalten Krieges mit dem Fall der Berliner Mauer 1989 allein der westlichen Politik der Stärke zuzuschreiben. Als mitentscheidend für seine Überwindung erwiesen sich friedenspolitische Ansätze, die Entspannungspolitik und der KSZE-Prozess (»Konferenz für Sicherheit und Zusammenarbeit in Europa«). Die Schlussakte von Helsinki, die am 1. August 1975 unterzeichnet worden war, bestärkte die Friedensbewegung im Westen, aber auch friedenspolitische Gruppen im Osten, die unter viel schwierigeren Bedingungen agieren mussten. Doch alles hatte mit dem Protest gegen den Vietnamkrieg begonnen.

FRIEDENSDIVIDENDE

Trotz aller Kriege und Konflikte gewann im 20. Jahrhundert, besonders nach 1945, Frieden eine nie dagewesene Qualität und Intensität. Das betraf Friedenskonzepte allgemein, die Friedensbewegung, die UNO und die Menschenrechte. Schon in den Friedensverträgen nach den beiden Weltkriegen machte sich ein gravierender Wandel bemerkbar. Die Frage, die sich stellte, war ja elementar: Konnte nach einem totalen Krieg ein versöhnlicher Frieden folgen? Bis zum Beginn des 20. Jahrhunderts waren »Oblivionsformeln« – also Vergessensformeln – und Amnestieklauseln ein fester Bestandteil von Friedensverträgen gewesen. Nur Vergeben und Vergessen der Kriegstaten, so der Gedanke und Glaube, konnte einen dauerhaften Frieden verbürgen, das Gewesene, so grauenhaft es auch war, sollte vergessen und ein Schlussstrich gezogen werden. Dieses »friedewirkende Vergessen«[24] enthielt der Versailler Vertrag 1919 zum ersten Mal nicht mehr, was einen großen Bruch darstellte. Und nach dem Zweiten Weltkrieg kamen zwar Friedensverträge zustande zwischen den Alliieren und Italien, Bulgarien, Rumänien, Ungarn und Finnland in Paris im Februar 1947, zwischen 48 Alliierten und Japan in San Francisco im August 1951 und zwischen den Alliierten und Österreich durch den Staatsvertrag vom Mai 1955. Der Kriegszustand mit dem Hauptgegner Deutschland ist indes allein durch gegenseitige Erklärungen beendet worden, da das geteilte Deutschland im völkerrechtlichen Sinne als Rechtssubjekt handlungsunfähig war. Erst der »Zwei-plus-Vier-Vertrag« auf dem Weg zur deutschen Wiedervereinigung 1990 kam einem Friedensvertrag gleich. Die Epoche der Weltkriege und die Teilung der Welt sind seit dem »Vertrag über die abschließende Regelung in Bezug auf Deutschland« vom 12. September jenes Jahres überwunden. Statt »Vergeben und Vergessen« sind nach dem Zweiten Weltkrieg in Nürnberg und in Tokio Kriegsverbrecher abgeurteilt worden, womit ein neues Kapitel in der Geschichte des Völkerrechts geschrieben wurde. Etwas anderes war angesichts der monströsen Verbrechen nicht denkbar. Erstmals in der Weltgeschichte wurden die Schuldigen eines Krieges und an Kriegsverbrechen Schuldige zur Verantwortung gezogen. Dahinter stand die Absicht, Angriffskriege und Kriegsverbrechen ein für alle Mal zu ächten.[25]

Dass dies zur Gänze nicht gelungen ist, stellte der Weltgemeinschaft kein gutes Zeugnis aus. Dennoch war nicht alles umsonst und vergebens.[26] Dem Krieg mit seiner destruktiven Kraft wird gemeinhin Dynamik zugeschrieben; Frieden hingegen kennzeichnet offenbar ein statischer Zustand. Aber dieser Eindruck täuscht. Frieden ist im 20. Jahrhundert zu einem der schwierigsten dynamischen Zustände überhaupt geworden. Wenn man Krieg definieren kann als die Anwendung organisierter militärischer Gewalt in den Beziehungen zwischen zwei oder mehreren politischen Einheiten, so lässt sich Frieden zunächst als das Fehlen dieser Gewaltanwendung bezeichnen. Eine viel umfassendere Friedensstruktur beruht, wie unter anderem die Friedensforscher Dieter und Eva Senghaas formulierten, auf vier Säulen: Rechtsstaatlichkeit (Schutz der Freiheit), Erwartungsverlässlichkeit (Schutz vor Gewalt), ökonomischer Ausgleich (Schutz vor Not) und Empathie (Schutz vor Chauvinismus). Damit ist der Prozesscharakter, die Dynamik von Frieden betont und somit Frieden als das Produkt gelungener Zivilisierung begriffen. Außerdem werden die verfassungspolitischen, institutionellen, materiellen und emotionalen Voraussetzungen von Frieden reflektiert. Schließlich lässt sich so der zwischenstaatliche mit dem inneren Frieden verklammern.[27] Diese Verklammerung führte in den 1970er Jahren dazu, dass der Begriff »Frieden« neu formuliert wurde. Der norwegische Friedensforscher Johan Galtung unterschied die Abwesenheit von direkter Gewalt, also Krieg, von struktureller Gewalt. Ungleiche Machtverhältnisse, ungerechte Ressourcenverteilung, Hunger und Verelendung – all dies gehörte für Galtung zur strukturellen Gewalt. Macht und Herrschaft bedurften also gar nicht der militärischen Gewalt, um ausgeübt zu werden. Um sich Vorteile zu sichern oder ungerechte Strukturen durchzusetzen, konnten sich Mächtige viel subtilerer Instrumente bedienen. War also alles »Gewalt«? Diese Entgrenzung des Gewaltbegriffes rief heftige ablehnende Reaktionen hervor. Was sich jedoch durchsetzen konnte, war die Unterscheidung zwischen einem »positiven« und einem »negativen« Frieden. Unter einem negativ bestimmten Frieden wird die Abwesenheit von Krieg verstanden. »Negativer Frieden« erscheint allerdings als unglücklich gewählter Begriff, suggeriert er doch zunächst, es handele sich um eine schlechte Sache. Unter einem positiven Frieden fasst man die höchst variabel interpretierbare Realisierung sozialer Gerechtigkeit und Gleichheit, die Entfaltung menschlicher Fähigkeiten und die Möglichkeiten zu Selbstverwirklichung.

INTERNATIONALE ORGANISATIONEN

Wenn man vom Frieden spricht, kommt einem unweigerlich Immanuel Kants Schrift »*Zum Ewigen Frieden*« (1795) in den Sinn. Das suggestive Büchlein des Königsberger Philosophen war nach der Art realer Friedensverträge gegliedert. Kant forderte, dass das Völkerrecht auf eine Föderation freier Staaten zu gründen sei. Wenngleich die Wege verschlungen waren, so lässt sich die Wirkung der Schrift nicht bestreiten. Die außerordentlich gestiegene internationale Verflechtung stellt eine wichtige Grundtendenz seit 1945 dar. Dabei ist zuerst an die UNO zu denken, deren Anfänge bis 1942 zurückreichen. Sie bildete ursprünglich den Versuch, das Kriegsbündnis der Gegner des »Dritten Reiches« in eine neue Weltordnung zu überführen und dabei auf den Prinzipien der kollektiven Sicherheit aufzubauen. »The League is dead. Long live the United Nations«. Mit diesen Worten beendete der britische Delegierte Robert Cecil 1946 die letzte Sitzung des Völkerbundes.[28] Bereits seit über einem halben Jahr hatten die Vereinten Nationen damals ihre Arbeit aufgenommen. Damit endete offiziell das Kapitel jener im Zuge der Pariser Friedenskonferenz 1919/1920 entstandenen ersten internationalen Organisation, deren Hauptzweck es gewesen war, den Frieden in der Welt zu sichern. Die Konstruktionsfehler und die Versäumnisse des gescheiterten Völkerbundes sollten nun vermieden bzw. getilgt werden. Für eine Friedenswahrung konnte die UNO fortan selbst den institutionellen Rahmen vorgeben, sie konnte eigene Initiativen entwickeln, Forum und Plattform sein und war nicht zuletzt deshalb in der Lage, einen moralischen Druck auf die beteiligten Streitparteien auszuüben. Sie konnte und kann als letzte Konsequenz UN-Friedenstruppen einsetzen. Dieses »Peace-keeping« durch den Einsatz von »Blauhelmen«, erstmals angewendet in der Suez-Krise 1956, ging auf einen der bedeutendsten Generalsekretäre der UNO zurück, auf den Schweden Dag Hammarskjöld. Er amtierte von 1953 bis zu seinem Tod durch einen ungeklärten Flugzeugabsturz in der Grenzregion zwischen dem

Kongo und Nordrhodesien 1961. Das Problem war jedoch, dass die UNO als eine Vertragsgemeinschaft von Staaten konzipiert worden war, nicht als ein Weltstaat; dieser Umstand setzte ihrem Wirken Grenzen, vor allem in der Zeit des Ost-West-Konflikts. Bis 1989 hatte die Sowjetunion im Weltsicherheitsrat in 115 Fällen durch ihr Veto Beschlüsse verhindert, gefolgt von den USA (69), Großbritannien (30), Frankreich (18) und China (3). Außerdem war die UNO chronisch unterfinanziert. Es ist einmal ausgerechnet worden, dass die UNO mit den weltweiten jährlichen Ausgaben für Rüstung 65 Jahre hätte finanziert werden können und dass allein der von Amerika angeführte Militäreinsatz zur Befreiung Kuwaits 1991 an einem einzigen Tag mehr Geld verschlang, als der UNO in einem Jahr zur Verfügung stand.

Bei der internationalen Verflechtung, die einen Grundzug der Geschichte nach 1945 markiert, darf man allerdings nicht nur an die UNO denken. Darüber hinaus müssen die über 200 staatlich getragenen internationalen Organisationen (IGOs) und die heute über 2300 nichtstaatlich getragenen internationalen Organisationen (NGOs) erwähnt werden. Sie sind eine ganz außerordentliche Neuerscheinung des 20. Jahrhunderts. Auch wenn ihre rechtliche und mehr noch politische Stellung oftmals umstritten blieb, so zeugen sie vor allem von einer Bürgerbeteiligung und einem zivilgesellschaftlichen Engagement im (globalen) politischen Prozess. »Human Rights Watch« oder »Ärzte ohne Grenzen« sind zu globalen »Playern« geworden, die die Weltöffentlichkeit erreichen und die Entscheidungen von Regierungen massiv beeinflussen können. Weitere, für das 20. Jahrhundert typische Grundtendenzen traten hinzu. Doch einige von ihnen erleichterten das Handeln nicht, sondern erschwerten es. An erster Stelle ist der einfache Umstand zu nennen, dass seit 1945 die Zahl der souveränen Staaten stark anwuchs, vor allem als Folge der Dekolonisation in den 1960er Jahren. Neue Krisenherde entstanden aus sozioökonomischen Ungleichheiten und regionalen Ungleichgewichten großen Ausmaßes. Das wurde besonders im Nahen Osten deutlich. Zu keiner Weltregion gab es so viele UN-Resolutionen wie zum Nahen Osten, wo sich Araber, Palästinenser und Israelis in ständigem Konflikt befanden. Die Region galt seit den 1950er Jahren als die gefährlichste Spannungszone der Erde, und lange herrschte die Furcht, dass ein neuer Weltkrieg am ehesten über eine Nahostkrise ausbrechen könnte. Auch die Frage, was als ein echter Frieden und was »nur« als Waffenstillstand zu werten war, musste angesichts der dortigen Spannungsfelder immer wieder aufs Neue gestellt werden.

Obwohl der Nahostkonflikt etwas anderes suggeriert – der vorherrschende Kriegstyp in der Epoche nach 1945 war der innere Krieg. Nur eine relativ geringe Rolle spielte der klassische Krieg zwischen Staaten mit Grenzüberschreitungen, militärischen Frontlinien, Fahnen und dem gesamten Ensemble staatlicher Insignien, wenngleich er in besonderen Fällen, wie dem Golfkrieg von 1990/1991 zwischen den USA und ihren Verbündeten und dem Irak, in der Öffentlichkeit spektakulär betont wurde. Die »Dritte Welt« lag mehr und mehr mit sich selbst im Krieg. Das große zahlenmäßige Übergewicht innerer Kriege stellte eine grundlegende historische Umwälzung in der weltgesellschaftlichen Entwicklung dar, die mit den napoleonischen Kriegen zu Beginn des 19. Jahrhunderts zwar begonnen hatte, sich aber erst nach dem Zweiten Weltkrieg verdichtete.

NEUE KRIEGE UND HUMANITÄRE INTERVENTIONEN

Wer nach dem Ende des Kalten Krieges 1989 von einem ewigen Frieden oder zumindest globaler Vernunft träumte, wachte rasch in der harten Realität auf. Gab es neue »gerechte« Kriege? Wie sollte eine Konfliktprävention aussehen, wenn man es mit völlig neuen Formen von Kriegen zu tun hatte? Während der Konflikte auf dem Balkan in den 1990er Jahren ist ein solcher »neuer« Kriegstyp in Erscheinung getreten. Maßgeblich für ihn war, dass von allen Seiten eine »Politik der Identität« verfolgt wurde, die sich – nicht zuletzt als Reaktion auf den ständig wachsenden Globalisierungsdruck – aus kruden partikularistischen historischen Mythen speiste und bis zu ethnischen Säuberungen reichte. Vom Völkerrecht beachtete Unterscheidungen zwischen Militär und Zivilbevölkerung verschwanden in diesen Auseinandersetzungen zusehends. In den kriegerischen Konflikten kam es zu einer Art Rückkehr der Methoden des Mittelalters. Diese Entwicklung stand völlig quer zu allem, was im 20. Jahrhundert bis dahin in Erscheinung getreten war.

Die Terroranschläge auf das New Yorker World Trade Center vom 11. September 2001 waren Ausdruck eines »neuen Krieges«. Nicht allein der amerikanische Präsident, George W. Bush, war schockiert. Rund um die westliche Welt gingen ähnliche Stellungnahmen ein, wie sie der deutsche Kanzler Gerhard Schröder formulierte. Der 11. September werde als »schwarzer Tag für uns alle in die Geschichte eingehen«. Er habe dem amerikanischen Präsidenten die »uneingeschränkte Solidarität Deutschlands zugesichert. (…) Diese Art von terroristischer Gewalt, das wahllose Auslöschen unschuldiger Menschenleben stellt die Grundregeln unserer Zivilisation in Frage«.[29] Die USA fassten die Attacke als Kriegserklärung auf und formierten eine »Koalition der Willigen« im Kampf gegen den islamistischen Terrorismus. Zum ersten Mal in ihrer Geschichte erklärte die NATO den Bündnisfall. Aber er war ganz anders, als man es sich bis dahin vorgestellt hatte: Nicht die USA kamen zur Hilfe, sondern die USA brauchten Hilfe. Vielleicht endete mit diesem Datum tatsächlich das 20. Jahrhundert.

Diese neueste Form des Krieges erschien noch viel bedrohlicher als das bisher Dagewesene. Wenn der Feind der international organisierte Terrorismus war, dann stellte sich die Frage, wo er überhaupt seine Heimat hatte. Um wen handelte es sich konkret? Die Gestalt des Feindes blieb schemenhaft, und auch territorial war er nicht genau zu definieren. Der Staat in seiner Funktion als Monopolist des Krieges, wie er sich seit dem 16. und 17. Jahrhundert herausgebildet hatte, schien der Vergangenheit anzugehören. Schlachtfelder hatten keine klaren Fronten mehr, Hochhäuser und

Dörfer wurden und werden zu Schauplätzen von Massakern. Eine Rebarbarisierung der Kampfweise war die Konsequenz. Der Terrorismus war am Ende des 20. Jahrhunderts auch eine »Kommunikationsstrategie«, die Gewalt als eine Nachricht zur Brechung des gegnerischen Willens einsetzte: Bei den Angegriffenen sollten Furcht und Schrecken verbreitet und die eigenen Reihen geschlossen werden. Aufgrund seiner Netzwerkstruktur entzog sich der Terrorismus zunächst einem unmittelbaren Gegenschlag. Aber ohne ihre sozialen Wurzeln konnten diese terroristischen Netzwerke nicht gedeihen. Vor allem jedoch: Die alte Kunst des Friedensschlusses – wie sie seit dem Westfälischen Frieden von 1648 nach fast jedem Krieg gelungen ist – und sonstige »einhegende« Regeln wirkten nicht mehr im Zeitalter des religiösen Fanatismus und des Terrorismus mit seiner offenen Lust an der Gewalt.

Hatte die »Welt von gestern«, wie sie Stefan Zweig in seinen Erinnerungen beschrieb, noch (scheinbar) Sicherheit geboten, die gegenwärtige Welt am Übergang vom 20. zum 21. Jahrhundert gewährt sie nicht mehr. Zweig blickte auf die Welt vor dem Ersten Weltkrieg und sprach von einem »goldenen Zeitalter«. Dieses Zeitalter ist unwiederbringlich vorbei. Und dennoch gehören die Kehrseiten ebenso zur Wahrheit: Nie gab es solch große internationale Bestrebungen, Sicherheit zu schaffen, wie am Ende des 20. Jahrhunderts. In Reaktion auf die Kriegsverbrechen im ehemaligen Jugoslawien beschloss der UN-Sicherheitsrat im Februar 1993 die Einsetzung eines Internationalen Strafgerichts zur Verfolgung von Kriegsverbrechen, und 1998 traf eine internationale diplomatische Konferenz in Rom die Entscheidung, Grundlagen zur Errichtung eines Ständigen Internationalen Strafgerichts (ICC) zu schaffen – ein wichtiger Schritt hin zur endlich erfolgreichen Ächtung von Angriffskriegen. Seit dem 1. Juli 2002 ist das Statut des ICC wirksam. Diese Errichtung des ICC, der in Den Haag sitzt, war ein Meilenstein auf dem Weg zur globalen Durchsetzung und Sicherung des Rechts. Der neue Gerichtshof stellte keine politische Institution dar. Er war weder von einem Staat noch von der

UNO abhängig. Vielmehr stellte er ein unabhängiges Gericht dar, auf den die Vertragspartner einen Teil ihrer bisherigen nationalstaatlichen Souveränität übertrugen. Das Gericht sollte nur in den Fällen tätig werden, in denen ein an sich dazu berufener Nationalstaat schwerste Verbrechen nicht selbst verfolgen konnte oder wollte.

Die Suche nach Frieden hatte sich am Übergang vom 20. zum 21. Jahrhundert trotz vieler gegenläufiger Tendenzen und Wahrnehmungen fortentwickelt. Eine Zäsur bildete das von Kofi Annan, Generalsekretär der Vereinten Nationen von 1997 bis 2006, vorangetriebene UN-Prinzip der »Responsibility to Protect« – das Prinzip der Schutzverantwortung.[30] Der Genozid in Ruanda 1994, wo fast eine Million Menschen getötet wurden, und der Massenord von Srebrenica, einem kleinen Städtchen in den bosnischen Bergen, wo 1995 mehr als 8000 Menschen massakriert wurden, trieb die Debatte voran. Beim letzten Fall handelte es sich um den größten Massenmord in Europa nach dem Zweiten Weltkrieg. Die Genozide – die unter den Augen anwesender, aber zur Untätigkeit verurteilter UN-Blauhelmsoldaten stattfanden – führten nicht nur zur Einrichtung von Kriegsverbrechertribunalen, sondern auf grundsätzlicher Ebene dazu, dass der Schutz von Menschenrechten mehr Gewicht gegenüber der Souveränität der Staaten erlangte. Das Prinzip der Schutzverantwortung, welches Völkerrechtler ins Spiel brachten, bedeutete: Die Staaten hatten die Pflicht, ihre Bürger zu schützen. Versagte ein Staat dabei, wurde er gar selbst zum Massenmörder, durfte, ja musste die Weltgemeinschaft eingreifen. Bei einem UN-Gipfel 2005 bekannten sich fast alle Staaten zu dieser Idee. Der Schutz der Zivilbevölkerung und jedes einzelnen Menschen war fortan vorrangig anzusehen gegenüber dem staatlichen Souveränitätsanspruch, dem das 20. Jahrhundert so lange gehuldigt hatte. Dieses Recht auf eine »humanitäre Intervention« bedeutete einen wahrlich tiefen Einschnitt in der Geschichte von Krieg und Frieden. Und diese Entwicklung wiederum war untrennbar verbunden mit den Durchbrüchen zur Demokratie, von denen das nächste Kapitel handelt.

2.

DEMOKRATIE UND DIKTATUR

Jahrhundert ohne Maß und Mitte

Es kann keinen wirklichen Frieden in der Welt geben, bis die Frau, die Mutter, die Hälfte der Menschheitsfamilie, die Freiheit in den Führungsgremien der Welt erhält.
Emmeline Pankhurst, Ein Leben für die Rechte der Frauen, 1914[1]

▲▲▼▲

Alle Macht den Sowjets.
Lenin, Aprilthesen 1917[2]

▲▲▼▲

Die Revolution ist keine Abendgesellschaft, kein literarisches Kunstwerk, kein Gemälde und keine Stickerei. Sie kann nicht so vornehm sein, nicht so gelassen und maßvoll, sie ist weder wohlerzogen noch milde, sie ist nicht freundlich, ehrerbietig, mäßig und nachgiebig. Die Revolution ist ein Akt der Gewalt, sie ist eine gewalttätige Handlung einer Klasse, die eine andere stürzt.
Mao Zedong, 1927[3]

▲▲▼▲

Freiheit und Leben kann man uns nehmen, die Ehre nicht. (…) Kein Ermächtigungsgesetz gibt Ihnen die Macht, Ideen, die ewig und unzerstörbar sind, zu vernichten.
Otto Wels, SPD, Reichstagssitzung 23.3.1933[4]

▲▲▼▲

Reichsgesetze können außer in dem in der Reichsverfassung vorgesehenen Verfahren auch durch die Reichsregierung beschlossen werden.
Art. 1 des »Gesetzes zur Behebung der Not von Volk und Reich« (»Ermächtigungsgesetz«), 24.3.1933[5]

▲▲▼▲

Zum gegenwärtigen Zeitpunkt der Weltgeschichte muss fast jede Nation zwischen alternativen Lebensformen wählen. (...) Ich glaube, es muss die Politik der Vereinigen Staaten sein, freien Völkern beizustehen, die sich der angestrebten Unterwerfung durch bewaffnete Minderheiten oder durch äußeren Druck widersetzen. Ich glaube, wir müssen allen freien Völkern helfen, damit sie die Geschichte auf ihre Weise selbst bestimmen können. Unter einem solchen Beistand verstehe ich vor allem wirtschaftliche und finanzielle Hilfe, die die Grundlage für wirtschaftliche Stabilität und geordnete politische Verhältnisse bildet.
Harry S. Truman zur Containment-Politik, 1947[6]

▲▲▼▲

Wir wollen mehr Demokratie wagen.
Willy Brandt, Regierungserklärung, 28.10.1969[7]

▲▲▼▲

Ein Mensch, der einem anderen die Freiheit raubt, ist ein Gefangener des Hasses. (...) Der Unterdrückte und der Unterdrücker sind gleichermaßen ihrer Menschlichkeit beraubt. Als ich das Gefängnis verließ, war es meine Aufgabe, beide, den Unterdrücker und den Unterdrückten zu befreien.
Nelson Mandela, Der lange Weg zur Freiheit, 1994[8]

▲▲▼▲

ZEITALTER DER IDEOLOGIEN

Das 20. Jahrhundert war das Jahrhundert der modernen und bis dahin blutrünstigsten Diktaturen linker wie rechter Provenienz mit Massenmördern wie Stalin, Hitler und Mao sowie größerer und kleinerer Epigonen. Es war aber auch ein demokratisches Zeitalter mit Durchbrüchen zur Freiheit, die in mehreren großen Demokratisierungswellen wie 1918, 1945, den 1970er Jahren, 1989 und vielen kleineren Kräuselungen verliefen.

Nicht erst im weltgeschichtlichen Epochenjahr 1989, in den »friedlichen« oder »samtenen« Revolutionen in Ostmitteleuropa, manifestierten sich die Kräfte und Bewegungen des antidiktatorischen Widerstands, der Befreiung und des Wiederaufbaus im Zeichen der Demokratie. Vielmehr hat es während des gesamten 20. Jahrhunderts Demokratisierungswellen gegeben, vier waren dabei entscheidend: Die erste Welle kam als Ausläuferin des 19. in das 20. Jahrhundert herüber und erreichte ihren Höhepunkt nach 1918. Diese Wege zur Demokratie wurden jedoch meist abgebrochen oder erwiesen sich als Sackgassen. Die zweite Welle vollzog sich nach 1945 durch die Demokratisierungspolitik der westlichen Alliierten. Und die dritte Demokratisierungswelle hob seit den 1970er Jahren an: In Westeuropa erfasste sie Spanien, Portugal und Griechenland, in Lateinamerika zeitigte sie unterschiedliche und zum Teil nur zeitweilige Erfolge, ebenso in Afrika und Asien. Die vierte Welle kam schließlich 1989, sie bewirkte zahlreiche Regimewechsel überall auf der Welt. Neue Demokratien entstanden, jedoch ebenso Systeme, die noch als »defekte Demokratien« bezeichnet werden müssen; ob sie sich konsolidieren können, steht häufig noch nicht fest.

Die Frage, was Demokratien und Diktaturen in ihrem Wesenskern und in ihren Ausprägungen ausmacht, ist überaus komplex und wird unterschiedlich beantwortet. An dieser Stelle kann lediglich der Rahmen abgesteckt werden. Beginnen wir mit der Demokratie. Sie ist zunächst eine politische Regierungsform, das »Betriebssystem«, auf dem die »Software« des Staates läuft, und je nachdem wie die Schwelle angesetzt ist, desto mehr oder desto weniger Regime fallen in den Bereich der Demokratie. Das Merkmal der Teilhabe, der Partizipation, erscheint dabei besonders wichtig. Mit der Einführung des Frauenwahlrechts zu Beginn des 20. Jahrhunderts kam es, was die demokratische Beteiligung betrifft, zu einer bedeutsamen Erweiterung. Britische Frauenrechtlerinnen setzten mit öffentlichen Demonstrationen ihr Leben aufs Spiel, um dieses Wahlrecht zu erlangen. Sie nannten sich »Suffragetten«, abgeleitet von »suffrage«, dem »Stimmrecht«. In ihren Aktionen schreckten sie vor Gewalt gegen Dinge nicht zurück, kappten Telegraphen- und Telefonleitungen, warfen Steine in Fenster von feinen Herrenklubs und Kaufhäusern, und steckten Häuser in Brand. Es kam zu regelrechten Straßenschlachten, Hunderte Frauen wurden zu langen Haftstrafen verurteilt. Emmeline Pankhurst, eine ihrer Anführerinnen, schrieb 1914: »Ich war 19 Jahre glücklich verheiratet. Oft habe ich spöttische Bemerkungen darüber gehört, Suffragetten seien Frauen, die keinen normalen Weg gefunden hätten, ihre Gefühle auszuleben. Daher seien sie sauertöpfische, enttäuschte Wesen. Das trifft wahrscheinlich auf keine Suffragette zu, und ganz sicher nicht auf mich. Mein häusliches Leben und meine Beziehungen waren fast so ideal, wie es in dieser durchaus nicht perfekten Welt möglich ist.«[9] Erst der Weltkrieg brachte die entscheidende Reform, doch durften am Beginn der Wahlrechtsreformen nur Frauen, die älter als 30 Jahre waren, wählen. Ab 1925 erhielten sie dieses Recht mit der Volljährigkeit. In Deutschland wurde das aktive und passive Frauenwahlrecht nach der Revolution 1918 eingeführt, in den USA 1920, auf den Philippinen 1937. In Italien erhielten Frauen 1946 das volle Wahlrecht, zuvor galt es nur für die kommunale Ebene. Als letztes Land in Europa gewährte Liechtenstein 1984 das Frauenwahlrecht, und in Saudi-Arabien durften Frauen auf kommunaler Ebene erstmals 2015 abstimmen.

Wie Frauen und Männer im Einzelnen partizipieren können, darüber entscheiden verschiedene Formen der Demokratie. Es können grob unterschieden werden: eine direkte Demokratie, eine parlamentarische oder repräsentative Demokratie, »Volksdemokratien« wie sie im Ostblock genannt wurden, deliberative Demokratien oder defekte Demokratien. Besonders zu beachten ist, dass sich die Übernahme demokratischer Institutionen und Praktiken außerhalb des europäisch-amerikanischen Westens nur verstehen lässt, wenn man in ihnen einen schwierigen Übersetzungsprozess erkennt. Es handelt sich nicht einfach um einen »Demokratieexport«. Vielmehr werden fremde Konzepte oft nur selektiv aufgegriffen und an die jeweils vorherrschende lokale Kultur angepasst. »Übersetzung ist dabei auch wörtlich zu verstehen, denn in nichtwestlichen Sprachen (und kognitive Ordnungssysteme) lässt sich das griechisch-lateinisch-angelsächsische Vokabular gar nicht ohne weiteres übertragen«.[10]

Unter der Perspektive, dass sich die bestehenden Demokratien einer diktatorischen Herausforderung zu erwehren hatten und dass die Welt im Zeichen eines gänzlich neuartigen ideologisch begründeten Ost-West-Konfliktes zweigeteilt war, kann man das 20. Jahrhundert als ein »kurzes Jahrhundert« bezeichnen. Die Einheit der Epoche wird demnach von den Jahren 1917 bis 1989/91 umgrenzt. 1917 markiert in dieser Lesart das epochale Schlüsseljahr: Lenins Oktoberrevolution in Russland und der Eintritt der USA in den Ersten Weltkrieg – hier der Aufbau einer sowjetkommunistischen Mobilisierungsdiktatur, dort das Modell einer liberalkapitalistischen Demokratie. Beide Modelle traten mit einem weltumspannenden, einem universellen Anspruch auf, bis 1991 die Sowjetunion aufgelöst wurde.

Ohne den Ersten Weltkrieg wären die europäischen Diktaturen allesamt nicht erklärbar; er brachte radikale Ideologien nach vorne, die politikmächtig wurden. Zunächst in Russland unter Lenin, dann ab 1922 in Gestalt des Faschismus' Mussolinis in Italien, gefolgt 1933 vom Kulminationspunkt moderner Diktaturen, die auf Terror nach innen und nach außen gründeten, dem deutschen Nationalsozialismus. Nicht zu vergessen, die vielen kleineren diktatorischen Nachahmer weltweit. Die modernen Diktaturen hatten ein sehr vielgestaltiges Gesicht. Will man sie – wie oben die Demokratie – auf einen kleinen gemeinsamen definitorischen Nenner bringen, eignet sich die Systematik, die der deutsch-spanische Politikwissenschaftler Juan José Linz entworfen hat; er war vor allem an amerikanischen Universitäten tätig. Linz unterschied auf einer fortschreitenden Skala autoritäre und totalitäre Regime. Er blickte dazu auf verschiedene Sektoren, woraus sich ein empirischer Diktaturvergleich ableiten ließ. Der erste Sektor wird durch die Herrschaftsapparate einer Diktatur gebildet, etwa Massenorganisationen, eine Einheitspartei sowie bürokratische oder charismatische Elemente von Herrschaft, aber auch die zentrale Überwachung und Lenkung der Wirtschaft. Der Herrschaftsanspruch kann jedoch an reale Grenzen stoßen. Der zweite Sektor widmet sich deshalb dem Spannungsverhältnis von Mitmachen und Hinnehmen, von versuchter Durchherrschung der Gesellschaft und tatsächlich begrenzter gesellschaftlicher Reichweite der Herrschaft. Ein dritter Sektor ist ganz wesentlich, nämlich Terror und Verfolgung von Andersdenkenden. Dieses Terrorsystem spiegelt als Kehrseite den vierten Sektor wider, in dem Opposition und Widerstand thematisiert werden. Von autoritären Regimen unterscheidet sich die totalitäre Diktatur in einem wesentlichen Punkt: Während erstere einen Rest an rechtlicher formaler und verfahrensmäßiger Substanz aufweisen und es immer einen Normenstaat auf der einen Seite gibt, der einigermaßen »vernünftig« agiert, und einen willkürlichen Maßnahmenstaat auf der anderen Seite, ist es im Totalitarismus anders. Totalitäre Systeme vervollkommnen sich zur Willkürherrschaft und sind praktisch durch nichts begrenzt oder kontrolliert. Rechtliche Schranken oder gar eine Gewaltenteilung existieren nicht mehr. Es ist dabei unter Wissenschaftlern umstritten, ob es genügt, wenn ein Regime totale Ansprüche stellt, dieses als »totalitär« zu bezeichnen, oder ob diese Ansprüche auch erfolgreich sein müssen. Totale Ansprüche und totale Beherrschung ist ja etwas Verschiedenes. Was jedoch »totalitäre« Diktaturen wie der Nationalsozialismus und der Stalinismus miteinander gemein hatten, ist die Idee, »alte Gesellschaften zu zerstören und neue zu schaffen, Ambivalenzen zu überwinden und Eindeutigkeit herzustellen«.[11] Pluralismus wurde beseitigt, vor allem jedoch spielte Gewalt eine zentrale Rolle. Eine »millionenfache Vernichtungsgewalt«[12] verband beide Regime, wenngleich sie sich in der Auswahl ihrer Opfer massiv unterschieden.[13]

Während sich das kommunistische Regime nach Lenins Tod unter Stalin radikalisierte und in den Säuberungswellen und stalinistischen Schauprozessen der 1930er Jahre Kommunisten von Kommunisten verfolgt und ermordet wurden, vollzog sich im Spanischen Bürgerkrieg 1936–1939 die Generalprobe für den ideologischen Krieg zwischen dem Faschismus bzw. Nationalsozialismus auf der einen und dem Kommunismus auf der anderen Seite. Das Zweckbündnis zwischen den liberalen Demokratien und der Sowjetunion während des Zweiten Weltkrieges zerfiel mit dem Sieg über das »Dritte Reich« und Japan. Nach 1945 kam es zur Zweiteilung der Welt im Zeichen des Ost-West-Konflikts. Seit den 1960er Jahren spielte sodann die kommunistische Volksrepublik China unter Mao, die 1949 gegründet worden und 1964 zur Atommacht aufgestiegen war, eine zunehmend eigenständige Rolle; Grund dafür war der ideologische und politische »Bruderkonflikt« mit Moskau.

Der Weltgegensatz der Globalmächte USA und UdSSR entsprach zumindest aus westlicher Sicht, zugleich einer Weltalternative von Freiheit oder Kommunismus, die mit dem Eintritt der »Dritten Welt« in die globale Geschichte seit den 1950er Jahren an Gewicht gewann. Im Gewande von Befreiungsbewegungen wurden oftmals marxistisch-leninistische Diktaturen exportiert, so etwa nach Kuba, während die USA in Lateinamerika und anderswo unter dem Deckmantel der »Freiheit« nicht selten rechte autoritäre Regime oder Militärdiktaturen unterstützten. Der Zusammenbruch der Sowjetunion und der Untergang des Ostblocks seit 1989 beendeten schließlich den Kalten Krieg und den klassischen Ost-West-Gegensatz, wie er seit 1917 bestanden hatte. Vorschnelle westliche Siegesbekundungen vernachlässigten jedoch häufig die chinesische Diktatur. Das Epochenjahr 1989 legte aber tatsächlich die Bipolarität der Welt ad acta; diese zeigt sich nunmehr unübersichtlicher, sie ist multipolar geworden, wodurch ideologische, gesellschaftliche und internationale Konflikte keineswegs an Schärfe einbüßten.

ZERSTÖRUNG DER DEMOKRATIE

War die Epoche zwischen dem Ersten und dem Zweiten Weltkrieg eine »Nachkriegszeit« oder eine »Vorkriegszeit«? Man streitet sich darüber und nennt sie deshalb aus Verlegenheit zumeist »Zwischenkriegszeit«. Hervorstechendes Kennzeichen dieser Ära zwischen den Kriegen war, dass das Zeitalter der Ideologien und der Diktaturen, und damit der Repression, des Zwangs und des Terrors begann, eine Folge der Verwerfungen während des Ersten Weltkrieges und danach. Unter den 28 europäischen Staaten befanden sich 1920 nur zwei Diktaturen, Sowjetrussland und das Horthy-Regime in Ungarn. 1940 jedoch gab es nur noch fünf intakte Demokratien, Großbritannien, Irland, Schweden, Finnland und die Schweiz. Seither waren moderne Diktaturen eine elementare Dimension in der neuesten Geschichte Europas.

Wie unter einem Brennglas bündeln sich für uns heute Lebenden alle widersprüchlichen Tendenzen der Zeit in der Geschichte der gescheiterten ersten deutschen Demokratie, der Weimarer Republik von 1919 bis 1933. Hier zeigte sich, wie sich Demokratie und Diktatur gegenseitig bedingen und wie aus einer Demokratie heraus eine Diktatur errichtet werden konnte. Der krisenhafte Verlauf der Weimarer Republik demonstriert exemplarisch die gravierenden Probleme der »Zwischenkriegszeit«. Man hat Weimar eine »Republik ohne Republikaner« genannt, die kaum je eine wirkliche Chance gehabt habe, müsste aber – da es immer Chancen in der Geschichte gibt und sie niemals zwangsläufig ist – zutreffender sagen, dass sie ganz bewusst zerstört worden ist, vor allem von den rechten, aber auch von den linken Extremisten. Das Dilemma Weimars war, dass viele Deutsche das politische System nach 1919 aus dem Blickwinkel rückwirkend idealisierter Vorkriegszustände wahrnahmen. Dass Paul von Hindenburg, ein Anti-Republikaner, nach dem Tode des Sozialdemokraten Friedrich Ebert 1925 Reichspräsident und eine Art Ersatzkaiser werden konnte, ist ein Symptom dafür. Das Odium des verlorenen Krieges und der Versailler Vertrag belasteten die Republik ebenso wie die zahlreichen Fememorde rechtsradikaler Organisationen. Am Ende der 1920er Jahre griff die wirtschaftliche und soziale Krise auf die Politik über, sodass viele Menschen glaubten, nicht allein mit einer »Staatskrise« konfrontiert zu sein, sondern mit einer »Systemkrise«, was den Nationalsozialisten mit ihrer Diffamierung des »Systems« in die Hände spielte.

Drastische Krisen und Instabilität begleiteten auch den Aufbau des Kommunismus. Die bolschewistische Oktoberrevolution von 1917 hatte eine neue Phase der Weltgeschichte eingeläutet. Doch dauerte es noch über zwei Jahre, bis die kommunistische Herrschaft einigermaßen stabil war und die »Roten«, die Bolschewiki, im Bürgerkrieg gegen die »Weißen«, die antibolschewistischen Kräfte, unterstützt durch westliche Interventionstruppen, siegten. Dazu gehörte auch die blutige Niederschlagung innerer Aufstände wie den der Kronstädter Matrosen 1921. Die nach 123 Jahren neu entstandene polnische Republik sanierte sich territorial auf Kosten Sowjetrusslands, während die Rote Armee den Kaukasus, Aserbaidschan, Armenien und Georgien wiedergewinnen konnte. Im »Kriegskommunismus« dieser Jahre starben Millionen Menschen infolge von Hungersnöten. 1921 riss Lenin das Steuer herum und leitete mit der Neuen Ökonomischen Politik eine Sanierung der Wirtschaft ein. Die Wende betraf auch die Außenpolitik: Mit England wurde ein Handelsabkommen geschlossen und mit Deutschland 1922 der Rapallo-Vertrag. Im Januar 1924 starb Lenin. Vor seinem potenziellen Nachfolger Stalin hatte er noch gewarnt, zu kaltblütig und brutal erschien er ihm. Stalin legte die leninistische Weltrevolution zu den Akten und propagierte den Aufbau des »Sozialismus in einem Lande«. Der Zwangskollektivierung seit 1929 und der – so die Losung – »Liquidierung der Kulaken als Klasse«

fielen Millionen von Mittel- und Großbauern, die Kulaken, zum Opfer: sie wurden getötet oder in Arbeitslager gesteckt. Neben den Kulaken waren auch Intellektuelle, Priester und schließlich ehemalige Parteifreunde betroffen. Kommunisten verfolgten Kommunisten[14] – während der »Großen Säuberungen« seit Mitte der 1930er Jahre war politischer Mord an der Tagesordnung. Zehntausende Parteimitglieder ließ Stalin hinrichten, von den 140 Mitgliedern des Zentralkomitees überlebten nur 15. Stalin herrschte danach bis zu seinem Tod 1953 unangefochten, der Personenkult nahm seither endgültig religiöse Formen an.

Kriege und Krisen im ersten Drittel des 20. Jahrhunderts begünstigten überall autoritäre oder diktatorische Regime. In der Türkei etablierte Mustafa Kemal »Atatürk« nach dem Ersten Weltkrieg und dem Untergang des Osmanischen Reiches eine laizistische Einparteienherrschaft, eine Art Modernisierungsdiktatur. In Westeuropa entstanden faschistische Regime mit wesentlichen Gemeinsamkeiten: einer nationalistischen Ideologie, einem unerbittlichen Kampf gegen Demokratie und Parlamentarismus, einer autoritären Staatsgewalt mit Führerprinzip in Verwaltung, Militär und Wirtschaft. Sie unterdrückten oppositionelle Strömungen, schürten Hass gegen Minderheiten, griffen zu Terror und Verfolgung. Der deutsche Nationalsozialismus war dabei die radikalste Diktatur. Er unterschied sich von allen anderen faschistischen Bewegungen durch seinen Rassenantisemitismus, den er mit eliminatorischer Konsequenz betrieb. Vorbild für alle war allerdings Italien: Im März 1919 hatte Benito Mussolini faschistische Kampfbünde gegründet, die mit brutaler Gewalt gegen die Institutionen des Staates vorgingen. Während einer Regierungskrise 1922 drohte Mussolini, Rom von seinen Stoßtrupps erobern zu lassen, falls er nicht zum Regierungschef ernannt werde. Auf Anraten von Industriellen und Großgrundbesitzern beauftragte König Viktor Emanuel III. den »Duce« mit der Regierungsbildung, wenige Jahre später hatte sich der »stato totalitario«, wie die Faschisten ihre Diktatur nannten, endgültig etabliert. Über den »Geist des Faschismus« schrieb Mussolini 1932: »Ich behaupte, dass der Faschismus seiner Idee, Theorie und Praxis nach von universaler Gültigkeit ist; italienisch sind nur seine besonderen Einrichtungen, sein geistiger Inhalt ist, wie es auch gar nicht anders sein könnte, universal.«[15]

In Spanien und Frankreich wurde Mitte der 1930er Jahre versucht, die gesellschaftlichen Krisen durch ein anderes Konzept, nämlich linke Volksfront-Regierungen zu lösen; beide Experimente scheiterten. Die spanische Volksfront-Regierung zog den Aufstand eines Teils des Militärs und einen grausamen Bürgerkrieg nach sich, der die Republik zerstörte. Die Franco-Diktatur, der Hunderttausende Spanier zum Opfer fielen, sollte bis 1975 bestehen.

POLITISCHE RELIGIONEN

Der »Machtergreifung« Hitlers von 1933 waren in Deutschland in rascher Folge Unterdrückung und Entrechtung gefolgt: das Ermächtigungsgesetz, Parteienverbote, Bücherverbrennungen, Boykott jüdischer Geschäfte, 1935 die Nürnberger Rassegesetze, am 9. November 1938 die Reichspogromnacht. Außenpolitisch steuerte Hitler auf einen Krieg zu. Nach dem umjubelten »Anschluss« Österreichs erfolgte durch das »Münchner Abkommen« von 1938 die Verstümmelung der Tschechoslowakei. Mit seiner Appeasement-Politik hoffte der britische Premierminister Chamberlain, Hitler beschwichtigen und zum Einlenken bewegen zu können, doch der Nationalsozialismus folgte einer anderen Logik: Er hielt Krieg für etwas Erstrebenswertes, ja Krieg gehörte zu den Grundprämissen der nationalsozialistischen Ideologie.

Das Charakteristische des Nationalsozialismus interessiert seit jeher die historische Forschung. Krieg und Genozid bestimmen seine Singularität. Entscheidend für den endlosen Radikalismus und die zerstörerische Kapazität des Nationalsozialismus war die Führungsposition Hitlers und die Art der Herrschaft, die er verkörperte: Seine »charismatische Führung« eröffnete die Aussicht auf ein »nationales Heil«. Diese charismatische Politik verbunden mit dem System eines hochmodernen Staates war zentral für die Einzigartigkeit des Nationalsozialismus. Andere europäische Diktaturen in der Zwischenkriegszeit besaßen eine weniger starke Ökonomie, ein weniger ausgeklügeltes System der Staatsverwaltung und weniger moderne Armeen. Das »nationale Heil« beinhaltete in Deutschland nicht nur eine innere Regeneration, sondern eine neue Ordnung, gründend auf dem Holocaust und ethnischen Säuberungen in ganz Europa. Der Führerkult aber war die unersetzbare Basis des Nationalsozialismus.

Die Beschäftigung mit den Diktaturen des 20. Jahrhunderts ist genauso alt wie das Phänomen selbst. Sie fing bereits in den 1920er Jahren mit Blick auf den italienischen Faschismus an, wurde von deutschen Wissenschaftlern, die vor den Nazis flüchten mussten, im Exil vorangetrieben und floss seit den 1950er Jahren in einen breiten Forschungsstrom zum Totalitarismus, etwa in Schriften von Hannah Arendt, Carl Joachim Friedrich und Zbigniew Brzeziński, Raymond Aron oder Juan José Linz. Die Totalitarismusforschung, die im Westen während des Kalten Krieges auf breite Zustimmung stieß, sensibilisierte für Unrecht und Gewalt, indem sie bewusst auch die Perspektive der Opfer einnahm und das Individuum im Unterdrückungsstaat thematisierte. Allerdings wurde später gegen sie eingewendet, dass ihre analytische Reichweite begrenzt sei, sie die Unterschiede zwischen Kommunismus und Nationalsozialismus verwische und insgesamt zu statisch ausgerichtet sei. So konnte sie tatsächlich die polykratischen Strukturen des Nationalsozialismus nicht erklären und auch nur begrenzt das Phänomen eines Systemwechsels begreifbar machen.

In der letzten Zeit ist besonders das Konzept der »Politischen Religionen« wieder stark gemacht worden. Eric Voegelin hatte es bereits 1939 entworfen, indem er den Begriff des »Religiösen« erweiterte und zugleich argumentierte, dass Staaten mehr seien als »weltlich-menschliche Organisationsverhältnisse«.[16] Es gibt zwei verschiedene Stränge in den Rechtfertigungstheorien, die ihre Bedeutung vor allem im 20. Jahrhundert entwickeln und hauptsächlich auf zwei Konzepten basieren. »Klasse« und »Rasse« wurden zu den wichtigsten Ideologiegebern des Jahrhunderts. In beiden Rechtfertigungen steckten dieselben Energien wie in Religionen. So fällt im Rückblick auf, wie bereits die Russische Revolution von zeitgenössischen Betrachtern als ein apokalyptisches Ereignis angesehen wurde. Auch die italienischen Faschisten wollten mit dem »Marsch auf Rom« eine gänzlich neue Zeit beginnen lassen. Und beim millenarischen »Dritten Reich«, dem »Tausendjährigen Reich«, wetteiferten die Ideologen um religiöse Deutungen.

DIE ZWEITEILUNG DER WELT

Nach 1945 wandelte sich der Gegensatz von Demokratie und Diktatur. Er war jetzt nicht mehr ein Antagonismus von liberalen Demokratien und mehreren totalitären Ideologien – Kommunismus, Faschismus und Nationalsozialismus. Vielmehr konzentrierte er sich auf einen einzigen, den Kommunismus. Das bedeutet nicht, dass alle anderen autoritären Regime und Diktaturen verschwunden wären. Es gab sie in Portugal und Spanien ebenso wie in vielen Ländern Lateinamerikas oder in Südafrika. Doch dies waren nur »Nebenkonflikte«. Es war der britische Weltkriegsheld und Premierminister Winston Churchill, der im März 1946 vom »Eisernen Vorhang« sprach, welcher an der Elbe heruntergegangen sei. Tatsächlich wurden die von Stalins Roter Armee besetzten ost- und mitteleuropäischen Gebiete nach sowjetischem Muster umgeformt und gegenüber dem Westen abgeschottet. Diese Sowjetisierung verlief in allen Einflussgebieten der UdSSR ähnlich: Ausschaltung der politischen und wirtschaftlichen Führungsschicht, Gleichschaltung der Parteien, Besetzung der Ministerien durch Kommunisten, Bodenreform und Verstaatlichung, Unterdrückung der Opposition. Auch der Westen kehrte von der Anti-Hitler-Koalition, die bereits am Ende des Weltkrieges Risse gezeigt hatte, ab und wandte sich einer Strategie der Eindämmung des Kommunismus (Containment-Politik) zu. Der mächtigste Mann der Welt, US-Präsident Harry S. Truman, ging zu diesem Zeitpunkt von einer Zweiteilung der Welt aus. Nachdem ihm berichtet wurde, dass in Griechenland und in der Türkei Untergrundbewegungen operierten, die einen kommunistischen Umsturz planen würden, formulierte er die berühmte Truman-Doktrin: Jede Nation müsse zwischen westlicher Demokratie und östlichem Kommunismus wählen. Die Demokratien könnten sich auf die Hilfe der USA verlassen, die alles daran setzen würden, den Kommunismus zurückzudrängen (Roll-back-Strategie) oder ihn zumindest einzudämmen (Containment). Dabei waren die USA nicht zimperlich, denn die »freie Welt« tolerierte und schützte autoritäre Regime, wenn sie sich als antikommunistisch betrachteten, etwa auf der iberischen Halbinsel, im mittel- und südamerikanischen »Hinterhof« der USA, aber auch in Südostasien.

Stalin seinerseits beurteilte die weltpolitische Lage nicht viel anders als der amerikanische Präsident. Als Nachfolgeorganisation der Kommunistischen Internationalen wurde das Kommunistische Informationsbüro gegründet, dessen Zielsetzung »Weltrevolution« lautete. Nach der dort propagierten »Zwei-Lager-Theorie« standen sich das kapitalistische und das kommunistische Lager unversöhnlich gegenüber. Eine neue, in der Weltgeschichte bisher nie da gewesene Grundkonstellation hatte sich somit herausgebildet.

Neue Demokratien entstanden nach 1945 nicht nur auf dem »Kontinent der Gewalt«, in Europa,[17] sondern auch in Asien und im Nahen Osten. Indien, Japan und Israel waren besonders prominente Beispiele dafür, dass diese neue institutionelle Ordnung nicht einfach importiert wurde, sondern auf eigenständigen sozialen Bewegungen und kulturellen Traditionen gründete. In Indien hatte sich nach dem Ersten Weltkrieg eine Unabhängigkeitsbewegung gegen die Briten formiert, deren wichtigster geistiger Inspirator und politischer Führer Mahatma Gandhi war. Demokratie war hier ein Ergebnis des antikolonialen Unabhängigkeitskampfes. Obwohl sie angesichts der heterogenen sozialen, ethnischen, sprachlichen und religiösen Vielfalt des riesigen Landes recht eigene, durchaus defizitäre Formen fand, unterstrich das Beispiel doch, dass Demokratie auch in nichtwestlichen Kulturen adaptiert werden konnte. Ähnliches gilt für Japan, dem zwar die Amerikaner nach 1945 eine Demokratisierung der Gesellschaft verordneten, die jedoch nur deshalb erfolgreich sein konnte, da das japanische Kaiserreich in den ersten Jahrzehnten des 20. Jahrhunderts mit hoher Intensität westliches demokratisches Gedankengut aufgenommen hatte. So hatte in der sogenannten »Taisho-Demokratie« für einige Zeit das Volk mitregiert. Die Gründerväter des neuen Staates Israel wiederum orientierten sich am deutlichsten an europäischen Formen der parlamentarischen Demokratie.

In den westlichen Nationen gab es in den 1950er Jahren erhebliche demokratische Defizite, die sich nur zum Teil aus der »Kommunistenfurcht« erklären lassen. Die McCarthy-Ära in den Vereinigten Staaten, die geprägt war von Verschwörungstheorien und einem extremen Antikommunismus, der überall »unamerikanische Umtriebe« witterte,[18] ist sprichwörtlich geworden. Viel zentraler war allerdings, dass nicht alle Bürgerinnen und Bürger gleichberechtigt am politischen Geschehen teilnehmen durften. Die Diskriminierung der Schwarzen in den USA verletzte zutiefst demokratische Prinzipien. Dagegen bildete sich eine Bürgerrechtsbewegung, aber es brachen auch gewalttätige Rassenunruhen aus. Politische Morde waren an der Tagesordnung. Ihnen fielen auch friedliche Bürgerrechtsaktivisten, die auf zivilen Ungehorsam statt Gewalt setzten, zum Opfer, etwa Martin Luther King. Der Kampf schwarzer Amerikaner gegen die Rassentrennung sowie weitere Bürgerrechtsbewegungen – vor allem gegen das Apartheid-Regime in Südafrika – hatten auf längere Sicht gesehen eine ungeheure Bedeutung und Wirkung. Sie waren alle aus Repressionen heraus entstanden, gegen die sie sich zur Wehr gesetzt hatten.

Die sich anschließende globale Revolte der 68er-Bewegung

zeugte von einer Unzufriedenheit junger Menschen mit den eingeschliffenen Verfahrensweisen der parlamentarischen Demokratie. Ein kleiner Teil ging in den Untergrund und fand sich im linksextremen Terror der RAF in der Bundesrepublik Deutschland und der Roten Brigaden in Italien wieder. Die 1970er Jahre waren beides: am Anfang ein Jahrzehnt großer innenpolitischer Reformen und des demokratischen Zugewinns; am Ende, nach dem Verlust der Utopie, den Weltwirtschaftskrisen und der Massenarbeitslosigkeit machte sich stärker als je zuvor ein Pessimismus breit. Nicht allein in der Bundesrepublik kam die Analyse auf, man befinde sich in einer »verunsicherten Republik«.[19]

Viel stärker jedoch wurde der andere Teil der Welt, der kommunistische Ostblock, beständig von Unruhen und Aufständen heimgesucht, die bis 1968 regelmäßig von der Roten Armee blutig niedergeschlagen wurden. Immer wieder regten sich aus dem Volk heraus Freiheitsbewegungen gegen den Staatssozialismus und die russische Fremdherrschaft: der Volksaufstand des 17. Juni 1953 in der DDR, die Ungarische Revolution von 1956, der »Prager Frühling« 1968 sowie die Aufstände in Polen seit Mitte der 1970er Jahre und die Gründung der Massen-Gewerkschaft Solidarnosć aus den Streikbewegungen 1980 waren Ereignisse, die die kommunistischen Diktaturen langfristig unterhöhlten und zu ihrem Untergang beitrugen.

Alle Diktaturen im sowjetischen Machtbereich standen in einem ständigen Konkurrenzverhältnis mit den liberalkapitalistischen Demokratien im Westen. Der Wettbewerb zwischen den Systemen durchzog sämtliche politische und gesellschaftliche Felder und betraf nicht zuletzt die Frage der sozialen Gerechtigkeit. Dabei kann der Sozialstaat als eine der größten europäischen Erfindungen des 20. Jahrhunderts gelten. Dem Prinzip der Sozialstaatlichkeit kam im gesamten Verlauf des 20. Jahrhunderts eine herausgehobene Stellung zu. Im Zeitalter von Demokratie und Diktatur vermochte sich die liberale Demokratie gegenüber Kommunismus und Faschismus durch sozialstaatliche Grundsätze zu behaupten.

Nur durch die Entfaltung des Sozialstaates konnte sich die Grundspannung zwischen der auf Gleichheit basierenden demokratischen Ordnung einerseits und der fortdauernd Ungleichheit produzierenden Marktwirtschaft andererseits austarieren und damit ein grundlegendes Defizit des liberalen Modells kompensieren lassen. Entfiel dieser Zwang nach dem Ende des Kalten Krieges? Auffallend jedenfalls ist der Zäsurcharakter der späten 1990er und frühen 2000er Jahre im Zeichen des Neoliberalismus. Man konnte eine Neuausrichtung des Sozialstaates erkennen und zwar gerade dort, wo er entstanden war, in Europa. Diese tiefgehende »Reformierung« sah nur mehr eine Basissicherung vor, verlangte eine verstärkte private Vorsorge und förderte vor allem die Erwerbsarbeit, auch in Form von nur sehr geringen Einkommen.

WELT IN BEWEGUNG

»Mehr Demokratie wagen« – ein solches Motto wäre am Ende des 20. Jahrhunderts kaum mehr vorstellbar gewesen. Doch in den 1960er Jahren waren überall Aufbrüche und Umbrüche zu erkennen, es war ein Jahrzehnt der demokratischen Erneuerung. Gesellschaftlicher Wandel, Bildungsreform, Durchbruch zum Fernsehzeitalter, Verwestlichung der Jugendkultur – kurz ein Traum vom immerwährenden Wohlstand erfasste viele Menschen in den Industrienationen. In allen großen Demokratien des Westens kam es in dieser dynamischen Zeit zu tiefgreifenden Machtwechseln. Der am meisten Aufsehen erregende war sicherlich derjenige in den Vereinigten Staaten: die Präsidentschaft des jungen John F. Kennedy, der Idealismus ausstrahlte und Reformen versprach. Von ihm ging ein regelrechter »Kennedy-Impuls« auf andere Länder aus. Kennedys Gespür für die Situation und sein Pathos der Freiheit kam nirgends besser zum Ausdruck als auf seiner Reise nach West-Berlin. Am 26. Juni 1963 hielt er seine berühmte Rede vor dem Schöneberger Rathaus, in der er die Auseinandersetzung zwischen der freien Welt und dem Kommunismus in prägnante Sätze goss: »Vor zweitausend Jahren war der stolzeste Satz, den ein Mensch sagen konnte, der: Ich bin ein Bürger Roms. Heute ist der stolzeste Satz, den jemand in der freien Welt sagen kann: Ich bin ein Berliner.«[20]

Doch Kennedy bestimmte diese Zeit nicht alleine. Charles de Gaulles Wiederaufstieg in Frankreich stellte gleichsam den Antipoden dar, der General versprühte für seine Anhänger kaum weniger Zauber. Nach der Auflösung der Dauerkonfrontation eines linken und eines rechten Parteienblocks kam es in Italien in der Mitte-Links-Regierung Aldo Moros zum ersten Mal zu einer Beteiligung der Sozialisten an der Regierungsmacht; auch in Großbritannien wurde nach 13 Jahren die konservative Tory-Regierung durch die Labour-Party abgelöst, und in der Bundesrepublik Deutschland fand der »Machtwechsel« statt, Willy Brandt, ein ehemaliger Widerstandskämpfer gegen die NS-Diktatur zog ins Kanzleramt ein. Die politische Orientierung in der westlichen Welt und in (West-) Europa war in Bewegung geraten. Gleichzeitig prägte sich ein zeittypischer Zukunftsoptimismus aus wie nie wieder danach. Fortschritt sei machbar, so glaubte man, indem man Politik und Ökonomie durchplante und verwissenschaftlichte. Krisen würden so der Vergangenheit angehören, und die Demokratie ließe sich technokratisch gestalten und am Laufen halten.

Die 1960er Jahre bedeuteten aber auch für Afrika den großen Wandel. 1960 wurde als das Jahr Afrikas bezeichnet, da 18 Kolonien ihre Unabhängigkeit erlangten. Die Entkolonialisierung war jedoch für die wenigsten der unabhängig gewordenen afrikanischen Staaten eine Phase der Ruhe, des wirtschaftlichen Aufbaus und der Demokratisierung. Die neuen afrikanischen Eliten stützten sich in der Regel auf traditionelle Clan- und Stammesverbindungen sowie auf die von den Kolonialherren übernommenen Verwaltungsstrukturen. Hinzu kamen als weitere Stabilitätsfaktoren die jeweiligen staatstragenden Einheitsparteien sowie die Armee. Militärputsche waren keine Seltenheit. Lang anhaltende Kriege und unzählige lokale Konflikte unterhalb der Schwelle des Krieges bestimmten die Geschichte des schwarzen Kontinents und die Systemkonfrontation der beiden Großmächte setzte sich in Afrika in Form von Stellvertreterkriegen fort. Hier schlug der Kalte Krieg zeitweise in einen »heißen« um. Gleiches gilt für Asien. Sowohl für die USA als auch für die Sowjetunion ging es um die Sicherung ihrer Einflusssphären.

Besonders in Lateinamerika waren Diktaturen noch mindestens bis zum Ende der 1970er Jahre die vorherrschende Regierungsform. Mit Ausnahme Costa Ricas, Venezuelas und Kolumbiens hatten in den Staaten südlich der USA mehr oder minder meist rechtsgerichtete autoritäre Regime die Macht inne. Gesellschaftliche Konflikte verschärften die innere Situation. Klientelismus, Korruption und Wahlbetrug waren Krankheiten vieler Länder. Nirgends waren sie aber so stark verbreitet wie in Südamerika. Rudimentäre demokratische Strukturen hatten sich in vielen Ländern, etwa in Mexiko, bereits um die Mitte des 19. Jahrhunderts herausgebildet, doch was wir heute unter Demokratie verstehen, entwickelte sich erst im letzten Viertel des 20. Jahrhunderts. Wahlrecht und Partizipation, Pluralismus und eine Opposition sowie schließlich die Verwirklichung von Menschenrechten hatten in Lateinamerika andere historische, politische und soziale Grundlagen als in Europa. Chile, Costa Rica und Uruguay konnten am Ende des 20. Jahrhunderts als funktionierende Demokratien betrachtet werden. Mexiko, Brasilien und Argentinien galten zumeist als »defekte« Demokratien. Aber am Ende der Skala gab es auch Länder, denen kaum demokratischer Erfolg bescheinigt wurde, namentlich Ecuador, Guatemala, Kolumbien und Venezuela.

Als Beispiel einer gelungenen Demokratisierung ist Chile hervorzuheben. Dabei waren hier die Vorbelastungen extrem groß. Seit dem Ersten Weltkrieg hatte es in Chile einen inneren Kampf zwischen rechten Militärdiktaturen und linken Volksfront-Regierungen gegeben. 1970 trat eine neue Volksfront bei Wahlen an, und der Sozialist Salvador Allende gewann die Präsidentschaft, verfügte jedoch nicht über eine eigene parlamentarische Mehrheit. Das Land war zutiefst gespalten, bürgerkriegsähnliche Zustände zwischen linken und rechten Gruppen führten Chile in eine Staatskrise. Allende, der erste aus freien Wahlen hervorgegangene marxistische Staatschef der Welt, fand nur bei einem Teil der chilenischen Bevölkerung Zustimmung, der andere hasste ihn zutiefst. Am Ende stand wieder ein Militärputsch, der vom amerikanischen Geheimdienst CIA zumindest indirekt unterstützt wurde. Der Oberbefehlshaber der chilenischen Streitkräfte, General Augusto Pinochet, stürzte am 11. September 1973 die gewählte Regierung, und beim Sturm auf den Präsidentenpalast nahm sich der darin eingeschlossene Allende das Leben. Mit ungeheurer Brutalität gingen die neuen Machthaber vor und scherten sich auch nicht um den Protest der Weltöffentlichkeit: Sie veranstalteten Hetzjagden auf Allendes Anhänger, die zu Tausenden im Nationalstadion von Santiago de Chile zusammengetrieben wurden. Mit Massenerschießungen und systematischer Folter setzten sie die Errichtung einer Militärdiktatur ins Werk. Die Pinochet-Ära, die in Stufen erst ab 1989 zu Ende ging, hinterließ ein politisch verwüstetes Land, in dem tägliche Furcht, politischer Mord und Repression zur Tagesordnung gehörten, um die Macht einer skrupellosen Clique zu sichern. 1988 sprach sich die Bevölkerung in einem Referendum mit 55 Prozent gegen eine weitere Amtszeit Pinochets aus. Für den General kam dieses Ergebnis völlig überraschend, und über einige Zeit versuchte er, wesentliche Teile seiner Macht zu retten, doch im Strudel des weltpolitischen Umbruchs gelang ihm dies immer weniger. Bei freien Wahlen 1989 verlor er seine politische, nicht jedoch seine militärische Macht. Mit einer neuen Verfassung war es seither nicht getan. Damit sich noch labile Demokratien wie Chile festigten, musste sich das Verhalten der politisch Handelnden ändern. Und eine demokratische Bürgergesellschaft entstand auch nicht über Nacht. Chile war »das lateinamerikanische Beispiel des ›German problem‹«.[21] Warum brachte eine Kulturnation wie Deutschland den Holocaust hervor – warum eine alte

Demokratie und Kulturnation wie Chile eine so grausame Militärdiktatur?

Früher als in Chile hatte sich der Übergang im Nachbarland Argentinien vollzogen. Dort war es 1976 zu einem Militärputsch unter Jorge Rafael Videla gekommen. Während der brutalen Junta verschwanden über 30 000 politische Gegner spurlos. Trotz Militärdiktatur wurde 1978 in Argentinien die Fußballweltmeisterschaft ausgetragen. Es war ein kurzer Krieg gegen Großbritannien, der den Militärs schließlich politisch das Genick brach: Das militärische Abenteuer um die von Argentinien beanspruchten Falklandinseln (Islas Malvinas) beendeten britische Streitkräfte unter der Premierministerin Margaret Thatcher innerhalb von 72 Tagen. Die geballte Militärmacht des Vereinigten Königreichs vertrieb die Invasoren, die Junta war am Ende. Insgesamt kann man zu Lateinamerika sagen: Wie in den ehemaligen Kolonialmächten Spanien und Portugal, wo die Diktaturen Francos und Salazars zu bröckeln begonnen hatten, brachen auch hier Anfang der 1980er Jahre die verkrusteten Strukturen von innen her auf. Mit Ausnahme Fidel Castros auf Kuba mussten selbst langgediente Diktatoren wie Pinochet in Chile und Alfredo Stroessner in Paraguay ihre Macht abgeben.

Ebenfalls seit den 1970er Jahren wandelte sich die »islamische Welt« – mit langfristig weitreichenden Folgen. Einerseits kam es zur Durchsetzung der saudischen Hegemonie, andererseits zu einer »Kultur der nationalen Befreiung«, etwa in Nordafrika oder in Indonesien.[22] Am nachhaltigsten jedoch wirkte sich die Islamische Revolution im Iran 1979 aus, wurde hier doch ein Modell für die Zukunft entworfen: die politische Instrumentalisierung des Islam.[23] Als Ideologie konkurrierte der Islam fortan nicht mehr vorrangig mit Religionen, sondern mit säkularen Weltanschauungen. Nur in zweiter Linie sollte im Verständnis der Revolutionäre der Islam auf theologische Fragen antworten. »In erster Linie sollte er ein unitaristisches, geschlossenes Erklärungs- und Normensystem für die Gesellschaft (oder die Nation) sein.«[24]

Dass gesellschaftliche Normensysteme in umfassender Weise religiös begründet wurden, war im 20. Jahrhundert die Ausnahme. Allerdings konnten massive Benachteiligungen als gottgefällig ausgegeben werden. Südafrika beispielsweise stand während des gesamten Zeitalters als Synonym für ein bespielloses System staatlich verordneter Rassentrennung und Diskriminierung. Riesige Goldfunde hatten zu einer vergleichsweise frühen und umfassenden Industrialisierung des Landes geführt. Bereits 1910 war es formal unabhängig geworden, 1926 hatte das Land den Status eines gleichgestellten Dominions erhalten. Der politische Suprematieanspruch der burischstämmigen weißen Minderheit gegenüber schwarzen und farbigen Bevölkerungsteilen, der 1948 in der staatlich verordneten Apartheid mündete, war schon im ersten Drittel des 20. Jahrhunderts festgeschrieben worden: der »Natives Land Act« von 1913 untersagte einen Bodentransfer zwischen Angehörigen verschiedener Rassen. Der »Natives (Urban Areas) Act« des Jahres 1923 sah unterschiedliche Wohngebiete für die einzelnen Rassen vor. Das Wirtschaftswachstum während des Zweiten Weltkrieges ließ die Verstädterung und das Entstehen von Elendsvierteln weiter zunehmen. Die weiße Bevölkerung, die »Afrikaaner«, forderte von der Zentralregierung eine neue Rassenordnung und der »Group Areas Act« setzte ab 1950 einen Prozess der erzwungenen Rassentrennung in Gang. Die schwarze Bevölkerung, ab März 1976 auch die Farbigen, Asiaten und weißen Unterschichten, wurden zwangsweise in sogenannte Homelands und »Townships« umgesiedelt. Gemischtrassige Ehen waren offiziell verboten, das höhere Bildungssystem allein den Weißen reserviert, im öffentlichen Raum herrschte vielerorts ebenfalls Rassentrennung.

Schwarze Politiker und Intellektuelle hatten 1912 den »South African Native National Congress«, den späteren »African National Congress« (ANC), gegründet, der Ende der 1950er Jahre verboten wurde. Das starke Bevölkerungswachstum unter den schwarzen Südafrikanern in den 1970er und 1980er Jahren führte zu einer allmählichen Verschiebung der Machtverhältnisse: Die Wirtschaft war auf die schwarzen Arbeitskräfte angewiesen. 1983 wurde unter Ministerpräsident Pieter Willem Botha die Verfassung erstmals reformiert und den Farbigen und Asiaten politische Beteiligungsrechte zugesprochen. Die hohe Arbeitslosigkeit besonders unter Jugendlichen führte zu einer lang anhaltenden Revolte in den schwarzen Townships, und beim gewaltsamen Vorgehen der weißen Polizei kam es wiederholt zu Morden an bekannten schwarzen Aktivisten. Internationale Sanktionen, gepaart mit dem Ende des Kommunismus, führten schließlich zu einer umfassenden Wende: Im Februar 1990 erklärte Präsident Frederik Willem de Klerk die formale Aufhebung der Rassentrennung, die Freilassung aller politischen Gefangenen und die Wiederzulassung des ANC. Im Mai 1994 stellte der ANC die Mehrheit der Abgeordneten. Nelson Mandela, Symbolfigur der schwarzen Bürgerrechtsbewegung, 1964 zu lebenslanger Haft verurteilt und im Februar 1990 endlich freigelassen, wurde zum Staatspräsidenten gewählt.

ZERFALL DES SOWJETISCHEN MACHTBEREICHS

Der zweifellos wichtigste Prozess der internationalen Politik im letzten Fünftel des 20. Jahrhunderts war die Erosion und der Zusammenbruch der Sowjetunion und ihres gesamten Machtbereichs. Die Zäsur von 1989 war so tief wie die von 1789. Innerhalb weniger Monate verschwanden kommunistische Diktaturen vom Erdboden, scheinbar unerschütterliche Machtstrukturen brachen zusammen wie morsches Gebälk. Das Symbol für die Teilung der Welt in zwei Blöcke war das geschlossene Brandenburger Tor in Berlin, seine Öffnung und der Mauerfall am 9. November symbolisierte die Zeitenwende des Jahres 1989. Mit dem Untergang des Kommunismus versank auch die globale Machtstruktur des Kalten Krieges: das bipolare internationale System.

Nicht nur Strukturen, sondern auch große Persönlichkeiten beeinflussten diesen historischen Prozess. Ohne Michail Gorbatschow wären die tiefgreifenden Wandlungen wohl kaum eingetreten. Glasnost – Freiheit und Offenheit – und Perestroika – Umgestaltung der ganzen Gesellschaft – lauteten seine neuen Ideen, die jedoch keineswegs darauf abzielten, die Sowjetunion zu zerstören. Problematisch war allerdings, dass Gorbatschow versuchte zu vereinbaren, was nicht vereinbar war: das Machtmonopol der KPdSU mit der Meinungsfreiheit; die Strukturen der zentralen Planwirtschaft mit marktwirtschaftlichen Regeln; die Macht der (alten) Funktionäre mit der Veränderung der Gesellschaft; schließlich den Zusammenhalt der Sowjetunion mit der Gleichberechtigung souveräner Einzelrepubliken. Am Ende war es wie bei der Geschichte vom Zauberlehrling: Er wurde die Geister, die er rief, nicht mehr los. Gorbatschow stemmte sich nicht gegen das Unausweichliche, hielt an den demokratischen Reformen fest, die eine unübersehbare Dynamik entfalteten. Das machte seine Größe aus.

Vielfältig waren die Formen des Umbruchs im Osten Europas. In Polen hatte es seit den 1970er Jahren gegoren, in den 1980ern war die Opposition zu einer Massenbewegung herangewachsen. Als Hort des Widerstands erwies sich die katholische Kirche, am Ende sogar unter einem polnischen Papst; dass der Übergang von der Diktatur zur Demokratie friedlich und gewaltlos gelang, lag nicht zuletzt an ihm. Mit der Konferenz für Sicherheit und Zusammenarbeit in Europa (KSZE), die alle wichtigen Führer der westlichen und östlichen Welt zusammengeführt hatte, und deren Schlussprotokoll 1975 in Helsinki verabschiedet worden war, hatte die große Auflockerung begonnen. Die Staatsführer des Ostblocks um die Sowjetunion hatten die Tragweite dessen, was sie da unterschrieben, völlig unterschätzt. In der Schlussakte hieß es im Absatz zu den Menschenrechten: »Die Teilnehmerstaaten werden die Menschenrechte und Grundfreiheiten, einschließlich der Gedanken-, Gewissens-, Religions- oder Überzeugungsfreiheit für alle ohne Unterschied der Rasse, des Geschlechts, der Sprache oder der Religion achten. Sie werden die wirksame Ausübung der zivilen, politischen, wirtschaftlichen, sozialen, kulturellen sowie der anderen Rechte und Freiheiten, die sich alle aus der dem Menschen innewohnenden Würde ergeben und für seine freie und volle Entfaltung wesentlich sind, fördern und ermutigen.«[25] Dies bedeutete ein Bekenntnis zu den individuellen Menschenrechten, die der Westen vertrat, und nicht zu den kollektiven, die im Osten proklamiert wurden. Im Nachhinein erkennt man: Es war eine der wirkungsmächtigsten Konferenzen des 20. Jahrhunderts. Der Osten zog ein Trojanisches Pferd in seinen Machtbereich hinein.

Ebenso wie Polen, wo die KSZE-Akte nachhaltig Wirkung erzielte, wurde Ungarn zum Wegbereiter der Demokratie in Osteuropa. Im Mai 1989 begannen ungarische Grenztruppen mit dem Abbau der Sperranlagen und zerschnitten den Zaun an der ungarisch-österreichischen Grenze; der Eiserne Vorhang wurde durchlässig, vor allem für Zehntausende von DDR-Flüchtlingen. Ebenfalls friedlich verlief der Umsturz in der Tschechoslowakei. Der späte, dann aber beharrliche Massenprotest trieb die reformunwillige kommunistische Führung aus dem Amt, und der noch Anfang des Jahres 1989 inhaftierte Bürgerrechtler und Dramatiker Václav Havel wurde zum Staatspräsidenten gewählt, die Rede von der »samtenen Revolution« geht vermutlich auf ihn zurück. Wie in keinem anderen Land des sich auflösenden Ostblocks gelangten in der Tschechoslowakei ehemalige Oppositionelle rasch in Schlüsselpositionen. In Bulgarien und Albanien dauerte alles länger und war die Situation lange kritisch. Blutig, ja begleitet von Gewaltexzessen war der Umsturz in Rumänien, denn die gefürchtete Geheimpolizei »Securitate« verübte zahlreiche Gräueltaten, während der Diktator Ceaușescu auf der Flucht verhaftet und zusammen mit seiner Frau nach einem kurzen Schau-Prozess hingerichtet wurde. Im blockfreien Jugoslawien, in dem es bereits seit dem Tode Titos 1980 unruhig geworden war, verschärften sich die Autonomiebestrebungen der reicheren Teilrepubliken. Nationalistische Politiker schürten alte ethnische und religiöse Konflikte, die den Balkan für Jahre in einen erschreckenden, schonungslosen Bürgerkrieg mit Vertreibungen und Massenmorden stürzten.

Deutschland brachte der Untergang des Kommunismus die Wiedervereinigung. Die entscheidende Machtprobe waren die großen Leipziger Massendemonstrationen, allein am 9. Oktober 1989 gingen 150 000 Menschen auf die Straße. Doch die Furcht vor einer »chinesischen Lösung« saß den Demonstranten im Nacken: Der Freiheitsprotest von einer Million vor allem junger Chinesen auf dem Platz des Himmlischen Friedens war dort von der kommunistischen Führung am 18. Mai 1989 in einem Blutbad erstickt und die Demokratiebewegung niedergeschlagen worden.

Im November 1990 trafen sich Vertreter aus 35 KSZE-Staaten in Paris, um mit der Pariser »Charta für ein neues Europa« den Kalten Krieg formell zu beenden. »Das Zeitalter der Konfrontation und der Teilung Europas ist zu Ende gegangen. (…) Ein neues Zeitalter der Demokratie, des Friedens und der Einheit bricht an«, hieß es in der Erklärung.[26] Hat sich dieser Optimismus bestätigt? War man auf dem Weg zur »einen Welt«? Die daran anschließenden Jahrzehnte gemahnen zur Vorsicht. Manche Wissenschaftler und Politiker hatten vorschnell das »Ende der Geschichte« prophezeit:[27] Nach dem Sieg des Westens im Systemkonflikt und dem Untergang des Kommunismus sahen sie ein neues goldenes Zeitalter anbrechen, eine Art von spannungsfreiem Endzustand fortwährender Glückseligkeit liberaler Demokratien, ohne Krisen und Kriege. Aber die Geschichte war natürlich auch dieses Mal nicht an ihr Ende gelangt. Außerdem ist Vorsicht gegenüber triumphierenden Gesten geboten. Wohin Hybris führen kann, machte die westliche Führungsmacht Amerika selbst vor. Dort hatte sich im politischen Bereich eine Zivilreligion entwickelt, hinter der überall biblische Archetypen standen: »Exodus, das auserwählte Volk, das gelobte Land, das Neue Jerusalem, der Opfertod und die Wiedergeburt (…). Sie hat ihre eigenen Propheten und ihre eigenen Märtyrer, ihre eigenen Feiertage und Heiligtümer, ihre eigenen feierlichen Rituale und Symbole«, schrieb der amerikanische Soziologe Robert N. Bellah. Die Zivilreligion, die die Demokratie sakralisierte, war darum bemüht, die USA als eine Gesellschaft darzustellen, die so vollkommen mit Gottes Willen in Übereinstimmung stand, wie es für Menschen nur möglich war. Sie sollte Fackel für alle Völker sein.[28]

Die USA sahen sich als einzig verbleibende Weltmacht, wohingegen das Experiment der Sowjetunion gescheitert war. Die Spaltung der Welt und Europas war die beherrschende Divergenz seit dem Ende des Zweiten Weltkrieges, und die politischen Systemgegensätze gruben sich tief in die Gesellschaften und Kulturen ein, sie zogen Gräben zwischen dem Osten und dem Westen. Die UdSSR hatte im 20. Jahrhundert die Moderne auf eigene Weise geprägt. »Nach Ablauf eines gigantischen Modernisierungsprozesses sollte die Sowjetunion in das Stadium der sozialistischen Moderne eintreten, das heißt, dass die normativen Absichten der revolutionären Elite und der Ideologie verwirklicht würden.«[29] Kommunismus erschien in dieser Weltsicht als eine andere, alternative und bessere Moderne. Diese sollte den morschen Kapitalismus überwinden. Die Sowjetunion verfolgte diesen spezifischen Modernisierungsweg und brachte so offenbar eine eigene, äußerst gewalttätige »Moderne« hervor.

WAHRHEITSKOMMISSIONEN NACH DIKTATUREN

Um aus solchen Prägungen und Hinterlassenschaften herauszukommen, waren größte Anstrengungen nötig. Das »past-beating«, die Vergangenheitsbewältigung, wurde zu einer weltweiten Aufgabe in Gesellschaften, die den Weg von einer Diktatur zur Demokratie zurücklegen. Das war nach 1945 mit Blick auf die nationalsozialistische Diktatur der Fall gewesen und seit 1989 mit Blick auf die kommunistische. Man nennt dies heute »Transitional justice«. Beschrieben werden hierbei die Prozesse, Praktiken und Organisationsformen, die darauf zielen, Verbrechen einer gewaltsamen Vergangenheit nach einem gesellschaftlichen Umbruch aufzuarbeiten und so den Übergang von der Diktatur zur Demokratie zu gewährleisten. Die Aufarbeitung von Regimeverbrechen und Bürgerkriegserfahrungen nahm die Gestalt einer »zweiten Geschichte« der Diktatur an. »Wahrheits-« und »Versöhnungskommissionen« begleiteten die Schritte aus der Diktatur in die Demokratie. Am bekanntesten waren die südafrikanischen, die unter der Ägide Nelson Mandelas und des Bischofs Tutu ihre schwierige Arbeit aufnahmen. Ähnliche Einrichtungen gab es in Lateinamerika, dort jedoch war es allein die Zivilgesellschaft, die diese Vergangenheitsbewältigung vorantieb. Die Suche nach Wahrheit scheiterte vielerorts am Widerstand der Täter. Absprachen hatten den südamerikanischen Militärs in der Regel eine Amnestie, manchmal völlige Straffreiheit trotz Verbrechen, zugestanden. In Ostmitteleuropa, wo es vergleichbare Kommissionen gab, war dies zumeist anders. Das größte Problem war hier, dass es sich um Diktaturen handelte, die sich seit 40 Jahren oder noch länger an der Macht gehalten und somit Gesellschaft, Politik und Rechtssystem massiv imprägniert hatten.

Es gab vor diesem komplizierten Hintergrund eine ganze Reihe von Zielen der Vergangenheitsbewältigung, die wiederum auf vielfältigen Wegen erreicht werden konnten. Das wichtigste Ziel war zu versuchen, Wahrheit und Gerechtigkeit wiederherzustellen. Dazu mussten Verantwortung und Schuld benannt und anerkannt werden. Erforderlich war, dass sich demokratische Verhältnisse konsolidierten, was Zeit bedurfte, und dass nicht aufs Neue Menschenrechte verletzt wurden. Darüber hinaus war die »Heilung« ein unerlässliches Ziel, was man durchaus im psychologischen, individuellen Sinn auffassen konnte. Auf der kollektiven Ebene zielte Vergangenheitsbewältigung auf eine Reinigung, eine gesellschaftliche Katharsis, vielleicht am Ende auf das Schwierigste überhaupt: den Hass zu überwinden und langfristig Opfer und Täter zu »versöhnen«. Die Wege, die zu diesen anspruchsvollen Zielen führten, waren so zahlreich, dass sie einer ziemlich unübersichtlichen Straßenkarte einer Stadt glichen. Die breiteste Straße darauf trug den Namen »Säuberung«, wie etwa durch die Entnazifizierung nach 1945 in Deutschland oder die Wahrheitskommissionen in Südafrika oder Chile nach 1989. Archive mussten geöffnet, zugänglich gemacht und ausgewertet werden, um die Untaten der Diktatur aufzuarbeiten. Wenn Verbrechen geleugnet wurden, musste dies – eine weitere breite Straße – die Justiz auf den Plan rufen. Überhaupt waren Gerichtsverfahren zur Aufarbeitung unabdingbar. Täter mussten bestraft werden, Entschädigungen, Reparationen und Wiedergutmachungen mussten die überlebenden Opfer erreichen. Ein nicht zu unterschätzender, unerlässlicher Weg war mit symbolischen Akten gepflastert – dazu gehörte die Etablierung einer Memorialkultur in Form von Friedhöfen und Museen, von Gedenkstätten und Gedenktagen.

Das Ziel dieses Umgangs mit der Geschichte bestand und besteht darin, einen Bruch mit der negativen Vergangenheit der Diktatur herbeizuführen. Um die Aufarbeitung zu bewerten, muss sie sich daran messen lassen, ob sie ihre Aufgaben auf lange Sicht erfüllt hat: eine Beseitigung der verbrecherischen Organisationen des überwundenen Regimes, eine Demokratisierung des politischen Gefüges, eine Bestrafung der Täter, eine Entschädigung der Opfer sowie eine moralisch-intellektuelle Aufarbeitung, um die politische Kultur zu demokratisieren. Dies sind beträchtliche Aufgaben, die auf verschiedenen Ebenen und durch verschiedene Akteure stattfinden. Ganz oben steht dabei die offizielle Ebene der Politik, hier geht es im Wesentlichen um die Gesetze. Darunter folgt die Ebene der Öffentlichkeit, in der verschiedene gesellschaftliche Gruppen agieren. Schließlich muss die Ebene der politisch-kulturellen Mentalitäten bedacht werden, auf der die Einstellungen, Meinungen und Verhaltensweisen der Menschen zu finden sind. Das alles erscheint überaus komplex, und es ist in der Tat so: Vergangenheit kann nicht ein für alle Mal »bewältigt« werden, Vergangenheitsbewältigung bleibt vielmehr ein ständiger Prozess und ein Lebenselixier für die Demokratie, die so ihren Triumph über die Diktatur tagtäglich erneuern muss.

3.
DRITTE WELT ZWISCHEN ERSTER UND ZWEITER

Der Klub der Blockfreien

Dies ist kein Bericht von beeindruckenden Ruhmestaten, es ist auch nicht lediglich ein »etwas zynischer Bericht«; zumindest will er es nicht sein. Es ist ein Stück aus zwei Leben, eine Momentaufnahme von einer bestimmten gemeinsamen Wegstrecke gleicher Hoffnungen und verwandter Träume.
Ernesto Che Guevara, The Motorcycle Diaries, 1951/1952[1]

▲▲▼▲

Die unterentwickelten Länder, die dritte Welt, sind in eine neue Phase eingetreten. Diese dritte Welt, ignoriert, ausgebeutet, verachtet wie der dritte Stand, will endlich auch etwas sein.
Alfred Sauvy, 1952[2]

▲▲▼▲

Durch die Blockfreiheit sagen wir den Großmächten, dass wir auch zu diesem Planeten gehören. Wir bekräftigen das Recht der kleinen oder militärisch schwächeren Nationen, die eigene Politik im eigenen Interesse zu bestimmen und einen Einfluss auf die Weltpolitik auszuüben.
Narasimha Rao, indischer Außenminister, 1955[3]

▲▲▼▲

Es gibt keine erste, zweite oder dritte Welt! Wir leben alle auf ein und demselben Planeten, für den wir gemeinsam Verantwortung tragen.
Karlheinz Böhm zur Gründung der Hilfsorganisation »Menschen für Menschen«, 1981[4]

▲▲▼▲

BANDUNG

Die Welt bestand niemals nur aus zwei Teilen. Auch, nachdem sich ab 1917 die antagonistischen Großmächte etabliert hatten, die nach 1945 zu »Supermächten« aufstiegen, war die Welt nicht einfach zweigeteilt. Als Gegenspieler der Supermächte bildete sich die »Dritte Welt«, aus der heraus die Bewegung der Blockfreien entstand. In der Mitte des 20. Jahrhunderts trafen sich Politiker, mit denen man bis zu dieser Zeit überhaupt nicht gerechnet hatte. Weit entfernt von den Metropolen des Weltgeschehens im Kalten Krieg fanden sie sich an einem Ort zusammen, der für die meisten zwischen West und Ost irgendwo im Niemandsland zu liegen schien: in der Provinz-Hauptstadt der indonesischen Insel Java, in Bandung. Nach einem vierjährigen Unabhängigkeitskrieg hatte im Dezember 1949 auch die ehemalige Kolonialmacht Niederlande die neue Republik Indonesien anerkannt, weniger aus Einsicht als vielmehr auf Druck seitens der UNO. Wenn die Stadt Bandung auch für viele auf der Weltkarte nicht leicht auszumachen war, rein zufällig war der Ort nicht gewählt worden. Es ging nicht nur um Indonesien, sondern um ganz Südostasien, das sich seit dem Zweiten Weltkrieg mit der Devise »Asien den Asiaten« gegen die europäischen Kolonialmächte zur Wehr setzte. Zwar war Indonesien seit einigen Jahren unabhängig, doch Frankreich konnte seine Kolonialherrschaft in der Region länger aufrechterhalten. Es gelang der Pariser Regierung, ihren Kolonialkrieg in Indochina gegenüber den USA als Konflikt des Kalten Krieges zu präsentieren. 1954 endete dieser Krieg mit einer schmachvollen Niederlage der französischen Kolonialmacht bei Điện Biên Phủ. Die neuen asiatischen Mächte strebten danach, die Unabhängigkeitsprozesse überall auf der Welt zu beschleunigen.

Die einwöchige Konferenz vom 18. bis 24. April 1955 in Bandung war ein Mammutspektakel. Über tausend Repräsentanten von 29 Ländern und 30 Befreiungsbewegungen in der Welt kamen zusammen. Sie repräsentierten fast zwei Drittel der Menschheit. Indien,

Indonesien, Ägypten und Äthiopien zählten dazu, aber ebenso aufstrebende große Mächte wie die Volksrepublik China, womit Konflikte programmiert waren. Hier versammelten sich Menschen, so vermerkte man in der westlichen Presse, die bisher von den weißen Angehörigen der Kolonialmächte als »Farbige« bezeichnet wurden. In Bandung fand also erstmals ein globales Treffen ohne die Weißen statt. Aimé Césaire, Dichter aus Martinique, schrieb damals zur Bedeutung der Konferenz: »Was war denn so denkwürdig an Bandung? Dass sich nämlich eine Milliarde fünfhundert Millionen Menschen in einer Stadt Asiens versammelt haben, um feierlich zu verkünden, dass Europa nicht mehr befähigt ist, die Welt unilateral zu führen, um zu verkünden, dass die europäische Herrschaft über die nichteuropäischen Teile des Erdballs in eine Sackgasse geführt hat, aus der es nun herauszukommen gilt.« Wenn man sich zwei Daten in Erinnerung rufe, werde die Tragweite deutlich: »1885 versammelte sich Europa in Berlin, um die Welt aufzuteilen; 1955, siebzig Jahre später, versammelte sich die Welt in Bandung, um Europa kundzutun, dass die Ära des europäischen Imperialismus vorbei ist.«[5] Vertreter ehemaliger Kolonien debattierten die Weltlage aus ihrer Sicht, ohne Hass oder blinde Anprangerung, aber im Bewusstsein einer neuen Zeit. Sie wollten sich zusammenschließen, um sich zwischen den Supermächten und deren Blöcken in West und Ost Gehör zu verschaffen. Bandung bedeutete einen Aufbruch in eine andere, postkoloniale Zeit. Die Konferenz war eine Zäsur.

Die Supermächte USA und Sowjetunion sowie die ehemaligen und zum Teil ja noch aktiven Kolonialmächte reagierten gereizt. Briten und Franzosen ärgerten sich am meisten und wähnten, es mit einer Revolte gegen die weiße Vorherrschaft zu tun zu haben, die Rückwirkungen auf ihre noch bestehenden Kolonialreiche in Afrika haben könnte. Die Amerikaner argwöhnten, es gehe den versammelten Politikern allein darum, den Kommunismus chinesischer Prägung zu verbreiten. Die Sowjetunion gab sich zwar immer als Treuhänder von Befreiungsbewegungen gegen den »imperialistischen Westen« aus, störte sich jetzt aber vehement an der Aufwertung des Rivalen Mao. Tatsächlich war die Einladung der Volksrepublik China nach Bandung umstritten gewesen. War China denn ein ehrlicher Verbündeter gegen den Kolonialismus? Schließlich hatte die chinesische Führung einige Jahre zuvor mehr schlecht als recht bemäntelt Tibet annektiert. Was sollten die jungen, gerade unabhängig gewordenen und schwachen Staaten Asiens davon halten, wenn das riesige Land derart skrupellos nach dem kleinen Nachbarn griff?

Die politischen Stars in Bandung waren der indonesische Präsident Sukarno, der als Gastgeber die Konferenz mit einer beeindruckenden Rede zu den Unabhängigkeitskämpfen in aller Welt eröffnete, vor allem jedoch der indische Regierungschef Jawaharlal Nehru und sein ägyptischer Kollege Gamal Abdel Nasser. Im Hintergrund zog der chinesische Ministerpräsident Zhou Enlai die Strippen. Wer Nehru und Nasser noch nicht zur Genüge kannte, sollte sie bald kennenlernen. Nach der Ermordung Gandhis im Januar 1948 verkörperte kein anderer Politiker besser den erfolgreichen Freiheitskampf des riesigen Landes als Nehru. Er vertrat eine indische Variante des Sozialismus, setzte sich für den Aufbau demokratischer Institutionen ein und hielt einen unerschütterlichen säkularen Standpunkt hoch – keine Religion in Indien sollte durch den Staat bevorzugt werden. Gegenüber den Briten betrieb er eine geschmeidige Politik, Indien war im November 1949 dem Commonwealth of Nations beigetreten. Es war jedoch vor allem Nasser, der überschießende Energie versprühte und in all seinen Auftritten eine für die Zuschauer ungeheure Dynamik entfaltete. Dies konnte man bereits 1955 in Bandung bemerken, doch wenig später war die Gelegenheit noch ausgeprägter. In der Suez-Krise ein Jahr nach der Konferenz von Bandung schlug seine große Stunde. Mit der Verstaatlichung der mehrheitlich britisch-französischen Suezkanal-Gesellschaft am 26. Juli 1956 nahm die Krise ihren Anfang. Großbritannien, Frankreich und Israel arbeiteten einen Geheimplan aus, der ab dem 29. Oktober 1956 in die Tat umgesetzt wurde und den Namen »Operation Musketier« trug. An diesem

Tag marschierten israelische Truppen in den Gazastreifen ein und besetzten den Sinai, zwei Tage später begannen die beiden anderen der drei Musketiere, Briten und Franzosen, die Kanalzone und die ägyptischen Flughäfen zu bombardieren. Diese Krise wurde am 6. November 1956 mit dem Ultimatum der Sowjetunion an Frankreich und Großbritannien beendet, Moskau drohte mit einem Atomkrieg. Die USA waren vom Vorgehen der westlichen Verbündeten schockiert und fürchteten um ihren Einfluss im Nahen Osten. Nasser triumphierte. Die ehemalige Kolonie hatte sich mit der Verstaatlichung des für die Weltwirtschaft so wichtigen Kanals gegen die einstigen Kolonialmächte erhoben und anschließend mit einem »imperialistischen Überfall« zurückgeschlagen. Mit diesem Fanal schwang sich Nasser zum unbestrittenen Führer und Idol im antikolonialen Freiheitskampf auf. Dass Israel als »Werkzeug der Imperialisten« an der Aggression beteiligt war, konnte dabei nur von Nutzen sein. Nasser war der Begründer des arabischen Nationalismus, und dessen prägende Stunde war der Suezkrieg. Der Ägypter als Nachfolger der einst so mächtigen Pharaonen hatte den Großmächten des 20. Jahrhunderts die Stirn geboten.

Derart aufgeladen, war die Geburt der »Dritten Welt« in der Mitte der 1950er Jahre ein welthistorisches Ereignis. Sie etablierte sich neben der ersten Welt, jener der westlichen Industrieländer, und der zweiten Welt, die die östlichen, sozialistischen Länder umschloss. Den Begriff hatten zwei französische Soziologen, Georges Balandier und Alfred Sauvy kurz zuvor »erfunden«, und sie lehnten sich dabei an die politische Formierung des »dritten Standes« am Auftakt der Französischen Revolution 1789 an, als der »dritte Stand« gegenüber den anderen beiden nicht länger ein Nichts sein wollte, sondern sich zur bestimmenden Kraft erklärte. Dies nahm der globale Süden gerne auf, obwohl der Begriff selbst auf der Konferenz in Bandung noch gar nicht verwendet worden war. Dies geschah erst einige Zeit danach, im Anschluss formierte sich jedoch schnell ein »Dritte Welt«-Bewusstsein. In der durchaus stolz gemeinten Eigenbezeichnung drückte sich fortan eine doppelte

Abgrenzung aus: Sie war zum einen gegen die beiden anderen »Welten« gemünzt, denen man sich keineswegs unterlegen fühlte. Zum anderen formulierte man damit prinzipielle Zweifel, ob die erste oder die zweite Welt überhaupt ein Modell für die jeweils eigene Entwicklung sein könnte. Die Führer der jungen Nationen strotzten vor Selbstbewusstsein. Sie wollten weder den USA noch der Sowjetunion gefügig sein und den ehemaligen Kolonialmächten, die nach dem Zweiten Weltkrieg einen erheblichen Statusverlust hatten hinnehmen müssen, schon gar nicht. So klang »Dritte Welt« auch nach »dritten Wegen« und »dritter Gewalt«.

Im September 1961 trafen sich ihre Führer nach zweijähriger Vorbereitungszeit erneut, dieses Mal in Europa, in Belgrad. Dort schloss man sich zur Bewegung der »Blockfreien« zusammen, deren langjährige Konferenzdiplomatie nun begann. Eingeladen hatte der Präsident Jugoslawiens, Weltkriegsheld und Nationalidol Josip Broz Tito. Nach dem Sieg der Partisanen über die deutschen Besatzer war am 29. November 1945 die aus sechs Teilrepubliken und zwei autonomen Gebieten bestehende Föderative Volksrepublik Jugoslawien ausgerufen worden. Tito ging nach dem Sieg gegen NS-Deutschland zunächst so vor, wie alle Regierungschefs im Osten Europas. Politische Gegner wurden ausgeschaltet, es kam zu Verstaatlichungen, Enteignungen und Kollektivierungen. Doch glaubte er, dass Moskaus Rezepte für den Balkan nicht taugten, und strebte einen eigenen, einen »dritten Weg« zum Sozialismus an.[6] Er ließ kommunistischen Partisanen im griechischen Bürgerkrieg Unterstützung zuteilwerden, obwohl Moskau dies ablehnte. Er wollte eine »Balkanföderation« mit Albanien und Bulgarien schaffen, was Stalin auf keinen Fall dulden konnte, hätte es doch die Führungsposition Moskaus beeinträchtigt. Tito gab jedoch nicht nach, riskierte 1948 den endgültigen Bruch mit Moskau und wurde vom Kreml geächtet. Die sowjetische Führung war erzürnt, Stalin stieß Jugoslawien aus der Kominform, der Weltzentrale des Kommunismus, sämtliche Freundschafts- und Beistandsabkommen wurden gekündigt. Die starre Haltung Moskaus entsprach ganz dem Zustand der Welt am Beginn der 1950er Jahre. Außerhalb der Machtblöcke sollte keinerlei Bewegung stattfinden. Doch zum kapitalistischen Westen tendierte Tito ebenfalls nicht. Es war eine Pattsituation zwischen Ost und West. So wurden Jugoslawien und mit ihm zahlreiche Länder der »Dritten Welt«, die nicht einem Block angehören wollten, »blockfrei«.

HERR IM EIGENEN HAUS

Jugoslawien war die Ausnahme in diesem Klub. Die gemeinsame Grunderfahrung der meisten Mitglieder der Bewegung war die koloniale Ausbeutung. Diese Erfahrung unterschied die organisierte Blockfreiheit von anderen neutralen Staaten auf der Welt, etwa der Schweiz, Schweden oder Österreich. In Bandung war 1955 eine gemeinsame Stellungnahme gegen Kolonialismus und Rassendiskriminierung abgegeben worden, die auf allen nachfolgenden Treffen erneuert wurde. Zudem forderte man, die Charta der Vereinten Nationen weltweit zu achten. Die Supermächte ermahnte man, ihre Spannungen abzubauen und ihre Kernwaffenarsenale zu vernichten. Im Wesentlichen hatte Nehru das Schlusskommuniqué von Bandung verfasst. Darin waren auch Prinzipien der friedlichen Koexistenz vertreten. In innere Angelegenheiten von Staaten dürfe nicht eingegriffen werden. Dass die Chinesen, die ja gerade während des Koreakrieges 1950–1953 die Spannungen angeheizt hatten und sich ihrerseits auf dem Weg zur Atommacht befanden, bei allem ohne Bedenken mitstimmten, wurde hingenommen. Es zeigte jedoch eines: Zwar war ein dritter Machtfaktor entstanden, eine neue Plattform der Artikulation von Interessen, doch von einer Einheit der Interessen konnte nicht die Rede sein.

Seit der Formierung der »Dritten Welt« oder der »Blockfreien« blickten aufmerksame Beobachter anders auf die Welt. Die Dekolonisation in Asien und Afrika nach dem Zweiten Weltkrieg gehört zu den wesentlichen Entwicklungen des 20. Jahrhunderts. Es war der dritte Schub in der Geschichte der Dekolonisation: Der erste war die Emanzipation Nord- und Südamerikas (1776–1825), beginnend mit dem amerikanischen Unabhängigkeitskrieg. Der zweite machte sich um die Mitte des 19. Jahrhunderts bemerkbar und formte »Siedlungskolonien neuenglischen Typs«[7] in de facto selbstregierten Staaten des britischen Empire aus: Kanada, Australien und Neuseeland. Hatte der Erste Weltkrieg die »Ära des Imperialismus« beendet, so brachte erst der Zweite Weltkrieg die europäischen Kolonialmächte ins Wanken, führte allerdings nicht zu einem sofortigen Ende ihrer Kolonialherrschaft. Die weltweite antikoloniale Bewegung im Zeichen einer afro-asiatischen Solidarität war schließlich bis Mitte der 1960er Jahre erfolgreich – oftmals jedoch nur um den Preis des Krieges. Der Mau-Mau-Krieg in der britischen Kolonie Kenia bis 1957 forderte bis zu 100 000 Opfer. In der kenianischen Erinnerungskultur spielt der Aufstand eine zentrale Rolle und wird als Durchbruch zur Unabhängigkeit, die 1963 erlangt wurde, gefeiert. Ähnliches gilt für Nordafrika. Der Krieg um die Unabhängigkeit Algeriens von Frankreich zwischen 1954 und 1962, einer der erbittertsten und blutigsten Kolonialkriege überhaupt, hat dort tiefe Spuren hinterlassen. Im französischen Verständnis gehörte Algerien zu Frankreich, war ein Teil des Mutterlandes. In Algerien zeigte sich auch die dramatische Gegenläufigkeit kontinentaler und kolonialer Gedächtnisse. Am 8. Mai 1945 hatten sich muslimische Algerier zu Feierlichkeiten zusammengefunden und dabei ihre grün-weißen Fahnen gezeigt. Dies wuchs sich zu einer Manifestation gegen das verhasste Kolonialstatut aus, schnell kamen Forderungen nach Unabhängigkeit von Frankreich auf. Der sich von Sétif her auf das umliegende Land ausbreitende Aufruhr wurde vom französischen Militär, von Polizeikräften und von der Siedlermiliz mittels summarischer Erschießungen in Blut ertränkt. Die Quellen sprechen von 15 000 bis 45 000 Toten. Der Historiker Dan Diner beleuchtet diese Ereignisse im Kontext der konkurrierenden Gedächtnisse: »Angesichts der Massaker von Sétif und Umgebung wird die Ikone des bislang allein von Reims und

Karlshorst in Anspruch genommenen 8. Mai 1945 zum Zeitzeichen gegenläufiger, unter Umständen konkurrierender Erinnerungen.«[8] In London und Paris jedoch waren diese Kriege und deren gravierende Menschenrechtsverletzungen heruntergespielt worden und fanden in der nationalen Erinnerung wenig Beachtung. Erst Ende 1999 rang sich beispielsweise die französische Nationalversammlung dazu durch, den Begriff »Algerienkrieg« im allgemeinen Sprachgebrauch zu erlauben. Bis dahin hatte man offiziell beschönigend von »Operation zur Aufrechterhaltung der Ordnung« gesprochen.

Die Dekolonisation war somit ein vielschichtiger, von zahlreichen Wechselbeziehungen bestimmter Prozess. Sie kann nicht auf den formalen Charakter der Erlangung der Unabhängigkeit reduziert werden. Viele Abhängigkeitsverhältnisse waren mit der Souveränität der ehemaligen Kolonien nicht mit einem Schlag beendet. Das betraf auch die neuen Eliten. Etliche Intellektuelle und Politiker, die nun das Ruder übernahmen, waren in den Kolonialländern ausgebildet worden. Gandhi etwa trieb bei der Unabhängigkeit Indiens gegen Ende der 1940er Jahre die große Sorge um, man würde nun einfach eine britische Herrschaft ohne Briten praktizieren, so stark seien die Prägungen und ideologischen Grundlagen. Und tatsächlich schwächten das Erbe des Kolonialismus und daraus folgende Widersprüche die »Dritte Welt«-Bewegung. Am besten lässt sich das am Beispiel Afrikas ablesen. Als die ehemaligen Kolonien in Afrika nach politischer Unabhängigkeit strebten, bemühten sie sich zugleich, ihre kulturelle Identität neu zu definieren. Wer sollte Sprachrohr der neuen Staaten, der »Entwicklungsländer« sein? Die jeweils eigene Identität war ja von den Kolonialherren unterdrückt worden. In den neu gebildeten frankophonen Staaten Afrikas gewann die afrokaribische Bewegung der »Négritude«, die in den 1930er Jahren intellektuell entstanden war, zunehmend Anhänger. Ein bedeutender Vertreter war der Schriftsteller und Sprachwissenschaftler Léopold Sédar Senghor, der in den 1960ern erster Präsident des Senegal wurde.

Für ihn bedeutete Négritude, »das gesamte Ensemble der zivilisatorischen Werte – kulturell, wirtschaftlich, gesellschaftlich, politisch – die für die schwarzen Völker oder genauer: für die Welt der Schwarz-Afrikaner charakteristisch sind. (…) Mit anderen Worten: das Gemeinschaftsgefühl, die Gabe der Mythenbildung, die Gabe des Rhythmus, solcherart sind die wesentlichen Elemente der Négritude, die allen Arbeiten und Aktivitäten des schwarzen Mannes unauslöschlich eingeprägt sind«.[9] Diese Négritude war eine logische Antwort auf die schmachvolle Kränkung eines Teils der Menschheit durch die Weißen. Mit Blick auf Afrika bestand diese Kränkung darin, dass keinerlei Unterschiede gemacht wurden zwischen den vielfältig verschiedenen afrikanischen Kulturen. Die Existenz einheimischer Kulturen wurde schlichtweg geleugnet oder man zwang ihnen die Werte der angeblich überlegenen westlichen Kultur auf. Der Irrtum der afrikanischen Intellektuellen wiederum bestand nun darin, *eine* einzige afrikanische Kultur nachweisen zu wollen, anstatt eine angolanische, kenianische oder ghanaische. So lautet die Kritik an der Négritude, die in vielen neu entstandenen Staaten zu finden war, das Konzept sei nichts anderes als eine Umkehrung des Kolonialsystems kultureller Unterdrückung. Dadurch geriet die Négritude zuerst in Verruf und anschließend in Vergessenheit.

DIE SÜDACHSE IM STREIT

Was China von Beginn an beabsichtigt hatte, nämlich die Blockfreien in sein Fahrwasser zu führen, versuchte später auch das immer mächtiger werdende Indien. Und selbst kleinere Länder wie Kuba oder Nordkorea meinten bis zum Ende des Kalten Krieges, sich als Lenker und Leiter der Blockfreien etablieren zu können. Das war ein durchsichtiges Unterfangen – und die Bewegung wurde zum Spielball Eigensinniger. Dies zeigte auch: Die Blockfreien waren nicht gleichermaßen gegen die beiden Fronten des Kalten

Krieges eingestellt. Die meisten Staaten, die der Bewegung angehörten, wollten mit dem sowjetischen Modell nicht viel zu tun haben, empfanden sich jedoch nach jeweils eigenen Maßstäben als »sozialistisch« – eine am gesellschaftlichen Wohl orientierte Idee, die dem kapitalistischen System überlegen zu sein schien. Viele hegten im Zweifel eher Sympathie für die Sowjetunion als für die Vereinigten Staaten von Amerika. Etliche Staaten der »Dritten Welt« hatten, was ihre Staatsform anging, einen Hang zu Militärregimen, zumindest zeitweilig. Putsche gab es immer wieder, lupenreine Demokraten waren selten. Indien war noch das eindrucksvollste Beispiel einer halbwegs funktionierenden Demokratie.

Wenn jemand der »Dritte Welt«-Bewegung ein revolutionäres Gesicht gab, dann war es Ernesto Che Guevara. Der Argentinier war 1956 mit Fidel Castro und einer Handvoll Getreuen mit dem Schiff »Granma« von Mexiko kommend auf Kuba gelandet und hatte den Kampf gegen die Diktatur Fulgencio Batistas aufgenommen. Nach der erfolgreichen Revolution wurde er Präsident der kubanischen Nationalbank, kurz darauf Industrieminister. Bevor er 1967 in Bolivien mit weiteren Guerilleros gefangen genommen und auf Geheiß des amerikanischen Geheimdienstes ermordet wurde, war er an den Brennpunkten des antikolonialen Kampfes der Welt präsent, sei es in Algerien, das sich in einem blutigen Krieg von Frankreich lossagte, oder im Kongo, wo er die von Patrice Lumumba gegründete Befreiungsbewegung unterstützte. Weit mehr als Castro galt Che Guevara international als die Verkörperung der Revolution, er war *die* Identifikationsfigur der globalen 68er-Bewegung, und 1999 kürte ihn das Time Magazine zum »Icon of the Century«. Sein kompromissloses Eintreten für das Recht der Unterdrückten der Welt auf einen bewaffneten Widerstand und sein Mythos als revolutionärer Märtyrer wirken bis heute. Bewunderung und Verklärung gingen schon bei der linken Protestgeneration der 68er Hand in Hand. Che Guevara war ein radikaler Gegner der amerikanischen »Dritte Welt«-Politik. Die revolutionären Bewegungen der »Dritten Welt« standen für ihn im Zentrum; ihr Feind waren die imperialistischen oder neokolonialen Mächte, allen voran die USA. John F. Kennedy, der damalige amerikanische Präsident, hatte im März 1961 ein zehnjähriges Entwicklungsprogramm für Lateinamerika angeregt, die »Allianz für den Fortschritt«. Kennedy, für viele der Inbegriff für ein liberales und tolerantes Amerika, wurde im Westen nicht weniger als »Held« gefeiert als Che Guevara in der »Dritten Welt«. Hier liefen zwei unterschiedliche Hoffnungsträger gegeneinander auf, die bereits zu ihren Lebzeiten von ihren Anhängern fast vergöttert wurden. Doch selten ist ein derartiges Programm wie das Kennedys nach allen Regeln der Kunst so zerrissen worden. Che Guevara bot beim Treffen der Organisation Amerikanischer Staaten (OAS) im August 1961 alles auf, was er argumentativ zu bieten hatte. Vor den Teilnehmern im uruguayischen Punta del Este zählte er sämtliche US-amerikanischen Aggressionsakte der letzten Jahre auf und warnte davor, auf den amerikanischen neokolonialen Trick hereinzufallen.[10] Auch vor der UN-Vollversammlung drei Jahre später nahm er kein Blatt vor den Mund: »Wir wollen den Sozialismus aufbauen; wir erklären uns zu Anhängern derjenigen, die für den Frieden kämpfen; wir sind Mitglied der Gruppe der Blockfreien Länder, auch wenn wir Marxisten-Leninisten sind, weil die Blockfreien ebenso wie wir gegen den Imperialismus kämpfen. Wir wollen Frieden, wir wollen für unser Volk ein besseres Leben erreichen, und deshalb versuchen wir bis zum äußersten, nicht auf die Provokation der Yankees hereinzufallen, aber wir kennen die Mentalität ihrer Regierung; sie will uns einen hohen Preis zahlen lassen für diesen Frieden. Wir antworten, dass dieser Preis seine Grenze in unserer Würde findet.«[11] In den »Bruderländern« der Sowjetunion war Che Guevara ebenfalls unterwegs, ja er stattete sogar der DDR einen Besuch ab. Nicht allen gefiel, wie er dort agierte und was er sagte. Dass er gegen den Willen der sowjetischen Führung am Grabe Stalins Blumen niederlegte, sorgte für Aufsehen und irritiert viele bis heute. Kuba, so führte er in seinen weniger widerborstigen Taten und Reden immer wieder aus, baue zwar den Sozialismus auf, zähle sich jedoch zu den blockfreien Staaten und identifiziere sich mit all jenen in der neuen Staatengemeinschaft der afrikanischen und asiatischen Länder, die gegen den Imperialismus kämpfen. Allerdings geriet auch die Sowjetunion ins Visier. Denn sie sei bei Handelsbeziehungen mit unterentwickelten Staaten nur auf ihren finanziellen Vorteil bedacht. Che Guevara warf ihr »stillschweigende Komplizenschaft mit den Ausbeuterländern des Westens« vor, so etwa in einer berühmten Rede auf der zweiten Afro-Asiatischen Wirtschaftskonferenz im Februar 1965, die seinen Bruch mit Moskau markierte.[12]

Hatten bis in die 1960er Jahre, der Hochzeit des Kalten Krieges, bei den Treffen der »Dritte Welt«-Gruppe vor allem sicherheitspolitische Interessen im Vordergrund gestanden, so verschob sich seit den 1970er Jahren der Schwerpunkt auf wirtschafts- und entwicklungspolitische Bereiche. Auch auf diesem Feld ging ein Riss durch die Bewegung: Einige Staaten der »Dritten Welt«, nämlich diejenigen, die über Ölvorkommen verfügten, waren mit einem Mal viel mächtiger als die anderen. Die Kluft vertiefte und verbreitete sich im letzten Drittel des 20. Jahrhunderts rasant. Superreiche, bevölkerungsarme Ölstaaten vor allem aus der Golfregion standen bevölkerungsreichen, aber rohstoffarmen Habenichtsen wie Bangladesch gegenüber, das sich 1971 kriegerisch von Pakistan abspaltete. Einige Regionen der Welt industrialisierten sich schnell, andere gar nicht. In Teilen Asiens trieben die kleineren »Tigerstaaten« ihre Modernisierung voran, Teile Afrikas fielen demgegenüber immer weiter zurück, sodass die Bezeichnung »Vierte Welt« aufkam.

Zwischen 1955, der Formationskonferenz in Bandung, und 1989, dem Ende des Kalten Krieges, fanden zehn Gipfelkonferenzen der Staats- und Regierungschefs statt, eine Art von Generalversammlungen der Blockfreien. Man traf sich jeweils in der Hauptstadt eines Mitgliedstaates, unter anderem in Kairo 1964, Lusaka 1970, Colombo 1976, Havanna 1979, Neu Delhi 1983 und Harare 1986. Seit den 1970er Jahren bildete sich eine komplexe Organisationsstruktur heraus. Als Sprecher der Blockfreien fungierte jeweils der

Staatschef, in dessen Land die Gipfelkonferenz stattfand, und ein Koordinationsbüro setzte unter seinem Vorsitz die gefällten Beschlüsse und vorgesehenen Programme um. Die letzte Konferenz im Zeichen des Ost-West-Konflikts fand 1989 wiederum dort statt, wo Tito einst die Blockfreien zusammengeschweißt hatte, in Belgrad. Von den ursprünglich 61 Mitgliedern der Blockfreien war die Bewegung bis zu diesem Zeitpunkt auf 102 Staaten angewachsen. Zusätzlich waren Befreiungsbewegungen aufgenommen worden, so etwa die PLO und die südafrikanische SWAPO. In der Erklärung von Durban zum neuen Jahrtausend erklärten die Blockfreien am 3. September 1998, dass ihre Bewegung weiter lebe. Sie hätten in den vergangenen mehr als 40 Jahren die Bestrebungen verkörpert, den »Völkern des Südens« ein Leben in »Frieden und Sicherheit« zu gewährleisten. Die Länder wollten am Übergang zum 21. Jahrhundert die Globalisierung mitgestalten und nicht nur ihre Leidtragenden sein.[13] Die Bewegung, die inzwischen 120 Staaten zählt, existiert bis heute, obwohl es keine »Blöcke« im Sinne des Kalten Krieges mehr gibt. Das gemeinsame Treffen für 2012 fand in Teheran statt.

Politisch zerstritten, korrupt, erfolglos – ein solches Urteil würde der Bewegung der Blockfreien nicht gerecht. Aber die »Dritte Welt« war auch nicht einfach die bessere Welt. Der Presskraft des Kalten Krieges konnten sich die Blockfreien häufig nicht entziehen. So schwankten geostrategisch günstig gelegene Länder immer zwischen der Neigung zur Sowjetunion und zu den USA hin und her, je nachdem, wer ihnen zu bestimmten Zeiten mehr bieten konnte. Gerade Ägypten verstand die Fronten des Ost-West-Konflikts virtuos zu eigenen Gunsten zu nutzen. Die politische Wirkung der Gruppe blieb hingegen im Blockgefüge relativ schwach, eine wirkliche Gegenmacht entstand nicht. Es gelang den Blockfreien zu keiner Zeit, eine eigenständige Kraft in der Welt zu werden. Ihre jeweiligen Sonderinteressen verhinderten dies. Oftmals stimmten, wie so oft im Kalten Krieg, Anspruch und Wirklichkeit nicht überein. Abrüstung? Die Aufrüstung und die Militarisierung nahmen in den blockfreien Ländern selbst stark zu. Indien und Pakistan waren Atommächte und nahmen 1998 angesichts des andauernden Streits und jahrzehntelanger Kämpfe ihre Atomwaffentests wieder auf. Verzicht auf kriegerische Mittel? Somalia und Äthiopien bekämpften sich erbittert, Iran und Irak waren »Todfeinde«. Als große Friedensbewegung kann man die Blockfreien jedenfalls nicht bezeichnen, vermochten sie doch nicht einmal Kriege in den eigenen Ländern zu unterbinden. Eine »Internationale der Armen«, wie Nasser in den 1950er Jahren sagte? Die Solidarität zwischen denen, die viel und immer mehr hatten, und jenen, die kaum etwas und immer weniger hatten, war alles andere als groß.

Das Dilemma der Blockfreien bestand in ihren divergierenden politischen und wirtschaftlichen Interessen. Und dennoch: Zu den positiven Ergebnissen zählt, dass diese Bewegung zum ersten Mal eine Eigenorganisation von Ländern außerhalb der Machtblöcke zustande brachte. Die Welt befand sich nicht allein in einem Zwiespalt zwischen West und Ost. Wer die Welt nicht mehr nur aus den Zentren der alten Kolonialmächte betrachtete, sondern aus der Perspektive Kairos oder Neu Delhis, nahm sie seither anders wahr. Die »Dritte Welt« als politisch geeinte Gruppe von Staaten existiert nicht mehr, aber ihr Verdienst war es, die »Südachse« der Welt und deren postkoloniale Kulturen gegen die lange dominante »Nordachse« gestärkt zu haben. Und es ist nicht unwahrscheinlich, dass im fortschreitenden 21. Jahrhundert vermehrt dort die Musik spielen wird. Dies gilt selbst, wenn man gegenwärtig den Eindruck gewinnen könnte, dort gäbe es fast nur »gescheiterte Staaten«. Auch diesen Aspekt beleuchtet das nächste Kapitel, in dem es um Staaten, Nationen und Imperien geht.

4.

STARKE STAATEN UND GESCHEITERTE STAATEN

Das Erbe der Imperien

Den Völkern Österreich-Ungarns, deren Platz unter den Nationen wir gefestigt und gesichert zu sehen wünschen, sollte die freieste Möglichkeit autonomer Entwicklung gewährt werden.
Woodrow Wilson, 10. Punkt seiner 14-Punkte-Erklärung vom 8. Januar 1918[1]

▲▲▼▲

Nicht der Staat hat uns geschaffen, sondern wir schaffen uns unseren Staat!
Adolf Hitler in Nürnberg, 7. September 1934[2]

▲▲▼▲

Nation ist ein Inbegriff von gemeinsamer Vergangenheit und Zukunft, von Sprache und Kultur, von Bewusstsein und Willen, von Staat und Gebiet. Mit allen Fehlern, mit allen Irrtümern des Zeitgeistes und doch mit dem gemeinsamen Willen und Bewusstsein hat diesen unseren Nationsbegriff das Jahr 1871 geprägt. Von daher – und nur von daher – wissen wir, dass wir uns als Deutsche fühlen.
Richard von Weizsäcker im Deutschen Bundestag, 24. Februar 1972[3]

▲▲▼▲

Als Voraussetzung für die Mitgliedschaft muss der Beitrittskandidat eine institutionelle Stabilität als Garantie für demokratische und rechtsstaatliche Ordnung, für die Wahrung der Menschenrechte sowie die Achtung und den Schutz von Minderheiten verwirklicht haben; sie erfordert ferner eine funktionierende Marktwirtschaft sowie die Fähigkeit, dem Wettbewerbsdruck und den Marktkräften innerhalb der Union standzuhalten.
Kopenhagener Kriterien für eine Mitgliedschaft in der EU, 1993[4]

▲▲▼▲

Amerika ist nun weniger von erobernden, denn von scheiternden Staaten bedroht.
U. S. National Security Strategy, Washington, D. C. 17. September 2002[5]

▲▲▼▲

DEUTSCHLAND, ABER WO LIEGT ES?

»Nation« und »Nationalismus« – hinter diesen Begriffen stehen mindestens 400 Jahre Weltgeschichte, die durchfurcht sind von Kriegen und ethnischen Konflikten, von Vertreibungen, Pogromen, Massenaufmärschen, Verführung und Gewalt und am Ende von Massengräbern. Nationalismus ist eines der mächtigsten Glaubenssysteme seit dem 19. Jahrhundert. Hunderte Millionen Menschen sind ihm verfallen, dutzende Millionen mussten dafür sterben. Davon können vor allem die Deutschen ein trauriges und beschämendes Lied singen. Im 20. Jahrhundert gab es fünf verschiedene »Deutschlands«, vier scheiterten, und nur eines bestand, wenngleich verändert, fort: Das Kaiserreich ging 1918 in den Stürmen des verlorenen Weltkrieges unter, die Weimarer Republik wurde von ihren Gegnern 1933 endgültig zerstört, das »Dritte Reich« musste bis 1945 von außen besiegt werden, die Bundesrepublik Deutschland und die DDR bestanden seit 1949, bevor ein Staat sang- und klanglos verschwand und unverhofft die deutsche Einheit kam. Das wiedervereinigte Deutschland existiert seit 1990. Eine solche verdichtete Geschichte einer Nation hatte es in so kurzer Zeit noch niemals zuvor gegeben. »Deutschland? Aber wo liegt es? Ich weiß das Land nicht zu finden«, schrieben Goethe und Schiller 1796.[6] Erst 200 Jahre später konnte man das Land definitiv finden, die deutsche Frage war gelöst.

Nicht nur dieses Auf und Ab ist bemerkenswert. Es ist der Abgrund, in den Deutschland die Welt riss. Die Deutschen unter Hitler haben der Welt das bis heute unübertroffene Schreckbild eines entfesselten Nationalismus geliefert. Die beispiellose Gewalt während der NS-Zeit entlegitimierte den Nationalstaat der Deutschen zutiefst. Nach dem Zweiten Weltkrieg, der bedingungslosen Kapitulation und der Besatzungsherrschaft der vier Siegermächte war Deutschland, wie man es gekannt hatte, am Ende, »finis Germaniae«. Das Gebiet, das vormals Deutschland hieß, entwickelte sich, so erscheint es im Rückblick, zu einem großen sozialwissenschaftlichen Laboratorium: Die deutsche Nation wurde zerschlagen und 1949 in zwei Staaten geteilt, die völlig unterschiedlichen Weltsystemen angehörten. Zudem wurden ehemalige deutsche Gebiete annektiert. Was hatte hier Nation noch zu bedeuten? Gab es überhaupt noch eine deutsche Nation, wer wollte und wer sollte die Rechtsnachfolge des »Dritten Reiches« antreten? Wie stand es um die Kontinuität der deutschen Geschichte zu einer Zeit, als das Ende Deutschlands so offensichtlich schien?

Im Laufe der Jahre fanden angesichts dieser sonderbaren Verhältnisse einige alternative Begründungen der Nation Zuspruch. So etwa die Besinnung auf die jahrhundertlange kulturelle Einheit der Deutschen in Literatur, Kunst und Musik, die trotz erheblicher politischer Zersplitterung vorhanden war und »Deutschland«, in welch territorialer Gestalt auch immer, zur Blüte getrieben hatte. In seiner ersten Regierungserklärung, die den Beginn der Neuen Ostpolitik markierte, bemerkte Bundeskanzler Willy Brandt 1969: »Auch wenn zwei Staaten in Deutschland existieren, so können sie füreinander doch nicht Ausland sein.«[7] Dies war eine substanzielle Feststellung und gründete auf dem Gedanken, dass die Deutschen trotz Mauer und Stacheldraht durch eine lange Geschichte miteinander verbunden waren und es auch bleiben mussten. Man brachte diesen Gedanken in der Zeit danach auf den Begriff »zwei Staaten, eine Nation«. Zwei Staaten gab es in Deutschland, die Bundesrepublik und die DDR, aber nur eine Nation, die beide Gebilde umschloss.

Der erbitterte Streit um die Neue Ostpolitik und den Grundlagenvertrag mit der DDR im Jahr 1972, der im Westen des geteilten Landes losbrach, entzündete sich am Nationsverständnis. Was hatte Vorrang, so lautete die grundsätzliche Frage, die Staatsnation oder die Kulturnation, die Reichsgründung 1871 oder die Revolution 1848/1849 und alles, was kulturell vor ihr lag? Kritiker des kulturnationalen Verständnisses argumentierten, dass Staat und Gebiet, nicht nur Bewusstsein und Wille, eine Nation aus- und starkmachten. Dies leugneten die Befürworter der Kulturnation nicht grundsätzlich, sie relativierten die territoriale und rechtliche Kontinuität jedoch erheblich. Hinzu kam bei ihnen ein ethisch-moralischer Zug: Sie sahen es als eine »historische Reifeprüfung« der Deutschen nach Auschwitz an, trotz Spaltung den nationalen Zusammenhalt zu bewahren. Es war eine typische bundesdeutsche Debatte. Sie blendete auch aus, wer dabei die Rechnung für Hitler zu bezahlen hatte, nämlich die Ostdeutschen, die zum zweiten Male in einer Diktatur leben mussten, während sich die Westdeutschen der Freiheit und des Wohlstandes erfreuen konnten.

Bemerkenswerterweise betrieben die Verfassungstheoretiker der SED im Osten Deutschlands zur selben Zeit, Anfang der 1970er Jahre, viel Aufwand, um das genaue Gegenteil der westlichen Sicht, also der fortbestehenden *einen* Nation, zu beweisen. Sie entwarfen eine Theorie, wonach sich in Deutschland nach 1945 nicht nur zwei Staaten, sondern sogar zwei Nationen herausgebildet hätten, nämlich »Klassennationen«. Eine – gute – sozialistische Nation im Osten und eine – schlechte – kapitalistische Nation im Westen.[8] Mit der Verfassungsänderung der DDR 1974 konnte es keinen Zweifel mehr daran geben, dass das SED-Regime gewillt war, einen Schlussstrich unter die Frage der deutschen Nation zu ziehen.

So sehr in diesem Zeitraum die SED angesichts der internationalen Anerkennung der DDR den Höhepunkt ihrer Macht erreichte – beide deutschen Staaten fanden ja Aufnahme in die UNO –, so war es doch offensichtlich, dass die deutsche Frage damit nicht abschließend geklärt war. Die deutsche Frage blieb ungelöst. Mit der Öffnung der Berliner Mauer war klar, dass zur absurden Wirklichkeit der Teilung kein Weg mehr zurückführte. Die DDR ging durch eine Revolution zugrunde und war damit

1989/1990 vielleicht sogar einer der ersten Staaten, die man später »failed states«, gescheiterte Staaten, nennen sollte. Dies könnte man jedenfalls dann in gewisser Weise sagen, wenn man die folgende Definition dafür zugrunde legt. Ein Staat »scheitert«, wenn er drei elementare Funktionen für seine Bürger nicht mehr erfüllten kann: die Gewährleistung physischer Sicherheit, die erwartete Erfüllung von Wohlfahrtsstaatlichkeit und die Aufrechterhaltung der Legitimität seiner politischen Ordnung.[9] Der Legitimitätsverlust des SED-Regimes war erdrutschartig.

Zugleich jedoch war die »alte« Bundesrepublik recht wenig dafür präpariert, eine solche »nationale« Wiedervereinigung zu vollziehen. Denn sie war über einen Zeitraum von fast 40 Jahren in vielfältige supranationale Strukturen und Bündnisse eingebunden, in europäische (EG) und in transatlantische (NATO). Daraus ergaben sich die erheblichen Konvulsionen, welche die deutsche Vereinigung umrankten. Die »neue« Bundesrepublik seit Oktober 1990 entsprach somit ebenso wenig wie die »alte« einem »klassischen« Nationalstaat, wie man ihn bis zur zweiten Hälfte des 20. Jahrhunderts kannte. Zu viele nationale Souveränitätsrechte waren auf über-nationale Institutionen übertragen worden. Nach 40 Jahren wurde somit zwar eine zwei Generationen lang geteilte Nation wieder zusammengefügt, doch viele Beobachter fragten sich mit Recht: Kam hier wirklich im letzten noch möglichen Moment zusammen, was zusammengehörte? Dieses Jahrhundertereignis stand nämlich völlig quer zum angenommenen allgemeinen welthistorischen Trend. War die Idee des Nationalstaates nicht eine, die aus dem vergangenen 19. Jahrhundert entstammte? Gehörte die Zukunft nicht vielmehr einer wie auch immer gearteten Supranationalität? Wie ein erratischer Block ragte am Ende des 20. Jahrhunderts plötzlich die Nation wieder in die Geschichte der Deutschen und der Europäer hinein. Doch wahr ist auch: Die nationale Idee hatte ihre Anziehungskraft nicht verloren, im Gegenteil. Für die Ostdeutschen war Nation ein so zentrales Motiv, weil sie, die Nation, wie im 19. Jahrhundert, wie bei der Revolution von 1848/1849, beides versprach, was man bisher entbehren musste: Einheit *und* Freiheit. An der Geschichte der Deutschen und der Deutschländer lässt sich das Thema Nation, Nationalismus und Supranationalität also besonders gut studieren. Hier können sich die Blicke für das Thema schärfen – auch und gerade im globalen Maßstab, der im Folgenden betrachtet werden soll.

DIE KARRIERE EINES KONZEPTS

Blickt man auf ideengeschichtliche Probleme, so bedarf es erst gewisser gedanklicher Ordnungen, die vorgenommen werden müssen. Denn allein schon die Frage, was eine Nation eigentlich sei, blieb lange umstritten. Nation, Nationalstaat, Nationalismus und Nation-Building sind keineswegs Begriffe, die sich von selbst verstehen. Es geht bei ihnen nicht um irgendwie natürliche Gegebenheiten, sondern um historische Konstrukte. Nationen sind keine Schöpfungsordnungen, man muss sich bewusst sein, dass Nationen von Menschen erfunden worden sind. Es handelt sich um Konzepte verschiedener sozialer Trägerschichten einer spezifischen Gesellschaft in einer bestimmten Zeit. Sie unterliegen der Historizität. Nationalstaaten tauchten in der Neuzeit seit dem 16. Jahrhundert auf und wurden zur Signatur der atlantisch-europäischen Moderne. »Nation« kann ganz allgemein bestimmt werden als ein System von kollektiv-gemeinsamen Wertorientierungen und Ordnungsvorstellungen. Sie verspricht nach innen Teilhabe und nach außen Abgrenzung. Insofern hat »Nation« immer zwei Seiten: Partizipationsverheißung *und* Aggressionsbereitschaft; beides ist miteinander konstitutiv verknüpft. Der moderne Nationsbegriff enthält somit die Spannung von partizipationsverheißender Integration und Exklusion.

»Nationalismus« ist einer der vielen »Ismen«, die vor allem im 19. Jahrhundert entstanden sind, wie Liberalismus, Sozialismus, etwas später der Zionismus usw. Er bedeutet die Bevorzugung des politischen, gesellschaftlichen und kulturellen Deutungsmusters »Nation« und der ihren Mitgliedern zugeordneten Interessen gegenüber den Interessen aller Außenstehenden. »Nation-Building« wiederum beschreibt den Prozess der Bildung und Formierung einer Nation bzw. eines Nationalstaates. Hieraus ergaben sich etliche Fragen für die Forschung. Untersucht wurden die soziale Mobilisierung, die Rolle der politischen Eliten, die Bedeutung von Krisen und Umbrüchen. Wann kam es zum »Erwachen« von Nationen? Über welche Formen geschah dies? Häufig vollzog sich eine Nationenbildung durch Revolutionen, etwa indem sich, wie in Frankreich 1789, der »dritte Stand« zur Nation und die Zusammenkunft seiner Repräsentanten zur Nationalversammlung erklärte. Nationen konnten auch durch Krieg entstehen. In den »Freiheitskriegen« gegen Napoleon am Anfang des 19. Jahrhunderts kam es zur Formierung eines deutschen Nationalgefühls, das durch Lyrik, Lieder sowie Predigten von Pfarrern in die Gesellschaft einsickerte. Die berühmteste Nationalstaatsgründung durch Krieg stellt das Deutsche Kaiserreich von 1871 dar, das von Bismarck durch »Eisen und Blut« in drei Kriegen gegen Dänemark, Österreich und vor allem gegen den »Erbfeind« Frankreich geschmiedet wurde. Die grundlegende Voraussetzung dafür, dass eine Nationsbildung gelang, war jedoch nicht Krieg oder Revolution, sondern eine gemeinsame Sprache, auch wenn sich dieser Prozess länger hinziehen konnte. Denn die Nation ist in ihrem Wesenskern eine Kommunikationsgemeinschaft.

Umstritten ist, ob es eine nationale Identität brauchte, um einen Nationalstaat zu gründen oder ob eine solche Identität erst im Zuge des Prozesses entstand oder gar erst nach Vollendung der Einheit. Beide Möglichkeiten erscheinen prinzipiell denkbar. Nicht mehr bestritten wird heute, dass der Nationalismus von Anfang an eine aggressive, auf Krieg ausgerichtete Ideologie war, dass also der »Feind« immer ein konstitutives Element für ihn darstellte. Das Eigene und das Fremde bildeten die beiden Seiten derselben Medaille. Die »Erbfeindschaft« zwischen Deutschen und Franzosen ist ein prägnantes Beispiel dafür; hier wie dort: ein »Vaterland der Feinde«.[10]

Im 20. Jahrhundert lassen sich, jenseits des eingangs erwähnten deutschen Falles, fünf große Verdichtungen der Nationsbildung erkennen. Die erste dieser Verdichtung fand nach dem Ersten Weltkrieg statt. Durch den Zerfall mächtiger und mehrere Völker umschließender europäischer Monarchien, des Habsburgerreiches, des Osmanischen Reiches, des Deutschen Kaiserreiches und des Zarenreiches, entstand eine Vielzahl neuer Nationalstaaten. Die zweite Konzentration markierte die Jahre 1944/1945. Dabei handelte es sich um die Wiederherstellung jener Nationen, die durch die deutsche Besatzungsherrschaft oder durch Kollaborationsregime unterdrückt bzw. beschädigt worden waren. Um 1960 lässt sich eine dritte Verdichtung erkennen. Sie war eine Folge der Entkolonialisierung und vor allem in Afrika wurden zahlreiche neue (National-)Staaten gegründet. Der »Völkerfrühling« von 1989 verweist auf die vierte Konzentration. Allein auf dem Gebiet der ehemaligen Sowjetunion entstanden 15 neue unabhängige Staaten. Schließlich verstärkten sich in den 1990er Jahren zum fünften Mal im 20. Jahrhundert alle Aspekte von Staat und Nation – allerdings mit gegenläufigen Folgen gegenüber dem, was zuvor geschehen war: Es begann die Zeit der zerfallenden und »gescheiterten« Staaten, etwa auf dem Balkan, wo Jugoslawien zerbarst, aber auch in Afghanistan und schließlich – doch damit sind wir bereits im 21. Jahrhundert – in der nordafrikanischen Region und im Nahen Osten.

WELTORDNUNGSMODELLE

Bereits mit den Balkankriegen 1912/1913 verlor das Osmanische Reich seine europäischen Gebiete, übrig blieb nur ein winziger Brückenkopf. Der »kranke Mann am Bosporus« trat in den Ersten Weltkrieg ein, um seinen überall schwindenden Einfluss wieder auszudehnen. Es kam jedoch vollkommen anders. Das Osmanische Reich war die letzte, relativ stabile Ordnung, die über mehrere Jahrhunderte in einer Mischung aus grausamer Unterdrückung und religiöser Duldung die Gebiete zwischen dem Atlasgebirge und der Golfregion zusammengehalten hatte. Damit war es mit dem Weltkrieg zu Ende. Der Sultan verlor fast alles, und das Reich geriet mehr und mehr in die Hände der politischen Bewegung der Jungtürken. Sie forderten liberale Reformen und plädierten für einen türkischen Nationalismus. Ihr Anführer, Mustafa Kemal Atatürk, rief am 29. Oktober 1923 die Türkische Republik aus – eine Zeitenwende im Nahen Osten war angebrochen. Als Nationalstaat am Kreuzpunkt dreier Kontinente überlebte die Türkei, aber die Herrschaft über die Araber war verloren. Zwischen den Weltkriegen agierten die europäischen Kolonialmächte im Nahen Osten mehr oder weniger unglücklich. Mit dem Untergang des französischen und britischen Imperiums geriet die arabische Staatenwelt in die Fänge von Clans oder Militärdiktaturen – oder von beidem.

In Europa zerfiel am 11. November 1918 ein Vielvölkerstaat in seine Einzelteile. Die Alliierten hatten in den Monaten zuvor unmissverständlich klar gemacht, nur dann mit Österreich-Ungarn über einen Waffenstillstand verhandeln zu wollen, wenn der Kaiser den nach Autonomie strebenden Völkern ihre Unabhängigkeit gewährte. Der österreichische Kaiser Karl I. trat daraufhin zurück, und Ende Oktober wurde eine provisorische Regierung unter dem Sozialdemokraten Karl Renner gebildet. Am 2. November dankte Karl I. auch als König von Ungarn ab, was die zweihundertjährige österreichische Herrschaft über Ungarn beendete. Zwei Wochen später wurde die Ungarische Republik ausgerufen. Doch der Versuch, Siebenbürgen, Banat, Slowenien und Kroatien in dieses neue Gebilde einzubeziehen, scheiterte. Am 28. Oktober war aus der Konkursmasse der Donaumonarchie die Tschechoslowakische Republik ausgerufen worden, und am 1. Dezember folgte das neue »Königreich der Serben, Kroaten und Slowenen«, das in Belgrad proklamiert wurde. Österreich war auf einen Rumpfbestand zurückgeworfen. Die Entwicklung zu einem eigenständigen österreichischen Nationalbewusstsein vollzog sich erst nach dem Zweiten Weltkrieg. Zuvor wurde Österreich als Teil einer seit dem Mittelalter existierenden deutschen Identität aufgefasst. Diese Unsicherheit beschleunigte das Scheitern der ersten Republik und begünstigte 1938 den »Anschluss« an das Deutsche Reich. 1919 hatten die Alliierten unterbunden, dass sich Österreich an Deutschland anschließt, doch erst der österreichische Staatsvertrag 1955 enthielt ein ausdrückliches Anschlussverbot.

Nach dem Ersten Weltkrieg stieg das nationale Selbstbestimmungsrecht zur vorherrschenden Idee auf. Ein ethnisch homogener Nationalstaat wurde dabei als Ideal betrachtet. Eine Nation, so die gängige Meinung der Zeit, könne nur mittels eigenem Staat existieren. Dies führte zu überlappenden Territorialansprüchen, die in vielen Regionen, welche die Friedensverträge nach 1918 neu ordneten, auch am Ende des 20. Jahrhunderts ungelöst waren. Staatenlose Nationen konnten auf mehrere bestehende Staaten verteilt sein – die Kurden sind bis heute ein prominentes Beispiel dafür. Überhaupt waren die Probleme der neuen Nationen nach 1918 umfangreich und vielfältig. Woher sollten die nationalen Eliten und eine Beamtenschaft kommen, die brauchbare Entscheidungen trafen und handlungsfähig waren? Wie sollte man neue Nationalökonomien schaffen, ohne nur lediglich alte Märkte zu zerschneiden? Gab es Konzepte, mit den Minderheiten umzugehen, von denen sich einige eher dem Nachbarstaat zugehörig fühlten und andere wiederum reine Diasporagruppen waren, etwa Juden oder Roma? Und wie sollte man sich, schwach wie man zumeist war, außenpolitisch in Position bringen?

Das proklamierte nationale Selbstbestimmungsrecht führte somit in vielen Fällen in ein Verhängnis, da es ungelöste Probleme hinterließ und bald in eine Fülle von Instabilitäten und Kriegen mündete. Es war vom amerikanischen Präsidenten Woodrow Wilson in seinem 14 Punkte-Programm vom 8. Januar 1918 formuliert worden und war eines von drei konkurrierenden Weltordnungsmodellen, welche die nachfolgende Zeit dominierten. Wilson zufolge sollte die Welt aus liberalkapitalistischen Nationalstaaten bestehen, die in einer weltumspannenden Organisation, dem Völkerbund, zusammengefasst waren. Das zweite, zeitlich unmittelbar konkurrierende Modell war das kommunistische, von Wladimir Iljitsch Lenin propagierte. Er stellte sich die Welt nach einer globalen, von Russland ausgehenden Revolution als eine Union sozialistischer Gesellschaften vor. Das wenige Jahre später vorgebrachte faschistische Weltordnungsmodell von Benito Mussolini knüpfte an die großen Tage des Imperium Romanum vor fast 2000 Jahren an. Hitlers Imperium sollte sich, ausgehend von der Welthauptstadt Germania, unter Führung der NS-Diktatur über die gesamte Erde erstrecken. Die faschistischen Imperiumträume wurden durch den Sieg der Alliierten im Zweiten Weltkrieg zerschmettert. Die Sowjetunion scheiterte 1991. War dies ein später Triumph Woodrow Wilsons, dem 1919 der Friedensnobelpreis zuerkannt worden war? Hatte die Welt am Ende des 20. Jahrhunderts in weiten Teilen diejenige Gestalt angenommen, die er sich gewünscht hatte, eine Welt demokratischer und kapitalistischer Nationen? Man wird es sich so leicht nicht machen können. Denn die Welt war nach 1945 und vor allem seit 1991 viel zu unübersichtlich geworden. Man kann sie nicht auf einen einzigen Nenner bringen: Es gab Nationalstaaten, aber auch maßgebliche supranationale Entwicklungen, man sieht den Versuch der USA, ein Imperium zu errichten, und schließlich erblickt man »failing states«, kollabierende Staaten.

UNIONEN NACH 1945

Das 20. Jahrhundert ist durch die Zusammenbrüche von Imperien und Großreichen gekennzeichnet. Was es jedoch besonders auszeichnet und was bei einer solchen Betrachtung nicht selten vergessen wird, ist eine ganz andere Grundkonstante: die Bildung von Unionen. Solche Unionen zielten nach 1945 darauf, Nationalismus einzuhegen und lange währende Feindschaften abzubauen. Dabei ist natürlich in erster Linie an die europäische Integration zu denken. Nirgendwo sonst auf der Welt sind zuvor die Nationalismen mit solcher katastrophaler Wucht aufeinandergeprallt und haben einen ganzen Kontinent in Schutt und Asche gelegt. Der Gedanke, ja die Grundidee, den Nationalismus zu überwinden und Frieden zu stiften und zu sichern, war der europäischen Integration von Beginn an eingeschrieben. Nicht von ungefähr kamen die Europapolitiker der ersten Stunde aus konfliktträchtigen Grenzregionen, die immer schon mit Kriegen überzogen worden waren: der Lothringer Robert Schuman, der Rheinländer Konrad Adenauer und Alcide de Gasperi, der als junger Mensch noch in der Tiroler Region bei Trient aufgewachsen war, die nach dem Scheitern der Donaumonarchie an Italien fiel. Zwei Jahre vor seinem Tod erhielt er 1952 den internationalen Karls-Preis der Stadt Aachen – den Preis mit dem höchsten Renommee, wenn es um Verdienste um die europäische Einigung geht.

Auch überall sonst auf der Welt wurden nach 1945 übernationale Organisationen vorangetrieben. Kaum war die EWG im Westen ins Leben gerufen, reagierte der Osten mit der Gründung des RGW, des Rats für gegenseitige Wirtschaftshilfe, ein Herrschaftsinstrument der Sowjetunion. Dies war aber längst nicht alles. Soweit das Auge reichte, entstanden nicht nur in Europa, sondern auf allen Kontinenten ähnliche Organisationen. Allerdings war ihnen unterschiedlicher Erfolg beschieden. Bereits 1948 war die OAS (Organisation Amerikanischer Staaten) unter dem beherrschenden Einfluss der USA geschaffen worden. Ihre strikt antikommunistische Ausrichtung veranlassten die USA in den 1960er und 1970er Jahren immer wieder, linke Regierungen in Lateinamerika mit Hilfe der CIA zu stürzen und durch rechte Militärdiktaturen zu ersetzen. Die Arabische Liga (LAS) war sogar schon drei Jahre zuvor, im März 1945, gegründet worden, doch blieb sie in ihrer Zusammensetzung zu heterogen, um größere Wirkung zu entfalten. Ein Machtkampf um die Vorherrschaft lähmte sie. Der arabische Nationalismus, der im irakischen Baathismus radikale Gestalt annahm, hatte in den 1930er und 1940er Jahren seine wesentliche Prägung erhalten. Dabei war NS-Deutschland zwar nicht der einzige Referenzpunkt, aber ein besonders wichtiger. Rasch setzten nach dem Weltkrieg Konflikte mit dem aufstrebenden Ägypten ein, und das Königreich Saudi-Arabien verfolgte ganz eigene, hegemoniale Ziele.

1945 gab es, abgesehen von Südafrika, das einen Sonderfall darstellte, auf dem afrikanischen Kontinent nur drei formell unabhängige Staaten: Ägypten, Äthiopien und Liberia. Fünfzehn Jahre später waren es bereits 27. Als erste erhielten der Sudan 1956 und Ghana 1957 ihre Unabhängigkeit. Ghana machte sich unter seinem Präsidenten Kwame Nkrumah zum Fürsprecher Afrikas. Dieser wurde der geistige Führer des Pan-Afrikanismus, ein Ordnungsmodell, das bereits in den 1920er Jahren vornehmlich von Afro-Amerikanern entwickelt worden war. Seit dem letzten Jahrzehnt des 19. Jahrhunderts waren eine Vielzahl solcher Pan-Bewegungen entstanden, beispielsweise der Pan-Slawismus, der Pan-Germanismus und später die Pan-Europa-Bewegung. Was sie einte, war das Ziel, nationalstaatliche Grenzen zu überwinden, da sie als zu eng empfunden wurden. Politische Realitäten müssten geändert werden, um »unnatürliche Fremdherrschaft« zu beseitigen. In Europa führte dies leicht zu imperialistischen oder irredentistischen Gedankenspielen. Demgegenüber verfochten außereuropäische Pan-Bewegungen einen anti-kolonialen Anspruch, und an diesen knüpfte Nkrumah an. Die Grundidee war einfach: Nach dem Ende der Kolonialzeit musste wieder zusammengeführt werden, was einmal zusammengehört hatte, jedoch durch die Willkür der Mächte zerrissen worden war. Deren Grenzziehungen zerschnitten ganze Volksgruppen. Das von den Kolonialmächten übergestülpte Modell eines Nationalstaates sollte durch einen afrikanischen Kontinentalstaat ersetzt werden. Die meisten nationalen Eliten Afrikas zeigten sich jedoch nach der Unabhängigkeit ihres Landes nicht mehr an einer solchen kontinentalen Ordnungseinheit interessiert. Als Kind der Dekolonisation machte sich seit 1963 die Organisation für Afrikanische Einheit (OAU) zum Advokaten des Prinzips der Souveränität und verfocht eine strikte Politik der Nichteinmischung in innere Angelegenheiten. In den vielen Krisen waren ihr die Hände gebunden, und sie erwies sich als vollkommen handlungsunfähig.

Die Organisation für Afrikanische Einheit vereinigte neue Nationen, die aus der Dekolonisierung hervorgegangen waren. Ihre Grenzen waren von den Kolonialmächten zumeist auf dem Reißbrett entworfen worden, etwa auf der Berliner Kongo-Konferenz 1885. Aber auch Nationsbildungen in Asien, etwa in Indien oder Indonesien, gingen oft von den Territorien der Kolonialmächte aus. Der neue Staat Indonesien, ehedem niederländische Kolonie, umfasste das muslimische Handelsfürstentum Aceh ebenso wie das animistische Westpapua. Die alte portugiesische katholische Kolonie Osttimor gehörte jedoch (noch) nicht dazu, womit Konflikte vorgezeichnet waren. Und die Staatsgründungen in Pakistan und Israel illustrierten noch etwas anderes. Als Staat für »die Muslime Indiens« bzw. »die Juden« gegründet, wurden die eigentlich religiösen Bestimmungen »national« umgedeutet. Religion konnte somit als Nationskonzept hinzugezogen werden.

2002 trat die AU (Afrikanische Union) die Nachfolge der OAU an. Zwar wurde die territoriale Integrität der Mitgliedsstaaten anerkannt, jedoch durch viele Bestimmungen eingeschränkt. Für die institutionelle Struktur der AU stand die Europäische Union Pate. Doch die AU folgt einem anderen Rhythmus. Als im Dezember 2010 mit einem glanzvoll inszenierten Fest in Burkina Faso das »afrikanische Jahr« zu Ende ging, war dies besonders sichtbar. 17 Staaten Afrikas hatten den 50. Jahrestag der Unabhängigkeit gefeiert, und nun zeigte sich, dass die »Geburt« der jeweiligen »Nation« der zentrale Erinnerungsort war, der alles in den Schatten stellte. In Europa war das mittlerweile durchaus anders. Die Integration Europas ging auf die einzig erfolgreiche Pan-Bewegung zurück. Richard Nikolaus Graf von Coudenhove-Kalergi hatte 1922 die Pan-Europa-Union gegründet – eine erste Initiative für einen europäischen Bundesstaat, um dem bellizistischen Nationalismus das Wasser abzugraben. Andere Bewegungen scheiterten mehr oder weniger kläglich, etwa die pan-asiatische. Daneben existieren eine Reihe wirtschaftlicher Organisationen wie die NAFTA, eine Freihandelsorganisation, oder die OPEC, ein Kartell von etwa einem Dutzend Erdöl exportierender Staaten. Schließlich gab es seit dem letzten Drittel des 20. Jahrhunderts mehrere Hybride, die sich durch Mischungsverhältnisse auszeichnen. So schuf die Südostasien-Assoziation (ASEAN), die 1967 zunächst von Thailand, Indonesien, Malaysia, den Philippinen und Singapur aus der Taufe gehoben worden war, einerseits eine Freihandelszone für mehr als 600 Millionen Menschen. Andererseits kooperierten die ASEAN-Staaten auch in der Rüstung, womit man in die Nähe eines Militärbündnisses rückte.

KOLLABIERENDE STAATEN UND EIN NEUES IMPERIUM?

Kennzeichnend für das 20. Jahrhundert war aus der Perspektive der Staatenwelt ein Sieg von Nationen über die alten Imperien, vor allem vor 1945, sowie ein Auftreten von Unionen nach 1945. Chinesische Eliten beendeten zu Beginn des Jahrhunderts, 1911, die imperiale Mandschu-Dynastie. Damit erhofften sie sich eine höhere Effizienz. Multiethnische Reiche wie das Osmanische oder das Habsburgische Reich zerfielen im oder nach dem Ersten Weltkrieg. Hatte man danach versucht, neue Imperien zu schaffen, dann waren es Rückgriffe auf vorgestellte ruhmreiche Vergangenheiten, das galt für Italien, Deutschland und Japan gleichermaßen. Nach 1945 bildeten der westliche Block unter der Führung der USA und der östliche Block unter der Sowjetunion zwar in gewissem Maß Imperien, bestimmten sie doch jeweils Politik, Wirtschaft, Kultur und Mentalitäten der Menschen. Dabei waren die USA, ganz im Gegensatz zur Sowjetunion, ein »gütiger Hegemon«.[11] Sie verfolgten ihre Ziele, nahmen aber – in kluger Selbstbeschränkung – auch Rücksicht auf die Interessen ihrer Partner. Weit typischer als Imperien war jedoch, dass in vielfältiger Art und Weise rund um die Welt Unionen entstanden, wobei man natürlich argumentieren könnte, dass diese nur »Subsysteme« der imperialen Strukturen darstellten. War schließlich mit der Selbstauflösung der Sowjetunion am 31. Dezember 1991 das imperiale Zeitalter endgültig vorbei? Hatte nach 3000 Jahren Weltgeschichte, in denen Universalreiche den Gang der Entwicklungen mitbestimmt hatten, eine neue Ära begonnen?[12]

Solcher Glaube an ein neues, harmonisches »Pluriversum« ging sehr schnell vorüber. Es kam statt dessen zu einer recht überraschenden Wiederkehr des Imperiums, und gerade jene Nation, die noch in den 1980er Jahren als Land des beständigen Niedergangs beschrieben worden war, gewann machtvoll die Oberhand: Die Vereinigten Staaten. Insbesondere nach der Demonstration militärischer Kraft im Zweiten Golfkrieg 1991 und der schnellen Befreiung Kuwaits aus dem irakischen Zugriff, entstand hier ein neuer Triumphalismus. Hatten, so schien es vielen politischen Beobachtern, nicht die USA den Kalten Krieg so glänzend gewonnen? Waren sie nicht die einzig übrig gebliebene Supermacht mit einem dichten Netz von Militärbasen und Tausenden Soldaten rund um den Globus? Einer großen Anzahl vor allem westlicher Politiker, aber auch internationaler Politikwissenschaftler galt vom Ausgang des 20. Jahrhunderts her betrachtet mit einem Mal das gesamte Säkulum als »amerikanisches Jahrhundert« – und die weiterreichende Botschaft lautete zudem, dass diese Zeit noch lange nicht zu Ende sei, vielmehr weit in das gerade anbrechende 21. Jahrhundert hineinragen werde. In der von US-Außenministerin Madeleine Albright geprägten Formel, die USA seien »die unverzichtbare Nation«, fand das neue Selbstbewusstsein seinen unmissverständlichen Ausdruck.[13] Albright bekleidete das Außenamt zwischen 1997 und 2001 in der demokratischen Clinton-Ära. In ihrem Ausspruch schwang nicht nur der Stolz auf die unzweifelhafte militärische Stärke mit, sondern viel mehr noch der Anspruch auf eine moralische Überlegenheit.

Wenn man die USA am Übergang zum 21. Jahrhundert als Imperium beschrieb, musste man einen weiten Begriff zugrunde legen. Eine schlichte Fortsetzung früherer Imperien, etwa des Alten Rom vor 2000 Jahren konnte ja nicht gemeint sein. Von einem Imperium ließ sich sprechen, wenn ein Staat in der Lage war, eine hierarchische zwischenstaatliche Ordnung ohne gleichberechtigte Nachbarn zu errichten und zu bewahren. Dabei handelte es sich nicht allein um eine politische Kontrolle, sondern auch um eine ökonomische Machtausübung sowie eine kulturelle Dominanz. Wenn man also diese Bezeichnung benutzte, musste seine Differenz zu früheren Zeiten benannt und das Neue des amerikanischen Imperiums herausgestellt werden. Michael Ignatieff sprach von einer »neuen Form imperialer Herrschaft für ein postimperiales Zeitalter«.[14] Diese Herrschaft kennzeichne, was in früheren Zeiten nicht anzutreffen war: eine Verpflichtung auf Menschenrechte und Demokratie sowie den Versuch, freie Märkte herzustellen und zu sichern. Hinzu kamen, auch dies ein gewichtiger Unterschied, vermittelnde Institutionen, die nicht ohne Einfluss waren, beispielsweise die UNO, internationale Wirtschaftsorganisationen oder die NATO. Dass sich schließlich eine demokratische Ordnung, die wesensbedingt einem ständigen Wechsel unterworfen ist, nur schwer mit einer dauerhaften imperialen Machtentfaltung verträgt, begrenzt den Herrschaftsanspruch ganz grundsätzlich. Während der Amtszeit des republikanischen US-Präsidenten George W. Bush von 2001 bis 2009, der den globalen »Krieg gegen den Terror« ausrief und ihn mit einer »Koalition der Willigen«, doch zur Not auch im Alleingang, zu führen gewillt war, spitzte sich die Debatte zu. In der Hitze des Gefechtes meinten einige Kritiker, dass aus imperialen Gelüsten heraus die Demokratie in den USA abgeschafft werde.[15] Die überraschende Wiederkehr imperialer Politik der Vereinigten Staaten von Amerika hatte mehrere Gründe. Diagnosen von politischen Beobachtern, die das Ende eines imperialen

Zeitalters beschrieben hatten, krankten zumeist daran, zu große Erwartungen in die UNO zu setzen. Sie hofften auf ein zunehmendes Gewicht der Weltorganisation und sahen die klassische Souveränität von Nationalstaaten in einer neuen Weltgemeinschaft schwinden. Konnte, so fragten manche, nicht auch die europäische Integration nach dem Zweiten Weltkrieg als Modell taugen?

In den 1990er Jahren kam es jedoch zu völlig gegenläufigen Entwicklungen. Aus westlicher Perspektive setzte, von der Peripherie ausgehend, ein Staatenzerfall ein. Staaten erodierten, so zuerst im Südosten Europas, auf dem Balkan. Der Begriff »failed states« ist anschließend von amerikanischen Politikwissenschaftlern in Umlauf gebracht worden. Diese »gescheiterten Staaten« vermochten es nicht mehr, ihrer Bevölkerung Schutz zu bieten, weder nach innen noch nach außen, womit die politische Ordnung zuerst erodierte, dann kollabierte. Für Europa, ja für den gesamten Westen, war dabei der kriegerische Zerfall Jugoslawiens ein traumatisch nachwirkender Schock. Für die Führer der ehemaligen Sowjetunion war dieses Trauma noch weit größer. Von den 15 neuen Staaten auf diesem Gebiet schlossen sich 1993 zwölf in der GUS (Gemeinschaft Unabhängiger Staaten) zusammen, die drei baltischen Staaten verfolgten hingegen eine konsequente Westorientierung. In den instabilen postsowjetischen Staaten brachen Konflikte auf: Armenien und Aserbaidschan führten Krieg um die Region Nagorny-Karabach, Tadschikistan versank in einem fünf Jahre dauernden Bürgerkrieg und Russland führte zwei Kriege in Tschetschenien, um die Unabhängigkeit der Region zu verhindern. Daraus entstanden so genannte eingefrorene Konflikte, bei denen zwar keine größeren Kriege mehr stattfanden, aber auch keine dauerhaften Lösungen in Sicht waren. In einigen »abtrünnigen« Regionen bildeten sich mehr schlecht als recht funktionierende De-facto-Staaten, die jedoch formal von fast keinem Land der Welt anerkannt wurden. Solcher Staatszerfall rief geradezu nach einem neuen Ordnungsmodell – und das Imperium, das Räume befrieden und ordnen konnte, war wieder in der Diskussion.

Seit 2005 stellte der US-amerikanische »Fund for Peace« einen jährlichen Index vom Zerfall bedrohter Staaten auf, dessen Ergebnisse beängstigend waren.[16] Der Begriff »failed state« war jedoch auch ein Reflex auf eine Entwicklung, die schon viel länger andauerte und noch in die Zeiten des Kalten Krieges zurückreichte. Er thematisierte eine große Desillusion. Jahrzehntelang hatten sich westliche Strategien der Idee verschrieben, dass aus den entkolonialisierten Gesellschaften Afrikas, Asiens und der arabischen Welt »Nationalstaaten« gemacht werden könnten. So sollte eine Weltstaatenordnung im Gehäuse der Vereinten Nationen entstehen. Hatte dementsprechend der magische Politikbegriff der 1950er und 1960er Jahre noch »Nation Building« geheißen, so beschrieb man nun einen rasanten Zerfallsprozess. Denn viele dieser Bemühungen, Nationalstaaten zu bauen, stellten sich als herbe Fehlschläge heraus.

Die Misere verschlimmerte sich, weil die Vereinten Nationen am Ende des 20. Jahrhunderts weitgehend dabei versagten, in solche neuen staatsfreien Räume einzudringen und die Lage zu stabilisieren. Es waren stattdessen die USA, an die sich die Erwartungen richteten und die sich zum Teil selbst ermächtigten, Räume zu befrieden, sei es in der Balkanregion oder in Afghanistan. Der Einflussbereich der Vereinigten Staaten umschloss keinen Flächenstaat, sondern ganze Weltregionen. Außerdem waren die politischen Verbündeten nicht gleichberechtigt, sondern unterlagen Hierarchien, und Amerika beanspruchte die Führung. Dass es dabei auch die Globalisierung war, welche die »failing states« erzeugte, ist das eine um das andere Mal gesagt worden. Die ökonomische Entwicklung unterhöhlte immer wieder das staatliche Gewaltmonopol in schwachen Ländern. Warlords übernahmen dann die Kontrolle der Gebiete, und mit Bodenschätzen oder dem Anbau von Drogenpflanzen wie Mohn in Afghanistan verdienten sie das Geld, um sich an der Macht zu halten. Aus der Globalisierung der Märkte erwuchs so eine Art von Interventionsimperialismus oder gar eine Abfolge von Pazifizierungskriegen. Weil dies kein anderes Land der Welt auf sich nehmen mochte, schauten alle wie gebannt auf die USA. Man muss das betonen, denn während sich andere verweigerten oder scheuten, übernahmen die Vereinigten Staaten die schwierige Aufgabe. Sie liefen jedoch immer mehr Gefahr, sich zu überdehnen und am Ende womöglich alles zu verlieren und selbst innenpolitisch in Turbulenzen zu geraten.

QUO VADIS EUROPA?

Kollabierende Staaten lagen nicht nur in Weltregionen, weit entfernt von Europa. Dass »failed states« am Ende des 20. Jahrhunderts auch im Südosten des europäischen Kontinents zum Problem würden, hatte sich kaum jemand träumen lassen. An der Peripherie Europas vollzog sich mit den Kriegen in Jugoslawien »eine Tragödie von geradezu epischen Dimensionen«.[17] Doch die europäischen Entwicklungen nach 1945 kennzeichneten seit jeher mehrfache Ungleichzeitigkeiten, chronologische wie strukturelle. Im Westen Europas lief seit den 1950er Jahren ein erstaunlicher supranationaler Integrationsprozess ab, in dem die Nationalstaaten immer mehr souveräne Rechte auf europäische Institutionen übertrugen. Außerdem spielten die Regionen eine zunehmend wichtige Rolle – »Euroregionen« entstanden, etwa zwischen dem französischen Elsass, Baden in Deutschland und der Nordschweiz. Dies alles betraf nur den westlichen Teil des Kontinents. Die Verwandlung Europas in den letzten zehn Jahren des 20. Jahrhunderts suchte sodann ihresgleichen. Das Ende des Kalten Krieges und der Fall des Eisernen Vorhangs führten zu einer Revolution der Staatenwelt. Nie zuvor hatte sich der alte Kontinent in so kurzer Zeit so tief greifend verändert. Sämtliche Lebensbereiche der Menschen unterlagen einem revolutionären Wandel. Dass diese gewaltige Umwälzung auch Probleme mit sich bringen würde, musste jedem klar sein. Zwischen 1991 und 1996 schloss die EG/EU mit zehn Staaten des ehemaligen Ostblocks Assoziierungsverträge ab. Diese

Europa-Abkommen enthielten eine Beitrittsoption. Den Kandidaten sollte der Beitritt offen stehen, sobald die jungen Demokratien in der Lage wären, die Verpflichtungen einzuhalten, die mit einer Mitgliedschaft verbunden waren. Alle assoziierten Länder stellten im Zeitraum von zwei Jahren Beitrittsgesuche. Am 16. April 2004 wurde in Athen die Osterweiterung der EU vollzogen, mit einem Schlag wuchs die Union um zehn neue Mitglieder an, von 15 auf 25. Zweieinhalb Jahre später folgten Rumänien und Bulgarien, nun waren es 27 sehr unterschiedliche Mitglieder, nicht nur, was ihre Wirtschaftskraft betraf, sondern zum Beispiel auch den Willen, Teile ihrer vor Kurzem erst wieder gewonnenen Souveränität an die supranationale EU abzutreten.

Seit dem Ende des Kalten Krieges tauchten somit ganz eigene Gleichzeitigkeiten des historisch Ungleichzeitigen auf. Die supranationale Integration beschleunigte sich noch einmal und zugleich erodierte die klassische Souveränität von Nationalstaaten. In Europa wurde deutlich, wie der traditionelle Nationalstaat des »langen 19. Jahrhunderts« an Bedeutung verlor – und zwar durch zwei gegenläufige Souveränitätstransfers. Der eine Transfer übertrug Rechte an die Institutionen der Europäischen Union, der andere, parallel laufende, wollte alte Rechte wieder zurückholen, sichtbar an den Unabhängigkeitsbewegungen etwa in Schottland, Katalonien oder im Baskenland. Darüber hinaus war der europäische Zusammenhalt in Krisenzeiten nicht so stark wie erhofft. Nation und Nationalstaat – und nicht die EU – wirkten weiterhin als oft entscheidende Referenzen in der Krise, sei es in der Finanzkrise oder bei den Staatsgrenzen.

Mit der erfolgreichsten Staatenfamilie des 20. Jahrhunderts stand es also nicht zum Besten. An der Wende vom 20. zum 21. Jahrhundert verstärkte sich die Erosion Europas. Immer mehr Staaten entfernten sich immer weiter von der Union. Der bisherige Höhepunkt war im Juni 2016 mit dem Brexit erreicht, dessen Folgen noch gar nicht absehbar sind. Bei seiner Rede an der Berliner Humboldt-Universität im Mai 2000 hatte der damalige deutsche Außenminister Joschka Fischer festgestellt, Europa stehe am »Scheideweg« zwischen Integration und Erosion.[18] Damals, zum Abschluss des Jahrhunderts, waren die Zeiten noch vergleichsweise gut und es bestand die Hoffnung, dass alles auf eine zunehmende Integration hinauslaufen würde. Nur einige Jahre später deutete manches darauf hin, dass die Europäische Union auseinandertrieb. Die Finanzkrise, die Flüchtlingskrise und der internationale Terrorismus führten zu einer Entsolidarisierung unter den Europäern, und vor allem die Osteuropäer, die seit den 1990er Jahren so stark davon profitiert hatten, dass sie in ein neues Europa integriert wurden, mochten nicht mehr mitspielen. Nationalistische Regierungen, insbesondere in Ungarn und Polen, aber auch ein politischer Ruck nach rechts im Gründerland Europas nach 1945, in Frankreich, machten die Lage schwierig.

Woher die Krisen auch kamen, eines zeigte sich an der Wende vom 20. zum 21. Jahrhundert: eine unvermutete Wiederkehr des starken Staates. Aber genau dies konnte die Europäische Union nicht leisten. Die Aufgaben waren enorm. Wirtschaftskrise, Terror, Grenzsicherung, Bewahrung von Rechtsstaatlichkeit, Schutz der Bürger. Die Zivilgesellschaft allein war damit überfordert, und der Markt versagte vor solchen Aufgaben sowieso. Je unruhiger die Zeiten, desto wichtiger schien ein wirkungsmächtiger, gut funktionierender Staat. Damit wurde eine Grunddrift durchbrochen, die nach dem Zweiten Weltkrieg aufkam und im Gefolge der Studentenrevolte von 1968 Verstärkung fand. Der Staat solle abrüsten und Behörden sollten nur noch Serviceagenturen sein. Von Neoliberalen und von Kommunitaristen, von Fundamentalisten der Graswurzelbewegung und Begeisterten der Globalisierung – alle trieben die schleichende Zerfaserung des (National-)Staates voran. Der Nationalstaat sollte sich nach oben und unten hin auflösen: nach oben in das Suprastaatliche, nach Europa oder gleich in die UNO; nach unten ins Kommunitäre, in die Zivilgesellschaft hinein, die vormals staatliche Funktionen in eine Art Selbstverwaltung überführen sollte. Übrig blieb in dieser Vorstellung vom Staat noch die sozial-technokratische Wohlfahrtsstaatlichkeit. Doch die historische Erfahrung erneuerte sich an der Wende zum 21. Jahrhundert angesichts der Radikalität kollabierender Staaten weltweit, und diese Erfahrung, die nicht nur den »schwankenden Westen« betraf,[19] lautete: Ohne effektiv organisierte Staatlichkeit ging so gut wie nichts. Keine Menschenrechte, kein Frieden, weder Klimaschutz noch Gerechtigkeit waren ohne einen funktionierenden Staat möglich. Ein starker Staat, dessen wurde man sich wieder bewusst, war einer, der sich nicht erpressen ließ: weder von Warlords noch von Terroristen, nicht von den Banken und nicht von den internationalen Märkten. Er verfügte über das, was ihn seit seiner erfolgreichen Entfaltung auszeichnete: funktionierende Kontrollinstanzen, starke Gerichte, selbstbewusste Parlamente und eine freie Medienlandschaft. Eine alte Erfindung, von der viele glaubten, sie sei im fortschreitenden 20. Jahrhundert ein Auslaufmodell, wurde neu gewürdigt und fast mehr geschätzt denn je.

TEIL 2:
IN DEN DRAMEN DES LEBENS

▲▲▼▲

5.
NATURBEHERRSCHUNG UND UMWELTKATASTROPHEN

Eine schreckliche Schönheit

Sobald der Krieg zu Ende war, entdeckten wir den einzigen Punkt auf dieser Erde, der vom Krieg unberührt geblieben war und schickten ihn zur Hölle.
Bob Hope, amerikanischer Entertainer, zu den Atombombentests auf dem Bikini-Atoll seit 1946[1]

▲▲▼▲

Wir wollten den Hochdamm bauen, doch die Imperialisten wiesen die Weltbank an, uns nichts zu geben.
Chor: Welche Schande!
Aber da tönte Gamals Schrei auf dem Manchia Square in Alexandria und wir verstaatlichten den Kanal.
Chor: Ein Meisterschlag!
Kamal el-Tawil, ägyptischer Komponist, »Lobpreis des Assuan-Staudamms«, anlässlich der Suez-Krise 1956[2]

▲▲▼▲

Es herrschte eine ungewöhnliche Stille. Wohin waren die Vögel verschwunden? (…) Kein böser Zauber, kein feindlicher Überfall hatte in dieser verwüsteten Welt die Wiedergeburt neuen Lebens im Keim erstickt. Das hatten die Menschen selbst getan.
Rachel Carson, Der stumme Frühling, 1962[3]

▲▲▼▲

»What about the bleeding Earth
(What about us)
Can't we feel it's wounds
(What about us)
What about nature's worth
(Oooh, oooh)
It's our planet's womb
(What about us)«
Aus dem »Earth Song« von Michael Jackson, 1995[4]

▲▲▼▲

In der Nacht des 26. April 1986 gelangten wir an einen neuen Ort der Geschichte. Wir sprangen in eine neue Realität, und diese überstieg nicht nur unser Wissen, sondern auch unsere Einbildungskraft.
Swetlana Alexijewitsch, Stimmen aus Tschernobyl, 2006[5]

▲▲▼▲

UMWELTIMPERIALISMUS

Für spektakuläre Bilder war gesorgt: Am 30. April 1995 besetzten Greenpeace-Aktivisten die Öllager-Plattform »Brent Spar« in der Nordsee 190 Kilometer nördlich der Shetland-Inseln. Der Ölmulti Shell wollte die ausgediente Bohrinsel in den Nordatlantik schleppen und dort im Meer versenken. Überall, besonders aber in Deutschland, brandete Protest gegen diese Form der Entsorgung auf. Shell-Tankstellen wurden boykottiert. Der Konzern fürchtete um sein Ansehen, kapitulierte am Ende und ließ die Bohrinsel in einem Trockendeck auseinandernehmen. David hatte gegen Goliath triumphiert, und das war der Stoff für einen geschichtsmächtigen Mythos. »Der Rückzug des Riesen vor dem Zwerg«, so stand in einer großen deutschen Zeitung zu lesen, »wird als das Valmy des Umweltschutzes (…) in die Geschichte eingehen – und wir alle sind vor den Fernsehschirmen mit dabei gewesen.«[6] Der Autor rekurrierte mit »Valmy« auf Goethes vielzitierten Ausspruch:

»Von hier und heute geht eine neue Epoche der Weltgeschichte aus, und ihr könnt sagen, ihr seid dabei gewesen.«[7] Das soll Goethe nach der Kanonade von Valmy im September 1792 gesagt haben, die er im Gefolge des Herzogs von Weimar miterlebt hatte. Damals zwangen die französischen Revolutionstruppen die preußisch-österreichischen Truppen des Ancien Regimes zum Rückzug und konnten in Richtung Rhein marschieren. Das Beispiel »Brent Spar« verweist auf vielerlei: auf die Ausbeutung der natürlichen Ressourcen, die Umweltbelastung durch die Verschmutzung der Meere, die öffentliche Skandalisierung und die Macht der neuen Umweltbewegung, hier verkörpert durch Greenpeace.

Die Ausbeutung der Natur ist kein neues Phänomen des 20. Jahrhunderts. Vielmehr gehört die Plünderung der Natur durch den Menschen zu den fundamentalen Prozessen der Weltgeschichte. Der Mensch überzog den Planeten mit einem ökologischen Imperialismus, der mit der Rodung der Wälder begonnen hatte. Vom 15. Jahrhundert an wurden Fauna und Flora der Erde durch den »kolumbianischen Austausch« verändert, ein Effekt, der durch Christoph Kolumbus' Entdeckung von Amerika ausgelöst wurde und die Verbreitung von Vieh und Ackerbaupflanzen, aber auch von »Unkraut«, später von Waren zwischen der östlichen und der westlichen Hemisphäre, zwischen Amerika und der alten Welt, meint.[8] Die Rodung des Ostens der USA ähnelte jener in Europa, aber während diese sich über Jahrhunderte hinzog, geschah jene innerhalb weniger Jahrzehnte. Damit ist der Kern der Entwicklung berührt. Die absolute Beschleunigung war auch auf diesem Gebiet das Auffallende in der Moderne. Und zugleich sticht das Absurde ins Auge: In Südspanien beispielsweise, einer der trockensten Regionen Europas, wurden seit dem Ende des 20. Jahrhunderts auf riesigen Plantagen Erdbeeren für die Supermärkte des Nordens angebaut, eine Frucht, deren Wasserbedarf extrem hoch ist.

NOTWENDIGE UNTERSCHEIDUNGEN

Umweltkatastrophen sind unerwartet eintretende Ereignisse oder eskalierende Umweltentwicklungen mit längerfristig katastrophalen und oft irreversiblen Schäden für die betroffenen Ökosysteme und den Menschen. Naturkatastrophen hingegen haben meist natürliche Ursachen, etwa Erdbeben oder Vulkanausbrüche. Viele solcher Heimsuchungen hat der Mensch in den Griff bekommen oder er konnte durch sensible Frühwarnsysteme Schlimmstes oft verhindern. Dennoch war das 20. Jahrhundert der bisherige Kulminationspunkt der von Menschen verursachten Umweltkatastrophen – und diese haben immer weiter reichende Folgen. In dieses Jahrhundert fiel die volle Entfesselung der nichtnachhaltigen Ökonomie. Das Neue war dabei weniger, dass nicht erneuerbare Ressourcen ausgebeutet wurden; das Neue war vielmehr das – durch die wirtschaftliche Dynamik angetriebene – rasante Tempo und die weltweite Dimension dieses Prozesses. Es begann eine Ära der globalen Gefährdung, spürbar vor allem an den emittierten Treibhausgasen, die die Lufthülle der Erde zerstörten. Alles Vorangegangene erscheint demgegenüber regelrecht harmlos gewesen zu sein.

Im Zentrum der Umweltgeschichte stehen die wechselseitigen Beziehungen zwischen naturgeschichtlichen und sozialen Entwicklungen sowie ihren Folgen. Umweltgeschichte beschreibt die Wechselbeziehungen zwischen dem Menschen und dem Rest der Natur – schließt also den Menschen in die Natur ein und trennt ihn im selben Augenblick wieder von ihr. In dieser Dialektik von Abspaltung und gleichzeitiger Einheit liegen zahlreiche Schwierigkeiten. Aus der Sicht des Historikers wird die Natur – Boden, Wasser, Luft, Tiere, Pflanzen usw. – erst durch die Existenz und die Einwirkung des Menschen zur Umwelt. Für den Menschen ist Umweltgeschichte eine biologische Grundkonstante, er versucht die Natur zu beherrschen und wird zugleich von der Natur beherrscht.

Dies zeigt sich besonders dann, wenn verschiedene Naturkatastrophen untersucht und Fragen nach deren reellen Wirkungen, aber auch nach dem historisch und kulturell variierenden Umgang von Gesellschaften mit ihnen aufgeworfen werden. Die Verletzlichkeit, die »Vulnerabilität« von Gesellschaften war höchst unterschiedlich.[9] Der Umgang der Hamburger mit der verheerenden Sturmflut 1962 zum Beispiel zeigte vor allem, wie Lernprozesse in Gang kamen, etwa im Deichbau. Das Erdbeben im Andenstaat Peru acht Jahre später verdeutlichte etwas ganz anderes. Hier hatte sich die Vulnerabilität gegenüber Extremereignissen seit der spanischen Eroberung im 16. Jahrhundert kontinuierlich erhöht, da die Eroberer nicht auf die Erfahrungen der indigenen Bevölkerung zurückgegriffen, sondern bestimmte, altbewährte und erfahrungsgesättigte Bewältigungspraktiken verdrängt hatten. Einheimische Bauweisen zum Beispiel, die Erdbeben weit besser standhielten als die koloniale Architektur, ignorierten die neuen Herren. Bei den wiederkehrenden kleineren Beben fiel dies nicht ins Gewicht, doch die Folgen des Erdbebens vom 31. Mai 1970, bei welchem über 70 000 Menschen starben, waren das Ergebnis eines kolonialen Verdrängungsprozesses, der bereits fünf Jahrhunderte andauerte.[10]

Bei all dem bisher Genannten ging es immer auch um Herrschaft und Macht. Herrschaftsbeziehungen betrafen dabei nicht nur die Menschen, sondern ebenso die Natur. Wer besitzt eigentlich die Natur? Wem gehören die Meere? Vor wem muss Natur geschützt werden? Die Antworten auf solche Fragen nach den Herrschaftsbeziehungen fielen, wenig erstaunlich, unterschiedlich aus. Die einen meinten, nur die Natur selbst sei Eigentümerin ihrer Besitzungen, Natur habe einen inhärenten Wert und müsse um ihrer selbst willen erhalten werden. Damit verwoben waren religiöse Konzepte von Natur. In der frühen amerikanischen Auffassung von Wildnis und Natur beispielsweise spielte der Gedanke eine tragende Rolle, dass der Menschheit die Natur von Gott anvertraut worden sei. Die anderen gaben auf diese Frage eine utilitaristische Antwort. Demnach gibt es keine Besitzer der Natur, allerdings Nutzer, die die Ressourcen ausbeuten. Doch Natur und Umwelt halten sich nicht an die Grenzen von Nationalstaaten, die ja keine einheitlichen Naturräume sind. Betrachtet man die Geschichte der Umwelt, hinterfragt man zugleich die Geschichte des Fortschritts der Menschheit, denn es werden vor allem Ausbeutung und Niedergang in den Mittelpunkt gestellt. Jeder Flecken Landschaft hat ein Gedächtnis, und Natur ist beeinflusst von den kulturellen Praktiken des Menschen – ein gutes Beispiel dafür ist die Nutzung des Lüneburger Waldes durch Mensch und Tier, wodurch die Kulturlandschaft Lüneburger Heide erst entstand. So gesehen ist Naturschutz in erster Linie Kulturlandschaftsschutz.

WIE SOLL MAN PERIODISIEREN?

Bereits vor dem Ersten Weltkrieg boten die internationalen Kongresse zum Naturschutz Möglichkeiten, sich jenseits des aggressiven Nationalismus zu verständigen. Die tiefsten Zäsuren der Umweltgeschichte im 20. Jahrhunderts liegen jedoch allesamt in der Zeit nach 1945, beginnend mit den ersten erfolgreichen Atomtests. In die 1960er Jahre fiel die Entstehung einer organisierten Umweltbewegung, diese konstituierte sich zunächst in den USA. Das Buch der amerikanischen Meeresbiologin Rachel Carson »*Silent Spring*« aus dem Jahr 1962 wurde zum millionenfachen Bestseller und zur Bibel der weltweiten Umweltbewegung. Ihre Schilderungen über die Vergiftung der Umwelt führten zum Verbot des Insektizids DDT. 1969 wurde Greenpeace gegründet, 1970 der »Earth Day« als Tag der Mahnung gegen die Umweltverschmutzung etabliert. Dann ereignete sich ein Paukenschlag, nur wenige Jahre nach der amerikanischen Mondlandung, die als Höhepunkt von Fortschrittsoptimismus und Glauben an die grenzenlose Naturbeherrschung durch den Menschen gelten kann. Der Club of Rome beschwor 1972 die »Grenzen des Wachstums« und malte die Zukunft der Menschheit in düsteren Farben aus.[11] Jenseits solcher Schocks oder auch großer Unglücke kommen in der Umweltgeschichte jedoch eher gleitende Übergänge als markante Zäsuren vor, da Entwicklungen der natürlichen Umwelt langsam vonstattengehen.

Bekannt geworden ist vor allem das »1950er Jahre Syndrom«, eine Art Sattelzeit zwischen Industrie- und Konsumgesellschaft. Die 1950er Jahre werden in dieser Interpretation als die entscheidende konsum- und umweltgeschichtliche Epochenschwelle modelliert. Erst von da an begann demzufolge die Ära der globalen Gefährdung.[12] Durch den überaus billigen Energieträger Erdöl konnten Konsumgüter günstig produziert und gekauft werden, was neben vielem anderen ein Ende der Sparsamkeitsmentalität bewirkte und zur Wegwerfmentalität führte. Die umwelthistorische Kehrseite einer immensen Steigerung im Konsumgüterbereich war die ebenfalls hochschnellende Schadstoffproduktion. Immer hängen wirtschaftliche, soziale, lebensweltliche und Umweltveränderungen miteinander zusammen. Um nur ein Beispiel zu geben: Die Ausbreitung des Pkws ermöglichte neue Formen des Tourismus und war auch eine wichtige Voraussetzung für eine Suburbanisierung, die wiederum, ebenfalls wie der Straßenbau, das Landschaftsbild erheblich veränderte.

Betrachtet man die Umweltgeschichte aus einer mentalitätsgeschichtlichen Perspektive, geht also der Frage nach, wie sich bei zahlreichen Menschen ein Bewusstseinswandel vollzog, dann stellten die 1970er Jahre eine Zeit des Umbruchs dar. Es kam nicht nur zu einem Umweltbewusstsein, sondern Umweltbewegungen verzeichneten ihre ersten Institutionalisierungserfolge und wirkten in Politik und Gesellschaft hinein.[13] Die Zeichen eines Klimawandels waren nicht mehr zu übersehen, und unter dem von Menschen erzeugten Klimastress kollabierte die Natur immer öfter. Dürren, Fluten, Hungersnöte waren die kurzfristigen Folgen der Umweltzerstörung, langfristig könnte der Treibhauseffekt den Menschen Katastrophen biblischen Ausmaßes bescheren. Der blaue Planet befand sich im roten Bereich. Als Reaktion darauf wurden verschiedene internationale Abkommen zum Klimaschutz seit Ende der 1990er Jahre erarbeitet. Das Kyoto-Protokoll von 1997, das erstmals völkerrechtlich verbindliche Zielwerte für den Ausstoß von Treibhausgasen festlegte, war ein Meilenstein. Fünf Jahre lang war verhandelt worden, seitdem man sich 1992 in Rio de Janeiro auf Rahmenrichtlinien verständigt hatte. Seit Kyoto fanden die Konferenzen in immer kürzeren zeitlichen Abständen statt, um die nach wie vor vielen strittigen Fragen zu klären.

Die Schäden durch Naturkatastrophen haben das gesamte 20. Jahrhundert hindurch an Intensität und Häufigkeit zugenommen. Dies zeigte vor allem, dass Umwelt keine statische Größe ist, die leicht zu berechnen oder zu kontrollieren wäre. Die Vereinten Nationen deklarierten sehr spät, nämlich erst die 1990er Jahre zum »internationalen Jahrzehnt der Vorbeugung gegen Naturkatastrophen«.[14] Der Erfolg fiel sehr bescheiden aus. Einen grundsätzlichen Wandel hält das 20. Jahrhundert hingegen bereit, was den Umgang der Menschen mit Naturkatastrophen anbelangt. Religiöse Interpretationen von Katastrophen wichen den naturimmanenten, d. h. Katastrophen galten nicht mehr (vorrangig) als strafende Hand Gottes. Aber noch in der Zeit nach dem Zweiten Weltkrieg wurden die Naturkräfte von vielen als ein Feind, als ein transzendentes Zeichen angesehen, das dem Menschen beständig vor Augen führte, wie brüchig seine zivilisatorischen »Errungenschaften« waren. In den 1960er Jahren, als die Ansammlung von Expertenwissen und eine rationalistisch-bürokratische Planungseuphorie aufkamen, glaubte man mehr und mehr, die Natur mittels Technik im Griff zu haben. Natur wurde zum Objekt, und Naturkatastrophen galten als Versagen der Präventions- und Sicherheitssysteme, als eine Art »Panne«. Menschliche Eingriffe in die Natur wurden erst seit den 1970er Jahren als Ursachen für Katastrophen betrachtet. Diese langsame, aber kontinuierliche Ablösung der straftheologischen Interpretation von Naturkatastrophen durch rational-wissenschaftliche Argumente markiert eine bedeutsame geistesgeschichtliche Veränderung. Und materiell? In der westlichen Welt konnte man im 20. Jahrhundert eine zunehmende Erhöhung der durch Naturkatastrophen verursachten Schäden erkennen, wobei jedoch die Todesfälle abnahmen. Für die nichtwestliche Welt gilt Letzteres jedoch nicht in gleichem Maße. Dass Umweltbelastungen an soziale Lagen gebunden sind, darauf hat in vielen Ländern des Südens am Ende des 20. Jahrhunderts die »environmental justice-Bewegung« reagiert. Den Verfechtern dieser »Umweltgerechtigkeit« geht es darum, unterschiedliche Gefährdungen aufzudecken, denen Menschen ausgesetzt sind, je nachdem, wo sie leben, über welches Einkommen sie verfügen und wie sie sich politisch artikulieren können.

NATURBEHERRSCHUNG

Naturbeherrschung und extreme Ressourcennutzung kennzeichnen das 20. Jahrhundert. Um 1800 hatte das Zeitalter der fossilen Energieträger begonnen, dazu zählen Kohle, Erdöl und Erdgas, und es dauert bis heute an. Diese Energieträger sind nicht erneuerbar, also endlich. Bereits um 1800 herum hatte es eine »Energiekrise« in Europa gegeben, deren zeitgebundene Diagnose eine »Holznot-Klage« gewesen war.[15] In zwei große Phasen lässt sich das fossile Zeitalter unterteilen: Von 1800 bis 1914 reichte das Kohle-Zeitalter, bereits 1880 begannen Erdöl und Erdgas vorzudringen, doch erst im Großen Krieg 1914–1918 nahm der Kohleverbrauch zugunsten von Öl deutlich ab, und seither befindet sich die Menschheit im Zeitalter von Öl und Gas. Zu Beginn wurde Öl in Form von Kerosin vor allem zum Beleuchten und Heizen benutzt, doch mit der Erfindung des Verbrennungsmotors gelangte diese Energiequelle vollends zum Durchbruch, und der Transportsektor stieg zum Hauptverbraucher von Erdöl auf. Von 1950 bis zum Jahr 2000 vervierfachte sich der Verbrauch von Öl und Gas von zwei Billionen Tonnen jährlich auf acht Billionen Tonnen. Nach den beiden Ölkrisen der 1970er Jahre begann unter dem Schlagwort »weg vom Öl« der Siegeszug der Kernkraftwerke, die 2004 insgesamt sieben Prozent der globalen Energie erzeugten und mit 17 Prozent an der Gewinnung von Elektrizität beteiligt waren.[16]

Proteste gegen Atomkraftwerke wiederum führten zum Durchbruch und zur praxistauglichen Innovation von erneuerbaren Energien. Die stärksten Wachstumsraten verzeichnete dabei die Windenergie. Bis sie allerdings in nennenswerter Weise zur Stromerzeugung beitragen konnte, musste eine ganze Reihe von Hindernissen zur Seite geräumt werden. Ein Hauptproblem war, dass in der ersten Hälfte des 20. Jahrhunderts in den meisten Industrieländern eine zentrale Stromproduktion und Stromversorgung errichtet worden war, Windkraft hingegen eine vor allem dezentral einsetzbare Technik darstellte. Zwischen 1975 und 1990 war Windenergie in zahlreichen Ländern, darunter die USA, Schweden und die Bundesrepublik Deutschland, Objekt staatlicher Forschungsförderung, wobei betont werden muss, dass die dafür verwendeten Mittel extrem weit hinter der Förderung der Atomenergie blieben. 20 Prototyp-Großanlagen wurden errichtet, die später kommerzialisierbar sein sollten, doch kein einziger dieser Prototypen erreichte das Ziel der Serienreife, auch deshalb, weil die Energieversorgungsunternehmen keinerlei Interesse am Erfolg zeigten. In Deutschland wurde die große Windanlage »Growian« das Symbol der Fehlinvestitionen. Die lange Zeit größte Windkraftanlage der Welt verschlang immense öffentliche Gelder, doch aufgrund der Konstruktionsmängel stand die Anlage die meiste Zeit still. Erst im Zuge des Protestes gegen die AKWs kam in einigen Pionierländern, etwa in den Niederlanden und in Dänemark, die technische Entwicklung voran, die sich gegen Ende des Jahrhunderts deutlich bemerkbar machte.

Dass der Mensch imstande war, die Natur zu bändigen, führte im 20. Jahrhundert zu ökologisch verheerenden Megaprojekten. Naturbeherrschung war die wesentliche Voraussetzung für eine Ressourcennutzung, und nirgends zeigte sich dies deutlicher als am Bau von Staudämmen. Es waren gewaltige Projekte. Um die Wende vom 19. zum 20. Jahrhundert herum begann die Zeit der großen Talsperren, besonders in den USA, wo 21 Staudämme allein im Tennessee-Tal gebaut wurden, aber auch in Frankreich und

Deutschland. Zum einen speiste sich der Bau solcher Sperren aus dem gewachsenen Wasserbedarf, beispielsweise des Ruhrgebietes. Doch der größte Impuls ging von der Energieerzeugung aus. Staudämme schienen sich durch ihre Multifunktionalität auszuzeichnen: Sie erzeugten Elektrizität ohne rauchende Schlote, sie regulierten den Wasserstand von Flüssen im Interesse der Schifffahrt, sie konnten Überschwemmungen abwenden, die Menschen mit Trinkwasser versorgen und das Ackerland bewässern. Ihr Risiko war dennoch groß: Ein Dammbruch hätte katastrophale Folgen, und in den Alpen zeigte sich, dass Täler vertrockneten und zu Geröllhalden wurden.

Während in den Industrieländern vor dem Hintergrund drohender Gefahren der Widerstand gegenüber den Plänen, die Wasserkraft weiter auszubauen, wuchs, schlug in der »Dritten Welt« nach dem Zweiten Weltkrieg die Stunde der gigantischen Staudämme. Der neue, staunenswerte Assuanstaudamm in Ägypten war das bekannteste Beispiel, wenngleich er bis heute umstritten blieb. Schon seit 1898 hatte es am Nil eine kleinere, 1902 ausgebaute Staumauer gegeben, die als technische Neuheit gefeiert und in den folgenden Jahrzehnten immer wieder erhöht worden war, doch erst der Ausbau ab 1960 nahm wirklich gigantische Ausmaße an, und 1971 wurde der Hochstaudamm, der als nationale Großtat galt, feierlich eingeweiht. Es war ein Musterwerk menschlicher Ingenieurskunst: Die Staumauer ist mehr als 3600 Meter lang und 111 Meter hoch und die zwölf Turbinen können mit der Wasserkraft ein Drittel des Strombedarfs Ägyptens erzeugen. Überall in den Ländern der »Dritten Welt« schwoll die Brust der Machthaber, wenn sie solche Megaprojekte als Zeugnis wiedergewonnener Stärke hochleben ließen. Auch Jawaharlal Nehru, indischer Premierminister von 1947 bis 1964 und wie Nasser einer der Führer der »Dritten Welt«-Bewegung, nannte die im gleichen Zeitraum in seinem Land errichteten Stauwerke die »Tempel des modernen Indien«.[17] Nasser selbst hat den Vergleich mit den Pyramiden nicht gescheut. Während die alte Assuan-Mauer für die Bewässerung konzipiert war, stand beim Hochdamm am Nil nun die Energiegewinnung im Vordergrund; Hochwasserschutz war zweitrangig, kam als Motiv jedoch dazu. Die Wirkungen dieses Staudamms und vergleichbarer Projekte sind extrem umstritten. Während die Kritiker sie als Prototypen einer ökologisch verheerenden Großtechnologie brandmarken, die durch Schlammablagerungen und erhöhte Verdunstung erhebliche Schäden anrichten und die umliegenden Gewässer zu Seuchenherden werden lassen, weisen die Befürworter aus Sicht der Kulturgeographie darauf hin, dass diese Klischees nichts mit der Wirklichkeit gemein hätten. Die Prognosen einer raschen Versandung des Stausees hätten sich nicht bestätigt. Weder habe sich die Erdbebengefahr erhöht, noch sei eine Klimaänderung eingetreten, stattdessen seien weite Teile der Wüste zu fruchtbarem Ackerland geworden, hätten verheerende Überschwemmungen verhindert werden können, sei die Schiffbarkeit des Nils verbessert und die Trinkwasserversorgung gesichert worden und der Staudamm habe – dies ist das wichtigste Argument – die Stromgewinnung für den westarabischen Raum verdoppeln können. Insgesamt schienen somit die wirtschaftlichen Vorteile weit größer und müssten neben dem ökologischen Risiko auch gewürdigt werden.[18]

Gegenüber anderen megalomanischen Projekten wie dem Drei-Schluchten-Stausee in China, oder solchen Vorhaben, die zum Teil und zum Glück gar nicht zur Ausführung gelangten, war der ägyptische Staudamm tatsächlich zumindest zum Teil eine Erfolgsgeschichte. »Weiße Elefanten«,[19] immens kostspielige Projekte ohne Nutzen, die oft gar nicht vollständig verwirklicht wurden, waren zum Beispiel die Pläne, sibirische Flüsse nach Süden zur Wüstenbewässerung umzuleiten und riesige Staudämme anzulegen. Die planungseuphorische Sowjetunion wollte damit die Baumwollproduktion der zentralasiatischen Oasen ankurbeln. Auch wenn das nur in Ansätzen gelang, so waren die Folgen doch dramatisch: Der Aralsee, der einst viertgrößte Binnensee der Erde, verschwand zum größten Teil von der Erdoberfläche. Andere größenwahnsinnige Planer kamen auf die Idee, das Mittelmeer durch einen Riesendamm bei Gibraltar trockenzulegen, oder die Pole durch nukleare Wärme abzuschmelzen. Solche skurril anmutenden Beispiele zeigen auch, dass sich während des Kalten Krieges zum Teil absurde »Umweltkulturen« ausgebildet hatten, um im Systemkonflikt ja nicht ins Hintertreffen zu geraten. Das galt unter anderem für die Atomwaffentests, die etwa Frankreich ohne Skrupel oder Sinn für Mensch und Umwelt auf dem Mururoa-Atoll durchführte, oder jene, die in der Sowjetunion regelrechte verseuchte Todeszonen erzeugten. Auch die USA waren eifrig an Tests beteiligt. Seit dem 30. Juni 1946 wurden innerhalb von zwölf Jahren 23 Atombomben auf dem Bikini-Atoll gezündet, teilweise unter Wasser, teilweise an Land, teilweise in der Luft. Die 167 Einwohner des Bikini-Atolls waren auf ein anderes Atoll gebracht worden, nachdem der damalige US-Militärgouverneur der Marshall Islands die Bikinianer »vorübergehend« um ihre Insel gebeten hatte und zwar »for the good of mankind«. Ratten, Ziegen und Schweine fungierten als lebende Testobjekte, um zu untersuchen, wie schnell und umfänglich Lebewesen verglühen. Ein Augenzeuge berichtete nach dem ersten Test, dass der Himmel »wie tausend Sonnen« über dem Meer geleuchtet habe. Fast 20 Tonnen Filmausrüstung waren herangeschafft worden, um die Weltöffentlichkeit Anteil nehmen zu lassen. »Auf den Schiffen, von denen aus das Geschehen beobachtet werden konnte, wurden Sonnenbrillen gereicht und eisgekühlte Martinis. Beides, die Brillen und das Getränk, reüssierten im Sommer jenes Jahres. Außerdem die Torten samt Atompilzen aus Buttercreme sowie die Kreation eines französischen Schneiders, die er Bikini nannte.«[20] In ganz anderer Weise verwandelte Maos »Großer Sprung nach vorne« (1958–1962) China in eine Hölle, gekennzeichnet von Massenmord und einem gleichermaßen ökonomischen wie ökologischen Desaster.[21] Dies trifft ebenso für zahlreiche Stellvertreterkriege zu: Ökologische Kriegsführung zog Umweltkatastrophen nach sich, am bekanntesten ist der Einsatz des Entlaubungsmittels »Agent Orange« – das Dioxin, eine besonders giftige Substanz, enthielt – und das von den US-Militärs eingesetzt wurde, um gezielt den vietnamesischen Urwald zu entlauben und so dem Feind die Deckung zu nehmen.

Umweltkatastrophen und Ressourcenknappheit bilden die Kehrseite von Naturbeherrschung und Ressourcennutzung im 20. Jahrhundert. Nordamerikanische und brasilianische Geologen entdeckten 1967 die »Berge aus Eisen« auf der Hochebene von Carajás im Amazonas-Urwald des Bundesstaates Pará. Hier lagerten riesige Bestände von Mangan, Chrom, Bauxit, Nickel, Kupfer, Zinn, Gold, Molybdän und Wolfram, darüber hinaus Eisenerzreserven für schätzungsweise 500 Jahre. Für die Förderanlage und die Bahnlinie ließ die Regierung 400 000 Hektar Wald roden. Wen in Europa dieser Umweltfrevel noch kalt ließ, weil er weit entfernt geschah, den erwischte spätestens der Gau in der Sowjetunion. Die Reaktorkatastrophe im ukrainischen Tschernobyl in der Nacht zum 26. April 1986,[22] deren Folgen lange verharmlost wurden – heute sprechen einige Untersuchungen von bis zu 70 000 Opfern –, heizte die Debatte um die Atomenergie kräftig an. Erschreckend war, wie unbeholfen die Behörden überall, auch in der Bundesrepublik Deutschland, auf die radioaktive Wolke, die der Wind nach Westen trieb, und die drohende Strahlenbelastung reagierten. Landwirte wurden angehalten, ihr Milchvieh von der Weide zu nehmen, Kindern sollte keine Frischmilch zum Trinken gegeben und Salat sollte nicht gegessen werden, die Menschen wurden aufgefordert, die Fenster und Türen ihrer Wohnungen zu schließen. Befolge man diese Sicherheitsmaßnahmen, so versicherten die Behörden, würde nichts passieren und alles schnell wieder gut werden. Vielleicht traute man den eigenen Versicherungen doch nicht vorbehaltlos. Jedenfalls schuf die Bundesregierung im Rahmen einer Kabinettsumbildung Anfang Juni 1986 als 17. Ministerium das Bundesministerium für Umwelt, Naturschutz und Reaktorsicherheit. Der Deutsche Bundestag setzte zudem einen Umweltausschuss ein und verabschiedete schließlich am Ende des Jahres ein Strahlenschutzgesetz, durch das die Bevölkerung bei Reaktorunfällen besser geschützt werden sollte. Die Idee einer ökologischen Modernisierung eroberte den öffentlichen Raum in den Industriegesellschaften und wurde in Gestalt der neuen Umweltbewegungen mehr und mehr zur sozialen Kraft und schließlich zum politischen Projekt. Ökologie war nicht allein ein Politikum, sondern bewirkte auch einen neuen Lebensstil.

Aber das Thema an sich war viel älter, und darauf wiesen die Kritiker sogleich hin, um das Versagen der Politik anzuprangern. Der Startpunkt einer internationalen Umweltpolitik lag weit zurück, und ist auch nicht erst mit dem Jahr 1972 anzusetzen, als in Stockholm die erste UN-Konferenz über die menschliche Umwelt stattfand. Man kann vielmehr bis zum Jahr 1949 zurückgehen, als eine von der UNESCO ausgerichtete Konferenz in Lake Success abgehalten wurde. In diesem kosmopolitischen Moment nach den Schrecken des Zweiten Weltkrieges und des Einsatzes von Atombomben hatte man begonnen, Naturschutz als Humanökologie anzusehen – der Schutz der Natur war als wichtiger Beitrag anerkannt worden, um den blauen Planeten als Lebensraum des Menschen zu erhalten. Und schließlich kam auch der vielgeschmähte Völkerbund wieder ins Spiel: Bereits der direkte Vorläufer der UNESCO, die League of Nation's International Committee on Intellectual Cooperation (CICI), hatte sich in der Zeit zwischen den Weltkriegen mit Themen des internationalen Umweltschutzes beschäftigt. Der Schweizer Paul Sarasin hatte im November 1913 in Bern eine Gruppe internationaler Wissenschaftler um sich versammeln können – und ihr Zusammenschluss stellte die Urform einer Nichtregierungsorganisation dar. Wie so vieles andere durchkreuzte der Ausbruch des Ersten Weltkrieges auch dieses Unterfangen; und wie so oft erinnerte man sich erst wieder in Zeiten der Krise solcher Initiativen, die in »normalen« Zeiten bagatellisiert, übersehen oder an den Rand gedrängt worden waren.

LEBEN WIR IM ANTHROPOZÄN?

»Willkommen im Anthropozän«, so titelte die Zeitschrift »*The Economist*« am 26. Mai 2011 und griff damit eine der intensivsten und am meisten Fächer übergreifende Debatte in den Geistes-, Sozial- und Naturwissenschaften der letzten Jahre auf.[23] Die Fragen, die dahinter stecken, lauten: Lebt die Menschheit im Anthropozän? Hat die Veränderung der Natur durch den Menschen im 20. Jahrhundert eine neue Stufe erreicht, sodass ein Zeitalter angebrochen ist, in dem der Mensch, und nur er, alles bestimmt? Als Anfang der 1990er Jahre die wissenschaftlichen Belege dafür zunahmen, dass der Klimawandel von Menschen verursacht wird, gelang es 1992 beim Weltklimagipfel von Rio de Janeiro, ein erstes Abkommen zum Klimaschutz zu verabschieden, gefolgt 1997 vom Kyoto-Protokoll, das den Treibhausausstoß – und damit auch den Energieverbrauch – von drei Dutzend Industrienationen deckeln sollte. China und Indien beispielsweise vertraten jedoch die Auffassung, dass ihr Recht auf Industrialisierung nicht dadurch eingeschränkt werden dürfe, dass die schon industrialisierten Länder ihnen vorschrieben, wie viel Emissionen sie zulassen dürfen. Damit würden sie sozusagen zweimal zur Kasse gebeten: erst durch die Verluste aus der Industrialisierung Europas und dann noch einmal durch die Einschränkungen ihrer Industrie zugunsten von Ländern, die heute noch über ihren »ökologischen Möglichkeiten« leben und viel mehr Wasser, Boden und Luft je Person verbrauchen bzw. Treibhausgase emittieren als das Chinesen und Inder tun.

Geowissenschaftler und Umwelthistoriker meinen zu großen Teilen, die Erde sei in ein neues Zeitalter eingetreten: Auf das geologische Erdzeitalter des Holozän, das etwa 12 000 Jahre anhielt, folge nun das »menschlich Neue«, ein Zeitalter, in dem der Homo sapiens zur Naturgewalt werde und alles bestimme. Da die Erde zwischen vier und fünf Milliarden Jahre alt ist, stellt der Mensch erdgeschichtlich gesehen nur eine ziemlich winzige Marginalie dar – für die Folgen seines Tuns trifft dies allerdings offenbar gar nicht zu. Ganz im Gegenteil, nichts und niemand hat die Erde zuvor so abgrundtief verändert wie der homo sapiens der Neuzeit. Der um die Jahrtausendwende 2000 vom niederländischen Nobelpreisträger Paul J. Crutzen populär gemachte Begriff von der »Menschenzeit«, also des Anthropozäns, ist nicht mehr nur einem Fachpublikum bekannt, sondern mittlerweile in Politik, Kultur und Gesellschaft vorgedrungen.[24] Aber verfügt diese ambitionierte These von einem neuen geologischen Zeitalter über ein wissenschaftlich tragfähiges Fundament? Was spricht dafür, und wo liegen die größten Einwände gegenüber diesem so faszinierenden Konzept? Bestimmen der Mensch und seine Fähigkeit der Ressourcenaneignung wirklich sämtliche Bereiche oder sind, alles in allem, die menschlichen Fähigkeiten doch zu limitiert, um ein eigenes Zeitalter voll und ganz zu prägen?

Das Problem ist: Das Anthropozän-Konzept basiert auf einer Zusammenarbeit vieler, völlig unterschiedlicher Wissenschaften. Geologie, Geographie, Archäologie, Kulturwissenschaften und verschiedene Naturwissenschaften fließen hinein und treffen aufeinander. Die jeweiligen Sichtweisen fallen erwartungsgemäß sehr unterschiedlich aus. In vielen wissenschaftlichen Beiträgen wird die Frage aufgeworfen, ob der Mensch wirklich ein »geologischer Faktor« geworden ist, wie Crutzen es ausgedrückt hat, oder ob es sich, so die zugespitzte Gegenposition, nur um eine Art »Pop Science« handelt, die darauf erpicht ist, die Gesellschaften aufzuschrecken und Aufmerksamkeit zu erheischen.

Missverständnisse können bereits bei den Vorverständnissen und Grundbegriffen beginnen: »Natur«, »Umwelt« und »Mensch«. Für viele ist »Natur« das »von menschlicher Tätigkeit Unberührte und Unveränderte«[25], stellt also einen im Wesentlichen absoluten Bereich dar, ohne einen notwendigen Bezug zum Menschen. Man kann diese Definition von Natur durchaus kritisieren, am einfachsten, indem man die soziale Konstruktion der Bezeichnung hervorhebt und argumentiert, dass es so etwas wie Natur auf der Erde im Zeitalter des Anthropozäns gar nicht mehr geben könne. Dennoch bietet sich die Definition in Abgrenzung zum Gegenbegriff »Umwelt« an, denn bei ihm handelt es sich um einen relativen Ausdruck. Er zeigt an, dass »Umwelt« stets mit etwas in Beziehung steht – im Anthropozän also vor allem mit dem Menschen und mit der Menschheit. Bezogen auf den Menschen ist die Umwelt der ihn unmittelbar berührende Lebensraum, der ihn prägt und von ihm geprägt wird. Aber was ist »der Mensch« überhaupt – angesichts einer Weltbevölkerung von etwa sieben Milliarden Menschen, die in unterschiedlichsten Kulturkreisen leben?

Ein weiterer, grundsätzlicher Einwand kommt noch hinzu. Bis heute wurden alle Epochen und Perioden der Weltgeschichte retrospektiv bestimmt und oft nach einem Leitfossil benannt. Im Gegensatz dazu definiert das Anthopozän die erdgeschichtliche Gegenwart zu einem Zeitpunkt, da die Menschheit noch nicht ausgestorben ist. Geologen haben deshalb auch die größten Bedenken gegenüber diesem Begriff. Ist die ganze Idee nichts weiter als eine politische Bekundung? Tatsächlich geht die Idee des Anthopozäns von einem Wandel hin zu einer »menschengemachten Erde« aus. Es sei, so wird unterstellt, die Menschheit und ihr Handeln, welche für die globale Ökologie zum maßgeblichen Faktor geworden seien. Dabei gliedert sich in dieser Perspektive das Anthropozän zeitlich in drei Schritte: Die erste Periode habe mit der Industrialisierung eingesetzt und sei ungefähr von 1750 bis 1945 zu datieren. Nach dem Zweiten Weltkrieg sei es zu einer ungeheuren neuen Geschwindigkeit gekommen, und das Anthropozän sei in die Phase der »großen Beschleunigung« eingetreten. Die dritte und aktuelle Phase beginne in unseren Tagen mit dem wachsenden Verständnis der Menschheit für ihre Rolle auf dem blauen Planeten. Es ist nun unübersehbar, dass mit diesem Konzept der globalen Gesellschaft eine neue Großerzählung darüber in die Hand gegeben wird, wie sie sich entwickelt hat und welche Aufgaben sie meistern muss. Die Wirkmächtigkeit menschlichen Handelns, das die Erde transformiert, soll ins Bewusstsein vordringen.

16. JULI 1945

Vorausgesetzt man hält die Idee für bestechend, wann setzt man dann eigentlich am geeignetsten die Zäsur für eine solche neue geologische Epoche an? Der Mensch greift doch seit Langem in die Natur ein. Crutzen und der Historiker John McNeill nannten sogar ein präzises Jahr: 1784. Man habe durch Untersuchungen an Eisbohrkernen feststellen können, dass seit dieser Zeit die Konzentration von Methan und CO_2 in der Luft zunahmen. Die Zäsur wäre also die Zeit der Industriellen Revolution, und wenn es um sie geht, kommen selbst nüchterne Historiker häufig ins Schwärmen und überschlagen sich förmlich mit Superlativen. So wundert es nicht, dass in dieser menschheitsgeschichtlichen Entwicklung nach der Erfindung der Dampfmaschine durch James Watt oftmals auch der Beginn des Anthropozäns gesehen wird. Allerdings führen manche Skeptiker die Neolithische Revolution vor 8 bis 10 000 Jahren ins Feld. Damals lernte eine Gesellschaft aus Jägern und Sammlern erstmals den Ackerbau und züchtete Tiere, damit sie dem Menschen Fleisch, Fell und Milch lieferten.

Schon seit dieser Zeit hätten die Agrarwirtschaft und die Abholzung mindestens ebenso massive Auswirkungen auf das Erdklima gehabt. Und im Unterschied zu Geologen, Klimaforschern, Historikern und Geographen plädieren etliche Anthropologen dafür, dass der Einfluss der Menschen bereits vor 60 000 Jahren mit dem Auszug des Homo sapiens aus Afrika begonnen habe – was dann freilich zwangsläufig mit der Systematik der Geologie kollidiert. Wiederum andere Wissenschaftler platzieren den Beginn des Anthropozäns auf ein ganz exaktes Datum, nämlich den 16. Juli 1945. Mit dem erfolgreichen Test der Atombombe in der Wüste von New Mexico begann das Atomzeitalter. Damit setzte die Menschheit eine entscheidende Signatur auf der Erde, auch sichtbar in den geologischen Schichten, und hinterließ kommenden Generationen für zehntausende von Jahren verseuchte Gebiete, Materialien und Abfälle. Untermauert wird diese Annahme, dass das

Anthropozän erst nach 1945 beginne, von der bereits erwähnten These der »großen Beschleunigung«. Die rasante Veränderung der Welt setzte in ganz verschiedenen Bereichen nach dem Zweiten Weltkrieg ein. Dies betraf vor allem den Energieverbrauch.

Energieverbrauch und Bevölkerungsentwicklung hingen direkt miteinander zusammen. Seit dem Beginn des 20. Jahrhunderts wuchs die Bevölkerung unaufhörlich, und selbst die immensen Opferzahlen der beiden Weltkriege verlangsamten diesen Trend nur unmerklich.[26] Der Weltenergieverbrauch im 20. Jahrhundert übersteigt fast die Vorstellungskraft. Seit 1920 verbrauchte der Mensch mehr Energie als in seiner gesamten Geschichte zuvor, und bis 1950 verdoppelte sich der Weltenergieverbrauch gegenüber dem Niveau am Beginn des 20. Jahrhunderts; von 1950 bis 2000 verfünffachte er sich noch einmal.[27] Diese ungeheure Beschleunigung ging an der Umwelt nicht spurlos vorüber. Auf die Jahre 1945 bis 2010 gehen beispielsweise drei Viertel der anthropogenen Belastung der Atmosphäre mit Kohlendioxid zurück, nicht zuletzt durch die Menge der motorisierten Fahrzeuge, deren Zahl sich in dieser Zeitspanne von 40 auf 800 Millionen erhöhte. Ölförderanlagen sind eine riskante Technologie, nicht nur auf hoher See, wo es immer wieder zu Unfällen und Verschmutzungen kam. Der Preis der Ölförderung – ob im südamerikanischen Regenwald oder in den Küstenstaaten Afrikas, etwa Nigeria – war und ist eine enorme Umweltverschmutzung.

Nicht allein das »Energieregime« der Menschen, sondern auch die Bevölkerungsentwicklung und das Städtewachstum können zum Indiz für das Anthropozän herangezogen werden. Auch hier lässt sich ein klarer Wendepunkt im 20. Jahrhundert erkennen. Die Bevölkerungsexplosion auf der Erde nach 1945 ist historisch einzigartig. Neben einem weltweiten »Babyboom« wurden Sterblichkeitsgründe reduziert, und innerhalb einer Lebensspanne von 1945 bis 2010 verdreifachte sich die Weltbevölkerung auf sieben Milliarden. Im Rückblick werden die gewaltigen Dimensionen erkennbar: Frühestens um 1800 bis 1820 erreichte die Weltbevölkerung das

Niveau von einer Milliarde Menschen. Im Jahr 1960 waren es drei Milliarden, danach folgte ein Crescendo. Zwei Generationen lang nahm die Bevölkerung alle zwölf bis 15 Jahre um einen Milliarde zu – was konkret bedeutet, dass sich zwei Drittel des Wachstums der Gattung Mensch nach 1945 ereignete, ein weltgeschichtlich einzigartiger Vorgang.

Die Luftverschmutzung in großen Städten hat eine lange Geschichte. Die verschmutzungsbedinge Sterberate in Metropolen wie London war bereits in der ersten Hälfte des 20. Jahrhunderts hoch. Als jedoch die Abgase der Autos hinzukamen, standen Städte wie Mexiko-City oder chinesische Millionenstädte vor dem Kollaps. Der durch die Kohlendioxidbelastung ausgelöste Klimawandel führte zunehmend zu einer Erwärmung der Weltmeere, zum Abschmelzen der Pole und zum Rückzug der Gletscher. Die Folge davon war ein rasantes Artensterben. Weltweit zeigten bis zum Jahr 2010 rund 70 Prozent aller Korallenriffe in den Weltmeeren Krankheitssymptome.[28] Und schließlich offenbart sich das Janusgesicht des 20. Jahrhunderts im Bereich von Technologie und Umwelt. Ein Beispiel ist die Herstellung von Kunststoffen. Um 1900 gelang die Produktion synthetischer Polymere – »Plastik«, eine Erfindung, die von Politik, Wissenschaft und Industrie zunächst in höchsten Tönen gefeiert wurde und für die Menschheit viel Gutes bewirkte. Die Massenproduktion langlebiger Kunststoffe, die in der Natur schwer abbaubar sind – rund 450 Jahre benötigt die Natur für eine Wasserflasche – führte zur Verschmutzung unzähliger Regionen, besonders Plastikmüll ist zu einem großen Problem für die Ozeane geworden.

Trotz solcher einzigartiger Tendenzen, die der Idee vom Anthropozän in die Hände spielen, keimte erhebliche Kritik an dieser ambitionierten These auf. Es gibt bis in unsere Tage hinein keine Einigung darüber, ob das Konzept wirklich haltbar ist. Hat der Mensch die meisten Probleme wie etwa den Klimawandel absichtlich geschaffen? Wohl kaum. Aber kann er wirklich Hauptakteur sein, wenn er gar nicht weiß, was er tut und bewirkt? Das »Anthropozän« unterstellt dem Menschen ja nicht allein, die Erde zu verändern, sondern auch, dass er verstanden hat, wie er sie verändert. Ist jedoch die kosmische, biologisch-ökologische und sozialkulturelle Evolution nicht viel komplexer, als das Konzept in seiner Vereinfachung unterstellt? Schließlich müssen auch die Einwände von Seiten der Politik- und Rechtswissenschaften erwähnt werden, die sich gegen die Metapher des Gesellschaftsvertrages und seine Globalisierung durch das Anthropozän richten. Historiker könnten hinzufügen, dass sich spätestens seit der Renaissance des 15. und 16. Jahrhunderts die gedankliche Auseinandersetzung des Menschen, nicht nur der Philosophen, mit seiner Stellung in der Welt immer wieder verändert hat. So gesehen stellt die heutige Debatte nicht die erste anthropozentrische Deutung dar. Doch im Grunde liegt in der Reduktion auch eine Stärke, denn die Idee des Anthropozäns bringt vieles zusammen, was sonst getrennt gedacht würde. Die Metapher versucht zumindest, das Verhältnis von Mensch und Natur neu zu beschreiben. Sie fordert dazu heraus, über Fragen globaler Entwicklungen, von der Weltkultur bis zum Klimawandel, von der internationalen Zusammenarbeit bis zur Ethik umfassend nachzudenken.[29] Solche ethischen Fragen spielen im nächsten Kapitel, das große Fortschritte, aber auch Stillstand und Misserfolge in der Bekämpfung von Krankheiten zum Thema hat, eine wesentliche Rolle.

6.

IMPFUNG UND AIDS

Medizin gegen die Geißeln der Menschheit

Durch Europa wandert eine unheimliche Gestalt (…). Tausende Menschen sind von der spanischen Grippe angeblasen. Ganze Ortschaften liegen fiebernd im Bett und überall, wo viele Menschen beisammen sind, schleicht das grüne Gespenst umher und pustet Myriaden Bazillen aus.
Rheinische Zeitung, »Das grüne Gespenst«, 23. August 1918[1]

▲▲▼▲

Ich hatte mir nie vorher vorstellen können, dass es Ärzte geben kann, die solche Versuche an Menschen durchführen können. Ich hatte mir nie vorher vorstellen können, dass Menschen anderen Menschen so etwas antun können wie diese Unmenschen – und dass sie es dann noch so dokumentieren können und kühl abwägen, welche Menschen zu Tode zu quälen sind.
Arno Hamburger, der 1947 am Nürnberger Ärzteprozess als Dolmetscher teilnahm[2]

▲▲▼▲

Es ist schon etwas schaurig, dass ich das erste Retortenbaby bin, aber ich lebe ein ganz normales Leben.
Louise Brown, am 25. Juli 1978[3]

▲▲▼▲

Die Homosexuellen-Seuche »Aids«, eine tödliche Abwehrschwäche, hat Europa erreicht. Mindestens 100 Deutsche sind bereits erkrankt, sechs in den letzten Wochen gestorben. Die Ärzte sind ratlos. Über die Ursache wird nur spekuliert, eine Behandlung gibt es nicht.
Der Spiegel, 6. Juni 1983[4]

▲▲▼▲

Die Meldung letztes Jahr, dass ein Schaf erfolgreich geklont wurde, rief spontan heftige Reaktionen hervor, eine Furcht, dass etwas Schreckliches zu geschehen drohe. Ich sage »zu geschehen drohe«, weil sich die Sorge nicht auf das Schaf Dolly bezog, sondern auf die Wahrscheinlichkeit, dass jemand dereinst einen Menschen klonen werde.
Hilary Putnam, Why Fraternity cannot be cloned, 30. Januar 1998[5]

▲▲▼▲

KAMPF GEGEN EPIDEMIEN

In der indischen Provinz Bengalen brach 1899 die sechste große Cholera-Epidemie der Weltgeschichte aus. Wie ein Waldbrand fegte sie über den indischen Subkontinent hinweg, um sich nach Südostasien, dann Richtung Westen über die arabische Welt bis nach Ägypten auszubreiten. 1904 und 1905 erreichte sie mit Russland und Österreich-Ungarn auch die Ränder der europäischen Welt, 1910 griff sie schließlich vom Balkan aus nach Italien über. In Neapel tötete die Krankheit eine große Anzahl von Bauern, die sich dort zur Auswanderung versammelt hatten, und raffte in ganz Italien innerhalb von zwei Jahren 18 000 Menschen dahin. Besonders in Apulien gärten bald revolutionärer Unmut und Fremdenhass gegenüber angeblich mit Giftflaschen umherziehenden »Zigeunern«. Der Erste Weltkrieg und die Bürgerkriegszustände der Russischen Revolution boten der Cholera einen idealen Nährboden, besonders an den Kriegsfronten Ost- und Südosteuropas wütete sie bis in die 1920er Jahre hinein ungebremst. Dazu kam mit der »Spanischen Grippe« eine der mächtigsten Seuchenzüge auf, den die Geschichte je gesehen hatte. Den Namen verdankte diese Pandemie zeitgenössischen Nachrichten, wonach die Seuche zuerst in dem neutralen Spanien aufgetreten sei, dann aber womöglich in den feuchten Schützengräben des Weltkrieges rasche Verbreitung fand. In Madrid erkrankte jeder dritte Mensch. In mehreren Wellen breitete sich die Krankheit über die Welt aus, insgesamt erkrankten

700 Millionen Menschen, und binnen weniger Monate forderte die Infektion zwischen 25 und 50 Millionen Tote – ein Mehrfaches dessen, was der Erste Weltkrieg in allen Kriegsjahren und an allen Fronten an Menschenleben gekostet hatte. Von den absoluten Zahlen her betrachtet war diese »Grippe-Katastrophe« mit der großen Pest von 1348 vergleichbar, die ebenfalls Millionen Menschen in Europa hinweggerafft hatte.

Dramatische Berichte über Krankheiten und Epidemien begleiten die Geschichte der Menschheit. Im 20. Jahrhundert war dies nicht anders. Doch der medizinische Fortschritt war in diesem Jahrhundert herausragend, und er hat dank verbesserter Hygiene, der Entdeckung von Antibiotika und moderner Behandlungstechniken das Leben vieler Menschen verbessert und ihre Lebenserwartung erhöht.[6] Dass es seit Anfang des Jahrhunderts gelang, Infektionskrankheiten erfolgreich zu bekämpfen, war dabei der größte Erfolg. Mediziner erkannten, wie solche Krankheiten übertragen werden, und allein dadurch, dass man in der Lage war, die Ansteckungswege zu unterbrechen, konnten große Geißeln der Menschheit wie Cholera, Typhus und Malaria zumindest eingedämmt werden. Besiegt waren die Krankheiten damit allerdings nicht. Noch 1988 griff eine Cholera-Epidemie auf Neu Delhi über und forderte schätzungsweise 20 000 Tote.[7] Starke Monsunregen hatten die offenen Abwassergräben und Kloaken überschwemmt, was der Seuche, die sich aus dem Dreck nährt, freien Lauf ließ. In Mitteleuropa hatte man die tödliche Durchfallerkrankung seit der Wende vom 19. zum 20. Jahrhundert stoppen können, der letzte große Ausbruch in Deutschland war die Epidemie 1892 im Hamburger Gängeviertel, wo unzählige Menschen in engsten Kellerwohnungen lebten, Brutstätten für Ansteckungskeime. Aus dieser Katastrophe lernend entwickelte Robert Koch bahnbrechende Verfahren zur Desinfektion und entdeckte die Erreger von Cholera und Tuberkulose, wofür er 1905 den Nobelpreis für Medizin erhielt.

Im Verlauf des Jahrhunderts glückte es, die Pest, seit Jahrtausenden der große Schrecken der Menschen und im Mittelalter als der

»Schwarze Tod« gefürchtet, erfolgreich zu bekämpfen und niederzuringen. Auch diese Krankheit ist nicht vollständig besiegt, zu den extrem hohen Todesraten vergangener Jahrhunderte, als sie ganze Landstriche entvölkerte, kommt es jedoch nicht mehr. Schon 1901 ebneten Studien zur Diphtherie, eine durch Tröpfchen- und Schmierinfektion übertragbare lebensbedrohliche Erkrankung der Atemwege, den Weg zu einem Impfstoff, der seit 1923 Anwendung fand. Besonders Kinder, deren Abwehrkräfte geschwächt oder noch nicht voll ausgebildet waren, fielen der Diphtherie zum Opfer. Zwei Jahre zuvor, 1921, wurde die Tuberkulose-Schutzimpfung eingeführt, nachdem sich erste Erfolge der Immunisierung seit dem Jahrhundertwechsel abgezeichnet hatten. Bis zu diesem Zeitpunkt war die oft tödlich verlaufende Lungenkrankheit Tuberkulose eines der größten Gesundheitsprobleme der Welt. In Westeuropa, aber auch in Indien wurden in der Zwischenkriegszeit erste Sanatorien und Behandlungsräume für Tuberkulose-Kranke gegründet, doch bis die Impfstoffe einer breiteren Öffentlichkeit zugänglich gemacht werden konnten, vergingen noch Jahrzehnte. Nach dem Zweiten Weltkrieg führten nationale Kampagnen in den USA, in Europa und den europäischen Kolonien zur Eindämmung der Krankheit, aber erst die Anwendung von Antibiotika verringerte die Sterblichkeitsrate merklich. Starben beispielsweise in Großbritannien unmittelbar vor dem Ersten Weltkrieg noch bis zu 50 Prozent der Erkrankten, so waren es am Ende des Jahrhunderts nur noch sehr wenige. Vor allem reduzierte sich die Anzahl der Erkrankungen von 117 000 im Jahr 1913 auf 5000 1987.[8] Wie die Pest sind beide Krankheiten, Diphtherie und Tuberkulose, bis heute nicht ausgerottet, jedoch in weiten Teilen der Welt einigermaßen eingedämmt.

ANTIBIOTIKA UND DAS PROBLEM DER RESISTENZ

Die Entdeckung von Antibiotika war ein Meilenstein der Medizingeschichte. Durch Zufall erkannte der Engländer Alexander Fleming 1929, dass der Schimmelpilz Penicillium in der Lage ist, das Wachstum von Bakterienkulturen zu hemmen. Was zunächst wenig Beachtung fand, sollte ein Jahrzehnt später die antibakterielle Therapie revolutionieren. Im Zweiten Weltkrieg erzielte das Penicillin seinen Durchbruch. Die amerikanische Pharmafirma Merck brachte es 1942 auf den Markt, ein weiterer Pharmariese, Pfizer, produziert das Mittel seit 1944 und ist Weltmarktführer. Noch wirksamer gegen eine Ansteckung erwies sich die vorbeugende Impfung, mit der auch Krankheiten wie Polio, Typhus, Tetanus, Masern, Mumps und Röteln zurückgedrängt werden konnten. Besonders seit dem Anfang des 20. Jahrhunderts trat Polio, also Kinderlähmung, in epidemischer Form vor allem bei Kindern auf. Aber auch Erwachsene waren davon betroffen, und oftmals starben die Menschen oder es blieben schwere körperliche Folgeschäden zurück. Das bekannteste Opfer der vermehrt ausbrechenden Epidemien in der ersten Jahrhunderthälfte war der US-amerikanische Präsident Franklin D. Roosevelt – doch blieb dies der Öffentlichkeit weitgehend verborgen. 1921 war er an Poliomyelitis erkrankt und seither von der Hüfte ab fast vollständig gelähmt. Während seiner Amtszeit förderte Roosevelt die Erforschung von Impfstoffen. Erst seit den 1960er Jahren jedoch bewirkte ein neuer Impfstoff den Durchbruch – und nahezu jeder, der der Generation der »Babyboomer« jenes Jahrzehnts in Deutschland angehört, wird sich an die »Schluckimpfung« erinnern oder Bilder davon im Kopf haben. Vergleichbares trifft für die Pocken zu. Über mehrere Jahrtausende litt die Menschheit in allen Teilen der Welt unter den Pocken. In Europa häuften sich die Neuerkrankungen seit dem 18. Jahrhundert: Hier lösten die Pocken die Pest als schlimmste Krankheit ab. Nach dem Zweiten Weltkrieg startete die Weltgesundheitsorganisation (WHO), eine Sonderorganisation der Vereinten Nationen, ausgedehnte Impfprogramme gegen die Pocken. Pocken können nur durch vorbeugende Impfung bekämpft werden, doch meistens entfaltete sich auch ein nachträglicher Schutz, wenn noch wenige Tage nach der Infektion geimpft wurde. 1980 konnte die WHO schließlich vermelden, dass die Pocken besiegt seien. Den letzten bekannten Fall hatte es 1977 in Somalia gegeben.

Trotz Heilbarkeit und Schutzmaßnahmen gab es immer wieder Neuerkrankungen an bestimmten Infektionen. Das betraf vor allem die Malaria, die von Parasiten hervorgerufen und von Stechmücken übertragen wird. Mit Malaria hatte der Mensch schon immer zu kämpfen, bereits im Altertum erkannte man, dass die Krankheit vor allem in Sumpfgebieten auftrat. Noch an der Schwelle vom 20. zum 21. Jahrhundert waren ungefähr 200 Millionen Menschen von der Krankheit betroffen, über 600 000 starben, die meisten, fast 90 Prozent, in Afrika südlich der Sahara.[9] Bis Mitte des 20. Jahrhunderts war Malaria im Mittelmeerraum weit verbreitet, doch auch in Südengland oder in Mitteleuropa trat sie gelegentlich auf, wohingegen sie heute weitgehend als »Tropenkrankheit« gilt. Seit 1948 das Insektengift DDT entdeckt worden war, wurde es gegen die Malaria-Mücke eingesetzt und großflächig versprüht, was jedoch neue Ausbrüche der Krankheit nicht umfassend verhinderte. So traten große Malaria-Epidemien 1976 bis 1978 in der Türkei und eine Dekade später in Brasilien auf. Riesensiedlungen mit Slums sowie politische Untätigkeit gegenüber solchen Zuständen förderten Seuchen nach wie vor. Das größte Problem stellte allerdings dar, dass die Stechmücken zum Teil eine Resistenz gegen DDT entwickelten. Und auch andere Bakterien bildeten bald Resistenzen gegen die massenhaft verabreichten Antibiotika aus, was zu einem Wettlauf zwischen neuen, widerstandsfähigen Krankheitserregern und der Entwicklung wirksamer neuer Präparate durch die pharmazeutische Industrie geführt hat.

Fatalerweise gab es gerade auf dem Gebiet der Infektionskrankheiten, wo der medizinische Fortschritt am greifbarsten war, am

Ende des Jahrhunderts schwere Rückschläge. 1981 waren die ersten Fälle der Immunschwächekrankheit Aids aufgetaucht, die die Mediziner vor große Rätsel stellte. 1983 konnte das HI-Virus identifiziert werden. In der Rückschau zeigte sich, dass zwischen 1920 und 1950 im subsaharischen Afrika vereinzelte Fälle aufgetreten waren, jedoch keine großflächige Häufung. In der Phase des raschen sozialen Wandels, der postkolonialen Instabilitäten, der größeren Mobilität von Menschen und Gesellschaften und der sexuellen Revolution bis in die 1970er Jahre hinein verbreitete sich das Virus und griff auf westliche Industriestaaten über. Aids bezeichnete einen Wendepunkt in den Einstellungen zu Krankheit und Medizin, die nicht allmächtig war. Eine Zäsur stellte die Krankheit aber auch bezüglich Sexualität und Unheil dar – dieses Zwillingspaar konnte wieder apokalyptisch aufgeladen werden. Die Endzeitstimmung wurde dadurch befördert, dass zahlreiche Prominente wie der US-amerikanische Schauspieler Rock Hudson der »Lustseuche«, wie Aids bezeichnet wurde, zum Opfer fielen. Die amerikanische Publizistin Susan Sontag schrieb 1988: »Die Medizin hatte man bisher als jahrhundertealten Feldzug betrachtet, der sich seinem siegreichen Ende näherte. Das Auftreten einer neuen epidemischen Krankheit, nachdem man doch seit einigen Jahrzehnten zuversichtlich davon ausgegangen war, dass derartige Kalamitäten der Vergangenheit angehörten, hat zwangsläufig den Status der Medizin verändert. Das Aufkommen von Aids hat deutlich gemacht, dass die Infektionskrankheiten keineswegs besiegt sind oder ausgedient haben.«[10]

Die Periode der Epidemie bzw. Pandemie reichte in den Industriegesellschaften von 1983 bis 1993, bevor Aufklärung, medizinpolitische Maßnahmen und Medikamente das Aufkommen von Aids wieder einschränkten. Im südlichen Afrika hingegen blieb Aids eine Epidemie – hier stieß die Krankheit auf politische Ignoranz, Unterentwicklung, Armut und traditionsbedingte Aufklärungsresistenz. Außerdem hat sich dort eine bösartige Sub-Gruppe des Virus ausgebreitet, und die kostspieligen Therapien, wie sie in den Industrieländern üblich wurden, konnten sich Menschen und Gesellschaften dort nicht leisten. Man muss hinzufügen, dass viele Pharmakonzerne eine unrühmliche Rolle spielten und aus Profitinteressen den Weg zu günstigeren Arzneien verbauten. Noch im Jahr 2005 starben weltweit jährlich über drei Millionen HIV-Infizierte, davon 2,4 Millionen im subsaharischen Afrika. Die durchschnittliche Lebenserwartung in Botswana zum Beispiel betrug zu diesem Zeitpunkt 34 Jahre, ohne Aids läge sie über doppelt so hoch, bei 76 Jahren.[11] Dies ist sicherlich der eklatanteste Fall der von der Weltgesundheitsorganisation immer wieder angeprangerten »health inequality«, die das 20. Jahrhundert durchzog und bis in die Gegenwart fortdauert. Aids verschärfte diese »Ungleichheit« aufs Neue.

EXPERIMENTE UND DAS TOR ZUR HÖLLE

Eine der entscheidenden Entwicklungen der Medizin des 20. Jahrhunderts war, dass die Experimentalwissenschaften in die Untersuchungsmethoden einbezogen wurden. So konnten Krankheitssymptome physikalisch und chemisch erklärt werden. Je mehr sich eine klinische Statistik entwickelte, desto mehr Krankheitsprofile entstanden, was sich auch auf den Patienten auswirkte. Daraus folgte der messbare, diagnostizierbare und durchleuchtete Patient. Als eine ebenso entscheidende Grundtendenz des Gesundheitswesens im 20. Jahrhundert muss ihre sozialpolitische Unterfütterung angesehen werden. Überall, wenn auch überall unterschiedlich und oft ungenügend, entwickelte sich ein Gesundheitssystem, das mehr oder weniger ausgeprägt auf Krankenversicherungen basierte. Die anspruchsvolle Idee einer ganzheitlichen Gesundheit, die mehr ist als nur die Abwesenheit von Krankheit, setzte sich mit der Gründung der Weltgesundheitsorganisation seit 1948 durch. Auch auf diesem Gebiet gab es Vorläufer, die bis zum Beginn des 20. Jahrhunderts zurückreichten. Die Pan American Health Organization wurde 1902 gegründet und war die erste überstaatliche Gesundheitsbehörde, die sich besonders zum Ziel setzte, der Cholera und der Pest entgegenzuwirken. Als der Völkerbund 1919 aus der Taufe gehoben wurde, umschloss er auch eine Hygienesektion. Weltweite Kampagnen, um die öffentliche Gesundheitspflege zu verbessern und bedrohliche Seuchen durch globale Impfmaßnahmen auszurotten, fanden in großem Umfang jedoch erst statt, als die WHO im April 1948 ihre Arbeit in Genf aufnahm. Als Leitlinie weltweiten ärztlichen Handelns setzte sich die Definition von Gesundheit durch, die die WHO formulierte: Gesundheit als »Zustand des vollständigen körperlichen, geistigen und sozialen Wohlbefindens«.[12] Eine wenig bescheidene Idealumschreibung wie diese setzt gewisse Grundmaßnahmen voraus, an erster Stelle Versorgung mit sauberem Wasser, sanitären Anlagen und ausreichend Lebensmitteln, sodann eine Basisversorgung mit sinnvollen Medikamenten, des Weiteren Vorbeugemaßnahmen und eine Gesundheitserziehung. Ein Blick über die Welt zeigt, in wie weiter Ferne dies am Ende des 20. Jahrhunderts in vielen Teilen der Erde noch lag. Bei der Kindersterblichkeit wurden die eklatanten Unterschiede besonders augenfällig: Ein Kind, das in Angola geboren wurde, hatte 1998 eine 73-mal höhere Wahrscheinlichkeit, vor seinem fünften Lebensjahr zu sterben als ein Kind, das in Norwegen das Licht der Welt erblickte.[13]

Politische Krisenzeiten waren Katalysatoren für wesentliche medizinische Entwicklungen, das betraf vor allem die beiden Weltkriege. Jeder Krieg löste in einer Art Umkehrschub einen Fortschritt in der Medizin aus. Das absolut Menschenfeindliche förderte, so das Paradox, einen humanen Fortschritt. Für die Heilkunde war das Schlachtfeld ein Experimentierfeld, der Krieg ein Laboratorium. Im Ersten Weltkrieg zeigte sich dieser Umstand ganz besonders.[14] Er war der erste Krieg im naturwissenschaftlich-technischen Zeitalter und hatte erhebliche Folgewirkungen für die Medizin. Wichtige Beispiele waren die Fortschritte in der Bluttransfusion, dann aber vor allem die Forschungen zur Bakteriologie sowie die medizinischen Konsequenzen der chemischen Kriegsführung und schließlich der Kriegspsychosen. Die Hölle der Schützengräben, die feuchte Stellungsfront in Nordfrankreich, diente verschiedenen Hygienikern als Feldlaboratorium. Fleckfieber (Typhus exanthematicus) war eine typische Kriegsseuche, sie wurde durch Läuse von Mensch zu Mensch übertragen und wies, blieb sie unbehandelt, eine hohe Sterblichkeitsrate auf. Untersuchungen lieferten Hinweise auf Übertragung, Ausprägung des klinischen Bildes und dafür, wie Infektionsherde bekämpft werden konnten. Erste Versuche mit Schutzimpfung und Serumtherapie fanden statt, von denen die medizinische Forschung in der Zwischenkriegszeit profitierte. Solche Seuchenforschung war das eine. Das andere war, dass Mediziner viel aus der chemischen Kriegsführung lernten, die im Ersten Weltkrieg eine Sonderstellung einnahm. Chlorgas, das bei Kontakt mit Wasser schnell Salzsäure abspaltet und die Lunge verätzt, arsenhaltige Kampfstoffe (Blaukreuz), das Augen und Atemwege schädigte, und Senfgas (Gelbkreuz), das verbrennungsartige Hirnverletzungen bewirkt: man braucht die verheerenden Wirkungen nicht weiter auszuführen, um zu verstehen, was das Völkerschlachten an medizinischen »Versuchsfeldern« eröffnete.

Nach dem Ersten Weltkrieg erforderte die Behandlung von Millionen Kriegsversehrten eine rasante Entwicklung auf dem Gebiet künstlicher Gliedmaßen – Prothesen wurden als Inbegriff der physischen Kriegsbewältigung verstanden. Im Zweiten Weltkrieg kamen neue Medikamente auf, darunter aber auch Aufputschmittel mit stimmungsverändernden Effekten, um erhöhtes Selbstvertrauen, mehr Leistungsbereitschaft und Aggression der Soldaten zu erzeugen, die auf alliierter Seite ebenso im Einsatz waren wie auf Seite der Achsenmächte.[15] Um die »Moral« der Wehrmacht zu stärken, war in großen Mengen die synthetische Substanz Pervitin (heute ist die Droge umgangssprachlich als Crystal Meth bekannt) an die Soldaten ausgegeben worden.[16] Es waren jedoch vor allem ethische Fragen, die massiv im Zusammenhang mit den Fehlentwicklungen der Medizin in den Diktaturen auftraten, wiederum bildete der

Nationalsozialismus mit seinen Menschenversuchen in Konzentrations- und Vernichtungslagern den negativen Höhepunkt. Die nationalsozialistische Krankenmordaktion »T 4« – Kurzformel für die Adresse der damaligen Dienststelle in der Tiergartenstraße 4 in Berlin, wo die Planungen stattfanden – führte zum Aufbau von Tötungsanstalten im gesamten Reich.[17] Die als »Euthanasie« deklarierten Morde an 70 000 geistig oder körperlich behinderten Menschen war der rassenhygienische, verbrecherische Höhepunkt der Eugenik. Bereits seit dem 19. Jahrhundert waren Patienten der Anstaltspsychiatrie den Ärzten ausgeliefert, manche Therapien grenzten an Folter, die Patienten wurden durch Medikamente oder mechanische Gewalt ruhiggestellt und oftmals für Experimente benutzt. Medizinische Versuche an Kindern, die als »lebensunwert« klassifiziert wurden, betrafen nicht zuletzt wiederum die Tuberkulose-Immunisierung. Die Auswahl von behinderten Kindern als Versuchspersonen für Tuberkulose-Impfexperimente begründete der Oberarzt der Kinderheilstätte Mittelberg bei Oy im Allgäu, Georg Hensel, in seinem 1942 publizierten Forschungsbericht folgendermaßen: »Da mit dieser Art der Schutzimpfung beim Menschen ein Neuland betreten wurde, erscheint es verständlich, dass die ersten Untersuchungen an Säuglingen ausprobiert wurden, die schwere körperliche und geistige Missbildungen aufwiesen und deren Lebenserhaltung für die Nation keinen Vorteil bedeutet.«[18]

Dass geistig kranke Menschen für Humanexperimente missbraucht, zwangssterilisiert und massenhaft systematisch ermordet wurden, war ein Spezifikum des Nationalsozialismus. Doch auch in anderen Diktaturen gingen Medizin und Politik eine verhängnisvolle Verbindung ein. In der nach-stalinistischen Sowjetunion setzte die Staatsführung auf die Methode der »Psychiatrisierung« von Regimekritikern. Seit den 1960er Jahren wurde sie systematisch angewandt und bestand bis in die Gorbatschow-Ära Mitte der 1980er Jahre fort. Man hatte diese Maßnahmen auch schon in den 1930ern praktiziert, allerdings waren, so makaber es klingt, in der Stalin-Zeit außergerichtliche Terrormaßnahmen wie Erschießung noch leichter durchführbar und daher wendete man sie auch an. Amnesty International schätzte die Zahl derjenigen, die von Gorbatschow zwischen 1987 und 1989 aus Gefängnissen, Lagern und Psychiatrie-Kliniken entlassen wurden auf ca. 2000 Menschen. 1991 wurde vom »Weltverband für Psychiatrie« eine Psychiatergruppe beauftragt, Nachuntersuchungen vorzunehmen: bei zehn angeblich schizophrenen Patienten wurde die Diagnose nur einmal bestätigt.[19] Auch Demokratien missbrauchten die Medizin und waren selbst gegen Menschenversuche nicht gefeit. Sie praktizierten schändliche Verfahren. Man denke nur daran, wie amerikanische Militärs Soldaten zu Versuchszwecken in Gebiete schickten, wo Atombomben gezündet wurden.

EIN NEUES MENSCHENBILD?

Wenn man die Errungenschaften der Medizin im 20. Jahrhundert Revue passieren lässt, so darf die verbesserte Diagnostik auf keinen Fall unerwähnt bleiben. Blutdruckmessungen kann heutzutage jeder bei sich zu Hause selbst vornehmen. Neue bildgebende Verfahren mittels Röntgenstrahlen – den ersten Apparat hatte Wilhelm Röntgen 1895 entwickelt –, Sonographie – die Ultraschalldiagnostik begann ab 1950 – und schließlich die Computertomographie, die 1972 eingeführt wurde, ermöglichten, Krankheiten besser und früher zu erkennen. Neue Methoden wie Narkoseverfahren und Bluttransfusionen waren wichtig für die operative Medizin. Dank der Entdeckung der menschlichen Blutgruppen und des Rhesusfaktors im Jahr 1930 ließ sich das Unverträglichkeitsrisiko bei Transfusionen reduzieren.[20]

Damit war die Voraussetzung geschaffen, Operationsverfahren fortzuentwickeln. Die Geschichte der Chirurgie im 20. Jahrhundert ist beeindruckend, und unter den berühmten Chirurgen ragte in der ersten Hälfte Ferdinand Sauerbruch heraus, der ein großes Problem löste: Wie kann man den Brustkorb operativ öffnen, ohne dass sich im Brustfellraum Luft ansammelt, die den dort herrschenden Unterdruck aufhebt und die Lunge zusammenfallen lässt, was zum Tod des Patienten führt? Sauerbruch experimentierte schon 1904 mit ausgeklügelter Technik zur Thoraxoperation in Unterdruckkammern und gelangte damit zu Weltruhm. Die Transplantationsmedizin wagte 1954 erstmals den Schritt von Tierversuchen hin zur Übertragung menschlicher Organe. Der amerikanische Chirurg Joseph Murray transplantierte Nieren am Menschen. Damit führte er, zusammen mit E. Donnall Thomas, neue Methoden ein, um Gewebe und Organe als klinische Behandlungspraxis zu übertragen. Dann der Paukenschlag: Am 3. Dezember 1967 transplantierte der südafrikanische Chirurg Christiaan Barnard am Groote Schuur Hospital in Kapstadt das erste Herz von Mensch zu Mensch. Um 6:13 Uhr rief Barnard nach der mehrstündigen Operation »Wir haben es geschafft. Jesus, wir haben es geschafft.«[21] Drei Tage später wurde in den USA (New York) das erste Herz übertragen. Barnards Eingriff rief ein riesiges weltweites Medienecho hervor und löste ganz unterschiedliche Diskussionen aus. Der südafrikanische Arzt war ein Meister medialer Inszenierung und außerdem mehr oder weniger skrupellos in der Vermarktung seines Erfolges. Diesen verdankte er offenbar den Methoden seines amerikanischen Kollegen Norman Shumway, die er einfach und ohne Rücksprache übernahm. Während der weiße südafrikanische Chirurg zum Medienstar aufstieg, blieb bis zum Beginn des 21. Jahrhunderts unbekannt, dass der schwarze Südafrikaner Hamilton Naki ebenfalls entscheidend dazu beigetragen hatte, dass die Herztransplantation gelang, was jedoch aufgrund des Apartheid-Systems damals nicht publik gemacht worden war.

Die ersten Patienten verstarben relativ rasch. Innerhalb von drei Jahren wurden 164 Herzen transplantiert, am Ende dieses Zeitraums lebten nur noch 20 der Patienten. Doch es war ein Durchbruch: In den 1990er Jahren gab es jährlich über 4000 Herztransplantationen weltweit, und die Sterblichkeit innerhalb der ersten kritischen vier Wochen betrug nur noch fünf Prozent.

SOLL ALLES ERLAUBT SEIN?
ETHISCHE FRAGEN

Die Transplantationen veränderten mit einem Schlag die Bedeutung des Herztodes, der bis dahin als absolutes Ende des Lebens gegolten hatte. Seither war die Hirnfunktion der entscheidende Indikator dafür, ob ein Mensch noch lebt. Waren schon vorher ethische Bedenken aufgeflammt, so stellten diese Debatten eine Kleinigkeit gegenüber denjenigen dar, die noch kommen sollten. Die Fragen waren einfach, die Antworten hingegen überaus kompliziert. Wie weit durfte die Medizin gehen? Wo lagen Grenzen? Gab es Grenzen? Neben ethischen tauchten ebenso rechtliche Aspekte auf, die geklärt werden mussten. Sie betrafen die Auswahl von Spenderorganen, ihre Entnahme und Distribution. Wer sollte zum Zuge kommen, und wer nicht? Wer sollte über Leben und Tod entscheiden dürfen? Ein Schwarzmarkt im Organhandel war der schmutzige Nebeneffekt des Erfolges in der Transplantationsmedizin. Eine noch viel grundsätzlichere und weiter gehende Dimension war indessen mit der Stammzellenforschung erreicht, die 1981 in den USA begann und als eine »perfekte« Heilkunde ausgegeben wurde. Ihr Ziel sei es, so verkündeten einige Wissenschaftler, einen vollkommenen Menschen zu schöpfen, der Begleiterscheinungen des Alterns – Falten, Demenz und andere Krankheiten sowie vielleicht sogar einmal den Tod – überwinde.[22]

Drei Männern, Francis Harry Compton Crick, Physiker und Biochemiker aus Großbritannien, dem US-Amerikaner James Watson und dem Neuseeländer Maurice Wilkins, wurde 1962 der Medizin-Nobelpreis zuerkannt. Sie hatten die Molekularstruktur der Desoxyribonukleinsäure (DNS, im Englischen DNA) entdeckt und ihre räumliche Struktur, die in einer Doppelhelix organisiert ist, herausgefunden. Die Folgen waren erheblich, und das 20. Jahrhundert wurde bereits als »Jahrhundert des Gens«[23] bezeichnet – mit dem Hinweis, dass sich das 21. Jahrhundert als »Jahrhundert des Klons« erweisen könnte.

Beide Begriffe, »Gen« und vor allem »Klon«, standen seit den 1990er Jahren im Zentrum ethischer Auseinandersetzungen mit den Techniken der Lebenswissenschaften und ihrer zukünftigen möglichen Anwendungsfelder. Doch entstanden sind die Begriffe bereits zu Beginn des Jahrhunderts. Um 1900 herum hatte sich die experimentelle Vererbungsforschung etabliert, 1909 war der Begriff des Gens vom dänischen Botaniker Wilhelm Johansen eingeführt worden und verbreitete sich in den damaligen Debatten über das Wesen der Vererbung sehr rasch über die ganze Erde. Sein Kollege, der US-amerikanische Botaniker Herbert J. Webber, hatte 1903 in einer kurzen, fast beiläufigen Notiz von »clone« gesprochen, womit er eine Gruppe von Pflanzen definierte, die von einer gemeinsamen Ursprungspflanze oder einem Ursprungssamen durch alle denkbaren Formen ungeschlechtlicher Vermehrung abstammte. Im Verlauf des Jahrhunderts vervielfältigten und potenzierten sich die beiden Begriffe, und seit seiner zweiten Hälfte rückten sie in das Zentrum utopischer und dystopischer Szenarien[24] – sie gerannen zu einer Metapher dafür, wie sich die Biotechnologie zukünftig auf Mensch und Gesellschaft auswirken werde.

Bis zur Mitte des 20. Jahrhunderts beschränkte sich das Klonen auf Pflanzen, Zellen und Bakterien. Aber dies war erst der Anfang. 1961 wurden bereits Frösche durch das Verfahren des Zellkerntransfers geklont. Das walisische Bergschaf »Dolly« erlangte mit seiner Geburt am 5. Juli 1996 Weltberühmtheit, denn es war das erste, in einem schottischen Labor gezeugte und geklonte Säugetier. Sein Geburtsort war nicht das platte Land, sondern das Roslin-Institut der Universität Edinburgh, und »Dolly« – benannt nach der amerikanischen Country-Ikone Dolly Parton – hatte drei Mütter: Eizelle und DNS stammten von unterschiedlichen Tieren, ein Drittes trug den Embryo aus. Dolly war das erste aus einem Klonierungsverfahren erschaffene Säugetier der Welt. Die Nachricht vom »Klonschaf« überspülte die etablierten wissenschaftlichen Grenzen und wühlte die Weltöffentlichkeit auf. Die Reaktionen reichten von Durchbruchseuphorie bis hin zu Ängsten vor Menschenklonen als Brutkästen für Ersatzorgane oder der Vorstellung menschlicher »Unsterblichkeit« durch die endlose, quasi-magische Verdoppelung des eigenen Selbst.

Die Tür zur identischen Reproduktion war aufgestoßen. Bereits seit den 1970er Jahren war in öffentlichen Debatten erwartet worden, dass in irgendeinem Labor der Erde Menschen gezüchtet und bald ein Menschenklon erscheinen werde. Der naturwissenschaftlich-technische Fortschritt löste Verunsicherungen und Ängste aus. Experimente zur Befruchtung von menschlichen Eizellen im Reagenzglas fanden seit den späten 1960er Jahren statt und führten zu einschneidenden Ergebnissen in der Gen- und Reproduktionsforschung. 1978 war es dann so weit: Das erste in vitro gezeugte Kind, sogleich als »Retortenbaby« bezeichnet, erblickte am 25. Juli um 23:47 Uhr im Allgemeinen Krankenhaus von Oldham, Großbritannien, das Licht der Welt. Die Geburt wurde von einem britischen Fernsehsender gefilmt. Das Kind wog 2600 Gramm und war 49 Zentimeter groß. Das erste künstlich befruchtete menschliche Wesen bekam den Namen Louise Joy Brown, die Zeitungen sollten sie »Lovely Louise« nennen. Die britische Zeitung »*Daily Mail*« erwarb für umgerechnet 600 000 Euro im Einverständnis mit der Mutter die Publikationsrechte von den Forschern und schrieb zu ihrer Geburt: »Und hier ist sie: die zauberhafte Louise.« Zitat der Mutter: »Dr. Steptoe ist wie ein Gott, denn er hat mir mein Kind geschenkt.«[25] Der anglikanische Erzbischof von Canterbury bezeichnete das Kind dagegen als »das Werk des Teufels.«[26]

Die Zukunft hatte die Gegenwart eingeholt, und das Thema der Reproduktionsmedizin war aus den Biowissenschaften endgültig in die Öffentlichkeit gelangt. Die Frage nach den Grenzen des medizinischen Fortschritts, der wissenschaftlichen Entwicklung und den Folgen, die hieraus erwachsen, spitzte sich am Übergang zum 21. Jahrhundert in massiven gesellschaftlichen Debatten über die Präimplantationsdiagnostik (PID) zu, nicht allein in Deutschland, aber hier wegen der Vergangenheit der nationalsozialistischen »Rassenhygiene« in besonderem Maße. Durfte man ein werdendes Leben bewerten, gegebenenfalls abtreiben und so Behinderung diskriminieren? Wären dadurch nicht auch bereits lebende Behinderte geringgeschätzt? Würde eine bewusste Selektion nicht letzten Endes zur Züchtung optimaler Lebewesen einladen? Oder war ganz im Gegenteil mit den Befürwortern der PID zu argumentieren, dass die Methode imstande war, Leid zu reduzieren, gerade für die schwangere Frau, und sogar den Weg zu eröffnen, Erbkrankheiten auszurotten? Bis 2010 war PID in Deutschland verboten, danach kam es unter strengen Auflagen zu einer Lockerung der Gesetzgebung: PID kann straffrei von einem Arzt durchgeführt werden, sofern bei einem der Elternteile eine nachgewiesene Erbkrankheit und damit eine genetische Veranlagung des Embryos vorliegt. In den meisten Ländern ist sehr viel mehr möglich, Deutschland spielt hier aus historischen Gründen eine Sonderrolle. Die Debatten über das biotechnisch Machbare, medizinisch Wünschbare und ethisch Vertretbare werden im 21. Jahrhundert weiter geführt werden müssen.

7.
VERTREIBUNG UND MOBILITÄT

Welt in (erzwungener) Bewegung

Die große Frau mit den Stacheln auf dem Kopf und der Lampe in der Hand, die nachts leuchtete.
The Life Story of a Polish Sweatshop Girl, Autobiographie von Sadie Frowne, 1906[1]

▲▲▼▲

Die drei Regierungen haben die Frage unter allen Gesichtspunkten beraten und erkennen an, dass die Überführung der deutschen Bevölkerung oder Bestandteile derselben, die in Polen, der Tschechoslowakei und Ungarn zurückgeblieben sind, nach Deutschland durchgeführt werden muss. Sie stimmen darin überein, dass jede derartige Überführung, die stattfinden wird, in ordnungsgemäßer und humaner Weise erfolgen soll.
Potsdamer Abkommen, Abschnitt XIII, 2. August 1945[2]

▲▲▼▲

Komm ein bisschen mit nach Italien
Komm ein bisschen mit ans blaue Meer
Und wir tun als ob das Leben eine schöne Reise wär.'
Schlagertext, gesungen von Caterina Valente, 1956[3]

▲▲▼▲

Yun Chang-Wan und sieben Freunde hatten sich ein zehn Meter langes Boot besorgt, hatten Nahrungsmittel gehortet, volle Benzinkanister auf dem Schwarzmarkt von nordvietnamesischen Soldaten gekauft. Im Schutze der Dunkelheit tuckerten sie schließlich von Vũng Tàu, einem Ort südlich von Ho-Tschi-Minh-Stadt (Saigon), aufs Meer hinaus. Am nächsten Morgen hatten sie internationale Gewässer erreicht, doch die Kapitäne der großen

Frachtschiffe ignorierten beharrlich die acht Menschen in ihrer Nussschale, übersahen ihre SOS-Fahne.
»Menschen auf der Flucht«, Die Zeit 22. Dezember 1978[4]

▲▲▼▲

Liebe Landsleute, (...). Ich begrüße Sie herzlich im Namen der Bundesregierung. (...) wir sind zu Ihnen gekommen, um Ihnen mitzuteilen, dass heute Ihre Ausreise möglich geworden ist.
Hans-Dietrich Genscher auf dem Balkon der Botschaft der Bundesrepublik Deutschland in Prag, 30. September 1989[5]

▲▲▼▲

Die Bekämpfung der illegalen Einwanderung ist für alle Mitgliedstaaten der Union eines der wichtigsten Anliegen. Der freie Personenverkehr im Schengen-Gebiet erfordert eine entsprechende Verstärkung der Außengrenzen dieses Gebiets sowie wirksame und abschreckende Maßnahmen zur Rückführung sich illegal aufhaltender Angehöriger anderer Staaten.
Rat der Europäischen Union: Schengen-Katalog, 2002[6]

▲▲▼▲

JAHRHUNDERT DER FLÜCHTLINGE

Massendeportationen, Emigrationswellen und Zwangsarbeit, ausgelöst durch das Stalin- und Hitlerregime in Osteuropa, kennzeichneten die 1930er Jahre. 1945 erfolgte die Vertreibung der Deutschen aus den ehemaligen Ostgebieten. Seit den 1970ern hob eine riesige Fluchtwelle der »Boatpeople« in Asien an, die sich vor Verfolgung in Sicherheit bringen wollten. Und am Übergang vom 20. zum 21. Jahrhundert kam es zu einer Elendsmigration vor der europäisch-afrikanischen Küste und im Grenzgebiet zwischen Mexiko und den Vereinigten Staaten. Die Liste ließe sich fast beliebig verlängern. Das 20. Jahrhundert war ein Zeitalter der gewaltsamen Vertreibung von Menschen aus ihrer Heimat, eines, das sein Gepräge wesentlich von Flüchtlingselend und Entwurzelungserfahrungen erhielt.

Zwangsmigration und Elendswanderungen sind jedoch nur die eine Seite. Das 20. Jahrhundert zeigte auch hier seine beiden Gesichter: Nie war die Welt so in Bewegung, nie zuvor gab es eine derart vielförmige friedliche Begegnung zwischen Menschen aus allen Kontinenten und so hohe Mobilität, ein Austausch von Menschen und Gütern, von Schülern, Studierenden, Auswanderern und Touristen. Das Doppelgesicht des Jahrhunderts resultierte aus dem friedlichen Austausch und der schwungvollen Mobilität einerseits und den gewaltsamen Vertreibungen und dem Flüchtlingselend andererseits.

Die Forschung hat zu bestimmen versucht, was unter dem vielschichtigen Begriff »Migration« zu verstehen ist. Seitdem es den Menschen gibt, war er unterwegs, Wanderungen bilden ein konstitutives Element seiner Geschichte, das war immer so. »Migration ist die auf einen längerfristigen Aufenthalt angelegte räumliche Verlagerung des Lebensmittelpunktes von Individuen, Familien, Gruppen oder auch ganzen Bevölkerungen«, so die geläufigste Definition.[7] Dabei lassen sich mehrere Erscheinungsformen unterscheiden, etwa Arbeits- und Siedlungswanderungen, Bildungs- Ausbildungs- und Kulturwanderungen, Wohlstandswanderungen, aber auch Zwangswanderungen. Letztere ist durch eine »Nötigung zur Abwanderung verursacht, die keine realistische Handlungsalternative« zulässt.[8] Flucht vor Gewalt – sei es aus politischen, ethnischen oder religiösen Gründen – gehört dazu. Aber solche Zwangsmigration bedeutet oft Vertreibung, Deportation oder gewaltsame Umsiedlung. Schwierig ist es in manchen Bereichen, scharfe Trennlinien zu ziehen, denn, um ein Beispiel zu nennen, die Grenzen zwischen Arbeitsmigration im Markt und unter »Zwang« sind fließend. Im Folgenden geht es in einem sehr weiten Sinne um Wanderungen, einschließlich zeitlich befristeter, wie den Tourismus, der im Verlauf des 20. Jahrhunderts immer mehr Menschen zu fremden Gestaden trieb. »Migration« als solche ist weder gut noch schlecht, sie ist der Normalfall, kann zu kultureller Begegnung führen und zur Vermischung, sie kann aber auch Xenophobie hervorrufen und Formen menschenunwürdiger Entwurzelung, Verschleppung und Zwangsarbeit annehmen.

Natürlich sind Vertreibungen keine Erfindung des 20. Jahrhunderts. Ein flüchtiger Blick in die Weltgeschichte genügt, um Wellen von erzwungenen Völkerwanderungen zu erkennen. Die Vertreibung der französischen Hugenotten, der Indianer des nordamerikanischen Kontinents oder der Buren des britisch besetzten Transvaal sind einige Beispiele aus der neueren Zeit. Doch Massenvertreibungen als systematisch angewandtes Instrument von Politik und Kriegszielplanungen wurden erst in diesem Jahrhundert erfunden und mit nationalistischem Wahn, Rassen- und Klassenideologien, bürokratischem Vernichtungsterror und verbrecherischer Energie verfolgt. Dass Menschen auf der Flucht sind, ist ein Kennzeichen des 20. Jahrhunderts, die Bezeichnungen »Jahrhundert der Flüchtlinge« und »Jahrhundert der ethnischen Säuberungen« treffen es genau.[9]

Dabei haben sich die globalen Wanderungsformen und die Migrationsströme grundlegend und dramatisch verändert: Am Beginn des 20. Jahrhunderts sehen wir eine massive Auswanderung von Europäern in die »Neue Welt«, nach Nord- und Südamerika, aber auch koloniale Siedlungswanderungen nach Asien und Afrika; es ist nicht übertrieben, von einem Massenexodus aus Europa zu sprechen. Gegen 1900 erreichte die Amerikaauswanderung ihren Höhepunkt. Während der beiden Weltkriege gab es eine Massenzwangswanderung in Form von Zwangsarbeitern und Zwangsumsiedlungen, danach Wanderungen der »Gastarbeiter« vor allem in und nach Europa. Am Ende des Jahrhunderts hatte sich die Wanderungsrichtung vollkommen umgedreht: Die Armen der Welt versuchten, nach Europa zu strömen, während dieses sich als Festung abschotten wollte. Der organisierte Menschenschmuggel beutete das Elend noch zusätzlich aus. Aber im Weltmaßstab bildete dies nur die Spitze des Eisberges, denn die gewaltigsten Wanderungsbewegungen der Weltgeschichte, die seit der zweiten Hälfte des 20. Jahrhunderts auftraten, verliefen in außereuropäischen Bahnen; die globalen Dramen und das Flüchtlingselend geschahen in der »Dritten Welt« und berührten Europa nur zu etwa fünf Prozent.

ARBEIT UND AUSBEUTUNG

Der Durchbruch zur kapitalistischen Weltwirtschaft seit dem letzten Drittel des 19. Jahrhunderts setzte in vielen Ländern eine in die Millionen gehende Binnenwanderung in Gang, hin zu den Zentren der Industrie. Zugleich stieg die globale Massenmigration an. Das Nahe und das Ferne verbanden sich nicht nur, vielmehr war die eine Migration oftmals nur der erste Schritt zur zweiten, und aus Arbeitsmigranten wurden schließlich Einwanderer. Die chinesischen Migrationsströme zunächst in die Mandschurei und nach Südostasien, dann nach Übersee sind ein Beispiel: Chinesische Händler hatten bereits vor dem 19. Jahrhundert weitreichende Netzwerke in Asien aufgebaut, und in der Phase zwischen 1850 und 1920 migrierten vermehrt Arbeiter und Kontraktarbeiter – vertraglich gebundene Auswanderer (»Kulis«) – im asiatischen Raum, bevor die Überseemigration einsetzte. Sie arbeiteten auf Plantagen oder in Bergwerken, bevorzugt zunächst in Lateinamerika und in der Karibik. Chinesische Seeleute ließen sich in den großen Häfen der Welt nieder, etwa in London oder Rotterdam. Ebenso warben britische Militärbehörden während des Ersten Weltkrieges rund 100 000 Chinesen zur Arbeit hinter der Front in Nordfrankreich an. In der zweiten Hälfte des 20. Jahrhunderts suchten chinesische Migranten Arbeit in Hong-Kong, Singapur, Malaysia und Vietnam, in den USA und Kanada. Insgesamt schätzt man, dass während des gesamten 20. Jahrhunderts etwa elf Millionen Chinesen ihre Heimat auf der Suche nach Arbeit verließen.[10] Solche Saisonarbeiter aus Südostasien traf man seit Ende des Zweiten Weltkrieges namentlich in den Golfstaaten, bis zum Ende des Jahrhunderts waren dorthin über sechs Millionen Menschen aus Indien, Pakistan und

Sri Lanka ausgewandert. In Dubai war nur jeder vierte Einwohner auch Staatsbürger – 75 Prozent der dort lebenden Menschen waren Ausländer minderen Status und fast ohne Rechte.

Man kann dies ohne Weiteres als Form der modernen Sklavenarbeit bezeichnen. Doch das größte Ausbeutungssystem im 20. Jahrhundert, basierend auf völkischen und rassistischen Grundlagen, schufen die Nazis. NS-Deutschland hatte nach 1933 eine Politik der Verdrängung und Ausweisung nichtdeutscher Arbeitskräfte durchgeführt. Nach Kriegsbeginn stieg der Bedarf jedoch schnell, und man bemühte sich wieder um ausländische Arbeitskräfte. Zum Teil wurden sie angeworben, so etwa in Frankreich. Zum größten Teil waren es aber Kriegsgefangene und Zwangsarbeiter. Im Sommer 1944 befanden sich rund acht Millionen ausländischer Arbeitskräfte im Deutschen Reich, deren Lebens- und Arbeitsbedingungen sich jedoch stark unterschieden. Die größte Gruppe bildeten die etwa fünf Millionen ausländischen Zivilarbeiter, die zwischen 1939 und 1945 ins Reich gebracht wurden – darunter etwa zwei Millionen sowjetische und eine Million polnische Arbeiter, jeweils die Hälfte weiblichen und männlichen Geschlechts. Die Kriegsgefangenen bildeten die zweite Gruppe, vornehmlich aus Polen, der Sowjetunion und Frankreich sowie seit Mitte 1943 die 600 000 Soldaten, die nach dem Sturz Mussolinis und dem Frontwechsel Italiens im Krieg festgesetzt worden waren und nach Deutschland gebracht wurden. Die Häftlinge der Konzentrationslager der SS im Reichsgebiet stellten die dritte Gruppe, und die vierte waren die europäischen Juden, die nach ihrer Deportation Zwangsarbeit verrichten mussten; die weitaus meisten starben aus Erschöpfung oder wurden ermordet. Zwangsarbeit ließ sich 1944 beziffern: die Hälfte der Arbeitskräfte in der Land- und Forstwirtschaft, 23 Prozent im Bergbau, die übrigen in der Industrie und im Bauwesen. Über 200 000 sowjetische und über 100 000 polnische Bürger arbeiteten sich während des Sklaveneinsatzes zu Tode.

Jede dritte Arbeitskraft in Deutschland im Jahr 1944 war ein »Fremdarbeiter«. Ulrich Herbert hebt das Ausmaß vergleichend hervor und betont, dass der »Ausländereinsatz« in Deutschland während des Zweiten Weltkrieges der größte Fall der massenhaften, zwangsweisen Verwendung von ausländischen Arbeitskräften in der Geschichte seit dem Ende der Sklaverei in den USA in der Mitte des 19. Jahrhunderts darstellte.[11] Diese Ausbeutung stand indessen nicht alleine da. Verschiedene Formen der Sklaverei in den europäischen Kolonien bestanden fort oder wurden neu aufgenommen, so besonders in Belgisch-Kongo, wo die Sklaverei bis in die 1950er Jahre überdauerte. Die millionenfache Zwangsarbeit der Häftlinge im sowjetischen Gulag gehört ebenfalls dazu. Wenngleich diese in der älteren Tradition der Sträflingsverbannung stand, so gewann sie ihre ungeheuerliche Dimension durch die brutale Willkür im Sowjetkommunismus. Dazu zählten auch die Zwangsumsiedlungen der Kosaken und der Wolgadeutschen. Zwangsumsiedlungen waren an vielen Orten ein strategisches Instrument der Politik, und selbst Frankreich versuchte im Algerienkrieg Ende der 1950er Jahre durch Zwangsumsiedlung von zwei Millionen Menschen, was einem Fünftel der Bevölkerung entsprach, die Kontrolle über das nordafrikanische Land zu gewinnen.

VERTREIBUNGEN

So wurden Zwangsarbeit und Zwangsumsiedlung zu einem prägenden Kennzeichen des 20. Jahrhunderts, sei es in Gestalt der Verschleppung zur Zwangsarbeit, sei es in Gestalt der Vertreibung ethnischer Minderheiten mit dem Ziel, ethnisch homogene Nationalstaaten zu schaffen. Die größte Auswanderungswelle während des Ersten Weltkrieges lösten die Russische Revolution und der anschließende Bürgerkrieg aus: Zwischen 1917 und 1922 verließen etwa 1,5 Millionen Russen und 250 000 Angehörige anderer Nationen das Land. Das folgenreiche Ideal einer »Homogenisierung der Völker« fand bereits nach dem Ersten Weltkrieg seine Anwendung: Der Lausanner Vertrag von 1923 beinhaltete eine Konvention über einen Bevölkerungsaustausch, um künftig Spannungen durch nationale Minderheiten zu verringern. Nach dem Ersten Weltkrieg waren über sechs Millionen Menschen von Zwangsumsiedlungen, ethnischen Säuberungen oder Repatriierung infolge von Grenzverschiebungen betroffen. Der Lausanner Vertrag richtete sich auf den griechisch-türkischen Konflikt, und die direkte Folge war eine Zwangsumsiedlung: 1,3 Millionen Griechen wurden aus der Türkei und 400 000 Muslime aus Griechenland vertrieben, eine halbe Million Griechen und 100 000 Türken mussten Bulgarien verlassen. Hier war ein Muster in die Welt gesetzt, das immer wieder Anwendung fand. Im Gründungskrieg des neu entstandenen Staates Israel wurden 1948/1949 etwa 800 000 Palästinenser vertrieben. Noch gravierender war der von Gewaltexzessen begleitete Bevölkerungsaustausch zwischen Indien und Pakistan 1949: Muslime aus Indien »wanderten« nach Pakistan und Hindus und Sikhs aus Pakistan nach Indien – ihre Zahl belief sich auf über zehn Millionen. Mehr als eine halbe Million Tote waren in dieser Massenmigration zu beklagen, die zu den größten der Weltgeschichte gehört.

Dies waren gewaltige Umwälzungen im Gefolge des katastrophischen Geschehens des Zweiten Weltkrieges und der beginnenden Dekolonisation. Stefan Troebst zufolge war es das »in der bisherigen Menschheitsgeschichte gigantischste zwangsmigratorische Geschehen«.[12] Deutschland war einer der Brennpunkte der weltweiten Migrationsbewegungen. Nach 1945 hielten sich noch über zehn Millionen »Displaced Persons« (DPs) in Deutschland auf, Zivilpersonen, die aus Kriegsfolgegründen außerhalb ihres Heimatlandes leben mussten. Es handelte sich vor allem um Zwangsarbeiter, die aus allen Teilen Europas stammten und während des Krieges aus ihrer Heimat verschleppt, ausgebeutet und zur Arbeit in Deutschland gezwungen worden waren, und um ehemalige KZ-Häftlinge. Die Rückführung in ihre Heimatländer wurde für die Siegermächte zu einem immensen Problem, und nur mit Hilfe einer eigens dafür geschaffenen UNO-Organisation – der UNRRA (United Nations Relief and Rehabilitation Administration) – konnten sie schrittweise repatriiert werden. Doch noch 1949 lebten in den Westzonen rund 400 000 DPs. Aus Zwangsarbeitern waren heimatlose Ausländer geworden.[13] Gleichzeitig kamen durch Flucht und Vertreibung der Deutschen aus den ehemaligen Ostgebieten und schließlich durch Flucht aus der DDR bis zum Bau der Berliner Mauer 1961 13,2 Millionen Menschen nach Westdeutschland, die somit fast ein Viertel der bundesdeutschen Gesamtbevölkerung stellten.

Die Zwangsumsiedlung der Deutschen aus Osteuropa ab 1945 bildete, ausgehend von der Zahl der betroffenen Menschen, die größte Vertreibung der europäischen Geschichte. Im Potsdamer Abkommen billigten Briten und Amerikaner Mitte 1945 eine, wie es damals hieß, »Überführung« derjenigen Deutschen »in ordnungsgemäßer und humaner Weise«, die nach der Massenflucht Anfang 1945 in Polen, der Tschechoslowakei und Ungarn »zurückgeblieben« waren.[14] Von »human« konnte in der Praxis allerdings keine Rede sein, ganz im Gegenteil. Waren auf der Flucht vor der Roten Armee zwei bis drei Millionen Deutsche verhungert, erfroren, ertrunken oder von feindlichen Granaten getötet worden, so wurden noch in den ersten Jahren nach dem Krieg zehn Millionen vertrieben, verloren ihre Heimat und mussten in einer der vier Besatzungszonen von vorn anfangen. Wie überall auf der Welt, wo Flüchtlinge Opfer politischer Entscheidungen werden, spielte sich damals in Mitteleuropa eine Tragödie ab. In Potsdam regelten die »Großen Drei« nicht allein die Vertreibung der Deutschen aus Osteuropa, vielmehr sanktionierten die Westmächte auch die »wilden« Vertreibungen, die seit dem Frühjahr 1945 Ostmitteleuropa überzogen hatten, womit sich die westalliierten Grundsätze von der herzustellenden »besseren Welt« in dieser Hinsicht als Phrase erwies.

»GASTARBEITER«

Europa wurde seit den 1950er Jahren von einem Auswanderungs- zu einem Einwanderungskontinent. In den Staaten der EU mit 475 Millionen Einwohnern lebten 2005 41 Millionen Menschen, die im Ausland geboren worden waren. Das Mitgliedsland mit den meisten ausländischen Mitbürgern war Deutschland, was natürlich auch mit dem bis zum Jahr 2000 geltenden Staatsbürgerschaftsrecht von 1913 zusammenhing. Da das Abstammungsprinzip (Ius sanguinis) an die Staatsbürgerschaft der Eltern gebunden war, konnte man zwar Deutscher sein, es aber nicht werden. Das andere Extrem war das in seiner reinen Theorie kaum mehr praktizierte Ius solis, wonach der Staat seine Staatsbürgerschaft an alle Kinder verlieh, die auf seinem Territorium geboren wurden.

Der Bevölkerungszuwachs ging nicht allein auf die Flüchtlinge und Vertriebenen zurück. Seit Mitte der 1950er Jahre hatte die Zeit der »Gastarbeiter«-Beschäftigung begonnen. Bis 1966 stieg die Zahl der ausländischen Arbeitskräfte in der Bundesrepublik Deutschland auf 1,2 Millionen. Dabei handelte es sich um einen gemeineuropäischen Vorgang, wobei der Unterschied darin bestand, dass ein Großteil der Arbeitsmigranten in Großbritannien oder Frankreich aus den einstigen Kolonien stammte.

Bereits Ende Dezember 1955 war in Rom, ohne dass die Öffentlichkeit davon stark Notiz genommen hätte, ein deutsch-italienisches Anwerbeabkommen unterzeichnet worden. Weitere solcher Verträge folgten im Verlauf der 1960er Jahre mit Spanien, Griechenland, der Türkei, Portugal und schließlich mit Jugoslawien. Im September 1964 wurde der einmillionste Gastarbeiter, der Portugiese Armando Rodrigues de Sá, mit großem Pomp von Politikern und Arbeitgebern begrüßt. Die Zahl ausländischer Arbeitnehmer wuchs zwischen 1964 und 1973 von einer auf vier Millionen, blieb dann im Wechsel positiver und negativer Wanderungssalden im Großen und Ganzen konstant, bis 1988 eine neue Wanderungswelle – diesmal bestehend aus Asylbewerbern und Aussiedlern – einsetzte.

Solche Zuwanderungen bildeten keine deutsche Besonderheit, doch während die alten europäischen Kolonialmächte im Zuge der beschleunigten Dekolonisation nach dem Zweiten Weltkrieg mit Millionen von kolonialen Rück- und Zuwanderern konfrontiert waren, gab es in der Bundesrepublik eine von Regierung und Arbeitgebern gewünschte, ausgesprochen starke Arbeitsmigration in Form von Gastarbeitern, die das Wirtschaftswunder am Laufen halten sollten. Am Anfang hatten die Gastarbeiter nur auf Zeit oder mit einer offenen Zeitperspektive in der Bundesrepublik arbeiten wollen und waren hauptsächlich aus solchen Regionen innerhalb ihrer Heimatländer gekommen, in denen hohe strukturelle Arbeitslosigkeit herrschte. Durch ihren massiven Wegzug verödeten im Gegenzug teilweise ganze Wirtschaftszweige, etwa die kleinbetriebliche Landwirtschaft in Kalabrien und Apulien. Die berufliche und wirtschaftliche Mobilität der Gastarbeiter in Deutschland war äußerst gering, sie arbeiteten an den gefährlichsten und schmutzigsten Arbeitsplätzen, sodass es zu einer »Unterschichtung«, zu einem »Schichtwechsel im sozialen Unterbau« kam, d.h. deutsche Arbeiter stiegen auf der sozialen Leiter nach oben.[15] Unter den Deutschen entstand bald eine Legitimationslegende, wonach ausländische Beschäftigte harten Arbeitsbelastungen besser gewachsen seien als Deutsche – ein grober Unfug.

MASSENTOURISMUS

»Komm' ein bisschen mit nach Italien, komm' ein bisschen mit ans blaue Meer«, sang Caterina Valente in einem der populärsten Schlager der 1950er Jahre, und Peter Alexander schwärmte in einem anderen Lied von »Mandolinen und Mondschein«. Die »Capri-Fischer« von Rudi Schuricke waren schon seit 1946 ein Hit, den fast jeder Deutsche kannte. Capri, Gardasee, Rimini hießen die Sehnsuchtsorte der Westdeutschen, zu denen sie sich jetzt aufmachten und wo sie hofften, das im Schlager versprochene unproblematische Glück weit weg von den Alltagssorgen zu finden. Die Bundesbürger waren auf dem Weg, Reiseweltmeister zu werden; »die schönsten Wochen des Jahres« wurden im Ausland verbracht, besonders gern in Italien. Camping, Zelten mit Motor, lautete das Zauberwort. Mit den mobilen Heimen ging es über die Alpen, bald schon gab es während der Urlaubszeit die ersten Staus auf den Autobahnen, Vorzeichen der beginnenden Massenmotorisierung.

Der Italien-Tourismus entwickelte sich mit einem rasanten Tempo: Bereits 1956 reisten 4,5 Millionen Westdeutsche nach Italien. Der 1912 geborene Geschäftsmann Josef Neckermann, der 1938 ein jüdisches Versandhaus »erworben« hatte, wurde zum Synonym für wirtschaftlichen Erfolg. »Neckermann macht's möglich!« – der Slogan versprach, Luxusgüter in Gebrauchsgüter umzuwandeln, das galt auch für Neckermann-Reisen, die den bundesrepublikanischen Massentourismus entscheidend beförderten. Der Urlauber sah das Reisen nicht mehr wie der bürgerliche Reisende des 19. Jahrhunderts vorrangig als Erweiterung seines Bildungshorizontes. Nach dem Krieg sowie den entbehrungsreichen Jahren danach suchte er vielmehr Erholung und Entspannung vom anstrengenden Alltag. Doch dies war erst der Anfang.

Der Massentourismus seit der zweiten Hälfte des 20. Jahrhunderts ist in der Geschichte der Menschheit beispiellos. Im Jahr 1950 belief sich die Zahl der weltweit einreisenden Touristen auf 25,3 Millionen, 1970 bereits auf 165,8 und 1990 auf 436 Millionen Personen. Die Zunahme der geographischen Mobilität nicht mehr nur der Wohlhabenden spiegelt sich besonders in der extremen Steigerung der weltweiten Flugverbindungen: Von 1972 bis 2004 hat sich deren Zahl verzwanzigfacht.[16] Seit 1990 nahm der Tourismus noch einmal sehr stark zu und überschritt in der ersten Dekade des 21. Jahrhunderts erstmals die Marke von einer Milliarde Touristen pro Jahr, am höchsten waren die Zuwachsraten in Asien.[17]

Neue Formen von Migration verbreiteten sich, darunter auch die »Lifestyle-Migration« – womit eine Wanderung von wohlhabenden Personen an Orte beschrieben wird, von denen sie sich

Selbstverwirklichung oder höhere Lebensqualität versprachen. Vorläufer dieser lebensstilorientierten Wanderung war die Migration von Künstlern, Weltenbummlern und Abenteurern, die es immer, jedoch nicht in großem Umfang gegeben hatte. Seit den 1990er Jahren entwickelte sich hieraus jedoch ein Massenphänomen: Zunächst zogen Briten an die Küsten Spaniens, dann folgten weitere Nord- und Mitteleuropäer. Im Jahr 2005 war die Zahl der britischen Hausbesitzer, die den »Urtyp« des Lifestyle-Migranten bildeten, in den iberischen Küstenregionen auf eine Million angewachsen.[18]

Der Wandel, der mit dem Ende des Ost-West-Konflikts einherging, war überall zu spüren, am stärksten im bis dahin vom Eisernen Vorhang geteilten Kontinent, in Europa. Mit der Errichtung des Schengen-Raumes und der innereuropäischen Freizügigkeit war die Auflösung nationalstaatlicher Grenzen in diesem Raum so weit fortgeschritten wie sonst nirgendwo auf der Welt. Bald konnte man von Warschau nach Madrid reisen, ohne eine einzige Grenzkontrolle passieren zu müssen. Diese Erfahrung der innereuropäischen Freiheit kontrastierte aufs Schärfste mit den streng gesicherten Außengrenzen der EU, die Flüchtlinge in den Tod trieben. Die Grenzöffnung ging einher mit verstärkter Grenzsicherung, die »Festung Europa« wurde sprichwörtlich. Diese Gleichzeitigkeit von Migration und Migrationsbeschränkung, von Öffnung und Schließung ist einer der größten Widersprüche der Globalisierung.

Mit der Expansion, Optimierung und Vergünstigung von Transport- und Kommunikationstechnologien – vom Flugzeug bis zum Internet – wurde es seit den 1980er Jahren einfacher, über weite Strecken hinweg mobil zu sein. 1990 lag die Zahl der internationalen Migranten bei 154 Millionen, im Jahr 2000 bei 175 Millionen und 2013 bei 232 Millionen. Die reichen Industrienationen des Nordens bildeten am Ende des 20. Jahrhunderts die beliebteste Zielregion, womit sich die Richtung der weltweit grenzüberschreitenden Migration seit der Mitte des Säkulums gedreht hat. Die Industrienationen gewannen in Relation seit 1990 mehr als doppelt so viele Zuwanderer hinzu wie die Entwicklungsländer.[19] Migration verlief jedoch auch auf einer Nord-Nord-Achse, zwischen den einzelnen Industrienationen, den OECD-Ländern, wobei es sich hier vor allem um eine temporäre Migration handelte.

WER DARF KOMMEN, WER BLEIBEN?

Versuche staatlicher Steuerung von Migration hat es im 20. Jahrhundert immer gegeben, doch nahmen sie in Zeiten verstärkter Globalisierung seit 1990 erheblich zu. Staatlicher Steuerungswille und staatliches Steuerungsvermögen sowie die dadurch bedingten »Migrationsregime« stellen eine entscheidende Rahmenbedingung für Migration dar – man kann geradezu von einem Wechselverhältnis zwischen Staat und Migration sprechen, das sich in einem Migrationsregime ausdrückt. Hierzu zählen weltanschauliche und politische Prinzipien, institutionelle Gefüge und administrative Entscheidungsprozeduren, etwa das »Gastarbeiter«-System der 1950er bis 1970er Jahre oder die Genfer Flüchtlingskonvention von 1951, ein internationales Recht, das den staatlichen Handlungsspielraum absteckt.

Im letzten Drittel des 20. Jahrhunderts schlugen die meisten Industriegesellschaften den Weg zu einem restriktiven Migrationsregime ein. Für Europa bedeutete der Anwerbestopp für »Gastarbeiter« im Zusammenhang mit der Ölpreiskrise 1973 den Wendepunkt, man ging zu einer regelrechten Abschottungspolitik vor allem gegen Migration aus ärmeren Ländern des Südens über, das Ende der »Gastarbeit« schien gekommen zu sein.[20] Wanderungsbewegungen auf dem Kontinent beschränkten sich auf Familiennachzug und die Zulassung von Asylbewerbern. Die Zahl Letzterer stieg nach dem Fall des Eisernen Vorhangs an, und die öffentliche Wahrnehmung, von Asylsuchenden und illegalen Einwanderern überrollt zu werden, führte in Europa und den USA dazu, dass Migrationsbeschränkungen verschärft wurden. Solche Phasen protektionistischer Abschottungs- und Schließungspolitik waren in der Geschichte der Nationalstaaten keine Seltenheit, doch schienen sie nun, in einer globalisierten Welt, völlig kontraproduktiv. Man hat in diesem Zusammenhang von einem »liberalen Paradox« des modernen Wohlfahrtsstaates in der globalisierten Welt gesprochen: Einerseits sind die Staaten darauf angewiesen, sich dem wachsenden globalen Migrationsdruck teilweise zu verschließen, um soziale Sicherungssysteme, nationale Arbeitsmärkte oder die soziale Kohäsion der Gesellschaft zu schützen. Andererseits sind die Staaten angesichts einer immer stärker integrierenden Weltwirtschaft gezwungen, sich und ihre Märkte gegenüber Gütern, Diensten und Kapital, aber auch für Menschen zu öffnen, um global wettbewerbsfähig zu bleiben. Die Lösung dieses »Paradoxes« sahen klassische Einwanderungsländer wie die USA, Australien und Kanada in einem »Punktesystem«, das sich primär am ökonomischen Nutzenkalkül orientierte und statt eines restriktiven Regimes ein regulatives entwarf: An Migranten bzw. Visumsbewerber vergaben die Behörden Punkte nach variablen Kriterien, und die Höhe der Punktzahl entschied, ob ein – und wenn ja, welches – Visum ausgestellt wurde.

Die Ausbildung des Migrationsregimes in Europa seit 1990 war im Wesentlichen von zwei Entwicklungen geprägt: Europäisierung des Grenzregimes auf der einen Seite und Beginn einer gemeinsamen europäischen Migrationspolitik auf der anderen, wobei Letztere neu ausgerichtet wurde – hin zu mehr Migrationsmanagement. Die Mitgliedstaaten der EU agierten in einer »Interdependenz von Integration und Abgrenzung«,[21] was bedeutet, dass innerhalb der EU Freizügigkeit herrschte, sich dieser visumsfreie Raum jedoch nach außen durch ein striktes Grenzregime befestigte. Anders gesagt: An einem Ort fielen die Grenzen weg, an einem anderen wurden sie zeitgleich intensiviert. Grenzen verschwanden somit nicht einfach, sie wurden vielmehr lediglich verschoben. Diesen Transformationsprozess nennt man »Re-Bordering«. Die Entwicklung hatte für die am Schengen-Prozess beteiligten Staaten Belgien, Deutschland, Frankreich, Luxemburg und die Niederlande 1985 mit dem ersten Abkommen zum Abbau der Binnengrenzen begonnen. Weitergetrieben wurde die Europäisierung der Außengrenzen 1990 durch »Schengen II«, hier fanden sich erstmals Grundzüge eines gemeinsamen EU-weiten Grenz- und Kontrollregimes. Das für wohlhabende Industrienationen typische Phänomen von Öffnung und Schließung ist seither in Europa besonders gut zu beobachten.

Seit den Massenvertreibungen und Deportationen während und unmittelbar nach dem Zweiten Weltkrieg hatte es in Europa keine Zwangsmigration vergleichbaren Ausmaßes gegeben wie in den 1990er Jahren. Als Jugoslawien zerfiel und auf dem Balkan Kriege geführt wurden, setzten massive Vertreibungen und ethnische Säuberungen ein; fünf Millionen Menschen waren vom neuen nationalistischen Wahn, der an die erste Jahrhunderthälfte erinnerte, betroffen.

In Asien kam es nach den kommunistischen Siegen in den ehemaligen französischen Kolonien Vietnam, Kambodscha und Laos Mitte der 1970er Jahre in den folgenden zwei Dekaden zur Flucht von über drei Millionen Menschen über das Meer – die »Boatpeople«. Besonders gravierend war, dass 1975 noch kein einziges Land dieser Region die 1951 verabschiedete UN-Flüchtlingskonvention oder das Zusatzprotokoll von 1967 anerkannt hatte. Diese Genfer Flüchtlingskonvention regelte die Rechte von Flüchtlingen und definierte einen einheitlichen Rechtsstatus dieser Personen. Sie legte fest, dass jeder Mensch als Flüchtling gelte, der »aus der begründeten Furcht vor Verfolgung wegen seiner Rasse, Religion, Nationalität, Zugehörigkeit zu einer bestimmten sozialen Gruppe oder wegen seiner politischen Überzeugung sich außerhalb des Landes befindet, dessen Staatsangehörigkeit er besitzt, und den Schutz dieses Landes nicht in Anspruch nehmen kann oder wegen dieser Befürchtungen nicht in Anspruch nehmen will.«[22] So setzten die Anrainerstaaten in der Eskalation der Krise auf ein Zurücktreiben der Flüchtlingsboote (»Push-Backs«), wodurch Tausende Menschen ertranken. Erst nachdem die UNO eingegriffen hatte, einigten sich die ASEAN-Staaten auf ein Recht auf vorübergehendes Asyl. Zwischen 1979 und 1982 nahmen mehr als 20 Länder, angeführt von den USA, Australien und Frankreich, über 600 000 südostasiatische Flüchtlinge auf.

Seit den 1970er Jahren wandelte sich darüber hinaus die armutsmotivierte Massenwanderung in der »Dritten Welt« fundamental: War sie bis dahin eher regional ausgerichtet gewesen, so weitete sie sich zu einem transnationalen Wanderungsprozess aus. Dies hatte in einigen Regionen zur Folge, dass sich neben der regulierten Einwanderung eine illegale Einwanderung etablierte – so etwa in den USA, an deren Südgrenze Menschen aus und über Mexiko einwanderten. Und Zuwanderungsbegrenzungen im europäischen Raum führten dazu, dass neue Wege gesucht wurden, vor allem das Asylverfahren. Am Ende des 20. Jahrhundert konnte man, erstens, von einer Globalisierung der Migrationsprozesse sprechen. Über Flugreisen, Touristenvisa und »Aufenthaltsnahme« kamen Migranten aus der ganzen Welt in die industriellen Regionen, wo sie Sicherheit und Arbeit suchten. Dabei hatten sich, zweitens, die Erscheinungsformen der Migration gewandelt, denn zur klassischen Erwerbsmigration gesellte sich eine Welle der illegalen Migration. Und drittens nahmen die Probleme in den Aufnahmegesellschaften zu, Überforderung entstand und Fremdenfeindlichkeit breitete sich aus.

Auf der untersten Stufe der Arbeitsmigranten standen diejenigen, die illegal eingereist waren und keine Papiere hatten. Man versuchte, sie durch Grenzen, Mauern und Befestigungen abzuhalten. Flüchtlingsbeauftragte der EU schätzten um 2000 herum, dass sich etwa acht Millionen Menschen, vorwiegend Afrikaner, illegal in den Mitgliedsländern aufhielten.

Über den Erdball zogen sich am Ende des 20. Jahrhunderts mehr Mauern als jemals zuvor in der Menschheitsgeschichte. Schon ein kurzer Blick auf die wichtigsten Beispiele verdeutlicht dies: Israel hatte damit begonnen, sich gegen palästinensische Anschläge mit dem Bau eines sogenannten Anti-Terror-Zaunes zu schützen, der in seiner endgültigen Form eine Länge von über 700 Kilometern haben sollte. Ähnliche »Sicherheitsmauern« existierten in den Krisenregionen der Welt. Die amerikanische Armee ließ 2007 einen Wall aus Beton in Bagdad errichten, um Sunniten und Schiiten voneinander zu trennen.

Der bedeutendste Teil der globalisierten Grenzsicherung spielte sich zur See oder in der Luft ab. Die Grenzen hatten jedoch vor allem digitale Dimensionen, etwa in Form von Datenaustauschverfahren. Die »große Mauer des Kapitals«, die die Armen der Welt von den reichen Ländern abhalten soll, hat dies der in Kalifornien lehrende bekannte Soziologe Mike Davis genannt und drei kontinentale Grenzregime ausgemacht: die US-amerikanischen Sperre, die Festung Europa und die Linie, die das weiße Australien von Asien trennt.[23]

Zwischen den USA und Mexiko verlief seit dem Beginn des 21. Jahrhunderts eine Befestigung von bis zu viereinhalb Metern Höhe, die zudem zum Schutz vor Untertunnelung tief in den Erdboden eingelassen ist, um illegale Immigranten aus Mexiko abzuhalten. 100 000 US-amerikanische Polizisten verrichteten an der Grenze ihren Dienst. Geländewagen und Hubschrauber gehörten zu ihrer Ausstattung, doch die Überwachungsindustrie arbeitete bereits an High-Tech-Sensoren und Satellitenkameras. Die Quäker-Hilfsorganisation American Friends Service Committee schätzte, dass im Verlauf von zehn Jahren bis zu 5000 Menschen beim Versuch ums Leben kamen, die Sperre zu überwinden oder zu umgehen: Die Opfer sind in Güterwagen erstickt, in Bewässerungskanälen ertrunken, in der Wüste verdurstet oder in den Bergen erfroren.

Indien zog einen drei Meter hohen Erdwall durch Kaschmir, Teil eines Plans, die gesamte 1800 Kilometer lange Grenze zum verfeindeten Pakistan zu befestigen. Zwischen Indien und Bangladesh verlief ein Zaun, und das Königreich Bhutan riegelte sich mit einer massiven Grenzbefestigung in Richtung Indien ab, um das Einsickern von Rebellen zu unterbinden. In Afrika stand zwischen Simbabwe und Botswana ein etwa 500 Kilometer langer Zaun. Offiziell wurde er angeblich mit dem hehren Ziel errichtet, eine Ausbreitung der Maul- und Klauenseuche zu verhindern, doch der wahre Grund war kein Geheimnis, er sollte illegale Einwanderer aus dem armen Simbabwe fernhalten. Saudi-Arabien wiederum kündigte zunächst sein internationales Grenzabkommen mit Jemen auf und errichtete anschließend eine mit High-Tech-Sensoren ausgestattete Betonmauer, die illegale Einwanderer abschrecken sollte.

Die eifrigsten Grenzbefestiger waren jedoch die Europäer. War dies ein (negativer) Lerneffekt aus der Geschichte des »Eisernen Vorhangs«? Der Kontinent verschloss konsequent die Tore zur »Festung Europa«. Die spanischen Enklaven Ceuta und Melilla, an der Nordküste Afrikas gelegen, wurden als Vorposten Europas durch einen Stacheldrahtzaun, Wachtürme, Bewegungsmelder, Infrarotkameras und bewaffnete Polizeiposten geschützt. Die Gelder für diese Maßnahmen stellte die Europäische Union im Rahmen des Schengener Abkommens zur Verfügung. Trotz dieser Sperren versuchten und versuchen nach wie vor Jahr für Jahr Tausende von afrikanischen Elendsflüchtlingen nach Europa zu gelangen. Bilder angespülter Leichen an spanischen Stränden oder auf den Kanarischen Inseln gingen regelmäßig um die Welt. Dabei hatte dieser Kontinent historisch eine besondere Verpflichtung, ja: Bringschuld gegenüber Asylsuchenden. Dies soll im nächsten Kapitel erörtert werden.

8.
GENOZIDE UND VÖLKERMORDKONVENTION

Nie wieder Auschwitz

Ich werde, hoffe ich, dir alles anvertrauen können, wie ich es noch bei niemandem gekonnt habe, und ich hoffe, du wirst mir eine große Stütze sein.
Anfang des Tagebuchs von Anne Frank, 12. Juni 1942[1]

Auschwitz ist unvergleichbar. Aber ich stehe auf zwei Grundsätzen: Nie wieder Krieg, nie wieder Auschwitz; nie wieder Völkermord, nie wieder Faschismus.
Joschka Fischer, deutscher Außenminister, 13. Mai 1999[2]

Dennoch ist die ruandische Tragödie vor allem eine Geschichte vom Scheitern der Menschlichkeit: Die Menschheit stellte sich taub und wollte den Hilferuf eines bedrohten Volkes nicht hören.
Roméo Dallaire, 1993–1994 Kommandeur der UN-Blauhelmtruppen in Ruanda, 2003[3]

WAS SIND GENOZIDE?

Zu ihrem 13. Geburtstag erhielt Anne Frank 1942 ein kleines Notizbuch, eigentlich als Poesiealbum gedacht, doch führte das Mädchen darin ihr Tagebuch. Anne hatte mit ihren jüdischen Eltern 1934 aus

Deutschland flüchten müssen. Mit ihrer Familie hielt sie sich bis 1944 in Amsterdam versteckt. Vier lange Jahre voller Ungewissheit ging das so, nachdem die deutsche Wehrmacht die Niederlande 1940 besetzt hatte. Dann, als das Schlimmste schon überstanden schien und das Ende des Nazi-Regimes nahte, wurden sie in einem Hinterhaus an der Prinsengracht entdeckt und mit einer der letzten Transporte 1944 in das Vernichtungslager Auschwitz verschleppt. Als die Rote Armee von Osten her näher rückte, räumten die Nazis das Lager, wollten die Spuren ihrer Mordtaten verwischen. Anne kam ins KZ Bergen-Belsen, wo sie, wie ihre Schwester, infolge von Entkräftung und Typhus starb. Ihr genauer Todestag ist unbekannt.

Das Tagebuch des jüdischen Mädchens erschüttert die Welt bis heute. Kein anderes Dokument erfasst das individuelle Schicksal im Rassenwahn des »Dritten Reiches« anrührender und allgemeinverständlicher. Anne Frank wurde zum Sinnbild für alle Opfer des Holocaust. Völkermord wird zu Recht mit den monströsen millionenfachen Morden des Holocaust an Juden während der NS-Zeit assoziiert. Zwischen 5,7 und 6,3 Millionen Menschen sind bestialisch ermordet worden und allein, dass man die genaue Anzahl und die Namen der Ermordeten nicht kennt, lässt erschaudern. Doch so irritierend es auf den ersten Blick scheinen mag: für eine Definition von Völkermord spielt die Zahl der Opfer keine Rolle. Bis 1948 existierte kein allgemeingültiger Terminus, um das Verbrechen des Genozids rechtsverbindlich zu beschreiben. Erst nach zähen Verhandlungen verabschiedete die Generalversammlung der Vereinten Nationen am 9. Dezember 1948 die »Konvention über die Verhütung und Bestrafung des Völkermordes«. Etwas mehr als zwei Jahre später, am 12. Januar 1951, trat sie in Kraft. Damit erhielt das schwerste Verbrechen, das Menschen kennen, eine Definition und wurde zu einem Straftatbestand der internationalen Strafgerichtsbarkeit. Allerdings musste man noch ein halbes Jahrhundert lang warten, bis ein eigens dafür geschaffener Internationaler Strafgerichtshof seine Arbeit aufnahm. Es war erst 2002 so weit – wir werden darauf zurückkommen.

Artikel 2 der Konvention definiert Völkermord. Es handele sich um »eine der folgenden Handlungen, die in der Absicht begangen wird, eine nationale, ethnische, rassische oder religiöse Gruppe als solche ganz oder teilweise zu zerstören: a. Tötung von Mitgliedern der Gruppe, b. Verursachung von schweren körperlichen oder seelischen Schäden an Mitgliedern der Gruppe, c. Vorsätzliche Auferlegung von Lebensbedingungen für die Gruppe, die geeignet sind, ihre körperliche Zerstörung ganz oder teilweise herbeizuführen, d. Verhängung von Maßnahmen, die auf die Geburtenverhinderung innerhalb der Gruppe gerichtet sind, e. Gewaltsame Überführung von Kindern der Gruppe in eine andere Gruppe.«[4] Entscheidend war also nicht die Zahl der Opfer oder die Brutalität der Massaker, sondern die Intention der Täter.

Noch bevor die Massenvernichtungslager der Nazis entdeckt wurden, hatte der in die USA geflüchtete polnisch-jüdische Jurist Raphael Lemkin den Begriff Genozid aufgebracht. Das Wort bildet eine Zusammensetzung aus dem griechischen Wort »genos« (Stamm, Volk, Art) und dem lateinischen »caedere« (töten) bzw. dem Suffix »-cide«. Seit den 1920er Jahren war Lemkin auf Völkermorde aufmerksam geworden – vor allem jenem an den Armeniern während des Ersten Weltkrieges – und hatte sich ihnen zu einem Zeitpunkt gewidmet, als die meisten noch wegsahen. Er bestritt entgegen der damals herrschenden Meinung, dass die Souveränität eines Staates es erlaube, Angehörige von Minderheiten der Zivilbevölkerung massenhaft zu töten. Während des Krieges beriet der Exilant die US-Regierung und arbeitete anschließend die Völkermordkonvention der UNO aus. So wurde Lemkin, dessen Familie fast vollständig der nationalsozialistischen Judenvernichtung zum Opfer fiel, der Begründer der vergleichenden Genozidbetrachtung.

Schon ein kurzer Blick vom Anfang bis zum Ende des 20. Jahrhunderts genügt, um den Eindruck zu bestätigen, dass es sich um das Jahrhundert der Genozide handelte. Zwar sind Genozide mindestens so alt wie die Bibel, in der solche Taten verklausuliert, jedoch entschlüsselbar beschrieben werden. Aber Intensität und

Häufigkeit waren nie so erschreckend groß wie im 20. Jahrhundert. Für die Entwicklung rassistischer Weltanschauung war der Kolonialismus zentral. Die europäische Expansion war unterfüttert von biologistischen Weltbildern, und dass indigene Kulturen durch den angeblich überlegenen »weißen Mann« vernichtet wurden, gehörte zum Rassismus dazu. Das Jahrhundert begann mit dem Völkermord an den Herero in Deutsch-Südwestafrika 1904–1906, zu dem es in einer zeitgenössischen Quelle des Großen Generalstabs hieß: »… wie halb zu Tode gehetztes Wild war er (der ›Feind‹, E.W.) von Wasserstelle zu Wasserstelle gescheucht, bis er schließlich willenlos ein Opfer der Natur seines eigenen Landes wurde. Die wasserlose Omaheke sollte vollenden, was deutsche Waffen begonnen hatten: Die Vernichtung des Hererovolkes.«[5] Dann, 1915/1916, fand, von der Welt kaum bemerkt und von der Türkei bis heute geleugnet, im Osmanischen Reich ein Völkermord an den Armeniern statt. Die Armenier waren die zweitgrößte christliche Minderheit im Sultanat. Bereits seit Ende des 19. Jahrhunderts, angestachelt durch einen wachsenden Nationalismus und befördert durch den Niedergang des Osmanischen Reiches waren Massaker an der christlichen Minderheit verübt worden, die für sich mehr Rechte eingefordert hatte. Im Ersten Weltkrieg unterstützten Teile der Armenier das zaristische Russland, da sie auf Unabhängigkeit hofften. Die Gerüchte über mangelnde Loyalität der Armenier nahmen zu, wurden geschürt, und am Ende stand die Behauptung des nationalen Verrats im Krieg. Daraufhin beschloss das »Jungtürkische Komitee für Einheit und Fortschritt«, das sich aus Armeeoffizieren zusammensetzte, die Deportation und Vernichtung der Armenier. An der Logistik der Deportationen und der Todesmärsche in die syrische Wüste war auch das verbündete deutsche Militär beteiligt, sodass mittlerweile von einer deutschen »Beihilfe zum Völkermord« gesprochen wird,[6] der bis zu 1,5 Millionen Menschenleben kostete.

Die Menschheitsverbrechen der Nazis, der Holocaust an den Juden und die Vernichtungspolitik gegenüber den Sinti und Roma am Beginn der 1940er Jahre waren in Größe, Reichweite und perfekter administrativer Durchführung beispiellos. Unter der Prämisse des »Nie wieder« verabschiedete die Staatengemeinschaft nach dem Zweiten Weltkrieg im Verbund der Vereinten Nationen die »Konvention über die Verhinderung und Bestrafung des Völkermordes«. In den Jahrzehnten nach 1945 fand sie jedoch wenig Beachtung. In keinem der folgenden Fälle wurde den Tätern Einhalt geboten, da der Tatbestand des Völkermordes vermeintlich nicht erfüllt war: beim Terror der chinesischen Führung zwischen 1957 und 1962, der euphemistisch als »Großer Sprung nach vorne« bezeichnet wurde und in Wahrheit Millionen Opfer forderte, beim Völkermord in Indonesien 1965 und in Osttimor 1975, bei den »Killing fields« der »Steinzeitkommunisten« der Roten Khmer in Kambodscha, die zwischen 1975 und 1979 etwa ein Viertel der Gesamtbevölkerung ermordeten, und beim Völkermord in Guatemala 1982. Dort hatte die Militärdiktatur die Maya-Indigenas der Ethnie Ixil systematisch verfolgt und ausgerottet. Man warf ihnen vor, die Guerilla gegen das Regime zu unterstützen. Die Militärs hinterließen verbrannte Erde – die Tatsache, ein Ixil zu sein, wurde als Delikt betrachtet. Besonders Frauen als Hüterin der Kultur und der Reproduktion des winzigen Volkes sowie Kinder wurden getötet. Es waren keine spontanen Gewaltorgien, vielmehr lag dem Völkermord ein genauestens ausgearbeiteter, schriftlich fixierter Plan zugrunde.

Es wurde nicht besser, je länger das Jahrhundert dauerte: In den 1990er Jahren gehörten »ethnische Säuberungen« während der Balkankriege zum bestialischen Geschäft der Kriegstreiber, und 1994 vollzog sich vor den Augen der Weltöffentlichkeit ein Völkermord in Ruanda, dem eine Million Menschen der Volksgruppe Tutsi zum Opfer fielen. Obwohl diese letzten beiden Völkermorde nicht verhindert werden konnten – und obwohl sich weitere zu Beginn des 21. Jahrhunderts ereigneten – stellten sie doch einen Wendepunkt dar. Es war nahezu unfassbar, dass die Welt den Massenmorden einfach zusah und selbst anwesende UN-Blauhelmsoldaten nicht eingriffen. Das Erschrecken darüber zeigte eine heilsame Wirkung. Zumindest erfolgte nämlich die völkerrechtliche Anerkennung als Genozide und eine Bestrafung der Verbrechen im Nachhinein.

SINGULARITÄT DER SHOA

Bis Mitte 1941 entwickelten die Nazis Pläne, die Juden Europas in ein abgelegenes Gebiet – etwa nach Madagaskar – zu transportieren und in dieser unwirtlichen Gegend elend zugrunde gehen zu lassen. Im Herbst fiel dann der Entschluss, alle Juden, die sich unter deutschem Zugriff befanden, zu deportieren und zu töten. Die organisatorischen Vorbereitungen, die Koordination aller beteiligten Behörden und die Errichtung von Tötungsanlagen, waren im Frühjahr 1942 weitgehend abgeschlossen. Binnen eines Jahres, bis Sommer 1943, sollten alle Juden Europas sterben, bis auf diejenigen, deren Arbeitskraft man noch eine Zeitlang für die deutsche Kriegswirtschaft ausbeuten konnte. In Polen errichteten die Nazis seit Ende 1941 Vernichtungslager, deren Zweck die Ermordung von Juden durch Giftgas war, das bekannteste ist Auschwitz. Die systematische Ermordung mit Gas begann Anfang Dezember 1941 in Chelmno. Zunächst waren Tötungswagen im Einsatz. Im März 1942 folgte der Bau des Vernichtungslagers Sobibór, dann Treblinka. Am 20. Januar 1942 fand die »Wannsee-Konferenz« statt, auf der jedoch nicht, wie früher angenommen, die Endlösung »beschlossen« wurde. Vielmehr sollte, wie es im Protokoll hieß, »die Parallelisierung der Linienführung« vereinbart werden, d. h. man verständigte sich auf den Mord an elf Millionen Juden im Zuge der »Endlösung der europäischen Judenfrage«.[7] Das Protokoll führt eine Länderliste detailliert auf, darunter waren auch Staaten verzeichnet, die gar nicht unter deutscher Gewalt standen, so die Schweiz, Portugal oder die Türkei.

Der systematische Massenmord an den Juden begann mit den Deportationen. Zunächst wurden viele Juden aus Westeuropa in die Gettos auf polnischem Boden verschleppt, deren vorherige Insassen kurz zuvor in Vernichtungslagern ermordet worden waren. Ab Mitte 1942 transportierte man die Juden aus ganz Europa nach Auschwitz, wo 80 bis 90 Prozent von ihnen unmittelbar nach der Ankunft in Gaskammern ermordet wurden. Bereits im Herbst 1943, also fast zwei Jahre vor Kriegsende, waren die meisten Juden tot, die sich unter dem Zugriff der deutschen Herrschaft befunden hatten. Nach der Besetzung Ungarns durch die deutsche Wehrmacht im März 1944 wurden auch die ungarischen Juden in das Vernichtungsprogramm einbezogen. Auschwitz steht seither als Chiffre für das schrecklichste Verbrechen der Menschheitsgeschichte. Es war indes keine anonyme Vernichtungsmaschinerie, die hier ablief; vor und in den Gaskammern spielten sich infernalische Szenen ab. Das Bild von den »Todesfabriken« entlastet die Phantasie, sich das absolut Unvorstellbare vor Augen zu führen. Die maschinelle Ordnung, die das Bild suggeriert, existierte in der Wirklichkeit jedoch nicht, sondern unermessliches Leid, Chaos, Verzweiflung, Tod.[8]

Etwas Vergleichbares hatte es nie zuvor gegeben. Deshalb wohnt den Bezeichnungen »Holocaust« und vor allem der Bezeichnung »Shoa« das Bestreben inne, den Genozid an den europäischen Juden von allen anderen bekannten Genoziden abzugrenzen. Die These der Einzigartigkeit dieser Verbrechen war seit der Mitte der 1960er Jahre zuerst einer rein religiös-philosophischen Debatte innerhalb des Judentums entsprungen, wobei es um die jüdische Identität und den Holocaust als messianisches Ereignis ging. Letztlich diente dieser Diskurs auch dazu, die Existenz des Staates Israel politisch zu rechtfertigen. Da es keine Wiederholungen in der Geschichte gibt, ist, wie sollte es anders sein, jedes Geschehen einzigartig. Im Vergleich mit anderen Genoziden der Weltgeschichte war der nationalsozialistische Völkermord jedoch aus verschiedenen Gründen tatsächlich singulär – und zwar nicht in dem Sinne, dass der Holocaust jeglichem Vergleich widersteht, sondern dass er den ultimativen Fall eines Genozids darstellt. Eberhard Jäckel schreibt dazu, dass »noch nie ein Staat mit der Autorität seines verantwortlichen Führers beschlossen und angeordnet hatte, eine bestimmte Menschengruppe einschließlich der Alten, der Frauen, der Kinder und der Säuglinge möglichst restlos zu töten, und diesen Beschluss mit allen nur möglichen staatlichen Machtmitteln in die Tat umsetzte«.[9] Man kann noch weitere Aspekte hinzufügen: Dem Holocaust ging kein wirklicher Konflikt, keine »ethnischen Spannungen«, zwischen Nichtjuden und Juden voraus, er war vielmehr ein Vernichtungsfeldzug auf der Grundlage einer kruden Rassenideologie. Der nationalsozialistische Antisemitismus entsprang einer Weltverschwörungstheorie, und dementsprechend war der Holocaust global angelegt – die NS-Führung hatte alle Juden auf der Welt im Visier. Schuld oder Unschuld waren für die Tötungen also völlig unbedeutend, allein die definierte rassische Zugehörigkeit war entscheidend für den Mord. Die Ermordung richtete sich mit Vorrang auf die jüdische Opfergruppe, und die Absicht bestand in einer vollständigen Vernichtung unter Aufbietung aller, auch industrieller Tötungsmittel. Den Tätern, auch das kam hinzu, war der absolute Ausnahmecharakter der Judenvernichtung voll und ganz bewusst.

Aber die Rassenideologie des »Dritten Reiches« bezog sich nicht nur auf die Juden. Mit den Nürnberger Gesetzen von 1935 legten die Nazis fest, dass auch die »Zigeuner« außerhalb der Volksgemeinschaft stünden und eine unerwünschte Gruppe darstellten. Sinti und Roma wurden im gesamten von den Deutschen besetzten ost- und südosteuropäischen Raum verfolgt, seit 1943 in »Zigeunerlager« deportiert und ermordet. Man kennt die Zahl der Opfer nicht genau, schätzt aber, dass etwa eine halbe Million Menschen ermordet wurden. Heute wird der Tatbestand des Völkermordes an den Sinti und Roma nicht mehr bestritten. Doch die Bürgerrechtsbewegung der Sinti und Roma hatte in der Bundesrepublik Deutschland mit ihrer Forderung nach Anerkennung des Unrechts erst sehr spät Erfolg: Die Regierung Helmut Schmidt war es, die 1982 den Genozid an dieser Volksgruppe anerkannte. Aufs Heftigste geschichtspolitisch umkämpft blieb allerdings eine Parallelisierung mit der Vernichtung der europäischen Juden. Und so standen sich die Überlebenden der Opfer wie Konkurrenten gegenüber. Der Völkermord an den Sinti und Roma ist, so könnte man zusammenfassen, unbestritten, doch zugleich wird in der internationalen Historikergemeinschaft die Präzedenzlosigkeit der Shoa als ein ganz besonderer Völkermord betont. Im Gegensatz zum hebräischen Begriff »Shoa« (»die Katastrophe«, »das große Unglück«) wurde »Holocaust« zunehmend auch für andere Genozide verwendet. Im Jahr 2005 schrieb die Vollversammlung der Vereinten Nationen die Erinnerung an den Holocaust in ihrer Charta fest und bezog darin erstmals ausdrücklich auch die Sinti und Roma mit ein.[10]

DER KOMMUNISMUS UND DIE GENOZID-FRAGE

Eine Konkurrenz der Opfer entstand nicht allein zwischen Juden auf der einen Seite und den Sinti und Roma auf der anderen. »Opferkonkurrenz« ist ein schrecklicher technizistischer Begriff, der aber oft verwendet wird, um einen erinnerungskulturellen Kampf zu beschreiben, der seit der Epochenwende von 1989 auf die Frage zutrieb: Wer verübte die größeren Verbrechen, der Nationalsozialismus oder der Kommunismus? Beide totalitären Systeme wurden zunehmend miteinander in Verbindung gebracht. Für viele Osteuropäer, die die Gewaltgeschichte und den Totalitarismus des 20. Jahrhunderts erheblich länger erfahren mussten als Menschen im Westen, erschienen die Verbrechen des Kommunismus viel bedrückender und größer als der Völkermord an den Juden. Der symbolische Ausdruck dieses langen und noch keineswegs beigelegten Streits besteht seit 2009: Das Europäische Parlament etablierte den 23. August als »Europäischen Gedenktag für die Opfer aller totalitärer und autoritärer Regime«. Das Datum erinnert an den deutsch-sowjetischen Nichtangriffspakt von 1939 – den »Hitler-Stalin-Pakt«, mit dem sich die beiden diktatorischen Todfeinde auf

Kosten Osteuropas, besonders Polens, arrangierten. So entstanden zwar eine inklusive Erinnerung zwischen West und Ost sowie eine wechselseitige Anerkennung der Opfer beider totalitärer Regime. Doch der Preis dafür war eine gewisse Entdifferenzierung und eine Relativierung des Holocaust.

Ob die Massenverbrechen unter sowjetischer Herrschaft als Genozide eingeordnet werden können, wird unter Wissenschaftlern bis heute kontrovers diskutiert. Während Hitler den Krieg nach außen lenkte, richtete ihn Stalin nach innen. Dort war es eine vornehmlich als soziale Umwälzung verbrämte Katastrophe. Dan Diner urteilt: »Die Massenverbrechen des Stalinismus geschahen in Friedenszeiten und erfuhren ihre grausige Apotheose zur Zeit von Zwangskollektivierungen und Hungersnot mit Abermillionen von Toten.«[11] Als Gulag wird das sowjetische Lagersystem bezeichnet, hier starben in der Stalinzeit bis 1953 über 2,7 Millionen Inhaftierte. Nicht umstritten hingegen ist, dass man bei der Verabschiedung der UN-Konvention von 1948 auf den Diktator Stalin Rücksicht genommen hatte: Die Vernichtung einer »politischen Gruppe« fand sich nicht unter den Merkmalen, die einen Genozid beschrieben. Demnach würde die Vernichtung der sogenannten Kulaken, die nach Schätzungen etwa 30 000 Menschen das Leben kostete, nicht darunter fallen. »Kulaken« war eine eigens geschaffene Kategorie, unter die man wohlhabende Bauern zusammenfasste. Wie kompliziert eine Grenzziehung ist, ergibt sich jedoch daraus, dass die Kulaken im Zuge ihrer Verfolgung auch »biologisiert« wurden; so gab es teilweise sogar Angaben über ihre Physiognomie – was wiederum für eine genozidale Handlung spräche.

Insbesondere die künstlich erzeugte Hungersnot in der Ukraine 1932/1933 – der Holodomor – stand und steht unter Genozid-Verdacht. Im Herbst 1932 wurden die Bauern zu Getreideabgaben gezwungen, die über ihren Möglichkeiten lagen und sie ihrer eigenen Lebensgrundlage beraubten. Mittels einer Direktive wurde das Gebiet abgeriegelt, um Hungernde an der Flucht zu hindern. Gestritten wird darüber, ob der Hunger bewusst herbeigeführt oder »nur« als »Waffe« eingesetzt wurde. Die Größenordnung der Opferzahlen von fünf bis sieben Millionen Menschen kommt der Shoa gleich, doch hat ein Teil der Forschung die Aspekte herausgearbeitet, die dagegen sprechen, den Holodomor als Völkermord im Sinne des Holocaust zu begreifen. Vor allem konnte bis heute kein Dokument dafür gefunden werden, das die These einer genozidalen Intention der sowjetischen Führung belegt. Während die meisten ukrainischen Historiker, die nach dem Untergang der Sowjetunion das Selbstbild der ukrainischen Nation neu modellierten, die Hungerkatastrophe als Genozid begreifen, sind westliche Historiker zurückhaltend. Die Mehrheit meint, dass Motive und Instrumente einer planmäßigen Politik fehlen würden. Trotz der extremen Grausamkeit handele es sich nicht um einen Genozid, da das stalinistische System zu keinem Zeitpunkt versucht habe, die Ukrainer als Volk zu vernichten.[12]

In jüngster Zeit ist neue Bewegung in diese Diskussion gekommen. Nationalsozialismus und Stalinismus traten offenbar dort mit »totalitärer Vernichtungsgewalt in Erscheinung, wo sich von der modernen Staatlichkeit wenig zeigte«.[13] Der millionenfache Mord beider Regime entfaltete sich in den staatsfernen Räumen beider Länder. Timothy Snyder fand dafür die Bezeichnung »Bloodlands«. Dort, wo sich die beiden exzessiven Gewaltregime begegneten, lernten sie voneinander. »Die Vernichtungspraktiken der einen Seite rechtfertigten, radikalisierten und perfektionierten diejenigen der anderen Seite.«[14] Mitten in Europa, in den Bloodlands, die sich von Zentralpolen bis Westrussland, einschließlich der Ukraine, Weißrusslands und den baltischen Staaten erstreckten, geschah zwischen 1933 und 1945, als Hitler und Stalin gleichzeitig an der Macht waren, eine »Massengewalt in einem historisch beispiellosen Ausmaß«.[15] Meistens wird der Massenmord mit dem Holocaust assoziiert und mit einem schnellen, industriellen Töten. »Dieses Bild«, so Snyder, »ist zu einfach und zu sauber«. Denn an den Schauplätzen der deutschen und sowjetischen Morde waren die Methoden primitiv. »Von den vierzehn Millionen Zivilisten und Kriegsgefangenen, die zwischen 1933 und 1945 in den Bloodlands ermordet wurden, starb über die Hälfte, weil man ihnen Nahrung verweigerte«.[16]

Vergleichbares ließe sich dann aber auch über die chinesischen Hungerkatastrophen während des »Großen Sprungs«, den Mao zwischen 1957 und 1962 initiierte, sagen. Der Tod von bis zu 45 Millionen Menschen war so monströs, dass er alles Denkbare übersteigt. Aber der Zusammenbruch der Infrastruktur des Landes war nicht intendiert und Folge einer Mischung von bürokratischer Unfähigkeit und grotesken Planerfüllungsträumen. War also Mao kein »Monster« wie Hitler und Stalin, weil das verbrecherische Element eher in einer fahrlässigen Fehleinschätzung lag? Solche Debatten über die Verbrechen des Kommunismus brachen immer wieder auf, am schärfsten nach dem Ende des Kalten Krieges. Am »Schwarzbuch des Kommunismus«, das 1997 zuerst in Frankreich erschien, entzündeten sich heftigste Kontroversen.[17] Es nannte horrende Opferzahlen – allein für die Sowjetunion 20 und für China 65 Millionen – und stellte den »Klassenkrieg« der Kommunisten dem »Rassenkrieg« der Nationalsozialisten entgegen. Zuletzt beantwortete Norman M. Naimark in seinem Buch »*Stalin und der Genozid*« die Frage nach dem Charakter der Morde in der frühen Sowjetunion eindeutig. Es habe keinen einzelnen Akt von Genozid gegeben, vielmehr eine Serie miteinander zusammenhängender Aktionen gegen »Klassenfeinde« und »Volksfeinde«. Die Taten an sich seien unbestreitbar, doch das Problem liege in der Definition von Genozid durch die UN-Konvention, die soziale und politische Gruppen ausschließe.[18] Frühere Entwürfe der Völkermordkonvention hatten tatsächlich politische Gruppen miteinbezogen. Allerdings stimmten nicht nur Stalins Sowjetunion dagegen, sondern auch Länder wie Argentinien, Brasilien, der Iran und Südafrika.

»Genozid« bleibt ein schwieriger Begriff – er ist einerseits juristisch definiert und geht von der Vernichtungsabsicht aus, die gerichtlich nachzuweisen ist; und er wird von Historikern verwendet, um ganz unterschiedliche Ereignisse miteinander in Bezug zu setzen. Dass er oftmals moralisch aufgeladen und inflationär gebraucht wird, scheint gar nicht die größte Schwierigkeit zu sein. Vielmehr ist es die Zeitbedingtheit seiner Entstehung nach dem Ende des Krieges gegen Hitler-Deutschland, die ihn so kompliziert macht, Unmut auslösen kann, doch auch unbefriedigend wirkt. Nach der UN-Konvention zum Völkermord fällt zum Beispiel nicht nur die Tötung von ethnischen oder religiösen Gruppen unter den Tatbestand, sondern auch deren aktive Hinderung an der Fortpflanzung, also etwa Zwangssterilisierungen. Demnach müsste man die Sterilisierungen der Aborigines in Australien als Völkermord bezeichnen. Aus einer extrem kritischen Sicht auf den »Westen« fiele auch das schwedische Eugenik-Programm, das bis in die 1970er Jahre hinein lief und Zwangssterilisierungen an behinderten und kranken Menschen vorsah, unter den Begriff »Genozid«.

Wenn man Genozide miteinander vergleicht und den jeweiligen Kontexten von Gewaltexzessen auf die Spur kommen möchte, ist man immer wieder gezwungen zu differenzieren. So stellten beispielsweise die Ereignisse während der Herrschaft der Roten Khmer zwischen 1975 und 1979 einen Sonderfall dar. Die maoistische Guerillabewegung kam als Folge der zahlreichen Kriege in diesem asiatischen Raum 1975 an die Macht, und ihre Schreckensherrschaft mündete in Massenmord. Die Gesellschaft sollte gewaltsam in einen Agrarkommunismus überführt werden. Todeslager und Zwangsarbeit auf den Reisfeldern kennzeichneten Kambodscha in diesen Jahren. Dass dabei die Gewalt massiv gegen die Bevölkerung des eigenen Landes gerichtet war, nahmen einige Wissenschaftler zum Anlass von »Autogenozid« zu sprechen, wörtlich »Völkerselbstmord«. Ob diese Bezeichnung wirklich brauchbar ist, erscheint höchst fraglich, suggeriert sie doch »Selbstmord« ohne äußeren Täter. In den vier Jahren der Gewaltherrschaft waren von den rund 7,8 Millionen Einwohnern Kambodschas zwischen 1,7 und 2,2 Millionen ermordet worden. Die Machthaber teilten die Bevölkerung in ein »altes« und ein »neues« Volk ein und fassten völlig künstlich Gruppen zusammen, etwa Geschäftsleute, Stadtbewohner, Gebildete und Fremde. Die vietnamesische Minderheit wurde vertrieben, die alte Führungsschicht verfolgt und ermordet, ebenso buddhistische Mönche. Hinsichtlich des Vorgehens der Roten Khmer gegenüber abgrenzbaren Gruppen wie beispielsweise den Cham, ein sunnitisch-muslimisches Reisbauernvolk, gibt es keinen Zweifel am Völkermord.

MORAL FÜR DIE WELT?

Im Angesicht der Hekatomben von Toten fällt es leicht, das 20. Jahrhundert als ein Zeitalter exzessiver Gewalt und der Genozide zu bezeichnen. Es als ein Zeitalter zu beschreiben, in dem die Menschenrechte Fortschritte machten, fällt viel schwerer. Aber beide Sichtweisen sind nur gemeinsam zu verstehen. Vor allem in seiner zweiten Hälfte war das 20. Jahrhundert eines, »in dem sehr viel unternommen wurde, um diesen Auswüchsen entgegenzutreten, Menschen in Not zu helfen und eine bessere, sicherere Welt zu schaffen«.[19] Die »Konvention über die Verhütung und Bestrafung des Völkermordes« aus dem Jahr 1948 thematisierte erstmals weltöffentlich die schwerste aller Menschenrechtsverletzungen. Sie ist deshalb als ein historischer Erfolg für die Menschenrechte zu werten – trotz allen späteren Versagens.

Menschen- und Bürgerrechte sind keine Entdeckung des 20. Jahrhunderts, sondern mit dem Zeitalter der Revolutionen 200 Jahre davor verbunden. Die jeweils inhaltliche Auflading der Idee der Menschenrechte variierte in unterschiedlichen historischen Zeiten, das sollte man nicht vergessen. Zwischen der amerikanischen Unabhängigkeitserklärung von 1776 sowie der Menschenrechtserklärung der Französischen Revolution von 1789 einerseits und den Konventionen in der zweiten Hälfte des 20. Jahrhunderts andererseits liegen Welten. Die 200 Jahre zurückliegenden Deklarationen waren zum Beispiel bei weitem nicht universell. Der Zweite Weltkrieg schuf eine völlig neue Situation. In den Jahren des Weltkrieges blühte ein Nachdenken darüber, wie eine bessere künftige Welt aussehen und wie die Menschheit vor einem Untergang bewahrt werden könnte. Wenngleich der Nationalsozialismus als absolut negatives Schreckbild diente, so war der Kern einer Antithese zu ihm ursprünglich jedoch der Freiheitsgedanke und viel weniger die Menschenrechtsidee. Diese kam erst nach und nach, fast auf leisen Sohlen, von amerikanischer Seite aus vorgebracht, ins Spiel. Als beim Internationalen Militärtribunal in Nürnberg 1945/1946 der Anklagepunkt »crimes against humanity« – »Verbrechen gegen die Menschheit« (oder »Menschlichkeit«, beide Übersetzungen sind möglich) – aufgeworfen wurde, war eine signalkräftige Aussage gefunden. Mit der allgemeinen Menschenrechtserklärung der UNO vom Dezember 1948 erfuhren Begriff und Idee der Menschenrechte einen großen Popularitätsschub.

Unumstritten waren die Menschenrechte beileibe nicht, und sie sind es bis heute nicht. Denn wie sollte man sie definieren? Handelte es sich um einen universellen Verhaltenskodex? Wie war es um die kulturellen Gegensätze zwischen den Weltregionen bestellt und darum, dass der Verweis auf die Menschenrechte in ehedem kolonialisierten Gebieten der Welt häufig als westlicher Imperialismus wahrgenommen wurde? Es kamen Fragen auf, die bis in die Gegenwart hinein nicht geklärt sind. Trotz allem bleibt eines ohne Wenn und Aber festzuhalten: Mit der Verankerung in der UN-Charta waren die Menschenrechte nicht mehr nur Angelegenheit der einzelnen Staaten und Regierungen. Vielmehr wurden sie, wenn auch nicht im Einzelnen benannt, in ihrer Gesamtheit universalisiert. Als Minimalkonsens konnte man zumindest formulieren, dass Menschenrechte einen Rechtsanspruch implizierten, dass sie individuell waren und wesentliche Teile von ihnen vorstaatlich gedacht wurden. Doch auch dies muss betont werden, um kein schiefes Bild entstehen zu lassen: Die internationale Menschenrechtspolitik nach dem Zweiten Weltkrieg stellte keine geradlinige Erfolgsgeschichte dar, und um ihre Inhalte wurde hart gerungen. Verschiedene Akteure, die an unterschiedlichen Orten wirkten, trugen zu ihr bei. Ihre Motive waren manchmal durchaus ähnlich, öfter jedoch sehr verschieden.

Die 1970er Jahre gelten inzwischen als »Umbruchsphase in der Menschenrechtsgeschichte«[20]. Im letzten Drittel des 20. Jahrhunderts traten die Menschenrechte aus dem jeweils nationalen Rahmen heraus und gewannen im globalen Maßstab an Geltung. Dies lässt sich vermutlich mit dem Niedergang revolutionärer Ideen nach 1968 erklären. Auffälligerweise wandten sich nämlich viele Aktivisten etwa von Amnesty International oder Médecins Sans Frontières seit den späten 1960er Jahren von den überkommenen politischen Utopien ab – beispielsweise eines Umsturzes der politischen Ordnung in den westlichen Metropolen – und entwickelten eine globale Verantwortungsethik, die evolutionäre Veränderung anstrebte. In der Mitte der 1970er Jahre erlebte die internationale Politik so eine erhebliche Verdichtung menschenrechtspolitischer Initiativen. Anlässe waren unter anderem Proteste gegen den Militärputsch in Chile, Aktivitäten gegen die Rassendiskriminierung in Südafrika oder die Ost-West-Initiative, die in die Konferenz für Sicherheit und Zusammenarbeit in Europa mündete, welche 1975 in Helsinki stattfand. 1977 erhielt Amnesty International den Friedensnobelpreis und erlangte weltweite Berühmtheit. Davon ging ein starker Impuls aus: Unzählige menschenrechtlich arbeitende Gruppen, die verschiedenste Aktionen öffentlichkeitswirksam umsetzten, entstanden fast über Nacht, und dadurch formierte sich eine breite, globale, so nie zuvor dagewesene Menschenrechtsbewegung. Zur gleichen Zeit entdeckten westliche Regierungen, am frühesten die niederländische, die Menschenrechte für sich als ein Instrument einer neuen Außenpolitik. Damit wurde den »humanitären Interventionen«, welche den 1990er Jahren den Stempel aufdrücken sollten, der Boden bereitet. Besonders wichtig war, dass die US-Regierung unter Präsident Jimmy Carter Ende der 1970er Jahre einer solchen moralpolitischen Mobilisierung der Menschenrechte anhing, um die USA aus dem moralischen Abgrund zu ziehen, in die sie durch den Vietnamkrieg und verschiedene CIA-Skandale hineingeraten war. Menschenrechtspolitik rückte, alles in allem, ins Zentrum der Weltpolitik.

INTERNATIONALER STRAFGERICHTSHOF

Dieses moralpolitische Erneuerungsversprechen, das den Menschenrechten innewohnte, verstärkte sich nach dem Ende des Kalten Krieges. Doch ging es mit den Menschenrechten keineswegs voran, wie erhofft, ganz im Gegenteil: Die Welt war in den 1990er Jahren mit neuen Genoziden konfrontiert, die man niemals mehr erwartet hatte. Nach den Völkermorden in Ruanda und dem ehemaligen Jugoslawien während der 1990er Jahre ernannte der UN-Generalsekretär im Jahr 2004 erstmalig einen Sonderbeauftragten für die Verhütung von Völkermord. Seine vorrangige Aufgabe bestand darin, auf Situationen aufmerksam zu machen, in denen massive Verletzungen von Menschenrechten zu einem Völkermord führen könnten. Er und seine Mitarbeiter wirkten als eine Art »Frühwarnsystem«, doch darüber hinaus sollte er auch Handlungsempfehlungen für die UNO aussprechen.

Die Verbrechen im ehemaligen Jugoslawien hatten 1993 den UN-Sicherheitsrat auf den Plan gerufen. Niemand hatte im Entferntesten befürchtet oder erwartet, dass ein Genozid in Europa noch einmal möglich wäre. Nachdem dies dennoch zum Erschrecken der Weltöffentlichkeit geschehen war, setzte die UN ein internationales Strafgericht ein, das Kriegsverbrechen verfolgen sollte. 1998 traf eine internationale diplomatische Konferenz in Rom die Jahrhundert-Entscheidung, Grundlagen zur Errichtung eines ständigen Internationalen Strafgerichts (International Crime Court, ICC) zu schaffen. Die Probleme waren gewaltig, und die Initiatoren blickten voller Schaudern auf den historischen Vorläufer eines solchen Unterfangens zurück. Bereits während der Nürnberger Kriegsverbrecherprozesse 1945/1946 war deutlich geworden, dass eine Ahndung der unvorstellbaren NS-Verbrechen problematisch werden würde. Ohne entsprechende schon vorhandene Tatbestände wurde der Begriff »crimes against humanity« kreiert, um die schweren Kriegsverbrechen unter Strafe zu stellen. Allerdings betrafen sie vor allem Kriegsverbrechen nach der Haager Konvention von 1907. Erst allmählich und parallel zu den Prozessen gedieh die Einsicht, wonach Genozid kein Kriegsverbrechen sei, sondern ganz neue Dimensionen des internationalen Strafrechts erfordere. Bis heute ist die Grundlage der Ahndung die bereits mehrfach erwähnte »Konvention über die Verhütung und Bestrafung des Völkermordes«. Diese Übereinkunft von 1948 steht in enger Relation zum Römischen Statut von 1998. Unmittelbar nach dem Zweiten Weltkrieg ging man grundsätzlich vom Territorialprinzip aus, wonach Genozide vor den Gerichten der Länder behandelt werden sollten, in denen die Tat begangen worden war. Darüber hinaus waren aber bereits internationale Gerichtshöfe vorgesehen, allerdings mussten sich die Vertragsstaaten einer solchen Gerichtsbarkeit unterworfen haben. Es dauerte fünf Jahrzehnte, bis der ständige Internationale Gerichtshof in Den Haag eingerichtet werden konnte. Dass der ICC 1998 durch einen internationalen Vertrag ins Leben gerufen wurde, verleiht ihm besonders hohe Legitimität, 2002 nahm er seine Arbeit auf. In den folgenden Jahren ermittelte er in zahlreichen Staaten. Vier »Situationen«, wie es juristisch hieß, wurden durch die betroffenen Staaten selbst überwiesen – Demokratische Republik Kongo, Uganda, Zentralafrikanische Republik, Mali – und in zwei Situationen – Sudan und Libyen – geschah eine Überweisung durch einen Beschluss des UN-Sicherheitsrates. Als größtes Problem erwies sich für den Internationalen Gerichtshof, eine neue Rechtsprechung zu etablieren, denn es mussten ja stets auch konträre politische Interessen zwischen unterschiedlichen Staaten berücksichtigt werden. Der ICC sollte nur in Fällen tätig werden, in denen ein an sich dazu berufener Nationalstaat schwerste Verbrechen nicht selbst verfolgen konnte oder wollte. Tribunale im jeweiligen Land gab es seither immer wieder: Im Mai 2013 wurde Efraín Ríos Montt, Präsident Guatemalas 1982/1983, wegen des oben beschriebenen Völkermords an den Ixil und Verbrechen gegen die Menschlichkeit von einem Gericht in Guatemala zu 80 Jahren Gefängnis verurteilt. Er war damit das erste Staatsoberhaupt, das wegen eines Völkermords im eigenen Land von einem einheimischen Gericht abgeurteilt worden ist.

Um die Jahrtausendwende herum hatte sich somit als Ergebnis eines Jahrhunderts der unermesslichen Menschheitsverbrechen eine internationale Strafgerichtsbarkeit etabliert. Sie gründete ideell auf einem globalen Holocaust-Gedächtnis, das sich in Amerika, Europa und Israel weit mehr als in vielen anderen Teilen der Welt ausgebildet hatte. »Auschwitz« war zur Chiffre und zum Urmuster organisierter Menschenverachtung und Menschenrechtsverletzung geworden. Dies brachte jedoch auch eine »Banalisierung« der vergangenen, fast unaussprechbaren menschlichen Leiden mit sich. Denn fast keine weltpolitische Debatte kam mehr ohne die »Lehre von Auschwitz« aus – sie ist zum Passepartout geworden, Menschheitsverbrechen und »humanitären Katastrophen« Einhalt zu gebieten. In den Vereinigten Staaten von Amerika kam die Auschwitz-Analogie seit den 1990er Jahren auf – »Auschwitz« stand für das absolut Böse in der Welt. Diese Vergleiche unterfütterten die amerikanische Außenpolitik und definierten die Rolle der USA als Beschützerin von Zivilisten vor ethnisch motivierten Verbrechen. Dies nahm im Jahr 1999 der deutsche Außenminister von der Partei Bündnis 90/Die Grünen, Joschka Fischer, angesichts des Kosovokrieges auf. Aus »Nie wieder Krieg«, ein Credo, das für die Bundesrepublik bis dahin gleichsam als Staatsräson galt, wurde bei Fischer »Nie wieder Auschwitz«. Der Westen und die Deutschen durften also, auch wenn, wie im Falle des Kosovo, kein UN-Mandat vorhanden war, wieder Krieg führen, wenn damit Schlimmeres, Völkermord, vereitelt werden konnte. Das Jahrhundert der Genozide endete somit als eines, in dem das Bewusstsein entstand, dass Genozide um jeden Preis zu verhindern seien. Das war, wie man es auch dreht und wendet, ein Fortschritt.

TEIL 3:
VOM WAHREN, SCHÖNEN, GUTEN

▲▲▼▲

9.
KÜNSTLERISCHE AVANTGARDE UND REPRESSION DER KUNST

Exzentrische Welten

Was ist dada? Eine Kunst? Eine Philosophie? Eine Politik? Eine Feuerversicherung? ist dada wirkliche Energie? Oder ist es – Garnichts, d.h. alles?
Aus der Zeitschrift »Der Dada«, Berlin 1919[1]

▲▲▼▲

Kann man Werke machen, die nicht Kunst sind?
Marcel Duchamp (1887–1968)[2]

▲▲▼▲

Was ich meine, ist: Jeder Mensch ist ein Träger von Fähigkeiten, ein sich selbst bestimmendes Wesen, der Souverän schlechthin in unserer Zeit. Er ist ein Künstler, ob er nun bei der Müllabfuhr ist, Krankenpfleger, Arzt, Ingenieur oder Landwirt. Da, wo er seine Fähigkeiten entfaltet, ist er Künstler. Ich sage nicht, daß dies bei der Malerei eher zur Kunst führt als beim Maschinenbau.
Joseph Beuys (1921–1986)[3]

▲▲▼▲

Wenn ich nicht male, kann ich nicht atmen.
Joan Mitchell (1925–1992)[4]

▲▲▼▲

The Physical Impossibility of Death in the Mind of Someone Living.
Titel eines Werkes von Damien Hirst (ein in Formaldehyd eingelegter Hai, 1991)[5]

▲▲▼▲

Ich glaube, gute Kunst – Dada, der frühe russische Konstruktivismus oder die Fluxus-Bewegung – hat immer ein Manifest. Das Manifest ist eine Verkündigung des Neuen, der Versuch, auszuloten, was möglich ist. Das ist das Aufregendste an der Kunst.
Ai Weiwei (geb. 1957)[6]

▲▲▼▲

VON PABLO PICASSO ZU AI WEIWEI

Gegen Ende der 1950er Jahre stöhnte ein Galerist aus Europa: »Amerika kommt auf den Markt, und die Preisstürze für die meisten Bilder der École de Paris bringen manchen Händler an den Rand des Ruins.«[7] Neue Kunstströmungen drängten in dieser Zeit wuchtig aus New York nach Europa, und The Big Apple löste mit nervösen, großformatigen Bildern das behäbig gewordene Paris als Kunstmetropole ab, das diesen Rang seit über 100 Jahren inne gehabt hatte. Vor 1945, als diese Orientierung nach New York noch nicht vorhanden war, existierte in Europa neben dem Kunstzentrum Paris eine repressive Achse Berlin-Moskau. Die Siege von Stalin und Hitler brachten die russische und die deutsche Avantgarde zum Schweigen und Verschwinden. Östlich von New York und Paris lagen somit Metropolen, die Kunst brutal unterdrückten: Berlin während des »Dritten Reiches« und Moskau in der Stalin-Zeit sowie mit Abschwächungen bis zum Ende des Sowjetkommunismus seit 1989.

Zwischen Expressionismus und Revolution bewegte sich die Kunst der europäischen Jahrzehnte, die in den 1930er Jahren jäh zu Ende gingen. Die Kultur in der Zwischenkriegszeit der 1920er Jahre ist zum Schlagwort in Form der »roaring twenties«, der »Goldenen Zwanziger«, geworden, ja zum nicht selten überschätzten Synonym für die Einheitlichkeit einer Epoche und ihrer Modernität. Für unser heutiges Zeitverständnis zeichnete sich hier die »klassische Moderne« ab. Diese besaß in Wahrheit jedoch weder einen einheitlichen kulturellen Stil noch eine Gemeinsamkeit der ästhetischen Grundrichtungen. Es gab nach dem Ersten Weltkrieg nicht eine Kultur, sondern zahlreiche, die zudem – bis auf diejenige in Russland – alle ihre Wurzeln in der Vorkriegszeit hatten. Künstlerisch gesehen befand man sich in einem Laboratorium fast zahlloser Richtungen. Avantgarde war Mode. Die Avantgarde trug »Ismen« und setzte sich damit von den Neo-Stilen der bürgerlichen Vorkriegszeit ab. Ihre Zahl war Legion: der Kubismus und der Futurismus, der Dadaismus und der Purismus, der Verismus und der Konstruktivismus, der metaphysische Realismus, der Primitivismus, der Suprematismus, der Progressismus, der Funktionalismus, um nur die wichtigsten zu nennen. Diese »Ismen« durchdrangen sämtliche Richtungen, und durch die aufkommenden neuen Medien wurde die Welt kleiner, die Katastrophen hingegen wurden durch Gewaltherrschaft und Weltkriege viel größer. Stilpluralismus und Dissonanz bezeugten den Mangel eines einheitlichen Weltbildes und den Verlust der Harmonie.

Am 5. Februar 1916 begann in der Schweiz eine Revolution. Mitten im Ersten Weltkrieg gründeten eine Handvoll Exilanten aus mehreren Ländern Europas im noblen Zürich das »Cabaret Voltaire«, das Labor für höheren Unsinn. Auf den Schlachtfeldern bei Verdun und an der Somme fielen Millionen Soldaten, während sie in Zürich eine anarchistische Boheme traf. Nach einigen Monaten stob die Gruppe wieder auseinander. Was zurückblieb, war der Urknall von Dada. Nach dem Krieg tauchte Dada überall in Europa auf und zerschlug die heile Welt der Kunst und der biederen Gesellschaft. Exzentrische Kreativität, Chaos, Nonsens in Gestalt von absurden Lautgedichten, skurrilen Bildcollagen, flirrenden Tänzen und raumfüllenden Installationen – so wurde die Kunstwelt für immer verändert, bis in unsere Gegenwart hinein. Dada? Im Rumänischen heißt es »ja, ja«, im Französischen »Steckenpferd«, für Deutsche ist es ein Zeichen alberner Naivität, vor allem Kleinkindern gegenüber. Viele Legenden über die Selbstbezeichnung der Gruppe kursieren. Darunter findet sich auch die, dass der im schweizerischen Exil lebende Lenin regelmäßig das »Cabaret Voltaire« aufgesucht, kräftig getrunken und nur noch bejahend das russische »da, da« gelallt habe …

Das 20. Jahrhundert begann auf vielen Feldern überaus fortschrittstrunken. Seit der zweiten Hälfte des 19. Jahrhunderts waren die Industrieländer mit einem hohen ökonomischen Wachstum konfrontiert. Technisierung und Verwissenschaftlichung aller Lebensbereiche schritten fort. Die Naturwissenschaften, die die Welt neu erklärten, dominierten. In den Geisteswissenschaften hatte entsprechend der Positivismus eine dominierende Stellung inne. Er baute auf vermeintlich streng naturwissenschaftliche Erkenntnisse auf und war allen metaphysischen Erörterungen abhold. In der Literatur versuchte man ebenfalls, Wirklichkeit naturgetreu abzubilden – ein Naturalismus wie bei Émile Zola beherrschte die Zeit. Angesichts des Siegeszugs der Naturwissenschaften war ein Rekurs auf alles Göttliche hoffnungslos antiquiert. Was das 20. Jahrhundert künstlerisch auszeichnete, war eine grundlegende Veränderung der Formen, Strukturen und Techniken der Kunst. Diese Veränderung entsprach einem ebenso grundlegenden Wandel der religiösen, geistigen und moralischen Überzeugungen, zumindest innerhalb der abendländischen Zivilisation. Am Anfang stand die Verunsicherung, man könnte auch sagen: ein Verlust der Mitte.

Der Bogen dieses Kapitels spannt sich vom Jahrhundertkünstler Pablo Picasso bis zum chinesischen Künstlerdissidenten Ai Weiwei. Schöpferisch bis zu seinem Tode dominierte der im andalusischen Málaga geborene Picasso das 20. Jahrhundert, er war der überragende Künstler der klassischen Moderne, sowohl was seine Intensität und unvergleichliche Produktivität, als auch seine nicht nachlassende Erneuerungskraft sowie seine Motiv- und Stilvielfalt anbelangte. Picasso gab dem Jahrhundert seine Schlüsselbilder. Eines seiner berühmtesten und umstrittensten Werke war *Guernica*. Er malte es direkt nach der Bombardierung der baskischen Stadt im spanischen Bürgerkrieg durch Hitlers Legion Condor am 26. April 1937. *Guernica* – eine hochgradig symbolisch aufgeladene Darstellung des Schreckens – wurde über die Jahre zum wirkungsmächtigsten Symbol menschlicher Passion im Bombenhagel, das das 20. Jahrhundert hervorgebracht hat. Im Herbst 1940 sah ein deutscher Offizier in Picassos Pariser Atelier ein Foto von Guernica. Beim Anblick des Bildes fragte er: »Haben Sie das gemacht?« – »Nein, Sie«, antwortete Picasso.[8]

Am Ende des 20. Jahrhunderts forderte Ai Weiwei die mächtigste Diktatur der Welt heraus. Er tat dies mit Internet-Postings, Skulpturen, Installationen und Graphiken, die politische Botschaften beinhalteten. Vor laufenden Kameras ließ er beispielsweise kostbare Urnen aus der Han-Dynastie zertrümmern – ein Protest gegen die kommunistische Kulturbarbarei in China. Als Sohn des regimekritischen Dichters Ai Qing hatte Ai Weiwei seine Kindheit in Verbannung und Armut verbracht. Zwar durfte er 1978 an der Pekinger Filmakademie studieren, fiel der Parteiführung aber rasch negativ auf. Über ein Jahrzehnt lang lebte er in den USA, wo er sich für die künstlerischen Ideen von Marcel Duchamp, dem ersten Konzeptkünstler, begeisterte. Das Vermächtnis von Duchamp: Er erfand in den 1920er Jahren das »Ready-made«, was nichts anderes war als zu Kunstwerken erklärte Gebrauchsgegenstände – und sei es ein Urinal, womit er einen Skandal auslöste. 1993 kehrte Ai Weiwei, bereits zum Weltstar gereift, nach China zurück. Dem Regime war er ständiges Ärgernis. Er wirkte als »Vollzeitdissident« und jedes seiner künstlerischen Projekte verfügte über eine politische Komponente. 2011 wurde er verhaftet und kam erst vier Jahre später, nach zahlreichen Protesten aus westlichen Ländern, wieder frei und durfte ausreisen.

EXPRESSIONISMUS UND REVOLUTIONSKUNST

Mit einem Aufschrei der Entrüstung hatte der Expressionismus vor dem Ersten Weltkrieg auf die moderne Welt reagiert. Krieg schien vielen Künstlern dieser Zeit als Chance, die dekadent gewordene

Zivilisation zu veredeln und zu verjüngen, sich selbst und ganze Gesellschaften neu zu stählen. Nicht wenige empfanden den Krieg als das lang ersehnte, reinigende Gewitter, erhofften von ihm die Wiedererweckung der vitalen Existenz im Kampf. Der industrielle Massenkrieg desillusionierte jedoch zutiefst. Das erbärmliche Krepieren in den Schützengräben verwandelte den Expressionismus. Im Laufe des Krieges wurde er zum Sammelbecken der kulturellen Anti-Kriegsbewegung, und nach dem Völkerschlachten politisierte er sich zur Kampfansage gegen Technizismus, Industrialisierung, Kapitalismus und Militarismus. Als erstrebenswerte Ziele galten hingegen Sozialismus, Pazifismus und Anarchismus.

Die Kunst der Nachkriegszeit war mit großen Herausforderungen konfrontiert.[9] Die Nachfolgegesellschaften des Weltkrieges definierten überall das Verhältnis von Künstler und Politik gänzlich neu. Noch war Europa unter sich. Vor 1918 hatte die Stellung zum Obrigkeitsstaat oder zur gutbürgerlichen Gesellschaft die Selbstdefinition der Kunst beeinflusst, aber dieser Homogenitätsdruck entfiel in den Demokratien nach 1918. Und Ideologien, die auf der Suche nach dem neuen Menschen waren, wie in Sowjetrussland oder bald im faschistischen Italien, verfügten noch nicht über ein sozial integrierendes Verständnis von Kultur. Nur so viel war sicher: Die stark ausgeweitete Kunst und Kultur nach dem Ersten Weltkrieg entglitt den ehemaligen bürgerlichen Eliten zunehmend. Kunst und Kultur standen nach dem »Großen Krieg« vor der immensen Aufgabe, den millionenfachen Tod im Weltkrieg mit ihren Mitteln zu deuten, dem sinnlosen Sterben nachträglich Sinn zu verleihen, den Tod ästhetisch zu verarbeiten. So war es eigentlich bisher nach jedem Krieg. Doch der große Unterschied lag nun darin, dass das Sterben massenhaft und anonym gewesen war. Mit den überkommenen Mitteln war dieser millionenfachen Erfahrung immer weniger beizukommen. Daraus ergab sich eine weitere Herausforderung: Die durch alle Schichten gehende Kriegserfahrung in sämtlichen Gesellschaften drängte auf die Erweiterung des Kunst- und Kulturbegriffes; die überkommene Dominanz der

Hochkultur musste verabschiedet werden. Kein anderes Gemälde der Weimarer Republik löste derartige Kontroversen aus wie Otto Dix' *Schützengraben* von 1923. Zwei zeitgenössische Meinungen können dies illustrieren. Die erste stammt aus einem Kommentar der *Kölnischen Zeitung*: »Das ist eine Entwürdigung der Kunst; sie wird zur dienenden Magd im Haus, wo sie herrschen soll (…). Unseres tapferen Heeres wird heute aus pazifistischer Ideologie viel zu wenig gedacht. Aber ein Klumpen verstümmelter Leichen sagt so wenig von kriegerischen Heldentaten, wie ein Haufen am Meeresufer angespülter Leichen von den Taten kühner Seefahrer sagen würde.«[10] Die zweite, völlig entgegengesetzte Kommentierung lieferte wenige Monate später ein Kunsthistoriker, ebenfalls aus Köln: »Der erste Eindruck ist nur: unerhörte Farben. Langsam begreift man entsetzt: Ein Schützengraben liegt gänzlich zerschossen, Material mischt sich zerfetzt mit zerfetzten Leibern, Holzstützen zersplittert, Eisenstangen verbogen, Draht. Gasmaske und Armbanduhr bleiben unversehrt. (…) Gedärm, Fleisch und Blut hängen umher. Ein Teil der Leichen verwest, weiße Würmer kriechen aus, einige scheinen frisch. In seltsam stehender Stellung haben sich Soldaten mit zerrissenem Gesicht erhalten, einen warf's aufgespießt auf Stützen (…). Das Bild kennt keine Tendenz, nur peinlich genaue sachliche Schilderung: so ist Krieg.«[11]

Künstlerische Darstellungen mussten also den Weltkrieg verarbeiten. Darüber hinaus sollten jedoch auch die gewaltigen Veränderungen der Arbeitswelt, die massenhafte soziale Deklassierung und die Rationalisierung der Arbeitsvorgänge thematisiert werden. Mehr noch als vor dem Weltkrieg wurden die industrielle Arbeitswelt und der Arbeitsalltag zu Sujets der künstlerischen Gestaltung. Das Wohnen in der Industriegesellschaft avancierte zum neuen Thema der Architektur, und der bekannteste Ausdruck solcher künstlerischer Produktivität in Deutschland war das »Bauhaus«, 1919 in Weimar gegründet und 1925 nach Dessau verlegt. Vorläufer davon gab es in den Niederlanden. Das Motto »Form folgt Funktion« wandte sich entschieden gegen die Status erhöhende Dekoration.

Es war Ziel des Bauhauses, den Alltag durch künstlerische Gestaltung und Handwerk aufzuwerten. Für Walter Gropius, den Vordenker des Bauhaus-Stils, bedeutete dies eine konsequente Abkehr von einem emphatisch verstandenen »Kunst als Beruf«-Verständnis und eine konsequente Hinwendung zur »Kunst als Handwerk«.

Die Architektur übte den größten internationalen Einfluss unter allen Kunstrichtungen aus. Das galt auch für die Avantgarde in Moskau. Kunst wurde demokratisiert und zugleich ideologisiert – und genau dieser Ausweitung diente die Aufwertung der Gebrauchsgraphik, des Industriedesigns und der Photographie. El Lissitzky experimentierte in Moskau unter anderem auf dem Gebiet der Photographie; seine Photogramme, Photocollagen und Mehrfachbelichtungen wurden für lange Zeit stilbildend. Zuvor hatte er epochemachende Propagandaplakate entworfen, so das Plakat von 1919/1920 »Schlagt die Weißen mit dem roten Keil!«, mit dem er sich im russischen Bürgerkrieg auf die Seite der Bolschewiki stellte. El Lissitzky zählte zu den wenigen Künstlern in Russland, die mit ihrem Stil die Zeit prägten. Er begründete mit anderen den Konstruktivismus und war stark beeinflusst vom Suprematismus. Nach der Oktoberrevolution 1917 gehörte er zu den sowjetischen Avantgardisten, die den Ideen des Kommunismus Ausdruck verliehen. So entwarf er eine Lenin-Tribüne, die 1926 in Moskau gezeigt wurde. Damit avancierte er sofort zu einer Ikone der revolutionären sowjetischen Gesellschaft. Wie der Stahlarm eines Riesenkrans ragt die Rednertribüne auf dem Entwurf schräg nach oben. Auf einer Plattform schwebt die Figur des Revolutionärs: ein Verkündigungsengel des Kommunismus.

Hier machte sich schon ein neues Medienzeitalter bemerkbar. Neben dem Radio, das der Zeit seinen Stempel aufdrückte, stand der Film in der Nachkriegszeit im Mittelpunkt des öffentlichen Interesses. Er hatte im Ersten Weltkrieg als Propagandawaffe eine große Bedeutung erlangt; neue Techniken und Verfahren gewannen danach an Fahrt. Sergej Eisensteins epochaler Film »Panzerkreuzer Potemkin« aus dem Jahr 1925 zeichnete sich durch Dynamik und Gegensätzlichkeit der Bildmotive, durch Kühnheit der Bildausschnitte und der Perspektive, durch packende Bildsymbolik und -montage aus. Hier konnte man Elemente der Malerei der 1920er Jahre finden.

»ENTARTETE KUNST«

Ein wesentliches Kennzeichen für die Zwischenkriegszeit war somit ein sich nochmals beschleunigender Durchbruch zur Massenkultur. Doch deren Kehrseite war die totalitäre Verführung, der schöne Schein der Diktaturen, ihre politisch-ästhetische Inszenierung. Kultur reichte jetzt weit über die Intellektuellenkultur, ihre Fachsprachen und ihre Abstraktionen hinaus. Die Kunst war nicht mehr reines Elitenphänomen, sondern sie bildete einen festen Bestandteil im Alltag breiter Schichten. Die Politisierung der Kunst ging mit ihrer Polarisierung und Radikalisierung einher. Künstler und Kunstwerke wurden politisch eingeordnet, sogar oft auf ihren politischen Ort reduziert, was die wechselseitige Radikalisierung förderte. Hitler selbst war ja ein frustrierter Künstler. Seinen politischen Triumph über die Kunst kostete er weidlich aus. Den Höhepunkt sollte die in den Hofgartenarkaden in München 1937 gezeigte Ausstellung mit dem Titel »Entartete Kunst« bilden, auf der die Nazis in demütigender Präsentation etwa 600 konfiszierte Werke von über 120 avantgardistischen Künstlern zeigten und denunzierten.

Adolf Ziegler, der Präsident der Reichskunstkammer, sagte zur Eröffnung der Ausstellung: »Sie sehen um uns herum diese Ausgeburten des Wahnsinns, der Frechheit, des Nichtkönnertums und der Entartung. Uns allen verursacht das, was diese Schau bietet, Erschütterung und Ekel.«[12] Viele Leiter großer Museen hätten, so brüskierte er seine Kollegen, nicht die Spur von Verantwortungsgefühl gegenüber Volk und Land, das erste Voraussetzung für die Gestaltung einer Kunstschau sein müsse. »Ihren Drang, nur Krankhaftes und Entartetes zu zeigen«[13], habe er in dieser Schau, die nun eröffnet werde, verdeutlicht. Mit der Beschlagnahmung der Kunstwerke erfolgte die bis dahin umfangreichste Besitzveränderung deutschen Museumsguts. Danach verfügten die Museen kaum noch über Bestände der klassischen Moderne. Bis April 1941 zog die Ausstellung »Entartete Kunst« in weitere zwölf Städte, wo über drei Millionen Menschen sie besuchten. Gleichzeitig setzte eine »Säuberung« der deutschen Kunstsammlungen ein, die mehr als 1400 Künstler und etwa 20 000 moderne Kunstwerke betraf. Unter den »Entarteten« fanden sich so bedeutende Künstler wie Otto Dix, Max Ernst, George Grosz, Oskar Kokoschka, Ernst Klee und Käthe Kollwitz. Ihre Werke unterzogen die Nazis einer Klassifikation in »verwertbar« und »unverwertbar«. Werke der letzteren Kategorie wurden zerstört, »verwertbare« Werke hingegen ins Ausland verkauft, womit sie der Devisenbeschaffung für das »Dritte Reich« dienten.

MYTHOS UND MACHT

Überall im Innern der Staaten konnte man eine Polarisierung erkennen. Nach der Etablierung von Diktaturen waren die 1930er Jahre gekennzeichnet von einer künstlichen, einer verordneten Homogenisierung, von Ausgrenzung und Verfolgung – Repression und Terror nach innen. Das perikleische Zeitalter, die Glanzzeit der kulturellen und künstlerischen Vielfalt, war an sein Ende gelangt, die klassische Moderne regelrecht abgewürgt worden. Zudem trachteten die Diktatoren danach, die nationale Vergangenheit für sich zu nutzen, nötigenfalls, indem sie diese mythologisierten oder erdichteten. Für den italienischen Faschismus war die Bezugsgröße das Rom der Antike. Für Hitlers Deutschland eine Mischung aus rassisch reinen Barbaren der teutonischen Wälder und dem Rittertum des Mittelalters. Für Francos Spanien stellte das Zeitalter der triumphierenden katholischen Könige einen wesentlichen Bezugspunkt dar, eine Zeit, als im Reich die Sonne niemals unterging. Die Sowjetunion konnte das Erbe des Zarismus nicht antreten, dessen so rücksichtslose Zerschlagung hatte schließlich der Revolution gedient. Aber im »Großen Vaterländischen Krieg« gegen Hitler-Deutschland seit 1941 griff dann auch Stalin auf eine historische Kontinuität über die imaginierten glorreichen Jahrhunderte zurück.

Die Fundamentalkrisen der frühen 1930er Jahre hatten somit aggressive, extremistische Lösungen nach oben gespült, die sich in Ideologie, Ausdruck und Symbol feindselig gegenüber standen. Nirgends wurde dies sichtbarer als auf der Weltausstellung in Paris 1937. Die Veranstaltung sollte eigentlich dem verunsicherten Frankreich, das damals von einer Volksfront der Linken regiert wurde, endlich wieder Glanz verleihen. Und in Spanien tobte zu dieser Zeit der Bürgerkrieg, doch die Republik war noch nicht von Francos Nationalisten geschlagen. Die dauerhafteste Hinterlassenschaft der Weltausstellung in Paris war gewiss Pablo Picassos Monumentalgemälde *Guernica*, das erstmals im Pavillon der im Existenzkampf liegenden Spanischen Republik gezeigt wurde. Doch beherrscht wurde die Weltausstellung von den Pavillons des »Dritten Reiches« und der Sowjetunion: Beiderseits der Promenade an der Seine standen sie sich, robust, gewaltig, fast brutal in die Höhe ragend, gegenüber. Auf dem Dach der Pavillons hier, auf der sowjetischen Seite, ein nach vorn drängendes 20 Meter hohes Bronzeproletarierpaar, Mann und Frau, ausstaffiert mit den Symbolen der Werktätigen, mit Hammer und Sichel; dort, auf der deutschen Seite, ein fast ebenso großer martialisch-drohend blickender Reichsadler. Die gewollt triumphale Symbolkraft, die Symbiose von Kunst und Macht, nahm das kriegerische Aufeinandertreffen der Hauptideologien des 20. Jahrhunderts vorweg. Als *Guernica* bei der Weltausstellung im bescheidenen Pavillon der Spanischen Republik mitten zwischen die größenwahnsinnigen Protzbauten der Sowjets und der Nazis geriet, schäumte vor allem die deutsche Presse angesichts des schwarzen Gifts, das Picasso im Glanz pompöser Nationalpropaganda ausstreute. Der deutsche Reichsbildberichterstatter vermeldete: »So etwas nennt Rotspanien ›Kunst‹, (...) Klecksereien, vor welchen man vergeblich sucht, ob sie wohl eine Anspielung auf den Bürgerkrieg oder eine Gemüseplatte bedeuten.«[14]

ABSTRAKTION VERSUS SOZIALISTISCHER REALISMUS

Mit dem Ende der diktatorischen Macht war auch das Ende der Macht über die Kunst gekommen. Dies galt für einen Teil Deutschlands im Jahr 1945, ebenso für Italien. Auf der iberischen Halbinsel dauerte der Machtverlust der Diktatur bis in die 1970er Jahre. In der Sowjetunion und ihren Satelliten fiel der Vorhang sogar erst 1989. Dort überdauerte die Repression der Kunst die Stalin-Zeit, unterbrochen nur durch ein kurzes Tauwetter nach dem Tod des Diktators 1953. Viele der unter Stalins Nachfolger Chruschtschow rehabilitierten Künstler griffen in ihren Werken auf Stilmittel zurück, die außerhalb des »sozialistischen Realismus« lagen. Und es entstanden erstmals Kontakte mit westlichen Künstlern. Rückschläge setzten jedoch bereits 1958 ein, als Boris Pasternaks Roman *Doktor Schiwago* verboten und er von der Sowjetführung gezwungen wurde, den Nobelpreis für Literatur abzulehnen. Kunst und Kultur spalteten sich seither in eine offizielle und eine inoffizielle Linie. Verglichen mit anderen Staaten Osteuropas erfreuten sich allein die polnischen Künstler einer recht großen Unabhängigkeit. Nach der Ausrufung des Kriegsrechts 1981 in Polen boykottierten sie die offiziellen Ausstellungssalons. Katholische Kirchen – Sinnbild für Freiheit und Opposition im polnischen kommunistischen System – wurden zu Kulturzentren.

Westernisierung und Sowjetisierung waren in der Kunst nach 1945 gängige Chiffren. Im Westen löste eine ungegenständliche Malerei fast schlagartig die Gegenständlichkeit ab. Nicht wenige Zeitgenossen und Kunsthistoriker überhöhten die Abstraktion als Ziel der modernen Entwicklung, als ihren angeblichen Gipfelpunkt seit der Renaissance. In der Abstraktion wurde ein Modellfall einer Weltkultur erkannt, was ähnlich vermessen scheint wie die Idee einer »deutschen Kunst« noch wenige Jahre zuvor. Das große Vorbild war der Amerikaner Jackson Pollock, der 1944 sein erstes Bild an ein Museum verkaufte. Berühmtheit erlangte er mit der von ihm begründeten Stilrichtung des »Action Painting«. Seine im »Drip-Painting«-Verfahren angefertigten großformatigen Werke brachten ihm bereits zu Lebzeiten den Spitznamen »Jack the Dripper« ein.

Die Welt war durch den Eisernen Vorhang in zwei Lager geteilt. Eine heroisierende Menschendarstellung galt im Westen – besonders in der Bundesrepublik Deutschland – als totalitär und erinnerte an (scheinbar) überwundene Zeiten des »Dritten Reiches«. Aber man kann natürlich auch fragen, ob sich nicht gerade hierin die bundesdeutsche Vergangenheitsentsorgung offenbarte: Abstrakte Kunst kam ja ohne vergangenheitspolitische Positionsbestimmung aus und konnte als Instrument mentaler Verdrängung der NS-Zeit benutzt werden. Im Osten wiederum erklärte man die Abstraktion zum Inbegriff kapitalistischer Dekadenz, dies war besonders in der DDR der Fall. Die Kunst verfrachtete man auf beiden Seiten der Blöcke, wie fast alles, in die Schützengräben des Kalten Krieges.

Gegenstand und Figur gerieten im Westen in den Verdacht, entweder kommunistisch, unkünstlerisch oder nationalsozialistisch bzw. faschistisch zu sein. Der »Sozialistische Realismus« in der DDR und den osteuropäischen Staaten schien die Verwandtschaft der braunen und der roten Diktatur zu beweisen. Im Jahr 1955 erfolgte die Gründung der Kasseler »documenta«, die weltberühmt werden sollte, mit dem erklärten Ziel, die Abstraktion als Ausdruck der Moderne zu adeln und nach langen Jahren der Nacht und dem Verdikt einer »entarteten Kunst« den Westdeutschen und -europäern endlich wieder den Anschluss an die Moderne zu ermöglichen. Propagiert wurde »das globale Abstraktgewordensein der modernen Kunst«.[15] Ein von jeglichem Gegenstand befreites Bild war das Nonplusultra. Farbe wurde als Farbe und Form als Form reflektiert. Wer sich etwa in der staatlichen Kunstförderung der Bundesrepublik Deutschland umschaute, wer einen Blick in die öffentlichen Gebäude warf, wer sah, wie sich Industrieverbände um eine Kunstförderung bemüht zeigten – dem wurde schnell klar, dass westliche Moderne und Abstraktion behaupteten, die beiden Seiten derselben Medaille zu sein.

Die sozialistische Kulturpolitik im gesamten Ostblock hingegen prägte ein vehementer Affekt gegen die künstlerische Moderne. Das Gegenmittel gegen diese als dekadent gebrandmarkte Moderne lautete »Sozialistischer Realismus«.[16] Drei Prinzipien sollten ihn auszeichnen: die Parteilichkeit, die Volksverbundenheit und der sozialistische Ideengehalt. Parteilichkeit – dies war das Postulat, wonach der sozialistische Kunstschaffende ein aktiver Mitkämpfer, ein leidenschaftlicher Mitstreiter der Ideen des Friedens und des Sozialismus sein und diese Ideen mit seinen, den künstlerischen Mitteln, in die Massen pflanzen sollte. Volksverbundenheit – dies bedeutete nicht einfach Anpassung an den Massengeschmack, vielmehr (und hier verband sich der Gedanke mit der Idee der Parteilichkeit) eine Art Anknüpfung an das Vorhandene und schließlich eine Hinführung zum erwünschten Bewusstseins- und Geschmacksniveau. Sozialistischer Ideengehalt schließlich meinte das marxistisch-leninistische Geschichtsverständnis und Menschenbild, in dem das »Typische« und der »positive Held« im Mittelpunkt zu stehen hatten.

Die Gründe für eine Abwertung der künstlerischen Moderne in der Nachkriegszeit und oftmals – wenn auch verschämt – des Dadaismus, des russischen Futurismus und der proletarischen Avantgarde der Zeit vor und nach dem Ersten Weltkrieg liegen auf der Hand: In den Werken der spätbürgerlichen Moderne und der Abstraktion würden, so die Kulturpolitiker, die destruktiven, Irritationen und Verunsicherungen auslösenden Impulse überwiegen. Positive Traditionen verschmähten sie. Stattdessen riefen sie

Ängste und Perspektivlosigkeit hervor, die Absurdität des Lebens
adelten sie zum herausragenden Thema. Im pauschalen Verdikt gegen
den »Modernismus«, das alle kulturpolitischen Kampagnen
in den 50er Jahren im Ostblock durchzog, wurde die Vielfalt der
Kunstströmungen des 20. Jahrhunderts komplett eingedampft und
auf den simplen Gegensatz von »Modernismus« und »Realismus«
gebracht. So generierten die herrschenden kommunistischen Parteien
jenes Feindbild, von dem sich die schaffende sozialistische
Kunst abzusetzen hatte. Dieses extrem reduzierte Bild der Moderne
brachte »Modernismus« und »Dekadenz« zur zerstörenden
Deckungsgleichheit.

Und im Westen? Andy Warhol, einer der großen Aufreger und
Neuerer der Kunst in der zweiten Hälfte des 20. Jahrhunderts, bezeichnete
in den 1960er Jahren sein Atelier als »Factory«.[17] Sein
künstlerisches Thema war die industrielle Zivilisation. Deren Erzeugnisse
waren seine Motive, so etwa Konsumgüter der Warenindustrie
wie Konservendosen und die Stars der Vergnügungsindustrie,
zum Beispiel Marilyn Monroe, eine der populärsten
Ikonen ihrer Zeit. Mit seinen seriellen Arbeitsformen nahm Warhol
vorweg, was für die globalisierte Wirtschaft zum Normalfall
werden sollte, nämlich die nahtlose Verschmelzung von Arbeit
und Freizeit, Produktion, Distribution und Konsumption.

PERFORMANCE UND KULTURFABRIKEN

Die aus den USA nach Europa immigrierte Kunstform des täglichen
Agierens, des Happenings, verfügte über vielfältige Inhalte.
Sie konnte die »Wegwerfgesellschaft« (Junk Art) thematisieren
oder Themen zufälliger Ideen (Fluxus) setzen. Sie beschrieb eine
neue Lebenswirklichkeit (Neuer Realismus) oder nahm sich der
Konsum- und Medienwelt (Pop Art) an. Die Grenzen zwischen
Happenings und deren Ausformungen sowie zwischen Performance
bzw. Activity- oder Body-Art waren dabei fließend. Diese

Kunst bzw. Anti-Kunst erhob jedenfalls den Anspruch, Teil der Gesellschaft zu sein und in dieser aktivierend zu wirken, auch politisch Position zu beziehen. Doch wo waren die Frauen? Künstlerinnen wurden lange Zeit als nicht ebenbürtig mit ihren männlichen Kollegen betrachtet. Carolee Schneemann, die zur Vorreiterin für jüngere Künstlerinnen wie Marina Abramović, Tracey Emin oder Andrea Fraser wurde, bemerkte zur Situation der 1960er Jahre: »Damals nahm ich es mit der Pop Art auf, die den weiblichen Körper in eine Maschine verwandelt hatte, und trat gegen die maskuline ästhetische Kultur von Yves Klein an. Das war tödlich.«[18] Yves Klein ließ in von ihm veranstalteten Performances die Frauen als bloße Dekoration erscheinen. In seinen *Anthropometrien* wälzten junge, weibliche Modells ihre nackten, mit blauer Farbe getränkten Körper auf Leinwänden. Schneemann hingegen schockierte mit einem radikalen Feminismus – und stellte sich ins Abseits. Ihre berühmteste Arbeit war *Interior Scroll* (1975) im Rahmen einer Ausstellung in den New Yorker Hamptons. Mit dieser Performance als Aktmodell, das eine Textrolle aus seiner Vagina zieht, wurde Schneemann bekannt. Die Dominanz der Männer in der Kunstwelt ließ sich ihrer Meinung nach allein mit Radikalität brechen. Frauen fühlten sich nur als Gast im Haus der männlichen Kunst, und ihre Arbeiten wurden nur zu »Frauenpreisen« gehandelt. Dies wollte die Pionierin der Performance und der Body Art aufbrechen – und sie öffnete damit tatsächlich Türen für folgende Generationen.

In Deutschland war es nicht viel anders. Hier avancierte Joseph Beuys analog zu Andy Warhol durch seine Aktionen zum Medienstar. Galerien wurden zu »progressiven Motoren« erkoren. Als deutsche Popkünstler verstanden sich vor allem Sigmar Polke, Gerhard Richter und Konrad Lueg. Diese Vertreter des »Kapitalistischen Realismus« sahen sich nicht als geniale Schöpfer, sondern als durchschnittliche Konsumenten und Nutzer, als so etwas wie gewöhnliche Nutzer eines Wohnzimmers.

Kulturfabriken entstanden und Museen triumphierten. Sie wurden zu den wirklichen Stars der Kunstwelt. Ihr Boom kündigte sich in den 1960er Jahren an, denn parallel zur Veränderung innerhalb der Industrienationen, dem Wachstum der Dienstleistungen auf Kosten der Produktion, rückte auch auf dem Feld der Kunst die Vermittlung allmählich ins Zentrum – und zwar auf Kosten der Herstellung von Kunst. Sammler und Kuratoren wurden mit einem Mal viel einflussreicher als Künstler und Kunstkritiker – sie bestimmten, welche Kunst ausgestellt und damit überhaupt sichtbar wurde. Museen waren nicht mehr bevorzugt Orte des wissenschaftlichen Sammelns und Bewahrens, sondern sie erhoben sich zur Bühne und Kulisse von kulturellen Ereignissen. Man konnte sehen, dass es eine tektonische Verschiebung der Autorität gab: weg von den Künstlern und hin zu den Kuratoren. Das Centre Pompidou in Paris machte 1977 den Anfang. Es war ein Museum, das Kulturfabrik sein wollte. Industriearchitektur, wohin man blickt, beherrscht das Gebäude. Nachts schimmert das Gebäude wie eine Raffinerie. Die an seiner Fassade angebrachte Rolltreppe scheint die Menschen in sich aufzusaugen.

POSTMODERNE

Doch die Abneigung gegen alles Dekorative kehrte sich rasch wieder in ihr Gegenteil um. Ein neuer Schlachtruf ertönte: »Postmoderne«. Dies ist mittlerweile sicherlich einer der am meisten abgenutzten Begriffe. Postmoderne ist zum Mode- und Plastikwort verkommen. »Anything goes«, »alles ist möglich«, lautete das postmoderne Motto, das seit Anfang der 1980er Jahre die gesamte westliche industrielle Welt ergriff. Das Positive an diesem Motto war ein größeres Maß an persönlicher Freiheit. Das Negative lässt sich auf den Nenner »fehlende Wertorientierung« bringen. Schon an diesem Gegensatz zeigt sich, wie umstritten das Etikett »Postmoderne« war. Hatte die Gesellschaft den Glauben an die Sinnhaftigkeit und Vernünftigkeit der Welt verloren? Der französische Philosoph Jean-François Lyotard schrieb 1979 das Manifest postmodernen Denkens, das rasch enorme Durchschlagkraft entwickelte. Die »große Erzählung« von Wissen und Wahrheit war demnach an ein Ende gelangt, den allumfassenden Sinn des Lebens und der Kunst und Kultur gebe es nicht; was blieb, seien Teilwahrheiten, die nur noch in kleiner Münze bezahlt würden. Ein Plan der Geschichte? Eine Fehlanzeige. Die Herrschaft der Vernunft? Eine Leerstelle. Aber traf dieser Befund zu? Wurde damit nicht das Projekt der aufklärerischen Moderne verraten? So jedenfalls mutmaßte nicht allein der deutsche Philosoph und Gegenspieler Lyotards, Jürgen Habermas. Die »neue Unübersichtlichkeit« sei eine gegen die Aufklärung gerichtete Beliebigkeit, so lautete seine Anklage.[19]

Wo immer innerhalb dieser Diagnose die Wahrheit auch liegen mag – die Postmoderne war ein wesentliches Kennzeichen der 1980er Jahre. Man sieht dies bei den bildenden Künsten. Foto-, Film- und Videokunst, Experimente mit Laserstrahlen – diese Richtungen brachen mit Wucht in den traditionellen Kunstbetrieb ein. Am sichtbarsten sind die Hinterlassenschaften der Postmoderne allerdings in der Architektur. In den 1980er Jahren war hier ein radikaler Eklektizismus vorherrschend: Willkürlich wurden Versatzstücke aus verschiedenen Stilen ausgewählt und spielerisch miteinander kombiniert. Verspielte Vielfalt – so ließe sich das Ergebnis formulieren. Diese Form der Architektur opponierte in typisch postmoderner Manier gegen den Ganzheits- und Wahrheitsanspruch der Moderne und setzte ihr das Unvollendete, das Fragmentarische, das Verspielte und letztlich das Entscheidungslose entgegen. Kritiker sahen darin nur »Gefälligkeitsarchitektur«. Mit dem Bau der Neuen Staatsgalerie in Stuttgart – eine Art Architektur-Collage mit Zitaten sowohl aus klassischen als auch aus modernen Vorbildern – provozierte James Stirling. Die Staatsgalerie ist bis heute ein Stein gewordenes Sinnbild der Postmoderne in Deutschland.

Die Entwicklungen im kulturellen Bereich verliefen seit Beginn der 1980er Jahre somit vielgestaltig oder »ambivalent«. Der in der Kunstkritik und Kunsttheorie für dieses Jahrzehnt verwendete Begriff der »Ambivalenz« erfasste nach Ansicht des Kunsthistorikers Philip Ursprung »die Diskrepanz zwischen schillernder Oberfläche und Abgrund« sowie die »Spannung zwischen dem Unsichtbaren und dem Sichtbaren«, welche die Öffentlichkeit bewegt habe.[20] Mit der Visualisierung der eigenen Geschichte in der »neuen« Malerei oder auch in den dokumentierenden Medien wie Film oder Fotografie sei der Anbruch einer neuen Ära sichtbar geworden, die zur Auseinandersetzung mit der Vergangenheit angeleitet habe. Gleichzeitig habe sich das Bewusstsein für aktuelle, »unsichtbare« Bedrohungen, wie die 1982 erstmals diagnostizierte Immunkrankheit Aids oder die Nuklearkatastrophe in Tschernobyl von 1986, geschärft. Zudem erlaubte die Bezeichnung »Ambivalenz«, die experimentellen sowie gesellschaftskritischen Impulse der 1960er und 1970er Jahre mit dem »Glamour der Kunstwelt und deren Alimentierung durch die Überschüsse der Finanzindustrie« seit den 1980er Jahren zu verbinden.[21] Aber der Begriff ist problematisch und nichtssagend. Denn ist nicht alles im Leben irgendwie »ambivalent«?

Seit den 1980er Jahren entwickelte sich ein neuer Hunger nach Bildern. Nach einem Jahrzehnt der Rezession hob in den Industrienationen eine neue Phase der Prosperität an, und die Oberschicht verfügte über enorme Geldüberschüsse. Sie wurden teilweise in Kunst investiert. »Wandaktien« erfreuten sich höchster Wertschätzung. Die Entwicklung hatte in Köln begonnen. Dort öffnete Mitte September 1967 die weltweit erste Messe für moderne und zeitgenössische Kunst. Es war ein Durchbruch zu einem ganz neuen Kunstmarkt, der durch Kommerzialisierung und Massenkultur gekennzeichnet war. Seit 1970 wurde jährlich von dem Kunst- und Wirtschaftsjournalisten Willi Bongard in der Zeitschrift *Capital* der »Kunstkompass« erstellt – eine Rangfolge der am internationalen Kunstmarkt erfolgreichsten Künstler. »Erfolg« bemaß sich dabei bezeichnenderweise nicht an der Wertschätzung des jeweiligen künstlerischen Objekts, sondern an der Repräsentanz des Künstlers in wichtigen Ausstellungen, Sammlungen oder deren Beachtung in der zeitgenössischen Berichterstattung. Auch hier stand ein Ziel ganz oben an: die Rekrutierung neuer Käuferschichten. Kunst als Investitionsobjekt, so lautete in diesem Falle die »repressive Toleranz« im Kapitalismus.

Die hohen, ja irrwitzigen Preise veränderten weltweit das Image der Gegenwartskunst. Es kam zu einem gewaltigen Wandel: Bis in die 1950er Jahre war das Image der Künstler, ob es sich um Bohemiens oder Malerfürsten handelte, dasjenige von Produzenten, die sich außerhalb der herrschenden Ökonomie befanden. Im Laufe der 1980er hingegen verschmolz der symbolische Wert eines Kunstwerkes allmählich mit dem Marktwert.

MARKT(MACHT) KUNST

Das Ende des Kalten Krieges veränderte die Welt. Aber veränderte es auch die Kunstwelt? Überall auf der Welt hatte es Beispiele gegeben, wie Künstler sich unter den Bedingungen politischer Repression widersetzten und subversive Praktiken ausbildeten. Bis zum Ende der Diktaturen in Lateinamerika spielte dort beispielsweise die »Mail-Art«, eine »Brief-Kunst«, eine wesentliche Rolle bei der Schaffung freier Denk- und Handlungsspielräume: Unabhängig von den exklusiven Distributionskanälen des internationalen Kunstbetriebs sowie einigermaßen geschützt vor der heimischen Zensur, erlaubte sie einen gewissen Austausch von Ideen. Afrika wiederum befreite sich aus den repressiven ästhetischen Zwängen, die die Kolonialzeit hinterlassen hatte. Viele Europäer hatten afrikanische Künstler als »Naive« betrachtet, denen man neue Techniken beibringen müsse. Manche jedoch ließen sich von ihnen inspirieren und einige überhöhten die afrikanische Kunst sogar. Doch nach der Dekolonisierung bildeten sich in vielen afrikanischen Städten unabhängige Kunstszenen, die ausdrücklich eine antikoloniale Haltung einnahmen.[22] Im ehemaligen Ostblock durchbrachen die Künstler die fast totale Isolation vom Rest der Welt. Die rigide ideologische und ästhetische Orthodoxie konnte abgeschüttelt werden. Regimekritiker hatten es auch im neuen Russland nicht leicht, doch es war vor allem die chinesische Führung, die sich vehement gegen den Wunsch der Menschen nach intellektueller Freiheit stemmte. Bedrohung, Willkür und Repression bekamen regimekritische Künstler wie Ai Weiwei tagtäglich massiv zu spüren.

In ihrem einflussreichen Buch beschrieben der amerikanische Literaturtheoretiker Michael Hardt und der italienische Politologe Antonio Negri die Weltordnung nach dem Ende des Kalten Krieges als ein »Empire«, in dem zeitliche und räumliche Grenzen einer Art permanenter Gegenwart Platz machten.[23] Von daher fragte sich die zeitgenössische Kunstgeschichte, wie die Kunst dieses Empire aussah. Welche waren die Haupttendenzen? Anders als vor der Epochenwende von 1989 schien es nicht mehr plausibel, Bewegungen oder Stile zu benennen. Auch die Unterscheidung nach künstlerischen Medien verschwamm, da zahlreiche Künstler zwischen den Welten wanderten. Besonders auffällig war jedoch, dass nationale Differenzen viel geringer geworden waren als jemals zuvor – es entstand eine Weltkunst mit universeller Sprache, allein schon deshalb, weil Künstler, Kunstszene und Ausstellungen wie ein Wanderzirkus ständig in allen Teilen der Welt unterwegs waren. Die Drehscheiben der Kunst verschoben sich, einige Orte waren »out«, andere »in« und vitaler denn je – letzteres galt uneingeschränkt für Berlin. Diese Stadt stieg zu einem der anregendsten Orte künstlerischer Produktion auf und zog vor allem junge Künstler aus aller Welt an, auch weil hier die Mieten im Unterschied zu London, New York oder Paris günstig waren. Kurz, die Begleiterscheinungen der Kunst um die Jahrhundertwende waren Mobilität, Polyzentren, Informationsflüsse und neue, weltweite Netzwerke, in denen künstlerische Machtzentren örtlich kaum mehr festzulegen waren.

Ein weiterer Trend war die Öffnung der Szene an sich. Kunstausstellungen wie die Biennale von Venedig, die »documenta« in Kassel, die »Art Basel« und deren Ableger im amerikanischen

Miami waren nicht mehr allein Treffpunkte für Spezialisten, sondern begehrte Ziele eines Kunsttourismus, der zur eigenen Industrie avancierte. An der seit 1955 alle fünf Jahre stattfindenden »documenta« – die Schau der Weltkunst – lässt sich überdies ablesen, wie sich seit den 1990er Jahren die Weltkarte der Kunst verschob: Hatten bis dahin Künstler aus Europa gefolgt von nordamerikanischen, vollkommen dominiert, so ging die Präsenz dieser Weltteile seither erheblich zurück, während asiatische, südamerikanische und afrikanische Künstler in viel größerer Zahl als früher vertreten waren.[24] Kunst und Kunstmessen wurden außerdem zum Event für ein immer größer werdendes Publikum. Als beispielsweise von Februar bis September 2004 in der Neuen Nationalgalerie in Berlin 212 Werke aus dem New Yorker Museum of Modern Art (MoMA) gezeigt wurden, war der Andrang so groß, dass sich nicht nur lange Warteschlangen bildeten, sondern zahlreiche Menschen auf dem Vorplatz des Museums übernachteten, um am nächsten Morgen den begehrten Einlass zu erhalten. Keine Institution prägte das Kunstverständnis des 20. Jahrhunderts so nachhaltig wie das 1929 gegründete MoMA, aber dass in Berlin durchschnittlich 6500 Menschen pro Tag diese Kunstausstellung sahen, brach nicht nur alle Rekorde, sondern war auch das Ergebnis einer überaus erfolgreichen Marketingstrategie einer eigens damit beauftragten Werbeagentur.[25] Kunst unterlag im Zeichen des modernen Kapitalismus mit einem globalisierten Markt vollends der Ökonomisierung. Kein lebender Künstler beherrschte diese Klaviatur geschäftstüchtiger als der Brite Damien Hirst. 1991 ließ er sich vom Sammler Charles Saatchi finanzieren und fertigte einen in Formaldehyd eingelegten Hai in einem durchsichtigen Plastiksarg an. Wenn die 1990er Jahre ein ikonisches Kunstwerk hatten, so ist es dieser eingelegte Tigerhai des Engländers. Der Behälter mit dem toten Raubtier wurde zum Sinnbild der Vergänglichkeit erklärt. Der Titel des Werks lautet im Original *The Physical Impossibility of Death in the Mind of Someone Living* – am elegantesten übersetzt als »Die physische Unmöglichkeit des Todes in der Vorstellung eines Lebenden«.

Vom Erfolg berauscht, spielte Hirst fortan in der Kunstwelt wie ein Zocker und erschuf seinen eigenen Mythos. Er produzierte aberwitzig teure Werke, zum Beispiel einen mit Diamanten besetzten Totenkopf aus Platin (»*For the Love of God*«, 2007), kaufte ihn, bevor ein Sammler zugreifen konnte, für 100 Millionen Dollar selbst und trieb so den Preis noch einmal in die Höhe.[26] Hierin wurden die Triebkräfte der entfesselten Märkte und – im Sinne von Negri und Hardt – die Dynamik des Empire sichtbar.

Mehr oder weniger hinfällig wurde es, nach künstlerischen Medien zu unterscheiden. Hybride Kunstformen, die sich aus mehreren Kulturen, Sparten und Epochen speisten, erreichten das Publikum multimedial und unterlagen einer raschen Abfolge von Modezyklen. Nationale Differenzen gingen in sogenannten Labels, die ganze Künstlergruppen vertraten, auf. Das wachsende Kulturinteresse eines heterogenen Publikums machte größere Turnus- und »Blockbuster«-Ausstellungen zum Ziel der Tourismusindustrie. Künstler rückten in Zeiten der Desorientierung und Destabilisierung als Identifikationsfiguren bzw. als »suprakulturelle Stars« ins Zentrum der gesellschaftlichen Event-Mentalität. In Zeiten einer multioptionalen »Angebotsökonomik« und vor dem Hintergrund einer permanenten Ausnahmesituation, in die irrationale Phänomene wie Terrorismus oder Börsencrashs führten, versuchte zeitgenössische Kunst ihr Bestes: Wenn sie schon nicht Orientierung bieten konnte, so wollte sie zumindest Blickwinkel verschieben.

Nicht allein diese Herrschaft der Märkte und der Erlebnisindustrie kennzeichnete die Entwicklungen seit der Mitte der 1990er Jahre: Neue – freilich altbekannte, jedoch lange ins Abseits gedrängte – ästhetische Kategorien traten wieder ins Rampenlicht; so besonders das Erhabene. Seit der Antike wird das Erhabene definiert »als Erfahrung von etwas, das unsere Sinne überfrachtet, uns durch seine Dimensionen übersteigt und uns gefährlich werden könnte, wenn es nicht ästhetisiert – und damit distanziert – wäre«.[27] Der Fotokünstler Andreas Gursky war ein Vertreter des Erhabenen. Er trieb die technisch möglich gewordene digitale Bildbearbeitung seiner Werke zur Perfektion und umkreiste mit seinen extremen Großformaten, die von Wiederholungen und Montagen durchwirkt waren, das Thema der »Erhabenheit der Globalisierung«.[28] Das emblematische Supermarktfoto »*99 Cent*« aus dem Jahr 2001 ist ein Schlüsselbild des globalen Konsums, das auf die potenzielle Unendlichkeit der Warenwelt verweist. Dieses vielfach multiplizierte Abbild eines US-Supermarktes mit Waren, die allesamt 99 Cent kosten, erzielte im Mai 2006 beim Auktionshaus Sotheby's einen Verkaufswert von mehr als 2,2 Millionen Dollar, eine für Photoarbeiten damals unglaublich hohe Summe. Kurz darauf wurde es für das Doppelte und Dreifache gehandelt. Die bis dahin höchste Summe, die jemals für ein Gemälde bezahlt wurde, betrug 140 Millionen Dollar. Ein unbekannter Sammler hatte sie im Jahr 2006 auf den Tisch gelegt, um Jackson Pollocks Bild *No. 5, 1948* sein Eigen nennen zu können. Bildende Kunst bewegte sich noch am Ende des 20. Jahrhundert zwischen Emanzipation und Repression. Dies trifft in mehrfacher Hinsicht zu. Am Beispiel der feministischen Künstlerin Carolee Schneemann, die es so schwer hatte, sich gegen die männlichen Künstler durchzusetzen, war deutlich geworden, dass die Hälfte der Menschheit noch einen ganz anderen Kampf führen musste – jenseits der politischen Unterdrückungssysteme: den um Gleichberechtigung. Davon handelt das nächste Kapitel.

10.
LIEBESGLÜCK UND GESCHLECHTERUNGLEICHHEIT

Das Private ist politisch

In unseren Augen, da muss der deutsche Junge der Zukunft schlank und rank sein, flink wie Windhunde, zäh wie Leder und hart wie Kruppstahl.
Adolf Hitler, 14. September 1935[1]

▲▲▼▲

Man kommt nicht als Frau auf die Welt, man wird es.
Simone de Beauvoir, Das andere Geschlecht, 1949[2]

▲▲▼▲

Frauen erhebt euch, die Welt erlebt euch.
Motto des ersten deutschen Bundesfrauenkongresses in Frankfurt am Main, 12. März 1972[3]

▲▲▼▲

In Somalia ist man davon überzeugt, daß das, was sich zwischen den Beinen der Mädchen befindet, schlecht ist, daß wir mit diesen Teilen unseres Körpers zwar geboren werden, daß sie aber etwas Unreines darstellen. Diese Teile müssen entfernt werden.
Waris Dirie in ihrer Autobiographie »Wüstenblume«, 1998[4]

▲▲▼▲

AFGHANISTAN

Im Jahr 1949 erschien das wichtigste Buch der modernen Frauenbewegung, *Le Deuxième Sexe*, auf Deutsch *Das andere Geschlecht*. Die Autorin hieß Simone de Beauvoir. Sie formulierte in ihrem Buch die für die damalige Zeit provokante These, wonach die weibliche Unterlegenheit bzw. die Geschlechtsidentität nicht von Natur aus gegeben, sondern gesellschaftlich konstruiert sei. Außerhalb Frankreichs entfaltete das Buch erst viele Jahre später seine volle Wirkung. »Es reicht nicht aus«, so formulierte de Beauvoir, »zu sagen, die Bedürfnisse der Frau seien geringer als die der Männer: das ist nur eine nachträgliche Rechtfertigung. Vielmehr haben die Frauen sich nicht gegen ihre Ausbeuter zur Wehr zu setzen gewusst.« Und weiter schrieb die französische Schriftstellerin und Feministin: »In Frankreich gibt es noch Dörfer, in denen am Morgen nach der Hochzeit das blutige Bettlaken Verwandten und Freunden vorgeführt wird. Der Mann ist nämlich im patriarchalischen System der Gebieter der Frau geworden, und die gleichen Eigenschaften, die bei den Tieren oder den ungebändigten Elementen erschrecken, werden für den Besitzer, der sie domestizieren konnte, zu wertvollen Qualitäten. Das Ungestüm des wilden Pferdes, die Gewalt des Blitzes und der Wasserfälle hat der Mann zu Instrumenten seines Wohlstandes gemacht. Ebenso will er die Frau im Vollbesitz ihrer Unberührtheit übernehmen.«[5] Und so hätten Legionen von Frauen in der Weltgeschichte nichts auf ihrem Weg mitbekommen »als die tägliche Erschöpfung in einem Kampf, der keinen Sieg bringt«.[6]

Glücklicherweise gab es im 20. Jahrhundert viele »Siege«, was die Geschlechtergleichheit anbelangte. Sie wurden jedoch von erheblichen Rückschlägen begleitet. Dieses ständige Hin und Her lässt sich an vielen Regionen der Welt, besonders gut jedoch am Beispiel Afghanistans aufzeigen. Während des gesamten 20. Jahrhunderts war das Land ein gewisser Brennpunkt im Hinblick auf die rechtliche Stellung von Frauen. Einmal schien Afghanistan auf

Abb. 1: Bei dem Bild handelt es sich um ein Propagandafoto, das italienische Soldaten 1935 in Abessinien zeigt. Gewehre im Anschlag, wie bei solchen Aufnahmen üblich. Doch das Propagandafoto täuscht. Es war der erste rassistische Vernichtungskrieg im 20. Jahrhundert, den Mussolinis faschistische Truppen mit aller Konsequenz gegen Abessinien (Äthiopien) führten.

Abb. 2: Der Vietnamkrieg war der längste militärische Konflikt im 20. Jahrhundert und verwüstete auf Jahrzehnte hinaus eine ganze Region. Er brachte aber auch eine weltumspannende Friedensbewegung hervor, wie hier eine Demonstration in West-Berlin. Hat sie bewirkt, dass der Vietnamkrieg beendet werden konnte und sich die Amerikaner zurückzogen?

Abb. 3: Pistole mit Knoten im Lauf – eine Skulptur von Carl Fredrik Reuterswärd vor dem UNO Hauptquartier in New York. In der zweiten Hälfte des 20. Jahrhunderts sind unzählige Male Wege zum Frieden gesucht worden, oft vergeblich, doch nie zuvor gab es so viele kriegsvermeidende Initiativen.

Abb. 4: Ein großer Freiheitskämpfer und Versöhner: Nelson Mandela. Hier mit seiner Frau Winnie am 11. Februar 1990 nach der Freilassung aus 27-jähriger Haft aus dem Victor Verster Gefängnis bei Kapstadt. Nicht Rache war sein Ziel, sondern die Südafrikaner mittels »Wahrheitskommissionen« zu versöhnen. Ein Vorbild für die Welt?

Abb. 5: Ernesto Che Guevara – das Gesicht der Revolution, die von der »Dritten Welt« ausging. Er ist bis heute nicht nur auf Kuba omnipräsent, sondern überall auf der Welt, vom T-Shirt bis zur Smartphone-Tasche. Eine Ikone des Jahrhunderts, losgelöst von seinen politischen Taten.

Abb. 6: Die Geburt der »Dritten Welt« fand auf der Konferenz im April 1955 in Bandung statt. Hier trafen sich Vertreter, die die Mehrheit der Menschheit repräsentierten, ohne die ehemaligen weißen Kolonialherren. Man gab sich stolz und selbstbewusst, aber in ihren Reihen befand sich auch Zhou Enlai als Vertreter der Volksrepublik China. Das riesige Land hatte kurz zuvor das kleine Tibet annektiert.

Abb. 7: Ein Denkmal für die türkische Republik auf dem Taksim-Platz im europäischen Teil Istanbuls. Der Untergang von Imperien wie das Osmanische Reich und die Neubildung von (National-) Staaten prägten das Jahrhundert. Was kommt danach?

Abb. 8: Pläne zur Neugestaltung der Reichshauptstadt Berlin, entworfen von Albert Speer, Hitlers Stararchitekten, 1938/39. Im Hintergrund die Volkshalle oder Große Halle, die den Anspruch der »Welthauptstadt Germania« symbolisieren sollte. Die nationalsozialistischen Weltmachtpläne waren eines von vielen Ordnungsmodellen.

Abb. 9: Ein neues Problem tauchte am Ende des Jahrhunderts auf: kollabierende Staaten, die zur Bedrohung von Sicherheit und Frieden wurden. Hier Peacekeeping-Truppen der Afrikanischen Union 2014 in den Straßen von Bangui in der Zentralafrikanischen Republik.

Abb. 10: Man feierte megalomanische Bauprojekte, deren Wirkung auf die Umwelt extrem umstritten ist. In Anwesenheit des sowjetischen Generalsekretärs Nikita Chruschtschow (3. v. links) löste der ägyptische Präsident Gamal Abdel Nasser (2. v. links) im Mai 1964 am Schaltpult die Sprengung der letzten Sandbarriere aus. Damit wurde ein Umleitungskanal des Nils freigegeben, der den riesigen Assuan-Staudamm vollendete.

Abb. 11: Die Luftverschmutzung in Metropolen wie London war bereits um 1900 sehr hoch. Doch erst als die Abgase von Autos hinzukamen, standen Städte wie Peking (hier Blick auf die Skyline des Geschäftsviertels um 2000) vor dem Kollaps, der durch Smog verursacht wurde.

Abb. 12: Um 1910 wütete die Cholera, eine der großen Schrecken der Menschheit, im Balkanraum und griff bald auf Italien über, wo sie innerhalb kurzer Zeit über 18 000 Menschenleben forderte. Auch im ersten Balkankrieg zwischen der Türkei und dem Balkanbund (Bulgarien, Griechenland, Montenegro und Serbien) schlug die Epidemie zu. Hier eine Illustration aus dem Pariser *Le Petit Journal* vom 1. Dezember 1912.

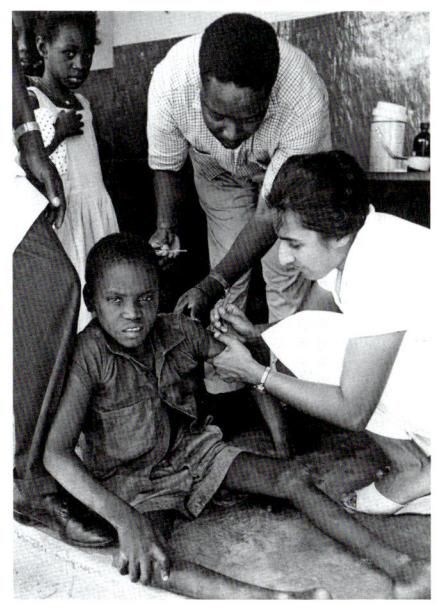

Abb. 13: Die Weltgesundheitsorganisation WHO startete großangelegte Impfprogramme gegen Pocken. Auf dem Foto impft eine irische Krankenschwester einen Jungen in der Isolierstation eines Krankenhauses in Daressalam, Tansania, wo 1966 eine Pockenepidemie ausgebrochen war. Vorbeugende Impfung war besonders erfolgreich, doch auch wenige Tage nach einer Infektion konnte eine nachträgliche Impfung noch helfen.

Abb. 14: Das walisische Schaf Dolly, hier mit seinem »Schöpfer«, Professor Ian Wilmut, erlangte 1996 Weltberühmtheit. Es war das erste geklonte Säugetier. Ein Erfolg? Ein Schock? Ethische Debatten ließen nicht lange auf sich warten. Würden irgendwo auf der Welt Menschen geklont werden?

Abb. 15: Eine Anti-Aids-Kampagne im senegalesischen Dakar. Aids blieb in Afrika eine Epidemie, allen Aufklärungsversuchen zum Trotz. Noch 2005 starben weltweit über drei Millionen HIV-Infizierte, davon 2,4 Millionen in Afrika, wo ganze Familienverbände und Gesellschaften in den Abgrund gerissen wurden.

Abb. 16: Die Massenflucht von Südvietnamesen aus der Sozialistischen Republik Vietnam ist unter dem Begriff »Boat-People« bekannt geworden. Ein junger Mann klettert 1979 an Bord des Versorgungsschiffes »White Plains« der US-Marine, das ein Boot mit 29 Flüchtlingen aufgegriffen hat. Über drei Millionen Menschen flohen über den Seeweg, Tausende ertranken.

Abb. 17: Gibt es einen schärferen Kontrast als den, der uns dieses Bild von 2014 aus der spanischen Enklave Melilla in Nordafrika zeigt? Welten prallen aufeinander: Flüchtlinge versuchen den von der EU errichteten Zaun zu überwinden, während auf dem Rasen Golf gespielt wird. Die innereuropäische Freizügigkeit hatte eine Abriegelung nach außen zur Kehrseite. Europa wurde zur Festung.

Abb. 18: Das Jahrhundert begann mit einem vergessenen und bis heute oft geleugneten Völkermord an den Armeniern. Das Foto zeigt einen armenischen Flüchtlingstreck 1915, der sich vor türkischem Militär in Sicherheit bringen wollte. Zahlreiche Genozide sind die absolute Nachtseite des 20. Jahrhunderts.

Abb. 19: In der Halle der Namen, Bestandteil der Gedenkstätte Yad Vashem, erhalten die Opfer der Shoa ein Gesicht und werden aus der Anonymität genommen. Der Holocaust an den Juden ist aus unterschiedlichen Gründen heraus singulär und hat 1948 zur »Konvention über die Verhütung und Bestrafung des Völkermordes« geführt.

Abb. 20: Eleanor Roosevelt hält im November 1949 ein Plakat mit der Erklärung der universellen Menschenrechte in ihren Händen. Sie, die Menschenrechte, wurden immer wieder mit Füßen getreten. Dennoch stellte die UN-Charta einen Wendepunkt in der Geschichte der Menschenrechte dar.

Abb. 21: El Lissitzky begründete den russischen Konstruktivismus und gehörte zu den russischen Avantgardisten, die den Ideen des Kommunismus Ausdruck verliehen. Das ist auch in diesem Entwurf aus dem Jahr 1924 zu sehen: Eine Lenin-Tribüne, die den Revolutionär wie einen Erlösungsengel schweben lässt.

Abb. 22: Extremismen, die sich in Ideologie, Ausdruck und Symbolik feindselig begegnen. Nirgendwo wurde das so deutlich wie auf der Weltausstellung in Paris 1937, wo sich auf der hier linken Seite des Eiffelturms der deutsche und auf der rechten Seite der sowjetische Pavillon martialisch gegenüberstanden.

Abb. 23: Guernica – eine Ikone des 20. Jahrhunderts, gemalt nach der Bombardierung der heiligen Stadt der Basken 1937 durch Hitlers »Legion Condor« im spanischen Bürgerkrieg. Eine menschliche Passion mit unübertroffener Ausdruckskraft. Auch dieses Bild begründete den Ruhm von Pablo Picasso als Jahrhundertkünstler.

Abb. 24: Wie ein Spießrutenlauf: Suffragetten, die 1914 Wahlrechte für Frauen einfordern, zwischen einer riesigen, vor allem männlichen Menschenmenge.

Abb. 25: 1975 erhob die UN-Generalversammlung den Internationalen Frauentag am 8. März zum »Tag für Frauenrechte und Weltfrieden«. Erst dadurch verstärkte sich seine Wirkung, obwohl der Frauentag seit 1909 bestanden hatte. Hier eine Demonstration 1982 in Dortmund.

Abb. 26: Mission – die protestantischen Kirchen waren hierbei besonders »erfolgreich«, auch weil sie oft eine Verbindung zwischen Thron und Altar eingingen. Aus indigener Sicht ist der »Erfolg« mehr als zweifelhaft. Das Bild zeigt Schüler der »Schule der norddeutschen Mission« in Togo 1910. Anlass des verordneten Fahnenschwenkens: Kaisers Geburtstag.

Abb. 27: Unruhen gegen das diktatorische Regime von Schah Resa Pahlawi breiteten sich im Iran ab 1977 aus. Hier sieht man Tausende von Demonstranten auf den Platz vor dem Shyjad-Denkmal, die ein Plakat hochhalten, auf dem Ajatollha Chomeini, der sich noch im Exil befand, abgebildet ist. Am 16.1.1979 musste der Schah das Land verlassen. Die »Islamische Revolution« war ein einschneidendes Ereignis – nicht allein für die diese Weltregion.

Abb. 28: Die Bildungskrise in der »Dritten Welt« durchzog das gesamte Jahrhundert. Armut und Bildungsnotstand gingen dabei eine verhängnisvolle Verbindung ein. Hier ein Bild, entstanden um die Jahrtausendwende, welches Kinder und den Lehrer in einer Grundschule im Dorf Kiloki in Tansania zeigt.

Abb. 29: Am Ende des 20. Jahrhunderts lebten sechs Milliarden Menschen auf der Erde, um 1900 waren es erst 1,6 Milliarden gewesen. Und zum ersten Mal wohnte mehr als die Hälfte der Weltbevölkerung in Städten. Megastädte, wie hier Mumbai, wo über die Hälfte der Bevölkerung in Slums lebte, standen vor dem Kollaps.

Abb. 30: Zwei große Weltwirtschaftskrisen hatte das 20. Jahrhundert – die seit 1929 und die seit 1973. Die erste riss ganze Länder in den politischen Abgrund, das bekannteste Beispiel ist Deutschland. Die von den USA ausgehende »Große Depression«, hier ein Demonstrationszug auf Washington 1931, hatte in ihrer Dauer und Intensität weder eine Vorläuferin noch eine Nachfolgerin.

Abb. 31: Jean Nidetch, Mitbegründerin der »Weight Watchers« 1969 in Louisville, Kentucky. Der kommerzielle Diätclub gehörte zum amerikanischen Soßen- und Suppenkonzern Heinz und schwamm auf der Welle von kalorienreduzierter Kost. Der Fettleibigkeit sollte der Kampf angesagt werden, Folge war oft ein Schlankheitswahn.

Abb. 32: Techniksegen und Technikfluch, zwei Seiten derselben Medaille. Agbogboshie, ein Stadtteil von Accra in Ghana, war die größte Müllhalde für den globalen Elektroschrott. Die Stadt wurde »Toxic City« genannt, viele Kinder und Jugendliche vergifteten sich beim Zerlegen der Geräte.

dem Sprung in die Moderne, dann wieder befand es sich im Rückfall in Zeiten, in denen Frauen drangsaliert wurden. Nirgendwo sonst schlug das Pendel so stark zwischen fortschrittlichen und reaktionären Polen aus wie in diesem Land am Hindukusch. Man muss allerdings, um genau zu sein, sagen, dass dies im Wesentlichen die Hauptstadt Kabul betraf und somit einen kleinen Teil der Frauen. Denn die meisten Frauen lebten in einer multi-ethnischen und multi-tribalen Gesellschaft auf dem Land, in Dörfern oder als Nomaden unter jeweils völlig unterschiedlichen Lebensumständen. Das System der Geschlechtertrennung und die Ausgrenzung der Frau aus dem öffentlichen Leben gehörten dort zum Alltag, der auf uralten Traditionen beruhte. Unter König Amanullah Khan sollte sich zwischen 1919 und 1929 alles ändern, zumindest zeitweilig. Der König war, ebenso wie die Königin Soraya, von islamreformerischen Ideen überzeugt und wollte seine Vorstellungen zur Modernisierung des Landes in die Tat umsetzen. 1921 erließ er ein Ehe- und Heiratsgesetz, das für Männer und Frauen die gleichen Rechte vorsah. Beide sollten einer Eheschließung zustimmen. Dies bedeutete nichts weniger als eine Revolution – zumindest auf dem Papier. Denn bisher hatte die Heirat eine Allianz zwischen Familienverbänden konstituiert und hatte weitreichende Auswirkungen auf den Zusammenhalt von einzelnen Gruppen und Stämmen. Nun sollte die Ehe eine Privatsache sein, eine Angelegenheit zweier Individuen. Im gleichen Jahr öffnete die erste Schule für Mädchen in Kabul ihre Türen. Bis zu diesem Zeitpunkt war öffentliche Bildung nur Jungen zugänglich gewesen. Mädchen aus privilegierten Familien hatten vereinzelt Privatunterricht erhalten; doch dabei handelte es sich um eine verschwindend kleine Minderheit. Frauen sollten von jetzt an auch einer bezahlten Arbeit nachgehen dürfen. Zu alldem beseitigte der König die gesetzliche Pflicht, Kopftuch oder Burka zu tragen. Hintergrund der Reformen war, dass Afghanistan nach drei Kriegen gegen England 1919 vollständig seine Unabhängigkeit vom britischen Weltreich erlangt hatte und das Königspaar einen säkularen und modernen Nationalstaat schaffen wollte. Das Problem der königlichen Reformen lag allerdings darin, dass sie nicht zwischen den unterschiedlichen Wirklichkeiten im Lande unterschieden, in dem es städtisch und ländlich, sesshaft oder nomadisch lebende Frauen gab. Alles sollte von oben herab bestimmt, ja aufgepfropft werden. Heftiger Widerstand regte sich, vor allem innerhalb religiöser und tribaler Gruppen. In den Provinzen wurde die Aufhebung der Verschleierungspflicht ebenso verdammt wie die Idee gemischter Bildung von Jungen und Mädchen. Als Bilder der Königin von einer Europareise auftauchten, auf denen sie ärmellose Kleidung trug, war für viele der Fall klar, und für die, die es immer schon gewusst hatten, gab es kein Halten mehr: Die Reformen waren in ihren Augen nichts weniger als ein Zeichen der Unterwerfung Afghanistans unter die verhasste westliche Lebensart. Dieses Argument, es würde sich um »imperiale Interventionen« des Westens handeln, ist bis in die Gegenwart anzutreffen.[7] 1929 musste der König abdanken, und in den folgenden vier Jahren erfuhr das Land eine reaktionäre Phase: In der Öffentlichkeit mussten Frauen wieder mit Schleier auftreten, die Mädchenschulen schlossen ihre Räume, alle fortschrittlichen Frauenprogramme wurden eingestellt. Erst nach dem Zweiten Weltkrieg verbesserte sich die Lage ein wenig. Ende der 1950er Jahre gab es wieder einige Schulen für Mädchen; Frauen durften in »weiblich angemessenen« Bereichen tätig sein, als Lehrerin etwa oder im niedriger qualifizierten medizinischen Bereich. Frauen aus der Oberschicht hatten es in Zukunft leichter, und ihnen öffnete sich vereinzelt auch der Weg in die Politik. Kubra Nurzai bekleidete als erste Frau in Afghanistan Ende der 1960er Jahre das Amt der Gesundheitsministerin. Während der marxistischen Phase des Landes seit 1978 und dann als sowjetisches Protektorat seit 1980 sollten sämtliche Ungleichheiten für Frauen beseitigt werden. Die afghanischen Marxisten forderten die traditionellen Rollen der Frauen etwa im ländlichen sozialen Gefüge in einem Maß heraus, dass ihre Geschlechterpolitik als eine Beleidigung gegenüber dem islamischen Lebensstil angesehen wurde. Als Zeichen des Protestes gegen das Sowjetregime fingen Frauen in den großen Städten sogar wieder an, Schleier zu tragen. Nach dem Abzug der Roten Armee und dem Sieg der Taliban fiel Afghanistan zwischen 1989 und 1996 in dunkle Jahre der Gesetzlosigkeit. Frauen waren Opfer von Gewalt; sie wurden aus dem öffentlichen Bereich ausgeschlossen; in der Öffentlichkeit konnten sie, auch wenn sie Burka trugen, nur mit einem nahen Verwandten auftreten. 1996 verfügten die Taliban, dass Frauen das Haus nur verlassen durften, wenn es absolut notwendig war, etwa in gesundheitlichen Notfällen. Mit der beruflichen Tätigkeit war es vorbei, Frauen wurden in die Häuser gesperrt. Es war eine so nie da gewesene Unterbindung weiblicher Mobilität. Die neuen Machthaber agierten in einem Punkt genauso wie alle vorherigen: Sie versuchten die zentralstaatliche Kontrolle über die vielgestaltige Gesellschaft Afghanistans zu erringen. Was sie jedoch unterschied, war ihre extrem patriarchale, frauenfeindliche Geschlechterpolitik am Ende des 20. Jahrhunderts.

MENSCHENBILDER

Geschlechterrollen waren immer mit Menschenbildern und Gesellschaftsentwürfen verbunden. Das gilt für das Kastenwesen in Indien genauso wie für die Vision menschlicher Vollkommenheit im Zeichen des neuen Menschen, welche der Kommunismus propagierte – und den Frauen gleich dreierlei aufbürdete, »Kinder, Küche, Kommunismus«[8] –, oder der Volksgemeinschaftsideologie von rechtsradikaler Seite. Vor der NS-Frauenschaft führte Hitler 1934 aus: »Wir haben die Frau eingebaut in den Kampf der völkischen Gemeinschaft, so wie die Natur und die Vorsehung es bestimmt haben (…). So ist unsere Frauenbewegung für uns nicht etwas, das auf sein Programm den Kampf gegen den Mann auf seine Fahnen schreibt, sondern etwas, das auf sein Programm den gemeinsamen Kampf mit dem Mann setzt. Denn gerade dadurch haben wir die neue nationalsozialistische Volksgemeinschaft gefestigt, dass wir in

Millionen von Frauen treueste, fanatische Mitkämpferinnen erhielten, Kämpferinnen für das gemeinsame Leben im Dienste der gemeinsamen Lebenserhaltung, Kämpferinnen, die dabei den Blick nicht auf Rechte richten, die ein jüdischer Intellektualismus vorspiegelt, sondern auf Pflichten richten, die uns die Natur gemeinsam aufbürdet.«[9] Der Mann sei Organisator des Lebens und die Frau seine Hilfe, sein »Ausführungsorgan«. Frauen sollten im Nationalsozialismus im Wesentlichen auf ihre Rollen Mutterschaft und Familie fixiert sein. Dennoch war die Beziehung der Geschlechter zueinander widersprüchlicher, als es auf den ersten Blick erscheinen mag, und Frauen waren nicht nur »Opfer« des »Dritten Reiches«, sondern ebenso Mitläuferinnen, Nutznießerinnen und Täterinnen. Von der »Frauenemanzipation« sollten sich die Frauen lösen, doch gebärdete sich das Regime auch »frauenfreundlich«, denn die Frauen und nicht nur die Männer mussten mobilisiert werden. So kam es zum Beispiel zwar zu einer Professionalisierung von Mutterschaft und Hausfrauenarbeit, jedoch ebenso zu einer Erleichterung der Scheidung. Und der Krieg nivellierte in gewisser Weise Unterschiede in den Geschlechterverhältnissen, etwa wenn Frauen nach den Bombennächten Brände löschten und verschüttete Menschen bargen. Zugleich bedeutete dies jedoch keinen radikalen Bruch, denn die Nazis verstanden es, solche Tätigkeiten mit traditionellen Formen von Weiblichkeit zu verknüpfen – der Fraueneinsatz sei etwas Ähnliches wie die weibliche Tätigkeit im Haus. Im nationalsozialistischen Herrschaftssystem blieben Frauen meistens Objekte und wirkten selten als Subjekte. Die NSDAP war weitgehend eine männerbündische Bewegung, und ihr Männlichkeitsbild umschloss traditionelle Vorstellungen von soldatischer Härte, Leistung, Macht, Distanz, Konkurrenz und Kameradschaft.

Die bekannteste hierarchische Einordnung von Menschen stellt das indische Kastenwesen dar, das sich bereits im 2. Jahrtausend v. Chr. herausgebildet hatte. Bis in die Gegenwart spielt diese Einteilung nach Sozialstrukturen, die vor allem Heirat und Arbeitsteilung betrifft, eine große Rolle. Das Kastenwesen kennzeichnet eine gewisse Dynamik, es erscheint regional unterschiedlich und keineswegs als ein geschlossenes »System«. Doch hat es, wie man es auch dreht und wendet, vor allem für Frauen extrem negative Folgen. Nicht selten wurden Frauen niedriger Kasten Opfer sexualisierter Gewalt von Männern höherer Kasten, die glaubten, dass derartige Übergriffe ihr angestammtes Recht sei. Von staatlicher Seite wurde wenig dagegen unternommen. In den meisten Bereichen bestimmten Männer den Gang der Dinge. Die Geringschätzung von Mädchen und Frauen oder gar die Tötung weiblicher Neugeborener nahmen im Verlauf des 20. Jahrhunderts nur langsam ab. Die in Indien praktizierte Kinderehe ist ein Beispiel für diese Diskriminierung. Sie bezeichnet die Tatsache, dass zur Zeit der Eheschließung mindestens ein Partner, zumeist der weibliche, noch ein Kind ist. 1860 war das Mindestheiratsalter für Mädchen auf zehn Jahre heraufgesetzt worden, 1891 auf zwölf Jahre. Der »Child Marriage Restraint Act« von 1929 schrieb das Mindestalter auf 14 Jahre fest, erst 1959 kam es zu einer Erhöhung auf 18 Jahre. Allerdings lag im Zeitraum von 1961 bis 1971 das Durchschnittsalter von Mädchen, die auf dem Land lebten, bei der Heirat tatsächlich bei 16,7 Jahren.

Früher vergötterte Indien seine Frauen. Was also ist im Zuge des fortschreitenden 20. Jahrhunderts und in der Gegenwart passiert? Der Soziologe Ashis Nandy versuchte eine Erklärung: »Früher wurden Frauen mit magischen Kräften assoziiert und als Heilerinnen respektiert. In hinduistischen Texten wie den Veden sind Frauen das aktive Prinzip des Universums. Die Urkraft ist weiblich. Den Verlust ihrer kosmischen göttlichen Kraft erfuhr die Frau durch eine Modernisierung des religiösen Bereichs in den letzten Jahrzehnten. Es gibt Ausnahmen in Stammesstrukturen mit Matriarchat. Hier haben Frauen noch immer enorme Macht, da sie den Familienbesitz erben.«[10] Doch Hindu-Traditionen und Frauenemanzipation standen sich oft konträr gegenüber. Die Verantwortung der Eltern für die »Reinheit« der Tochter war eine große Last, ebenso die Belastung der Familie aufgrund der teilweise ruinösen Mitgifterwartung. Bis in die Gegenwart wurden Mädchen ermordet, ohne dass dies eine gerichtliche Verfolgung nach sich zog. Allerdings muss auch betont werden, dass seit der Nationalbewegung der 1940er Jahre eine indische Frauenbewegung entstand, die sich gegen Missstände wie Witwenverbrennung und Kinderheirat zur Wehr zu setzen versuchte. Was auch immer in den folgenden Jahrzehnten und vor allem seit den 1970er Jahren erreicht wurde – in den meisten Fällen blieben Frauenrechte nur auf dem Papier gültig.

Auch ein Blick in die islamische Welt zeigt, wie Geschlechterpolitik und Herrschaft zusammenhängen. Nicht »der Islam« entmündigte Frauen wie beispielsweise in Saudi-Arabien, wo die Geschlechterrollen extrem ungleich waren. Vielmehr hielt das saudische Regime eine Gesellschaftsordnung aufrecht, welche die Frauen marginalisierte. Geschlechterpolitik war also ein Herrschaftsinstrument des Königshauses; und die flächendeckende Etablierung eines vorbildlichen Rollenbildes der saudischen Frau als Muslima, Hausfrau und Mutter wurde erst durch verschiedene sozioökonomische Entwicklungen ermöglicht. So war es vor allem der unermessliche Wohlstand durch das »schwarze Gold«, der es möglich machte, auf Frauen als Arbeitskräfte zu verzichten und ihnen das »Privileg« der häuslichen Familienwelt zuzuweisen. Vor der Erdölrevolution hatten Frauen häufig aus wirtschaftlichen Gründen außerhalb des Hauses gearbeitet. Wenn nun Frauen zu Hause blieben, war dies ein Ausdruck von Reichtum – des Mannes. Die Einnahmen aus der Erdölförderung erlaubten es zudem, eine kostspielige geschlechtergetrennte Bildungslandschaft aufzubauen, die sogar im 1969 erlassenen Verbot von gemischtgeschlechtlichen Arbeitsplätzen ihren Niederschlag fand. Immer wieder diente Geschlechterpolitik dazu, Unmut einzudämmen und Krisen zu mildern. Jedes Mal, wenn die politische Lage in Saudi-Arabien instabil zu werden drohte oder sich Kritik an der Verwestlichung der Königsfamilie äußerte, verschärfte die Regierung ihre Geschlechterpolitik. Dies konnte sich auf Regelungen für Ausländerinnen erstrecken, ihren Körper zu verschleiern, oder aber die einheimischen Frauen betreffen. Als beispielsweise während der Golfkrise 1990 der proamerikanische Kurs von König Fahd argwöhnisch beäugt wurde, erließ er unter anderem ein demonstratives Autofahrverbot für Frauen.

Ökonomisch ist eindeutig, dass eine Gesellschaft ohne volle und gleichberechtigte Einbeziehung der Frau global nicht konkurrenzfähig ist. Misst man die Wirtschaftstätigkeit der Frauen im Verhältnis zu jener der Männer, dann liegen sehr viele erfolgreiche Länder wie Norwegen, die USA oder Thailand bei 80 Prozent Frauenerwerbstätigkeit, Länder mit strukturellen Schwierigkeiten wie Deutschland, Japan, die Türkei oder Italien bei etwa 60 Prozent und stagnierende Länder wie Argentinien, Mexiko oder Pakistan zwischen 40 und 50 Prozent. Aber die meisten arabischen Länder bringen es nur auf einen Wert zwischen 30 und 40 Prozent. Saudi-Arabien liegt bei 26 Prozent. Kurzum: Mit ihrer frauenfeindlichen Politik verbauten die muslimisch geprägten Länder ihre Zukunft und werden, falls diese anhält, ihre ökonomischen Schwächen nicht überwinden.[11] Insgesamt zeigte sich im 20. Jahrhundert, dass politische und gesellschaftliche Krisen häufig »auf dem Rücken« von Frauen ausgetragen wurden. Geschlechterpolitik entwickelte sich zu einem herrschaftssichernden Instrument.

DREI WELLEN DER EMANZIPATION

Die bisher dargestellten Fälle verdeutlichen vor allem eines: wie schwierig es ist, einen eindeutigen globalen Trend bezüglich Emanzipation und Unterdrückung zu markieren. Die Wissenschaft geht inzwischen von einem Drei-Wellen-Modell der Frauenemanzipation aus, wobei transkulturelle, aber auch klassenspezifische Unterschiede in Rechnung zu stellen sind. Wie jedes Modell so ist auch dieses stark vereinfacht, hilft jedoch, die immer wieder neu einsetzenden Anfänge aufzudecken und sichtbar zu machen, »dass nur eine gewaltige, sich vereinigende Strömung Schwungkraft genug hat, um jahrhundertealte Gewohnheiten, Privilegien und Vorurteile hinwegzuschwemmen«.[12] Im Angelsächsischen setzte sich die Periodisierung des »First Wave Feminism« – der am Ende des 19. Jahrhunderts begann und bis in die 1930er Jahre dauerte – und des »Second Wave Feminism« seit den 1970er Jahren durch. Die deutsche Bezeichnung von der »alten« und der »neuen« Frauenbewegung nahm dieses Modell auf. Das Drei-Wellen-Modell setzt mit der Französischen Revolution und der Anti-Sklaverei-Bewegung in den USA ein. In Europa forderten Frauen aus der Mittel- und Oberschicht heraus politische Gleichstellung und Bildungschancen. In den westlichen Staaten sollte es einen Zeitraum von 80 Jahren in Anspruch nehmen, bis das Frauenwahlrecht überall durchgesetzt war, zwischen 1893 (Neuseeland) und 1971 (Schweiz). 1909 wurde in den USA erstmals ein Frauentag begangen, 1911 demonstrierten eine Million Menschen in Dänemark, Deutschland, Österreich und der Schweiz anlässlich eines ausgerufenen internationalen Frauentages, 1913 in Russland. An Wirkung gewann der Internationale Frauentag, der 8. März, nachdem die UN-Generalversammlung ihn 1975 zum Tag für Frauenrechte und Weltfrieden proklamiert hatte. All dies waren Beispiele dafür, dass das Aufbegehren sich an immer mehr Orten der Welt artikulierte.

Die zweite Welle nach 1945 war widersprüchlicher Natur. Die »Stunde der Frauen« in der chaotischen unmittelbaren Nachkriegszeit war schnell vorbei; danach setzte eine Wiederbelebung der traditionellen Geschlechterrollen ein. Nie zuvor lebten so viele Menschen in der westlichen Welt in Kleinfamilien, nie zuvor gab es so viele Eheschließungen wie zwischen 1950 und 1965. Dies galt den Zeitgenossen als eine »Normalisierung« der Verhältnisse. Die gesetzlichen Regelungen in vielen Ländern zementierten patriarchalische Strukturen in Politik, Wirtschaft und Kultur. Bis 1962 benötigten Frauen in der Bundesrepublik Deutschland beispielsweise die Erlaubnis des Ehemannes, wenn sie ein Konto eröffnen wollten, bis 1977 musste die Zustimmung des Mannes bei Berufstätigkeit vorgelegt werden. Das Scheidungsrecht folgte dem Schuldprinzip, und Vergewaltigungen in der Ehe wurden nicht anerkannt, sondern unter dem Rubrum »eheliche Pflicht« abgetan. In den USA nahm die Frauenbewegung die Losungen der schwarzen Bürgerrechtsbewegungen auf. Betty Friedan kritisierte in ihrem Buch *The Feminine Mystique* 1963 die Diskriminierung von Frauen in vielen Lebensbereichen, prangerte sexuelle Belästigungen an und das fehlende gesellschaftliche Bewusstsein dafür. Mit der »National Organization for Women« entstand 1966 die erste feministische Vereinigung. Sie wollte die Gesellschaft insgesamt verändern, strebte nach Loslösung aus persönlichen Abhängigkeiten und forderte Selbstbestimmung, sowohl im Privaten als auch im Politischen. Die Maxime übertrug sich auf zahlreiche Bewegungen weltweit: Es ging nicht um vermeintlich »große« Politik, sondern um das Private. Gesundheit, Sexualität, Gewalterfahrungen und Bildung wurden politisch. Nicht Gleichheit, wie noch in der ersten Welle, war die bevorzugte Losung, sondern nun vor allem Freiheit.

Ob und wann eine dritte Welle der Emanzipation begann, ist umstritten. Nicht wenige Wissenschaftlerinnen argumentieren, die 1990er Jahre seien, gemessen an den Erfolgen der Frauenbewegung in den beiden Jahrzehnten davor, ein Rückschritt gewesen. Ein Generationenwechsel hatte stattgefunden, und der Glaube, dass der Feminismus seine Ziele erreicht habe, breitete sich aus, obwohl noch vieles im Argen lag. In einigen westlichen Ländern entstand zudem ein neuer, regelrechter Antifeminismus. Nord und Süd drifteten auseinander. Für viele Frauen aus der »Dritten Welt« boten die Weltfrauenkongresse der UNO eine Plattform, um nicht allein auf die Unterschiede zwischen den Geschlechtern aufmerksam zu machen, sondern auf die Unterschiede zwischen den Frauen selbst. Etablierte allgemeine Konstrukte wie »universelle Weiblichkeit«, Körper, Sexualität und Identität wurden aufgebrochen und differenziert betrachtet. Gleichzeitig wurde aber auch das Bild der sich vermeintlich gegenüberstehenden zwei Geschlechter hinterfragt. Hierbei spielte die amerikanische Philosophin Judith Butler mit ihrem breit rezipierten Werk *Das Unbehagen der Geschlechter* eine große Rolle. Den Gedanken de Beauvoirs weiterentwickelnd ging sie von einer generellen Konstruktion beider Geschlechter aus. Unter der Berufung auf die Unterscheidung von sozialem und biologischem Geschlecht, »sex« und »gender«, wandte sie sich gegen die gesellschaftliche Norm, nach welcher das biologische zwangsläufig auch das soziale Geschlecht bestimmen müsse. Sie kritisierte somit die in der Gesellschaft etablierte Selbstverständlichkeit der heterosexuellen Lebensweise, hielt diese Weltsicht auch dem bis dahin wirkenden Feminismus vor und bot sexuellen Minderheiten eine Legitimationsgrundlage. Auf der politischen Ebene wurde die Absicht der Geschlechtergerechtigkeit von Frauen und Männern innerhalb der EU im Konzept des »Gender-Mainstreaming« gefasst und 1997 zum Ziel der Union erklärt.

In dieser dritten Welle fächerten sich Perspektiven und Selbstbilder von Feminismus in bis dahin ungeahnter Weise auf. Neue Formen entstanden: Lipstick-Feminismus, Girlie-Feminismus und so weiter. So verschieden sie im Einzelnen waren, so hielten sie doch auf ihre je eigene Weise an feministischen Werten fest, besannen sich allerdings darüber hinaus viel stärker auf ihre Weiblichkeit und setzten bewusst ihre Sexualität ein. Die US-amerikanische Pop-Ikone Madonna etwa verkörperte diese neue Art von »Frauenpower«. Am wichtigsten war jedoch, dass sich der Raum transnational erweiterte, sich auf das Globale ausdehnte. Die Aktionen und Initiativen richteten sich verstärkt gegen die Gewalt gegen Frauen, den Frauenhandel, die Selbstverstümmelung infolge kultureller Praktiken und die »Pornofizierung« der Medien.

EINE REGENBOGENGESCHICHTE

Die zweite Welle der Frauenbewegung hatte anfangs intensiv mit der Bewegung der Schwulen und Lesben zusammengearbeitet. Sexuelle Handlungen zwischen Männern waren in allen Staaten strafbar. In vielen Ländern der Welt, in denen Homosexuelle verfolgt und mit dem Tode bedroht wurden, traf dies bis zum Ende des 20. Jahrhunderts zu. Während der Zeit des Nationalsozialismus wurde in Deutschland der betreffende Strafrechtsparagraph aus dem Jahr 1872 ausgeweitet. Die gesellschaftliche Ausgrenzung und brutale Verfolgung Homosexueller in der NS-Diktatur war lange Zeit in der deutschen Öffentlichkeit tabuisiert oder schlichtweg vergessen worden. Nach 1949 kehrte die DDR zu einer milderen Version aus der Weimarer Republik zurück und strich 1968 den »Homosexuellen-Paragraph« aus dem Strafgesetzbuch. Die Bundesrepublik hielt hingegen zunächst an der nationalsozialistischen Fassung fest. Die Strafbarkeit sexueller Handlungen zwischen Männern zwang diese ins Verborgene. Zwischen 1950 und 1965 wurden über 45000 Personen in der Bundesrepublik Deutschland nach § 175 des Strafgesetzbuches verurteilt. Der Paragraph lautete: »Ein Mann, der mit einem anderen Mann Unzucht treibt oder sich von ihm zur Unzucht missbrauchen lässt, wird mit Gefängnis bestraft.«[13] In den meisten westlichen Staaten war dies nicht anders. Überall berief man sich auf die christlichen Normen und die Notwendigkeit des »gesunden« und »natürlichen« Lebens. Erst seit dem Ende der 1960er Jahre kam Bewegung in diese »Regenbogengeschichte«. Die schwul-lesbische Bürgerrechtsbewegung in den USA, die sich nach den New Yorker Stonewall-Unruhen 1969 gebildet hatte – der Ursprung des »Christopher-Street-Day«, der bis heute gefeiert wird – war Vorbild für deutsche und weltweite Bewegungen. Seit 1969 war Homosexualität in Deutschland nicht mehr strafbar, dennoch galt sie bis zur Mitte der 1980er Jahre als sittenwidrig. Der § 175 des Strafgesetzbuches, der die »widernatürliche Unzucht« regelte, ist 1969 entschärft, doch erst 1994 abgeschafft worden. In diesem Jahr forderte das Europäische Parlament seine Mitgliedstaaten auf, gleichgeschlechtlich Lebende genauso wie andere Paare zu behandeln. Es appellierte an die Europäische Kommission, dass Homosexuellen der Zugang zur Ehe oder entsprechenden Regelungen eröffnet werden solle. In einer Reihe europäischer Länder waren seither entsprechende Regelungen umgesetzt worden, nicht jedoch in Deutschland. Beispielgebend für einige europäische Staaten war Dänemark, das bereits 1989 ein Lebenspartnerschaftsgesetz verabschiedet hatte.

Mit dem Vorhaben, auf diesem Feld die Bürgerrechte auszuweiten und die Diskriminierung abzubauen, betrat die seit 1998 amtierende rot-grüne Bundesregierung Neuland – doch dieses Terrain war in Deutschland hart umkämpft. Gravierende Benachteiligungen gleichgeschlechtlicher Paare gab es in steuerlicher Hinsicht und bei Unterhaltsregelungen, in der Altersabsicherung sowie der rechtlichen Stellung im Krankheitsfall. Dies zu beheben, würde, darin waren sich alle einig, einer gesetzgeberischen Innovation gleichkommen, denn es existierte keinerlei Regelung, an die man hätte anknüpfen können. Rot-Grün beanspruchte, »eine Kultur der Toleranz in einer solidarischen Gesellschaft neu (zu) begründen«,[14] und der am 4. Juli 2000 eingebrachte Gesetzentwurf schlug vor, eine eigene familienrechtliche Form, nämlich die »Eingetragene Lebenspartnerschaft« für jene gleichgeschlechtlichen Paare zu schaffen, die »einen gesicherten Rechtsrahmen für ihr auf Dauer angelegtes Zusammenleben unter Einbeziehung ihrer gleichgeschlechtlichen Identität« wünschten.[15] Was in der Öffentlichkeit als »Homo-Ehe« verhandelt wurde, war parlamentarisch höchst umstritten. Dies betraf nicht nur die grundsätzlichen Zweifel daran, ob Derartiges überhaupt notwendig sei. Das Grundgesetz forderte einen Schutz der Ehe, und dieser Schutz dürfe, so die Kritiker, unter keinen Umständen untergraben werden. Gleiches galt für die Institution der Familie. Beim Vorhaben der Bundesregierung handelte es sich Kritikern zufolge darüber hinaus um einen Verstoß gegen die Prinzipien der drei großen monotheistischen Religionen, die allesamt die Homosexualität verurteilten. Einer Forsa-Umfrage von Mitte 2000 zufolge plädierten 57 Prozent der Deutschen für eine Gleichstellung, 37 Prozent waren dagegen. Je jünger die Befragten waren, desto mehr stimmten sie dafür. Allerdings gerieten die meisten bei der Formulierung »Eheschließung« in Zweifel, eine offizielle Trauung beim Standesamt ging ihnen doch zu weit, das Hinterzimmer eines Notars musste offenbar genügen.[16]

Diese Debatte bezeugte einen erheblichen Wertewandel und provozierte zugleich einen nicht nachlassenden Widerstand. Auch auf diesem Feld haben wir es also mit gegenläufigen Realitäten zu tun. Über etliche Jahrhunderte hinweg waren Menschen mit gleichgeschlechtlicher Sexualität verfolgt, bestraft oder umgebracht worden. Machte der römische Kaiser Justinian Homosexuelle noch für Naturkatastrophen und Erdbeben verantwortlich und ließ sie hinrichten, so ließ Hitler Homosexuelle ins KZ werfen und töten. Auch in der Bundesrepublik Deutschland dauerte die Diskriminierung noch lange an. In seiner Rede zum 8. Mai hatte Bundespräsident Richard von Weizsäcker 1985 erstmals Homosexuelle überhaupt als NS-Opfer erwähnt. Die Strafbarkeit von Homosexualität hatte nicht nur unbescholtene Männer ins Gefängnis gebracht, sondern auch der Erpressung Tür und Tor geöffnet und so das Leben unzähliger Männer und Frauen schlicht ruiniert. Dies vertrug sich nicht mit der Toleranz, die zu den Grundpfeilern der bundesdeutschen Gesellschaftsordnung gehörte. Gleichgeschlechtliche Sexualität war weder eine Krankheit oder schlechtes Benehmen noch widernatürlich noch unchristlich, noch Ausdruck einer kriminellen Gesinnung oder kriminellen Verhaltens. An der Institution der Ehe, die zentral für die Gesellschaft war, wurde mit den Reformen nicht gerüttelt, denn die eingetragene Lebenspartnerschaft stellte eine eigene familienrechtliche Institution dar.

Da das Gesetz im Bundesrat nicht zustimmungspflichtig war, wurde es am 10. November 2000 im Deutschen Bundestag angenommen und trat zum 1. August 2001 in Kraft. Damit war der Streit jedoch nicht beendet, denn die Bundesländer Bayern, Thüringen und Sachsen reichten Klage vor dem Bundesverfassungsgericht ein und beantragten – vergebens – eine einstweilige Anordnung, um das Inkrafttreten zu verhindern. Das oberste deutsche Gericht wies die Klage im Juli 2002 zurück. Mit Verve hatten die Kläger vorgetragen, es müsse ein »Abstandsgebot« zwischen der Ehe und anderen

Gemeinschaften geben. Kurz und bündig erklärte Karlsruhe dazu: Ein solches Abstandsgebot gebe es nicht. »Es sei verfassungsrechtlich nicht begründbar (...), dass solche anderen Lebensgemeinschaften im Abstand zur Ehe auszugestalten und mit geringeren Rechten zu versehen sind«. Aus der Schutzgarantie des Grundgesetzes für die Ehe folge kein Gebot, andere Lebensformen zu benachteiligen. Es kam also nicht auf den Abstand an, sondern einzig und allein auf den Schutz der ehelichen Funktion.[17] Im Jahr 2010 gaben im Mikrozensus des deutschen Statistischen Bundesamts rund 63 000 gleichgeschlechtliche Paare an, in einem gemeinsamen Haushalt und einer Lebensgemeinschaft zusammen zu leben. Rund 23 000 von ihnen, etwa 37 Prozent, hatten eine Lebenspartnerschaft geschlossen.[18] Die Toleranz gegenüber einer Minderheit war gesetzlich fixiert worden.

KRISE DES »WEISSEN MANNES« UND AUSBEUTUNG DER FRAU

Solche Entwicklungen stießen in vielen Teilen der Welt auf Ablehnung. Dass sich hierin die Dekadenz des Westens zeige, war eine gängige Floskel jener, die ihn verachteten. Um die Wende vom 20. zum 21. Jahrhundert herum ist die Krise des weißen heterosexuellen Mannes aber darüber hinaus zu einem Dauerthema geworden. Diese Gender-Debatte trat in vielfältigen Konstellationen auf, etwa in amerikanischen Wahlkämpfen oder in Statistiken, wonach dort, wo in Familien Frauen das Sagen haben, Bildung und Wohlstand steige und die Kriminalität sinke. In vielen Jahrtausenden hatte es der Mann leicht, ihm gehörte die Welt; doch zumindest in der westlichen Hemisphäre verlor er kontinuierlich an Deutungshoheit. Ablesbar war dies auch an einer überinszenierten Männlichkeit in der Mode. Der maskuline Look in westlichen Gesellschaften war oft nicht mehr als Nostalgie, ein schwärmerischer Rückblick auf die angeblich gute alte Zeit, als noch unangefochtene, kernige Männlichkeit herrschte und der Mann sich nicht den Vorwurf gefallen lassen musste, ein »Gefühlskrüppel« oder deformierter Charakterpanzer zu sein. Die andauernde Revolution des Wertewandels seit Mitte der 1960er Jahre forderte die traditionellen Männerrollen heraus. Familiäre Erziehungsstile änderten sich und setzten Toleranz und Verantwortungsgefühl an die Stelle von Gehorsam und Selbstverleugnung. Die »klassische« Arbeitsteilung zwischen Ehefrau und Ehemann verlor an Bedeutung. Der Mann war nicht mehr nur »Ernährer« und die Frau war nicht mehr nur »Hüterin des Hauses«. Frauen nahmen ihr Leben selbst in die Hand, auch ökonomisch und beruflich. Auf einer strikten Ablehnung von Ehescheidungen mochten manche Männer vielleicht noch beharren, aber insgesamt ging sie stark zurück. Werte wie individuelle Freiheit und Selbstverwirklichung hatten für jene, die sie bisher hatten entbehren müssen, einen zu Recht verführerischen Klang. Überall nahm die Permissivität zu. Paarbildungen konnten scheitern, oft wurde das vorgegebene »romantische Liebesglück« als Lebenslüge entlarvt. Sexuelle Beziehungen konnten Liebe erzeugen, mussten es aber nicht. Traditionelle Geschlechterrollen gerieten durcheinander und mit ihnen die Vorstellungen davon, was Glück und Liebe ausmachten.

All dies war nicht nur eine westliche Debatte. Vergleichbares ließ sich beispielsweise auch hinsichtlich arabischer Männer sagen. Sexismus hatte sich immer schon eine Ausrede gesucht, oft war es die Religion. Das traf für den Islam zu, aber auch für das Christentum. Zwischen Heiliger und Hure schwankte das Frauenbild, um eine unnatürliche Sexualmoral aufrechtzuerhalten, Frauen herabzuwürdigen und sexuell zu belästigen. So sagten Kleidervorschriften im arabischen Raum auch etwas über die unterstellte Triebstruktur des Mannes aus: Mussten sich Frauen deshalb verschleiern, weil er beim geringsten Anblick weiblicher Haut seine animalische Natur verspürte?

Die mitunter wehleidige Debatte über die Krise des Mannes verwischte, dass die weitaus größte Zahl der Opfer sexueller Gewalt innerhalb und außerhalb der Ehe immer Frauen waren. Auf globaler Ebene bestanden die patriarchalen Ordnungen der Geschlechter im 20. Jahrhundert fort. Die weibliche Genitalbeschneidung, um ein sehr wichtiges Beispiel zu nennen, war und ist in hohem Maße mit kultureller Bedeutung aufgeladen, da sie eng verzurrt ist mit männlichen Annahmen über die weibliche Sexualität und die reproduktive Rolle der Frau. Die Auswirkungen solcher Verstümmelungen sind erheblich, sie reichen von Beschwerden bei der Menstruation und beim Wasserlassen, ständigen Entzündungen im Genitalbereich bis hin zu negativen Einflüssen auf das Erleben von Sexualität. In etwa 25 Ländern Afrikas, darunter Eritrea, Äthiopien, Tansania, Ägypten, Mali, Somalia und Kenia wurde und wird weibliche Genitalverstümmelung bei mehr als 90 Prozent der Mädchen und jungen Frauen praktiziert. Wo diese Tradition ihren Ursprung hat und wann sie entstanden ist, lässt sich nicht schlüssig ermitteln, ihre Wurzeln scheinen aber in die vorchristliche Zeit zurückzureichen. Die Verstümmelungen sind eine Art Initiationsritual, das der Frau »Anerkennung, Heiratsfähigkeit und einen ehrbaren Status der Gemeinschaft und persönlichen Schutz« vermittelt.[19] Dies ist der geschlossene Pakt der Genitalverstümmelung: Die Frau verliert ihre körperliche Integrität und gewinnt gesellschaftlich gewährten Schutz. Sämtliche Gründe, die die Befürworter der Genitalverstümmelung vorbrachten, waren patriarchalischer Art. Aufgrund öffentlichen Drucks deklarierte die UNO weibliche Genitalverstümmelung 1993 zur Menschenrechtsverletzung. Daraufhin verboten viele Länder diese Praxis der Beschneidung, doch bei der Strafverfolgung agierten sie äußerst zurückhaltend. Im lokalen Bezugsrahmen verfügten traditionelle Autoritäten oftmals über mehr Macht als nationalstaatliche Gesetze – sofern diese überhaupt bekannt waren. Seit fast einem halben Jahrhundert ist vor allem im subsaharischen Afrika viele Male vergeblich versucht worden, die Praxis der weiblichen Genitalverstümmelung einzudämmen. Entsprechende Kampagnen gerieten »wegen existentieller Bedrohung durch anhaltende Kriege, extremer Armut und mangelnder wirtschaftlicher Sicherheit immer wieder ins Abseits«.[20] 1995 ratifizierte auch Eritrea, wo die Lage lange am schlimmsten war, die UN-Konvention zur Aufhebung der Diskriminierung von Frauen, und seit 2007 ist die weibliche Beschneidung verboten. Zwei Jahre später folgten Niger, Tansania, Togo, Tschad und Uganda. Verlässliche Zahlen über Erfolge liegen noch nicht vor.

Wer Geschlechterungleichheit auch am Ende des 20. Jahrhunderts aufzeigen wollte, der brauchte gar nicht auf die dramatischen Dimensionen der weiblichen Genitalverstümmelung verweisen. Es genügte ein Blick auf die Höhe von Löhnen und Gehältern. Frauen verdienten bei gleichwertiger Arbeit meistens noch immer weniger als Männer. »Es reicht nicht aus, zu sagen, die Bedürfnisse der Frau seien geringer als die der Männer«, schrieb, wie wir am Anfang des Kapitels gesehen haben, Simone de Beauvoir in ihrem Bestseller *Das andere Geschlecht*. Das sei nur eine nachträgliche Rechtfertigung. Die Frauen hätten sich allerdings nicht gegen ihre Ausbeuter zur Wehr gesetzt.[21] Zumindest dies hatte sich im Verlauf des 20. Jahrhunderts in etlichen Bereichen geändert.

11.
SÄKULARISIERUNG UND RÜCKKEHR DER RELIGIONEN

Existentielle Konfrontationen

Dann aber geht es mit frischen Kräften wieder vorwärts mit Gott für Kaiser, König und Vaterland, bis der letzte Russe unsere teure, schwergeprüfte Heimatprovinz verlassen hat und wir unsere sieggewohnten Fahnen ins Feindesland hineingetragen haben. Es lebe Seine Majestät der Kaiser und König, Hurra!
Paul von Hindenburg, nach der Schlacht von Tannenberg vom 31. August 1914[1]

▲▲▼▲

Allah ist unser Ziel. Der Prophet ist unser Vorbild. Der Koran ist unsere Verfassung. Der Dschihad ist unser Weg. Der Märtyrertod auf dem Pfad Gottes ist unsere größte Hoffnung.
Vom Gründer Hasan al-Bannā geprägtes Credo der 1928 entstandenen Muslimbruderschaft[2]

▲▲▼▲

Die Menschheit ist diese Verheißung den Hunderttausenden, die nicht durch eigene Schuld, sondern manchmal nur wegen ihrer Nationalität und Herkunft zum Tode oder zum langsamen Sterben verurteilt sind, schuldig.
Papst Pius XII., Weihnachtsansprache vom 24. Dezember 1942[3]

▲▲▼▲

Jeder hat das Recht auf Gedanken-, Gewissens- und Religionsfreiheit; dieses Recht schließt die Freiheit ein, seine Religion oder seine Weltanschauung zu wechseln, sowie die Freiheit, seine Religion oder seine Weltanschau-

ung allein oder in Gemeinschaft mit anderen, öffentlich oder privat durch Lehre, Ausübung, Gottesdienst und Kulthandlungen zu bekennen.
Artikel 18 der Allgemeinen Erklärung der Menschenrechte, 1948[4]

▲▲▼▲

Für jeden dritten Deutschen in der Bundesrepublik ist Gott tot.
Der Spiegel, 18. Dezember 1967[5]

▲▲▼▲

Der islamische Staat ist ein Staat des Gesetzes. In dieser Staatsform gehört die Souveränität einzig und allein Gott. Das Gesetz ist nichts anderes als der Befehl Gottes.
Ajatollah Chomeini, 1970[6]

▲▲▼▲

Ich versuche nicht, euch eine Philosophie, eine Doktrin, ein Dogma zu geben. (…) Ich will euch nicht zu einem bestimmten Glauben bekehren (…). Ich will euch eine Vision geben, keinen Glauben. Ich versuche euch zu helfen, zu meinem Fenster zu kommen, um den Himmel zu sehen, die Wahrheit zu sehen.
Bhagwan Shree Rajneesh, 1972[7]

▲▲▼▲

JAHRHUNDERT DER SÄKULARISIERUNG?

Das 20. Jahrhundert war das Jahrhundert der Säkularisierung. So jedenfalls lautete lange die vorherrschende wissenschaftliche Meinung. In den Theorien der Modernisierung wurde unterstellt, dass sich moderne Gesellschaften durch einen kontinuierlichen Schwund an Religion und eine abnehmende soziokulturelle Prägekraft der Kirchen auszeichneten. Dort, wo das nicht so war, wie in den Vereinigten Staaten von Amerika, eine höchst moderne Gesellschaft mit dynamischer religiöser Vielfalt, fand man eine Erklärung: Die USA nähmen eine Sonderstellung innerhalb der entwickelten Industrienationen ein; der »american exceptionalism« wurde ins Feld geführt. Doch spätestens seit den Terroranschlägen des 11. September 2001 war die bleibende Macht des Religiösen unübersehbar. Und zur Überraschung vieler gewannen am Ende des Jahrhunderts die monotheistischen Religionen fast überall einen ganz neuen, vollkommen unerwarteten Zuspruch. War der Impuls dafür ein dramatischer Verlust traditioneller Sicherheiten in einer unübersichtlich gewordenen Welt?

Die großen Heilsreligionen schienen schon am Ende des 19. Jahrhunderts ihre Zukunft hinter sich zu haben. Das traf für den Islam zu, der mit dem Niedergang des Osmanischen Reiches in eine Krise geriet, das traf aber auch für das katholische Christentum zu, denn der Papst hatte schon lange seine weltliche Macht eingebüßt und verharrte nun in einer Modernisierungskrise. Zudem wackelten die katholischen Imperien. Allein der Protestantismus, dessen Missionsbewegung auf dem westlichen Imperialismus aufbauen konnte und der eine enge Verbindung mit Staat und Nation einging, sah sich im Aufwind. Umso heftiger fiel der Absturz aus. Die Vermischung von Staat und Religion, von Thron und Altar in Europa machte die Kirchen seit der Aufklärung zu einem bevorzugten Gegner. Doch auch die marxistischen Prognosen vom Niedergang der Religionen sollten sich nicht bewahrheiten.

Religion gehorcht nämlich keinem sozialwissenschaftlichen Verlaufsschema, nach dem es nur einen Modernisierungsschub von Gesellschaft und Wirtschaft braucht, um Gebete und den Glauben an die Götter auszuschalten. Religionen sind eigene Geschichtspotenzen, so hatte es bereits der große Universalhistoriker Jacob Burckhardt im 19. Jahrhundert gesehen, gerade auch in angeblich säkularen Gesellschaften.[8] Die Rückbindung des Menschen an Gott – dies ist der Kern der Religionen – vermag Kraft zu verleihen. Und wusste man in Europa politisch nicht mehr weiter, wurde selbst in Hochzeiten angeblicher Säkularisierung an das »christliche Abendland« appelliert.

Religion spendet Trost, Hoffnung und verleiht einem Leben

Sinn. In Zeiten von Ungewissheiten wird die Suche nach letzten Gewissheiten, die keiner Begründung bedürfen, dringlich. Gerade in Umbruchzeiten von Hypermobilität, Digitalisierung, Dynamisierung der Arbeitswelt und des gesellschaftlichen Miteinanders können sie Ordnung, und, ja auch, einfache Ordnung bieten. Die in zigtausende von Puzzleteilen zerfallende Welt kann so leichter wieder zusammengefügt werden. Der Wunsch nach Klarheit geht in Erfüllung, überschaubare Verhältnisse werden wiederhergestellt. Glaube verschafft Zugehörigkeit, verleiht Identität. Ein sichtbarer Trend im 20. Jahrhundert lautete so: Die Menschheit wurde immer religiöser, mit einer Ausnahme, Europa, Westeuropa, um genau zu sein. Mit seiner zunehmenden Religionsferne stand Europa am Ende des Jahrhunderts alleine da. Paradebeispiel für diesen europäischen Trend war Schweden. Je besser es den Menschen wirtschaftlich ging und je mehr sich der Sozialstaat um sie kümmerte, desto unwichtiger wurde die Religiosität. Andererseits machte Armut gläubig, etwa in Brasilien, wo die Pfingstkirchen unerhörte Erfolge feierten. Pakistan, um ein weiteres Beispiel zu nennen, eines der religiösesten Länder der Welt, ist durchdrungen vom Islam. Hier wurde die Religion mehr und mehr Teil der nationalen Identität, um sich gleichermaßen gegen das mehrheitlich hinduistische Indien wie den christlichen Westen abzugrenzen.

Die Säkularisierungsthese gilt es also zu verabschieden. Ihre Schwächen liegen auf der Hand. Sie hatte zu stark Religion und Moderne entgegengesetzt und gedacht, Modernisierung und Säkularisierung würden parallel zueinander verlaufen. Dass damit eine sehr europazentrierte Perspektive durchschlug und außerdem ein verengter Religionsbegriff zugrunde gelegt wurde, kam hinzu. Oft argumentierte man vor dem Hintergrund des europäischen Christentums sowie der etablierten Kirchen und übersah nicht nur andere Religionen, sondern auch die alternativen Formen der religiösen Praxis, die sich etwa in Freikirchen oder Sekten herausbildeten. Die wachsende Zahl an Kirchenaustritten war jedenfalls kein schlagkräftiges Argument dafür, dass die Religion an Einfluss verlor. Und die seit der Französischen Revolution vielfältig variierten Verfallsmuster, mit denen man die Religionsgeschichte der Moderne mit Metaphern von Untergang, Niedergang, Glaubenskrise, Werteerosion, Abfall, Glaubensverlust, Entchristlichung, Entkirchlichung und Säkularisierung deutete, erfassen die Problematik nicht angemessen. Was es hingegen gab, waren vielfältige Transformationen alter religiöser Praktiken und Symbole. In jeweils neuen, oftmals politischen Kontexten konnten sie eine erstaunliche Faszinationskraft bewahren. Die konservative Kritik, die von einem generellen Verfall sprach, idealisierte die Vergangenheit, so als habe es früher ein »goldenes Zeitalter« des Glaubens gegeben. Auch das war nicht so.

GLAUBENSFAKTEN: DIE WELTRELIGIONEN

Wenn von »Weltreligionen« gesprochen wird, so muss man hinzufügen, dass es sich hierbei um ein abendländisches Konstrukt handelt, welches unterschiedlichste Religionen nach europäischen Maßstäben zu kategorisieren versucht, die nicht in allen Kulturkreisen geteilt werden. Es gibt eine Vielfalt an Religionen, und unter diesen herrscht eine jeweils ebenso große Vielfalt. Mit der angedeuteten Einschränkung existieren fünf Weltreligionen: Christentum, Judentum, Islam, Hinduismus und Buddhismus. Das Christentum ist die größte aller Religionsfamilien.[9] Im Jahr 2010 zählte man unter den 7,18 Milliarden Menschen 2,18 Milliarden Christen. 100 Jahre davor, kurz vor dem Ersten Weltkrieg, gab es nur 600 Millionen Christen. Die Zunahme hing allerdings mit dem Wachstum der Weltbevölkerung zusammen. 1910 waren 35 Prozent der Erdenbewohner Christen, 2010 waren es 32 Prozent. Im Laufe des 20. Jahrhunderts wanderte das Christentum vom Norden in den Süden der Erdkugel. Lebten 1910 rund zwei Drittel der Christen in Europa und in Nordamerika, so wurde das Christentum mehr und mehr zur Religion des globalen Südens. Nur noch ein Viertel aller Christen lebte gegen 2000 in Europa. Besonders in Lateinamerika und in Afrika südlich der Sahara hat das Christentum erfolgreich missioniert. Gegenwärtig gibt es zum Beispiel in Nigeria doppelt so viele Protestanten wie im Stammland der Reformation, in Deutschland. Dabei ist vor allem die innere Differenzierung zu beachten, die neuen Protestantismen, besonders fromme Erweckungsbewegungen, namentlich das Pfingstchristentum, das im Laufe des Jahrhunderts großen Zulauf erfuhr. Infolge verstärkter Mission erhöhte sich die Zahl der Christen auch in Asien. Besonders in Südkorea, aber ebenso in China ließ sich seit den 1970er Jahren eine hohe Attraktivität des christlichen Glaubens beobachten. Die Deutungen hierfür sind umstritten. Vieles spricht dafür, dass die kapitalistische Transformation überkommene Normen hat erodieren lassen. Dort, wo das Christentum einst entstand, im Nahen Osten und in Nordafrika, verlor es im Laufe des 20. Jahrhunderts seine prägende Kraft. Am Ende des Säkulums gehörten hier nur noch vier Prozent der Bevölkerung einer christlichen Kirche an. Wie auch in anderen Regionen, wo die Christen in der Minderheit sind, werden sie in einigen Gebieten des Nahen Ostens nicht selten unterdrückt, verfolgt und vertrieben. »Religions- und Weltanschauungsfreiheit ist das global am wenigsten respektierte Menschenrecht.«[10]

Die bereits kurz erwähnte innerchristliche Differenzierung ist in Zahlen ausgedrückt überwältigend. Um 1900 gab es 1800 christliche Kirchen. 100 Jahre später waren vor allem in Afrika und Lateinamerika sogenannte indigene, einheimische Kirchen entstanden, sodass es rund 33 000 rechtlich eigenständige christliche Religionsgemeinschaften gibt. Nie zuvor in der Religionsgeschichte ließ sich Vergleichbares beobachten. Die Christen der Welt teilen sich unterschiedlich auf. Etwa 37 Prozent entfallen auf die protestantischen Kirchen, rund 50 Prozent auf die römisch-katholische Kirche, die wegen ihrer transnationalen Organisation »Weltkirche« ist. Zwölf Prozent gehören dem orthodoxen Christentum des Ostens an, hinzukommen die Mormonen und die Zeugen Jehovas. Infolge der fortschreitenden Globalisierung wurden im 20. Jahrhundert ursprünglich christliche Traditionen oftmals zu einem allgemeinen »Kulturgut«, man denke etwa an das Weihnachtsfest. Und obwohl das abendländische Christentum in der nördlichen Welt rückläufig war, blieb es in Form einer Zivilreligion, die auch ein Produkt der kulturprägenden Kraft des Christentums ist, ein nicht zu übersehender Faktor abendländischer Geistesgeschichte.

Die zweitstärkste Religionsfamilie im 20. Jahrhundert bilden mit derzeit 1,6 Milliarden Menschen die Muslime. Vielfalt und interner Streit sind auch hier allgegenwärtig. Das betrifft die Konkurrenz zwischen dem sunnitischen und dem schiitischen Islam, aber ebenso einer Reihe kleiner Gruppen. Die Entstehung der unterschiedlichen Strömungen des Islam wurzelt in den Nachfolge- und Richtungskämpfen nach dem Tod des Propheten Mohammed und weniger in theologischen Fragen. Ein Pluralismus unterschiedlichster Ansichten kennzeichnet den Islam, der – im Gegensatz zur katholischen Kirche – keine höchste Lehrautorität kennt. Von Beginn an bot der Islam nicht nur ein theologisches System, das sich aus dem Offenbarungsglauben nährte, sondern zugleich ein rechtliches und sozialethisches. Hieraus erwuchsen Spannungen zu westlichen Rechtsvorstellungen und Gesellschaftsentwürfen. Was sich im Laufe des 20. Jahrhunderts langsam abzeichnete, wird sich Prognosen zufolge beschleunigt fortsetzen: das schnelle Wachstum der muslimischen Bevölkerung. Um 1990 lebten knapp 30 Millionen Muslime in Europa, was einem Anteil von 4,1 Prozent entsprach. Russland stellte das Land mit der größten muslimischen Bevölkerungsgruppe in Europa dar, prozentual sind es jedoch Staaten auf dem Balkan; so waren am Ausgang des Jahrhunderts rund 35 Prozent der Menschen Mazedoniens muslimischen Glaubens. Doch ist auch dies eine vergleichsweise geringe Zahl. Die weltweit meisten Muslime lebten nicht, wie aus europäischer Perspektive manchmal angenommen, in der Krisenregion des Nahen Ostens, sondern im Fernen Osten. Das Land mit dem höchsten muslimischen Bevölkerungsanteil ist Indonesien, und allein China beheimatet mit 26 Millionen mehr Muslime als Syrien und der Irak zusammen.[11]

Lediglich 0,2 Prozent der Weltbevölkerung, was 14 Millionen Menschen entspricht, sind Juden. 25 Prozent von ihnen lebten am Ende des 20. Jahrhunderts in Israel, 40 Prozent in den Vereinigten Staaten von Amerika. Auch das moderne Judentum umfasste eine breite Spanne. Grob lässt es sich in ein »konservatives«, »neoorthodoxes«, »ultraorthodoxes« und ein »Reformjudentum« unterteilen. Diese Strömungen zeichnen sich gerade auch im Hinblick auf den Zionismus durch politische Nuancen aus. Wendet man den Blick auf asiatische Religionen, so verstehen sich 15 Prozent der Menschen, rund eine Milliarde, als Hindus und 500 Millionen als Buddhisten. Zudem müssen kleinere religiöse Gemeinschaften genannt werden: 26 Millionen Sikhs, sieben Millionen Bahais, 2,6 Millionen Anhänger des Shintoismus und 2,6 Millionen des Taoismus. Allein in Indien leben etwa 90 Prozent aller Hindus. Der »moderne« Hinduismus entwickelte sich im Kontext der britischen Kolonialherrschaft, grenzte sich von ihr ab, lieferte neue religiöse Impulse und verband sich mit einem indischen Nationalismus. Der Begriff »Hinduismus« bezeichnet im Grunde weniger eine Religion als eine Kultur, in deren Zusammenhang zahlreiche eigenständige Religionen nebeneinander existieren und sich gegenseitig beeinflussen. Erst christliche Missionare fassten – in Abgrenzung zu ihnen geläufigen Großreligionen – alles unter einem Sammelbegriff zusammen. Religionsstifter gab es nicht, jedoch »Offenbarer« einer vergangenen Urzeit. Diese Offenbarung in Form des vedischen Schrifttums bildet eine Art einigendes Band.[12] Zentrale Bestandteile des Buddhismus bilden die vier edlen Wahrheiten und der achtfache Pfad, der zum Nirwana führt; Meditation und der kultische Kalender, der sich am Leben Buddhas, des »Erleuchteten« orientiert, sind essenziell.

Indigene Religionen der Ureinwohner auf allen Kontinenten außer Europa schließlich versammeln rund 400 Millionen Menschen hinter sich. Insgesamt muss beachtet werden, dass die Zugehörigkeitszahlen, die wie Blöcke erscheinen, individuell durchlässig sind: Konversionen gehören zur Religionsgeschichte. Deutlich wird dies besonders an den USA, wo die Menschen die Zugehörigkeit zu einer (vornehmlich christlichen) Religion besonders schnell wechseln. Fast die Hälfte der Amerikaner lebt in einer anderen Kirche, als der, in der sie aufgewachsen ist. Der Markt für Religionen ist in den USA besonders groß und einträglich.

WANDLUNGEN DES PAPSTTUMS – PROTESTANTISCHE WELTMISSION

Kein anderes Pontifikat des 20. Jahrhunderts war sowohl in kirchenhistorischer, politischer als auch in gesellschaftlicher Hinsicht so umstritten, wie jene 19 Jahre, die der Wahl Pius' XII. im März 1939 folgten. Bereits die drei Päpste vor ihm (Pius X., 1903–1914, Benedikt XV., 1914–1922, und Pius XI, 1922–1939) waren mit neuen Problemfeldern konfrontiert – die heraufziehende Hochmoderne, die Unfähigkeit der europäischen Nationen, den Frieden zu wahren, die Entstehung der atheistischen kommunistischen Sowjetunion und die faschistischen Regierungen in Europa. Pius XI. prangerte den Kommunismus und die »gottlose« sozialistische Arbeiterbewegung deutlicher an als die faschistischen und nationalsozialistischen Bewegungen in Italien, Spanien und Deutschland. Immerhin jedoch erschien 1937 die auf Deutsch verfasste Enzyklika »Mit brennender Sorge«, in der der Vatikan durchaus Stellung gegen die nationalsozialistische Ideologie nahm.[13] In einer weiteren, allerdings unveröffentlichten Enzyklika verurteilte er den Antisemitismus. Der Tonfall seines Nachfolgers, Pius XII., gegenüber faschistischen Staaten fiel hingegen weit gemäßigter aus, wohingegen der weitergeführte blinde Antikommunismus gleichsam eine päpstliche »Erbkrankheit« darstellte. Pius XII. sah sich nicht in der Lage, seine fast schon dogmatische Neutralität angesichts der Kriegsverbrechen des nationalsozialistischen Deutschland und der Judenvernichtung aufzugeben. Ein moralisches Bekenntnis gegen Rassenwahn und Völkermord blieb aus. Die Unfehlbarkeit des Papstes in Glaubens- und Sittenfragen geriet zu einem moralischen Versagen. Sein Nachfolger auf dem Stuhl Petri, Johannes XXIII., änderte vieles, er wurde zum Papst des »Aggiornamento« und wollte, so sein Motto, die Kirche »auf den heutigen Stand« bringen; sie sollte sich nicht abschotten, sondern in der Gesellschaft erneuern.[14] Unter diesem Papst, der im Juni 1963 starb, begann das Jahrhundertereignis des Zweiten Vatikanischen Konzils. Feierlich am 11. Oktober 1962 eröffnet, setzte ihm der Papst drei Ziele: Es müsse neue und klare Wege aufzeigen, um die Wahrheit des Evangeliums zu verkünden, die Einheit und den Frieden unter den Menschen zu fördern und die Wahrheit der Kirche für alle sichtbar werden zu lassen. Angesichts der Schrecken der Kriegsverbrechen des Zweiten Weltkrieges, aber auch hinsichtlich der kommunistischen Diktaturen, sahen sich die Konzilsväter in der Pflicht, gesellschaftliche Normen und Menschenrechte fest in die Lehre der katholischen Kirche zu integrieren. So verabschiedete das Konzil 1965 die Erklärung »*Dignitatis humanae*« (Das Recht der Person und der Gemeinschaft auf gesellschaftliche und bürgerliche Freiheit in religiösen Belangen), welche die von Geburt aus jedem Menschen durch Gott gegebene Freiheit postuliert. Eine weitere Neuerung stellte die Erklärung »*Nostra aetate*« (Über das Verhältnis der Kirche zu den nichtchristlichen Religionen) dar, die erstmals in der beinahe zweitausendjährigen Geschichte der Kirche erklärte, dass das Judentum nicht mehr für die Kreuzigung Jesu verantwortlich erachtet wird. Es blieb Johannes' Nachfolger Paul VI., einem weiteren Reformer, vorbehalten, diese Konzilsdokumente bekanntzugeben. Als das am meisten herausragende Dokument des Zweiten Vatikanischen Konzils kann jedoch die Dogmatische Konstitution über die Kirche angesehen werden, die die titelgebenden Anfangsworte »*Lumen gentium*« (Das Licht der Völker) trägt. Die konzeptionelle Besonderheit dieses Dokuments liegt darin, dass erstmals in der dogmatischen Kirchengeschichte das Volk Gottes vor der hierarchischen Kirchenverfassung behandelt wird. Diese Neugliederung setzte einen deutlichen Akzent hinsichtlich des kirchlichen Selbstverständnisses: Die nachkonziliare katholische Kirche definierte sich nicht mehr aus ihren hierarchisch organisierten Ämtern heraus, sondern konstituierte sich aus der Gemeinschaft der Gläubigen als Volk Gottes. Geradezu revolutionär mutete an, dass nicht nur bekennende Katholiken auf göttliche Erlösung hoffen durften, sondern auch andere Christgläubige. Insgesamt wurden die Fenster des staubigen Kirchenschiffes weit aufgerissen, um frischen Wind in die Gotteshäuser und Bischofspaläste zu lassen. Die römische Kirche beendete damit ihren hundertjährigen Krieg gegen die gesellschaftliche Moderne und die pluralistische Demokratie.

Dieser Weg, die katholische Kirche in der modernen, religiös pluralen Welt neu zu positionieren, wurde in den kommenden Jahrzehnten allerdings nicht konsequent beschritten. Die Liberalisierung der Kirche machte noch unter Paul VI. wieder Halt. Die Empfängnisverhütung, ein zentrales Thema seit den späten 1960er Jahren, als die Pille auf den Markt kam, lehnte der Vatikan entschieden ab. Und der polnische Papst Johannes Paul II. (1978–2005) spielte zwar eine zentrale Rolle für den Untergang des Kommunismus in Osteuropa und wurde dort zum »Befreierpapst« – doch die Theologie der Befreiung in Lateinamerika geißelte er kompromisslos. Seine Nicaragua-Reise 1983 zum Beispiel begann und endete mit einem Eklat: Noch auf dem Rollfeld des Flughafens maßregelte er öffentlich den anwesenden Ernesto Cardenal – die Identifikationsfigur der »Befreiungstheologie« –, der sich als Marxist und Christ verstand und nun Kulturminister in der sandinistischen Regierung war. Bei einer Messe im Freien in Managua wiederum wurden genau zu dem Zeitpunkt die Lautsprecher abgedreht, als der Papst erklärte, gegen die legitime Kirche dürfe keine Volkskirche, wie von Cardenal vertreten, existieren. Anfang 1985 suspendierte der Papst den Jesuitenpater wegen seinen politischen Tätigkeiten von seinem Amt als katholischer Priester.[15]

Die Befreiungstheologie in Lateinamerika zielte energisch auf den Sturz der dortigen Unterdrückungsregime und legte sich mit Rom an. Doch innerhalb der konfessionellen Theologien des 20. Jahrhunderts brachen darüber hinaus zahlreiche harte Kontroversen aus. Sie betrafen allgemein das Verhältnis zwischen Kirche, Staat und Gesellschaft, thematisierten die jeweilige Sozialethik, setzten sich mit den Menschenrechen auseinander und stritten um den richtigen politischen Weg. Dort, wo es nicht um Befreiung und Umsturz ging, in demokratisch verfassten Gesellschaften wie der Bundesrepublik Deutschland, in denen Religionsfreiheit ein vorstaatliches Grundrecht bildet, nahmen die großen Volkskirchen vielfältige staatlich alimentierte Aufgaben in sozialen Bereichen wahr.

Da die römisch-katholische Kirche sich als einzig wahre Kirche versteht und den Primat des Papstes für heilsnotwendig erachtet, verhielt sie sich über das gesamte Jahrhundert hinweg distanziert gegenüber dem Weltkirchenrat, der 1948 in Amsterdam gegründet wurde. Als ökumenische Bewegung umfasste er bald über 300 Kirchen auf allen Kontinenten der Erde. Gründungsimpuls des von protestantischen Kirchen dominierten Rates war, neue Kooperationen zwischen den im Zweiten Weltkrieg verfeindeten Kirchen zu ermöglichen. Gerade den deutschen lutherischen evangelischen Gemeinden sollten damit auch demokratische Werte eingehaucht werden. Im Ursprungsland der Reformation hatten sich Teile des Protestantismus – die »Deutschen Christen« – massiv auf den Nationalsozialismus eingelassen. Angesichts der Dimensionen der Verbrechen war dies besonders verwerflich. Doch die Nationalisierung der Kirchen war nicht neu – bereits im Ersten Weltkrieg hatten sich die Kirchen der kriegsführenden Länder »nationalisiert«. Schon damals, nach dem Krieg, hatte es Bestrebungen gegeben, analog zum Völkerbund auch eine weltweite kirchliche Organisation zu schaffen. In der zweiten Hälfte der 1930er Jahre schien alles auf einem guten Weg zu sein. Der Beginn des Zweiten Weltkrieges machte jedoch alle transnationalen Hoffnungen zunichte.

Der Ökumenische Rat der Kirchen seit 1948 konnte elementare theologische, aber auch politische Konflikte zwischen dem Protestantismus und dem Katholizismus nicht ausräumen. Für den Heiligen Stuhl war zum Beispiel die Frauenordination ein Tabu, ebenso die Akzeptanz gleichgeschlechtlicher Partnerschaften. Im Hinblick auf individuelle Freiheits- und Menschenrechte fand man ebenfalls nicht zusammen, und insgesamt ließ die katholische Kirche immer spüren, dass die Protestanten ihr nicht auf gleicher Augenhöhe begegneten. Aber auch viele neue, aus dem Protestantismus heraus entstandene Kirchen, allen voran die sehr dynamische Pfingstbewegung, die sich als Speerspitze der wahrhaft Frommen, der Erleuchteten betrachtete, hatten kein Interesse an der Mitwirkung.

Der Erfolg dieser Pfingstbewegung war nichts Geringeres als eine Glaubensrevolution. »Keine andere Form des Christentums hat die Religionsgeschichte des 20. Jahrhunderts so tiefgreifend verändert«, urteilt der Theologe Friedrich Wilhelm Graf.[16] Mehr noch: Die moderne Religionsgeschichte kennt keine andere Erweckungs- und Missionsbewegung, die sich so schnell und so weltübergreifend durchsetzen konnte. Wie und wo genau der neue ekstatische statt rationale Protestantismus entstand, blieb umstritten, doch lagen die Anfänge offenbar an der Wende vom 19. zum 20. Jahrhundert, als ein Methodistenpfarrer mit Geistheilungen begann. Analog zum »Pfingstwunder« der Apostelgeschichte wurde von ihm die Taufe durch »Zungenreden« bestätigt. Die wundersame Fähigkeit der Jünger, in anderen Sprachen zu sprechen, steht theologisch für die Mission der Kirche, alle Menschen der Welt anzusprechen. Nach wie vor wächst die Zahl der Pfingstchristen in den USA. Aber nicht das Wort, sondern mitreißende Begeisterung, stürmische Aktivität bis hin zu ungezügelten Tänzen zeichneten diese Religion aus, die damit an uralte Frömmigkeitspraktiken anderer Kulturen anknüpfen konnte, was sie in vielen Teilen der Welt so attraktiv machte. Indem Askese sowie Fleiß gepredigt und Fähigkeiten zum sozialen Aufstieg vermittelt werden, fühlen sich ärmere Bevölkerungsschichten besonders angesprochen. Das riesige Land Brasilien ist ein Beispiel für die Durchschlagkraft dieser Bewegung. Am Beginn des 20. Jahrhunderts gehörten 99 Prozent der dort lebenden Menschen der katholischen Kirche an. Wenig mehr als 100 Jahre später waren es nur noch 65 Prozent, was vor allem auf die Missionsdynamik der Pfingstler zurückzuführen war.

RENAISSANCE DER RELIGIONEN SEIT DEN 1970ER JAHREN

Das religiöse Feld veränderte sich seit den 1970er Jahren erheblich. Neue religiöse Bewegungen kamen auf, »Jugendreligionen« entstanden, in den 1980er Jahren fanden dann New-Age-Bewegungen massenhaft Zuspruch. Religion nach dem Baukastenprinzip wurde modern. Der Glaube glich immer mehr einem privaten Baukasten und reichte von Yogakursen über Wanderungen auf Pilgerwegen bis hin zu Bachblüten-Seminaren. Religionssoziologen fanden dafür die Bezeichnung »Bastelreligion« – ein jeder konnte sich seinen Glauben basteln. Eine neue Religionskultur entstand nach dem Motto: Alle glauben an einen Gott, aber jeder an seinen eigenen. Es herrschte ein vielfältiger, überaus bunter und geradezu unübersichtlicher Wettbewerb. Es ließen sich »Religionsmärkte« identifizieren, auf denen konkurrierende »Prediger« ihr Heil anboten. Die klassische Kirchenzugehörigkeit erodierte. Besonders in den Vereinigten Staaten von Amerika begann der Siegeszug verschiedener Fundamentalismen. Begünstigt von neuen Kommunikationsformen, die via Internet die Gläubigen verbanden, nahm dieser Trend in den folgenden Jahrzehnten noch zu. Auch viele in Europa lebende Menschen begaben sich auf Sinnsuche und bastelten sich aus verschiedenen Religionen ihre eigene Glaubenswelt. Die politisch-kulturellen Umbrüche der 1960er Jahre hatten ein Klima geschaffen, welches die Ausbreitung fremder Religionen gerade unter jüngeren Menschen begünstigte. Asiatische Religionen waren schon seit dem 19. Jahrhundert besonders beliebt. Reisen nach Indien gehörten ins Programm vieler Intellektueller; Hermann Hesses gesamtes Werk seit den 1920er Jahren beispielsweise wäre ohne diese Erfahrung kaum denkbar. Die größte Faszination ging aber vom Buddhismus aus, der als eine besonders friedliche, Weisheit und Seelenruhe verschaffende Religion galt. In den 1970er Jahren war das durchaus ähnlich. Die Pluralisierung der Religion in den industrialisierten Ländern war oftmals eine Orientalisierung. Gesucht wurde eine spirituelle und mystische Gegenwelt.

Aus dem Umfeld der kalifornischen Protestbewegung kommend, breiteten sich in den 1980er Jahren auch in Europa Theorien und Praktiken aus, die unter dem Begriff »New Age« zusammengefasst wurden. Fünf Tendenzen charakterisierten die New-Age-Religiosität: »1. Die Hoffnung auf ein neues Zeitalter; 2. die Diesseitsausrichtung; 3. die holistische Vorstellung, dass alles mit allem zusammenhänge; 4. ein Evolutionismus, der sich auf das menschliche Bewusstsein, die Gesellschaft und den Kosmos bezog; sowie 5. eine Psychologisierung der Religion und Sakralisierung der Psychologie.«[17] Im New Age vermischten sich Elemente der westlichen Esoterik mit Bestandteilen aus östlichen Religionen und säkularen Elementen wie Evolution und Psychologie. Die Gottesvorstellungen variierten zwischen Pantheismus, Monotheismus, Polytheismus und moderatem Atheismus. Grundsätzlich galt das Göttliche als vom Einzelnen innerlich erfahrbar. Dabei spielte neben dem Geist auch der Körper eine große Rolle. Leitmotiv des New Age war eine Art Sakralisierung des Selbst.

Eine gemeinsame New-Age-Lehre existierte jedoch nicht, zwischen den Aussagen seiner prominenten Begründer gab es lediglich Überschneidungen. Zu den Leitfiguren des New Age zählte etwa die amerikanische Wissenschaftsjournalistin Marilyn Ferguson, deren 1982 auf Deutsch erschienenes Buch *Die sanfte Verschwörung. Persönliche und gesellschaftliche Transformation im Zeitalter des Wassermanns* innerhalb weniger Jahre zahlreiche Auflagen erfuhr.

Ebenfalls stark rezipiert wurde der österreichisch-amerikanische Atomphysiker Fritjof Capra mit seinem 1983 veröffentlichten Buch *Wendezeit. Bausteine für ein neues Weltbild*. Darin vermischte er östliches Gedankengut mit westlicher Physik und kündigte einen Wechsel zu einem neuen holistisch-systemtheoretischen und ökologischen Paradigma an. Indem New Age die Ablehnung eines dogmatischen Christentums, eines zweckrationalen Vernunftdenkens und einer Materialismusorientierung miteinander verband, kann es als eine »Kulturkritik« an der modernen westlichen Gesellschaft verstanden werden.

Die Sozialform von New Age war nicht die Gruppe, die sich etwa um einen Guru sammelte, sondern miteinander vernetzte einzelne Individuen. Die Knotenpunkte in diesem Netzwerk bildeten Zentren, Lehrinstitute, Verlage, Zeitschriften, Buchläden und Therapieeinrichtungen. Ein institutioneller Kern fehlte ebenso wie eindeutige Merkmale der Zugehörigkeit, sodass man nur unter Vorbehalt von einer »Bewegung« sprechen kann. Hingegen existierte eine Art »sekundäre Sozialwelt in den Medien des Marktes und der Information.«[18] Insgesamt war New Age hinsichtlich seiner Lehre und sozialen Form schwer fassbar. Damit bot es aber auch die Möglichkeit, ganz unterschiedliche Strömungen, Gruppierungen und Identitäten darunter zu subsumieren. New Age war bald mehr eine Fremd- als eine Selbstbeschreibung. Sie diente in der öffentlichen Diskussion der zweiten Hälfte der 1980er Jahre allgemein als Chiffre für nichtkirchliche Religiosität und umschloss auch Bewegungen, die nicht millenaristisch orientiert waren. Der religiöse Pluralismus war somit Resultat einer globalen Diffusion der Weltreligionen, und es fiel schwer, das religiöse Feld von seiner nichtreligiösen Umgebung scharf abzugrenzen, da überall Austauschprozesse stattfanden. Ob Scientology beispielsweise eine Glaubensgemeinschaft war und ist oder doch eher ein Wirtschaftsunternehmen, ist bis heute umstritten.

RÜCKKEHR DER RELIGIONEN?
SIE WAREN NIE WEG

Weitet man den Blickwinkel auf diese religiöse Vielfalt aus, so erkennt man, dass Religionen nie weg waren, sondern nur ihre Formen verwandelten. Parallel dazu kam es in Westeuropa seit den 1960er Jahren zu einer Verweltlichung des gesellschaftlichen und politischen Lebens. Doch das war auf vielerlei Weise ein Sonderweg. Die wahrgenommene Rückkehr der Religionen vollzog sich in unterschiedlichsten Bereichen und ganz besonders mit dem Wiedererstarken des Islam. Die politische Führungsrolle der schiitischen Geistlichkeit in der Iranischen Revolution von 1979 war Beispiel einer fundamentalistischen Reaktion gegen die Moderne – zumindest aus der Sicht des Westens. Sah man es aus einer anderen Warte, so stürzte das theokratische Regime Ajatollah Chomeinis endlich das vom Westen geförderte Terrorregime des Schahs. Die am 1. April 1979 offiziell ausgerufene Islamische Republik Iran ist gemäß ihrer Verfassung eine Theokratie und Gott bzw. der 12. Imam als dessen Repräsentant wirkt als alleiniger Herrscher. Bis zur Rückkehr des verborgenen Imams gilt das Prinzip der sogenannten »Herrschaft der Rechtsgelehrten«.[19] Dies bedeutet, dass die Führung der schiitischen Gemeinde – in diesem Fall der iranische Staat – die Macht ausübt. Der religiöse Führer wirkt als Stellvertreter des Imam. Dieser Revolutionsführer hat die Vollmacht, die Entscheidungen von Legislative und Exekutive zu widerrufen; er kann zudem den Präsidenten absetzen und ernennt die Chefs der Judikative sowie der Streit- und Sicherheitskräfte. Nach Jahren des revolutionären Furors und der innenpolitischen Machtkämpfe konnte sich die Revolutionsführung seit 1982 behaupten. Das Justizwesen im Iran war ebenso islamisiert wie die Schulen und Hochschulen; der größte Teil der Wirtschaft war verstaatlicht, die Außenpolitik auf Gegnerschaft zu den USA und Israel ausgerichtet; innenpolitisch galt eine neue Kleiderordnung für Frauen, die Meinungsfreiheit war aufgehoben, Parteien waren verboten.

Die Iranische Revolution und die Errichtung eines »Gottesstaates« waren ein Fanal, nicht zuletzt für den Islam selbst. Denn nun gewannen die so lange von ihren eigenen Glaubensbrüdern unterjochten Schiiten offensichtlich Oberwasser. Die Schiiten verband seit jeher die Idee des gottgegebenen Anspruchs auf die Führung der Muslime, um die sie in der Frühzeit des Islam von den Sunniten angeblich betrogen worden waren. Im Erbfolgestreit nach dem Tod des Propheten hatten sich nämlich die Sunniten durchgesetzt. Während die Schiiten in der Urzeit des Glaubens forderten, dass der Nachfolger Mohammeds aus seiner Familie stammen müsse, vertraten die Sunniten die Ansicht, ihn unter den herausragenden Gläubigen zu erwählen. Die Sunniten obsiegten in diesem Konflikt und glaubten seither, dass der Staat und die Gesellschaft ihnen gehörten, dass sie gewisser Weise »Staat« seien. Mit diesem Anspruch ging eine Mission einher. Der schiitische Leidensmythos und die Hoffnung auf göttliche Gerechtigkeit hingegen durchzogen alle Jahrhunderte. Das gesamte 20. Jahrhundert hindurch bestimmte dieser Leidensmythos die Beziehung zwischen den beiden Religionsgruppen, und der Streit eskalierte am Übergang zum 21. Jahrhundert, als sich das Schisma politisch mit zwei aufstrebenden, in Kriege involvierten Mächten verband: Saudi-Arabien, sunnitisch, einerseits, Iran, schiitisch, andererseits.

Von den nackten Zahlen her schien die Sache sicher, aber diese Sicherheit war mehr als trügerisch. Sunniten bildeten immer die Mehrheit im Islam, sie machen gegenwärtig fast 85 Prozent der muslimischen Weltbevölkerung aus. In den 400 Jahren, in denen das Osmanische Reich über den Nahen Osten herrschte, war den Sunniten die Vormacht gewiss. Das Osmanische Reich war ein Kalifat, eine sunnitische Theokratie, und der Sultan herrschte in einer Art religiös indifferenten Toleranz über mannigfache Völker und Konfessionen. Nach dem Ersten Weltkrieg und dem Untergang des Osmanischen Reiches war nicht allein diese sunnitische Herrschaft zu Ende, sondern die Situation verkomplizierte sich zusätzlich dadurch, dass die Westmächte eingriffen. Am Reißbrett schnitten die europäischen Kolonialmächte aus der Konkursmasse des Großreiches die arabischen Staaten so zu, dass nicht überall Sunniten dominierten, vielmehr auch einstige Minderheiten plötzlich in der Mehrheit waren – und seien es die Christen im Libanon. Die arabischen Emanzipationsbewegungen gegen Mitte des Jahrhunderts orientierten sich an ziemlich allen Versatzstücken moderner Ideologien, auch an faschistischen Bewegungen. Bei der Gründung der Baath-Partei, die später im Irak so wirkmächtig wurde, diente neben sozialistischen und laizistischen Elementen die NSDAP als Vorbild. Überhaupt konnte der Islam merkwürdige politische Allianzen eingehen. Während sich nach der Unabhängigkeit in der zweiten Jahrhunderthälfte die arabischen Militärdiktaturen, etwa des Ägypters Gamal Abdel Nasser, betont weltlich gaben, vollzog sich unterhalb der politischen Regime eine religiöse Radikalisierung. Seit 1928 existierten in Ägypten die Muslimbrüder, sunnitische Islamisten, die vor allem in Armenvierteln Zulauf erhielten.

Doch mit einem Mal und für die meisten vollkommen unerwartet, feierten nicht die mehrheitlichen Sunniten, sondern die Angehörigen der anderen, verfeindeten islamischen Konfession einen überragenden Erfolg. Die Islamische Revolution 1979 im Iran veränderte die Welt, nun befanden sich die Schiiten in einer Position der Stärke. Aus Furcht vor einem Übergreifen der schiitischen Revolution auf den Irak ließ Diktator Saddam Hussein 1980 Schiitenprediger ermorden. Und als der Diktator nach dem Irakkrieg 2006 hingerichtet wurde, feierten die Schiiten überbordend, die nun im Land die Macht hatten. Als sunnitische Bastion blieb Saudi-Arabien bestehen. Dessen sklerotisches Königshaus spielt in den neuen Nahost-Konflikten und im syrischen Bürgerkrieg, der religiös durchfurcht ist, eine mindestens ebenso unrühmliche Rolle wie alle anderen Beteiligten.

FUNDAMENTALISTISCHE HERAUSFORDERUNG

Die erste Machtübernahme von fanatischen Islamisten gelang den Taliban in Afghanistan 1996. Im Kalten Krieg wurde dort Religion gegen den Kommunismus und die sowjetische Invasion, die 1979 stattgefunden hatte, ins Feld geführt. »Fundamentalismus« ist ein an sich problematischer Begriff und bezeichnet im christlichen Kontext die theologische Position, wonach die Heilige Schrift wörtlich verstanden werden müsse. Er ist also keine Eigenschaft, die nur auf den Islam zutrifft. Dort jedoch stellt er eine Ideologie dar, die in der Auseinandersetzung mit westlichen Weltanschauungen formuliert wurde. Er setzt den Islam als Lebens- und Staatsordnung absolut, negiert die Volkssouveränität, platziert an deren Stelle die »Gottessouveränität« und versucht die Gesellschaft ganzheitlich zu durchdringen. Seine Potenziale sind auch Fanatismus und Gewaltbereitschaft.

Immer, wenn das rechte Bekenntnis mit der Zugehörigkeit zur eigenen Nation identifiziert wurde, kam es zu gewaltsamen Konflikten. Sie konnten auch in Europa liegen, wie der irische Bürgerkrieg zwischen katholischen Nationalisten und protestantischen Unionisten zeigt. In den USA kam es seit dem letzten Drittel des 20. Jahrhunderts zu einer Renaissance des Religiösen in Gestalt der fundamentalistischen Evangelikalen. Eine multireligiös geprägte Gesellschaftsordnung provozierte offenbar den Widerspruch bibelfester Christen. In demographisch dynamischen Ländern in Afrika wurde die unheimliche Verbindung zwischen Religion und Politik ebenfalls deutlich. Das Phänomen der Megakirchen hing auch mit Armut und Perspektivlosigkeit zusammen. Aber auch dies gehört zur Kraft der Religion: Die kommunistischen Länder im 20. Jahrhundert waren zu einem beträchtlichen Anteil antireligiös, »Kirchenkampf« gehörte zur Staatsdoktrin, doch aller Repression zum Trotz konnte der Glauben nicht »ausgemerzt« werden. Und kaum etwas ärgert die diktatorischen Machthaber in

Peking so effizient wie der Dalai Lama und die Forderung nach Religionsfreiheit in Tibet.

Eignen sich monotheistische Religionen besonders gut für Hasspropaganda und die Abgrenzung von Anderen? Auf der schwarzen Fahne des IS, der seit dem ersten Jahrzehnt des 21. Jahrhunderts den Nahen Osten überzieht, prangt das Glaubensbekenntnis des Islam: »Es gibt keinen Gott außer Allah«, steht dort. Das Christentum rühmt sich mittlerweile zwar seiner Toleranz. Doch im Sch'ma Israel wurde noch etwas ganz Ähnliches formuliert: »Jahwe unser Gott ist einzig« (Dtn 6,4). Auf den Ägyptologen Jan Assmann geht das Konzept der »mosaischen Unterscheidung« zurück. Es basiert auf einer klaren Antithese zwischen einem exklusiven und deshalb intoleranten, ja die Gewalt fördernden Gott auf der einen Seite und einander gegenseitig mit Respekt begegnenden vielen Göttern auf der anderen Seite.[20] Diese These hat einiges für sich. Jedoch erscheint das Konzept insgesamt holzschnittartig. Auch Gesellschaften mit polytheistischen Traditionen, so wird eingewendet, waren vor religiösen Gewaltexzessen nicht gefeit. Man kann dafür auf Indien verweisen: Hindu-Nationalisten spielten hier nicht erst seit der Ermordung Mahatma Gandhis 1948 eine verhängnisvolle Rolle, sondern auch in der Zeit davor und danach.

Fundamentalistische Bewegungen, ob christliche, jüdische oder islamische, gewannen ihre Dynamik aus der Kritik der Moderne. Je unsicherer und unübersichtlicher die Welt wurde, desto stärker stieg der Bedarf an einem geschlossenen Weltbild. In einer Welt dynamisch beschleunigten Wandels faszinierten umso mehr Sicherheit, Verbindlichkeit und Identitätsstiftung. Religionen vermögen, die rationale Welt zu verzaubern und Krisen zu kompensieren. Religiöse Lebensentwürfe stiften Halt, fördern die Mitmenschlichkeit und können viel Gutes bewirken. Aber sie können auch Schlechtes herbeiführen, indem sie Absolutheitsansprüche formulieren und die Kultur der Toleranz zu ihrem Feind erklären. Wenn sich Religion und Politik verbinden und theokratische Utopien mit politischen zusammenschließen, um Machtansprüche durchzusetzen, wurde es immer gefährlich. Die Folge waren »Kreuzzüge«, »Heilige Kriege« oder die Umdeutung des »Dschihad«, was ursprünglich lediglich »Bemühung« hieß in einen »Kampf gegen Ungläubige«. Alles in allem entstanden so manichäistische Kampfansagen des jeweils Guten gegen das jeweils Böse – das gilt von den ersten Kriegen des 20. Jahrhunderts bis zu den letzten. Aber Kriege waren niemals heilig, sondern wurden von Menschen für heilig erklärt.

Im Westen regte die fundamentalistische Herausforderung unzählige Debatten an und rief quer durch die Geistes- und Sozialwissenschaften verschiedene Antworten hervor. Bekannt geworden sind vor allem die Überlegungen des deutschen Philosophen Jürgen Habermas, die er anlässlich der Verleihung des renommierten Friedenspreises des deutschen Buchhandels 2001 erstmals präsentierte.[21] Habermas revidierte die Überzeugung vieler Intellektueller, auch seine eigene, wonach die Säkularisierung ein linearer, ständig fortschreitender Prozess sei, geknüpft an Kategorien wie »Moderne« und »Fortschritt«. Auch die konservativ-pessimistische Sicht der Säkularisierung als Verfall und Entwertung religiöser Traditionen war unzutreffend. Die erwartete Gottlosigkeit trat nicht ein. Vielmehr konnten die Weltreligionen im 20. Jahrhundert trotz Industrialisierung, Urbanisierung und Bildungsrevolution ihre Bedeutung noch steigern. Auch in modernen Lebenswelten richteten sich religiöse Gemeinschaften ein und erhielten sich. Deshalb sprach Habermas von einem dauerhaften Nebeneinander von säkularen und religiösen Vorstellungen. Die von ihm so bezeichnete »postsäkulare Gesellschaft« ist eine, »die sich auf das Fortbestehen religiöser Gemeinschaften in einer sich fortwährend säkularisierenden Umgebung einstellt«. So wurde Religion am Übergang zum 21. Jahrhundert nicht allein als sinnstiftende moralische Quelle moderner Gesellschaften wiederentdeckt. Sie galt vielmehr sogar als Bündnispartner an zwei Fronten: einerseits im Kampf gegen eine einseitig säkularisierte und damit entkräftete Moderne und andererseits im Kampf gegen den Fundamentalismus, der pluralistische Gesellschaften bedrohte. Letzterer wirkte sich auch auf die Verbreitung von Bildung und Wissen aus – indem er beides beeinträchtigte. Ist die Menschheit dennoch immer »wissender« geworden? Dies ist die Leitfrage des folgenden Kapitels.

12.
WISSEN UND ANALPHABETISMUS

Ein Dilemma der Moderne

Hört zu!
Motto der mexikanischen Kampagne von 1944, bei der alle Lese- und Schreibkundigen aufgefordert wurden, einer anderen Person das Lesen und Schreiben beizubringen[1]

▲▲▼▲

Wenn das Bildungswesen versagt, ist die ganze Gesellschaft in ihrem Bestand bedroht.
Georg Picht, Die deutsche Bildungskatastrophe, 1964[2]

▲▲▼▲

Bildung ist Bürgerrecht
Ralf Dahrendorf, 1965[3]

▲▲▼▲

Mathematik: 1. Hong-Kong, 2. Japan, 3. Südkorea
Naturwissenschaften: 1. Südkorea, 2. Japan, 3. Hong-Kong
Lesen: 1. Finnland, 2. Kanada, 3. Neuseeland
Spitzengruppe der PISA-Studie 2000[4]

▲▲▼▲

Als in den westlichen Gesellschaften das Phänomen des »funktionalen Analphabetismus« bekannt wurde (trotz Schulbesuchs zu geringe schriftsprachliche Kenntnisse, um den Anforderungen der eigenen Kultur gerecht zu werden), geriet der Glaube in die gleichsam automatische Alphabetisierungsfunktion des Schulunterrichts ins Wanken.
Historisches Lexikon der Schweiz, 2002[5]

▲▲▼▲

VOM SCHREIBEN UND LESEN

Im letzten Drittel des 19. Jahrhunderts verdreifachten sich die Ausgaben für das Bildungswesen in den westeuropäischen Ländern, in den Niederlanden stiegen sie sogar um das Siebenfache. Es war eine Zeit großer bildungspolitischer Aufbrüche. In Süd- und Osteuropa entwickelte sich das Bildungswesen weniger stark, blieb zurück. Aber in der Mitte und im Norden gab es einen enormen Aufschwung. In der Schweiz wurde die Schulpflicht 1874 eingeführt, in Großbritannien 1880, in Frankreich 1882 und in den Niederlanden 1890. In Deutschland war die Situation angesichts der Kulturhoheit der Länder besonders schwierig und unübersichtlich. 1919 schrieb die Weimarer Verfassung jedoch die allgemeine Schulpflicht schließlich für ganz Deutschland fest. Während des »Dritten Reiches« galt von 1938 bis 1945 das Reichsschulpflichtgesetz. In der Bundesrepublik Deutschland gab es ab 1949 die Schulpflicht für Kinder mit deutscher Staatsangehörigkeit, erst in den 1960er Jahren wurde sie für ausländische Kinder eingeführt. So war man von einheitlichen Entwicklungen weit entfernt und blieb es in einigen Bereichen auch. Immerhin jedoch: Um 1900 war in Westeuropa eine nahezu flächendeckende Alphabetisierung erreicht. Im Norden und Westen konnten fast alle Menschen wenigstens rudimentär lesen und schreiben. In Süd- und Osteuropa hingegen war es nur eine Minderheit. Ein Drittel der Spanier konnte 1938 weder lesen noch schreiben, und wie überall befanden sich unter den Analphabeten mehr Frauen als Männer und deutlich mehr Land- als Stadtbewohner.[6]

Im Grunde gab es nur einen gemeinsamen Trend: Die höhere Bildung blieb überall in Europa lange ein Privileg vermögender Menschen. Eine Bildung über die – mit jeweils nationalen Unterschieden – etwa fünfjährige Volksschule hinaus war vor dem Zweiten Weltkrieg den Wenigsten vorbehalten. Nirgendwo in Europa kamen mehr als fünf Prozent der Kinder eines Jahrgangs über die Elementarbildung hinaus. Die Universitäten blieben ein Hort der

Beharrung und des Konservativen und waren meistens nur Männern zugänglich. Eine Vorreiterrolle hatte die Schweiz inne, hier konnten seit Mitte des 19. Jahrhunderts auch Frauen einige Hochschulen besuchen. Bis zum Ende des Jahrhunderts folgten weitere Länder. Baden war hierbei das Musterland im Deutschen Reich, per Erlass erlaubte der Großherzog, dass ab dem Sommersemester 1900 Frauen an den Landesuniversitäten Heidelberg und Freiburg als ordentliche Studierende und nicht mehr nur als Gasthörerinnen zugelassen wurden. In Bayern durften sich die ersten Frauen ab dem Wintersemester 1903/1904 an den Universitäten immatrikulieren, allerdings blieb ihnen der Weg zur Habilitation und damit zur Professur versagt. Wie sehr sich die innereuropäische Situation jeweils voneinander unterschied, zeigt sich daran, dass die Alphabetisierung noch lange nicht abgeschlossen war. Um 1950 gab es in Portugal noch 44 Prozent Analphabeten in der Bevölkerung, 1991 nur noch zwölf Prozent, in Griechenland waren es in den 1950er Jahren noch 26 Prozent, in den 1990ern nur noch fünf, und in Italien fiel die Rate von 14 Prozent auf null.

In der Neuen Welt tat sich ebenfalls um die Jahrhundertwende herum mehr als je zuvor. Nach dem Ersten Weltkrieg bauten die Amerikaner vor allem ihr Hochschulwesen deutlich aus. Zuvor waren amerikanische Studierende in Scharen nach Europa gekommen, bevorzugt nach Deutschland, wo das viel bewunderte Humboldtsche Ideal der Einheit von Forschung und Lehre vorherrschte und die technischen Hochschulen Weltgeltung beanspruchten. Dieser Trend ließ seit der Zwischenkriegszeit merklich nach. Dank wachsender Wirtschaftskraft und privater Sponsoren konnte in Amerika immer mehr Geld in das Hochschulwesen investiert werden, und so begann in den 1920er Jahren der Aufstieg der amerikanischen Universitäten, deren Überlegenheit das gesamte 20. Jahrhundert andauerte. Erst der 1999 in der italienischen Stadt Bologna von den europäischen Regierungschefs und Bildungsministerien in Gang gesetzte »Bologna-Prozess«[7] war eine Antwort auf die amerikanische Suprematie: Es war ein

Versuch, das Hochschulsystem in Europa von nationalen Schranken zu befreien und zu harmonisieren. In der Tat stellte diese Neuregelung am Ende des 20. Jahrhunderts die tiefgreifendste gesamteuropäische Reform des Bildungswesens dar, die jemals auf den Weg gebracht worden war. So konnte der Rang gewahrt werden: Neben den USA war und blieb Europa der größte globale »Ausbilder«.

ERZIEHUNGSPROJEKTE

In allen Diktaturen galt der »Jugend« das besondere Augenmerk des jeweiligen Regimes. Erziehungsprojekte waren auf den, je nach Art des Regimes, »neuen Menschen« zugeschnitten. Mit der Erziehung und Ausbildung der jungen Generation sollte im Nationalsozialismus das Fundament für die rassistische Volksgemeinschaft der Zukunft errichtet werden. Neben der Schule wurden verschiedene Jugendverbände wie die Hitlerjugend oder der Bund Deutscher Mädel geschaffen. Das nationalsozialistische Erziehungsprojekt sah zudem Eliteeinrichtungen wie die »Nationalpolitische Erziehungsanstalt«, eine Art Internatsoberschule, vor oder die »Ordensburgen«, wo der Parteinachwuchs der NSDAP herangezogen werden sollte, wobei sportliche Betätigungen und körperliche Ertüchtigungsprogramme wichtiger waren als vernunftgeleitetes Denken. Der »neue Mensch« war somit »mehr Muskelmann und heldenhafter bzw. opferbereiter Kämpfer als Geistesmensch«.[8]

»Wer die Jugend hat, hat die Zukunft« – dieses Bonmot, das Napoleon zugeschrieben wird, war auch die Maßgabe in den kommunistischen Diktaturen. In Osteuropa wurden vor allem nach dem Zweiten Weltkrieg große Anstrengungen unternommen, die Elementarbildung zu verbessern. In der Sowjetunion, wo nach dem Ersten Weltkrieg weniger als die Hälfte der Bevölkerung lesen und schreiben konnte, waren es drei Jahrzehnte später über 90 Prozent, und Rumänien, wo es lange Zeit ebenfalls schlecht aussah, hatte seinen Anteil an Analphabeten von einem Viertel 1945 auf nahezu Null in den 1980er Jahren reduziert.

Vergleicht man die Diktaturen, etwa den Nationalsozialismus und das SED-Regime miteinander, so fallen Gemeinsamkeiten, aber auch große Unterschiede auf. Beide Diktaturen vereinheitlichten die Schultypen und zentralisierten die Schulverwaltung. Sie hoben die Bildungshoheit der Länder auf, säuberten den Lehrkörper und ideologisierten die Lehrpläne, um den weltanschaulichen Tenor des Unterrichts zu verändern. Konkurrierende Erziehungsinstanzen wie die Kirchen versuchte man gänzlich auszuschalten. Bildung war nicht Selbstzweck, sondern ein kulturelles Instrument zur Herrschaftssicherung, die weit in die Zukunft hinein geplant wurde. Mit Blick auf die Geschlechter unterschieden sich die nationalsozialistische Diktatur und die kommunistischen Diktaturen jedoch sehr. In der Ideologie des Nationalsozialismus war das Ziel weiblicher Erziehung, die Mädchen auf ihre, wie es hieß, »unverrückbar« kommende Mutterrolle vorzubereiten. Ebenso wie andere kommunistische Regime gab die DDR hingegen vor, Frauen besonders in der Bildung und der beruflichen Qualifizierung zu fördern; so stand es jedenfalls in der Verfassung. Dass mit der Aufhebung traditioneller Unterschiede zwischen Frauen und Männern am Ende oft Doppelbelastungen hervorgerufen wurden, stand auf einem anderen Blatt. Gunilla-Friederike Budde schreibt dazu: »Die in der DDR zur Vereinbarkeit von Mutterschaft und Profession ersonnenen ›Privilegien‹ für Frauen entpuppten sich in mehrfacher Hinsicht als Danaergeschenk. Der DDR-Staat förderte damit auf lange Sicht nicht nur Optionen für hochqualifizierte Frauen, sondern schränkte auch gleichzeitig ihre Karrierechancen ein. ›Vergünstigungen‹ wie Kinderkrippen, ›Sonderstudien‹, ›Hausarbeitstag‹ und ›Babyjahr‹ wirkten zum einen für Akademikerinnen erst mit Verspätung, zum anderen überdies häufig kontraproduktiv. Als Ablehnungsgründe kamen sie den Arbeitgebern zupass, die damit kaum zu Unrecht auf die eingeschränkte Verfügbarkeit der weiblichen Mitarbeiter und damit verbundenen Zumutungen für die übrigen Brigademitglieder verweisen konnten. Als öffentlichkeitswirksames Aushängeschild des paternalistischen Staates, der ›Fürsorgediktatur‹, lancierten sie Akademikerinnen in die Rolle der Sorgenkinder des Sozialismus.«[9]

BILDUNGSREVOLUTIONEN

Überall in Europa war es ähnlich: Um 1970 lag der Anteil derjenigen Jugendlichen, die nicht schon nach der Volksschule das Bildungssystem verließen, je nach Land zwischen 30 und 40 Prozent. Die Bildungsexpansion war eine der einschneidendsten Veränderungen in Europa überhaupt und führte zu einem großen (west-)europäischen Angleichungsprozess zwischen den einzelnen Ländern. Im europäischen Durchschnitt stieg der Anteil der Studenten bei den 20- bis 24-jährigen Menschen von lediglich vier Prozent um das Jahr 1950 herum auf 14 Prozent 1970, 30 Prozent 1990 und über 40 Prozent 1995. Damit lag man in Europa zwar immer noch hinter den USA mit ihrem allerdings schwer vergleichbaren Bildungssystem, wies jedoch ähnliche Raten auf wie asiatische Industriegesellschaften, vor allem Japan. Im Jahr 2000 war der Kontinent eine Gesellschaft von Hochschul- und Fachhochschulabsolventen geworden – diese waren in den jungen Jahrgängen mindestens ebenso häufig vorhanden wie ein halbes Jahrhundert zuvor die Industriearbeiter. Am weitesten ging die Öffnung des Bildungssystems für junge Frauen. Waren um 1950 im europäischen Durchschnitt rund ein Viertel aller Studierenden an Hochschulen Frauen, so waren sie an der Jahrhundertwende sogar in der Überzahl: Mehr als 52 Prozent aller europäischen Studierenden waren weiblichen Geschlechts.

Die Entwicklungen, die von der »Bildungsrevolution« eingeleitet wurden, lassen sich durchaus beispielhaft an der Bundesrepublik Deutschland aufzeigen.[10] Niemand vermag den Beitrag der Bildungsexpansion zu den Veränderungen in Gesellschaft und

Wirtschaft ganz exakt zu bestimmen, aber dass er enorm war, steht außer Zweifel. Ebenso unstreitig dürfte sein, dass diese gewaltige Expansion – die teilweise noch althergebrachte Positionen der einzelnen in der sozialen und materiellen Hierarchie durcheinanderwirbelte, neue Aufstiegs- und Lebenschancen, kurz eine soziale Mobilität eröffnete – ihrerseits wiederum auf Lebensweisen, Mentalitäten und Einstellungen zurückwirkte. Und schließlich ist dieser Prozess geeignet, mit einem Missverständnis aufzuräumen, indem er augenfällig macht: Gesellschaften wandeln sich nicht von allein, und Veränderungen sind nicht einfach eingetreten, sondern werden »gemacht«. Sie sind Resultate gesellschaftlicher und politischer Debatten und Entscheidungen, Produkte neuer Erfahrungen und ihrer jeweiligen Verarbeitung.

Dies zeigte sich schon in den Ursprüngen und Ursachen der Bildungsexpansion, die weit über Westdeutschland hinausreichen. Der in den Vereinigten Staaten durch den »Sputnik-Schock« des Jahres 1957 ausgelöste Ruf nach besserer und mehr höherer Bildung drang auch nach Europa. Ein zunehmender Bedarf an Bildung war gleichermaßen Produkt und Triebkraft der sich immer schneller entfaltenden wissenschaftlich-technischen Zivilisation und einer gesellschaftlichen Modernisierung, die der amerikanische Soziologe Daniel Bell auf den Begriff »nachindustrielle Wissensgesellschaft« brachte.[11] Bildung war wichtiges »Humankapital«. Aus dem spezifischen Blickwinkel der 1960er Jahre kam noch ein weiterer Aspekt hinzu: die alles überwölbende Systemauseinandersetzung. Hier sollte der Sieg im Kalten Krieg auch auf dem Feld der Bildung errungen werden. Doch gegenüber anderen Industrienationen in West und Ost war gerade die Bundesrepublik Deutschland offensichtlich in einen dramatischen Rückstand geraten. Jedenfalls herrschte blankes Entsetzen, als die OECD Anfang der 1960er Jahre Westdeutschland ein überaus bescheidenes höheres geistiges Potenzial, ja eine Bildungsmisere bescheinigte: Nach den zugrunde gelegten Parametern von Vorschulerziehung, Schulklassengröße, Qualität des Systems der Berufsausbildung, Abiturienten- und

Studentenzahlen rangierte das Land nicht nur im europäischen Vergleich weit abgeschlagen, sondern auch im weltweiten, wo die Bundesrepublik auf der gleichen Stufe wie das erst kürzlich souverän gewordene Uganda verortet wurde.[12]

Dieser somit schon länger von außen attestierte Bildungsnotstand erreichte mit seiner ganzen Wucht das öffentliche Bewusstsein, als der Heidelberger Religionsphilosoph und Bildungsexperte Georg Picht 1964 von der »deutschen Bildungskatastrophe« sprach.[13] Der Kassandraruf beruhte auf Daten, welche die westdeutschen Kultusminister 1963 vorgelegt hatten. Um den ökonomischen Niedergang der Bundesrepublik in letzter Minute noch abzuwenden, forderte Picht eine Verdoppelung der Abiturientenzahlen und der Lehrer sowie eine Expansion der Universitäten. Für die meisten Westdeutschen, die ihre Identität in erster Linie aus der prosperierenden Wirtschaft zogen, hatte Picht den Nerv der Zeit getroffen. Aus einem anderen Blickwinkel – einem nicht rein ökonomischen, vielmehr emanzipatorischen und demokratietheoretischen – stieß einer der seinerzeit bedeutendsten jüngeren Intellektuellen und bildungspolitischen Ideengeber, Ralf Dahrendorf, in das gleiche Horn: Bildung bedeutete für ihn ein Bürgerrecht im Sinne eines sozialen Grundrechts.

Bald mündeten die ausgiebigen Reformdebatten in intensive staatliche Reformanstrengungen. Bildungspolitik wurde zu einer zentralen, wenn auch nicht immer mit gleichbleibender Intensität verfolgten, politischen und gesellschaftlichen Anstrengung. Zum Deutschen Bildungsrat und zum Wissenschaftsrat, die beide schon 1957 gegründet worden waren, kamen weitere beratende, planende und zwischen Bund und Ländern koordinierende Institutionen hinzu, unter anderen die Bund-Länder-Kommission für Bildungsplanung und die Ständige Konferenz der Kultusminister der Länder. Nicht nur Bildungsplanung gedieh, sondern ebenso Bildungsforschung, Bildungsökonomie, Bildungssoziologie, wobei der Scheitelpunkt Anfang der 1970er Jahre erreicht wurde. Aber was konnte »Demokratisierung der Bildung« heißen? Dass die geringe Durchlässigkeit des dreigliedrigen Schulsystems behoben werden müsse? Dass Begabung entfaltbar sei? Dass man fördern statt auslesen müsse? Dass eine bedarfsorientierte Bildungspolitik der Vergangenheit angehören müsse und sich die Bildungsexpansion aus eigenem Recht, unabhängig von den Entwicklungen des Beschäftigungssystems, zu legitimieren habe? Die Fragen zeigen: Streitpunkte waren programmiert; aber sie wurden zunächst überlagert von der Notwendigkeit zu handeln.

Der Blick auf einige Zahlen verdeutlicht die atemberaubenden Entwicklungen. Von 1963 bis 1975 stiegen die finanziellen Aufwendungen für Bildung um rund 46,5 Milliarden DM an. Die Zahl der Gymnasiasten nahm zwischen 1960 und 1970 um 526 100 zu, die der Realschüler um 432 800. »Begabtenreserven« sah man vor allem in der Gruppe der bisher benachteiligten Arbeiterkinder, weil hier, wie in allen Schichten, der Bildungsweg der Eltern die wichtigste Determinante für den Bildungsweg der Kinder darstellte. Um schichtenspezifische Benachteiligungen zu kompensieren, sollten Vorschulen und Kindergärten ausgebaut werden, ein Bereich, in dem die Bundesrepublik im internationalen Vergleich besonders schlecht abschnitt. Neben der sozialen Schicht beeinflussten Geschlecht und Konfession die Qualifizierung mehr, als viele bis dahin angenommen hatten. Extrem schlechte Chancen auf Bildung hatten katholische Mädchen in ländlichen Regionen Bayerns, wo Mitte der 1960er Jahre noch häufig sehr kleine Bekenntnisschulen vorherrschten.[14] Die Studierendenzahlen verdoppelten sich im Zeitraum vom Ende der 1950er Jahre bis 1970 auf 511 000, im Jahr 1980 überschritten sie die Millionengrenze, womit noch immer kein Ende der Expansion eingetreten war.[15] Am meisten profitierten Kinder mittlerer Angestelltenschichten von den Reformen und vor allem Frauen. Der Frauenanteil unter den Studierenden an Universitäten lag 1960 bei 28 Prozent, 1975 bei 36 Prozent und 1989 bei 41 Prozent.[16] Seit der Jahrtausendwende studierten mehr Frauen als Männer. Ähnlich expansive Entwicklungen zeigen sich im Bereich des Lehrpersonals für alle Formen von Schulen und Hochschulen.

Die positiven gesellschaftlichen und sozialstrukturellen Folgen der Bildungsexpansion dürfen nicht gering geachtet werden. Man konnte sie auf die Begriffe »Demokratisierung« – mit Blick auf die Chancenverteilung –, »Pluralisierung« – mit Blick auf den Wertebereich –, und »Emanzipation« – mit Blick auf eine Verringerung der sozialen Unterschiede zwischen den Geschlechtern – bringen. Außerdem wirkte sich der Qualifikationsschub, der ja bis in das Gebiet der Weiterbildung hineinreichte, längerfristig auf die Produktivität und Kreativität aus. Diese Entwicklung teilte die Bundesrepublik Deutschland mit anderen Industrienationen.

LESE- UND SCHREIBFÄHIGKEIT GLOBAL

Was für die Industriegesellschaften so gut aussieht, erhält einen großen Dämpfer, wenn die Situation global betrachtet wird. Weltweit nahm der Prozentsatz der Analphabeten nämlich kaum ab. Waren es um 1950 bis zu 45 Prozent aller Menschen, die weder lesen noch schreiben konnten, so waren es 1962 immer noch bis zu 43 Prozent. Am schlimmsten war die Lage in Afrika und in den arabischen Staaten – jeweils um die 80 Prozent der dort lebenden Menschen waren Analphabeten. Die Bildungskrise in der »Dritten Welt« durchzog das gesamte 20. Jahrhundert. Nach einer weithin akzeptierten Definition der UNESCO aus dem Jahr 1978 kann eine Person als analphabetisch oder illiterat gelten, die nicht in der Lage ist, eine kurze, einfache Bemerkung über ihr Alltagsleben verstehend zu lesen oder zu schreiben. Dabei wird zwischen primärem und sekundärem Analphabetismus unterschieden. Primär illiterat sind Menschen, die in ihrer Kindheit und Jugend keinerlei Gelegenheit hatten, lesen und schreiben zu lernen; sekundäre Analphabeten haben diese beiden Kulturtechniken zwar in der Schule gelernt, jedoch diese Kenntnisse nicht stabilisieren können und verloren sie so angesichts ihrer Lebensumstände wieder.[17]

Im Verlauf des 20. Jahrhunderts lassen sich verschiedene Phasen von Versuchen unterscheiden, die »Bildungskrise« in der »Dritten Welt« zu beheben. In der Kolonialzeit der 1930er und 1940er Jahre waren es vor allem Missionare wie der Amerikaner Frank C. Laubach und der Schreib-Lese-Methodiker William S. Gray, die erste Alphabetisierungsprogramme starteten. Nach dem Zweiten Weltkrieg nahm die UNESCO die Initiativen in ihre Hände, und mit der Weltkonferenz der Bildungsminister in Teheran 1965 über die »Ausrottung des Analphabetismus« begann eine Epoche, die Bildung als Stimulus für ökonomischen Wachstum betrachtete. Ein Jahrzehnt später rückte man von der einseitigen ökonomischen Begründung wieder ab und unterstrich die auf eine individuelle Persönlichkeitsentwicklung bezogene Bedeutung von »Literacy«. Am Ende des Jahrhunderts lag die Aufmerksamkeit schließlich darauf, dass die Menschen dauerhaft lesen und schreiben konnten und es im Laufe ihres Lebens nicht wieder verlernten.

Immer wieder waren Analphabetisierungskampagnen des 20. Jahrhunderts in revolutionäre Bewegungen eingebunden und verfolgten das Ziel, eine neue politische Kultur zu installieren und die wirtschaftliche Entwicklung zu forcieren. Das war in Sowjetrussland nach 1917 so, galt in Vietnam und China nach dem Zweiten Weltkrieg, in Kuba nach der Revolution von 1959, aber auch in Tansania nach 1967 und Nicaragua nach 1979. Überall setzten antikoloniale Bewegungen auf eine soziale Mobilisierung mittels Bildung und Wissen. Im Zuge der Entkolonialisierung nahm vor allem die sowjetische Bildungsförderung stark zu. Asiatische und afrikanische Studenten wurden vor Ort, in der UdSSR, ausgebildet. Diese Zusammenarbeit im Kalten Krieg mobilisierte unzählige Studenten, Professoren, Staatsbeamte und Spezialisten. So entstand ein engmaschiges Netzwerk aus Kultur- und Bildungseinrichtungen, das einen Wissenstransfer vom sozialistischen Osten in den postkolonialen Süden gewährleisten sollte. Es war als ein Export des sozialistischen Modells der Modernisierung gedacht.

Obwohl die Analphabetenrate weltweit im Laufe des 20. Jahrhunderts prozentual gesunken ist, stiegen die absoluten Zahlen an.

Mitte der 1980er Jahre waren 965 Millionen erwachsene Menschen des Lesens und Schreibens nicht mächtig, und in zehn Entwicklungsländern lebten 73 Prozent aller Analphabeten der Welt. Besonders bedrückend war dabei die Geschlechterungleichheit. Mädchen und Frauen waren weitaus häufiger vom Analphabetismus betroffen, in einigen asiatischen und afrikanischen Ländern machten sie über 80 Prozent der Illiteraten aus. Die durchschnittliche Alphabetisierungsrate im subsaharischen Afrika lag 1970 bei 27 Prozent und hatte sich bis 1994 mit 56 Prozent fast dem Durchschnitt aller Entwicklungsländer angenähert, der 64 Prozent betrug. Doch blickt man genauer hin, offenbaren sich extreme Unterschiede: Erreichten Länder wie Kenia oder Sambia Alphabetisierungsquoten von über 77 Prozent der Gesamtbevölkerung, so waren es in islamisch geprägten Ländern wie Niger oder Burkina Faso lediglich 13 bzw. 19 Prozent. Nicht allein das Stadt-Land-Gefälle war erheblich, sondern vor allem der Unterschied zwischen Männern und Frauen. Im afrikanischen Durchschnitt wiesen Mädchen und Frauen noch im Jahr 1994 über ein Viertel geringere Raten auf als Jungen und Männer. Generell wurden Mädchen im Vergleich zu Jungen seltener eingeschult, schieden früher aus der Schule aus und hatten viel geringere Chancen, weiterführende Bildungseinrichtungen zu besuchen. Besonders groß waren die Disparitäten im Sekundarschulbereich. In Benin, der Elfenbeinküste, Äthiopien, Guinea, Mali und Togo kamen in den 1990er Jahren im Schnitt auf 100 in eine Sekundarschule eintretende Jungen nur etwa 60 Mädchen.[18] Verantwortlich für diese Chancenungleichheit waren verschiedene Faktoren, an erster Stelle soziokulturelle, denn der Mädchen- und Frauenbildung standen festverankerte Traditionen und religiöse Anschauungen entgegen. Mädchen mussten viel früher als Jungen heiraten, und spätestens mit der ersten Schwangerschaft endete für sie auf familiären Druck hin der Schulbesuch oder sie wurden sogar der Schule verwiesen. Ökonomische Faktoren kamen hinzu. So waren Mädchen überproportional die Leidtragenden, wenn Armut oder die Kosten für Schulgebühren und -materialien einem Schulbesuch entgegenstanden. Dass im subsaharischen Afrika 60 Prozent der HIV-Erkrankten Menschen weiblichen Geschlechts waren, verschlimmerte die Lage noch zusätzlich, und schließlich weigerten sich Mädchen manchmal von sich aus, in die Schule zu gehen, weil sie dort häufig körperliche oder sexuelle Gewalt erleben mussten.

In den arabischen Staaten gab es widersprüchliche Entwicklungen. Auch hier konkurrieren oder interagieren drei überkommene Bildungstraditionen miteinander: autochthon afrikanische, die islamische und, als Erbe der Kolonialzeit, die europäisch-westliche. In den arabischen Ländern, die aus dem Osmanischen Reich hervorgegangen waren, spielte die religiöse Bildung eine erhebliche Rolle. Die Wachstumsrate der Universitäten war hoch, die Zugangschancen zum Bildungssektor stiegen, die neuen Bildungschancen für Frauen wurden jedoch oftmals gesellschaftlich abgebremst. 1950 gab es im arabischen Raum erst zehn Universitäten, 1995 bereits 152. In fast allen Staaten erhöhte sich in diesem Zeitraum der Frauenanteil deutlich, besonders in den Golfstaaten. Dies hatte jedoch gesellschaftlich nur einen geringen »Mehrwert«, da den Frauen viele Berufe in Wirtschaft und Handel verwehrt blieben. Ganz anders stellte sich die Situation in der Türkei dar. Trotz der oftmals stereotypen Darstellung von Rückständigkeit, wie sie in den westlichen Medien oft vorkam, bekleidete das Land eine beispielhafte Spitzenposition in der Beteiligung von Frauen in der Wissenschaft. Ein Viertel aller professoralen Spitzenpositionen waren um die Jahrtausendwende von Frauen besetzt.[19]

WISSEN UND MACHT
AM ENDE DES JAHRHUNDERTS

Bei den PISA-Studien im Jahr 2000 schnitten die drei daran teilnehmenden lateinamerikanischen Länder Brasilien, Mexiko und Uruguay besonders schlecht ab, wohingegen die asiatischen Länder Hong-Kong (China), Japan und Südkorea die Spitzenplätze belegten. Solche internationalen Schulvergleiche hatte es seit den 1960er Jahren gegeben. Das Akronym PISA bedeutet »Program for International Student Assessment« (Programm zur internationalen Schülerbewertung), und der Vergleich zwischen 32 Ländern hatte auch für Deutschland recht blamable Ergebnisse gebracht. Die drittgrößte Industrienation der Welt landete insgesamt auf Platz 22. Fast jeder vierte 15-Jährige konnte nur auf Grundschulniveau lesen und Texte verstehen. Der Abstand zwischen den Leistungen einzelner Schulen war nirgendwo sonst auf der Welt dermaßen groß wie hier, und nirgendwo sonst ging die Schere zwischen guten und schlechten Schülern so weit auseinander. Deutschland erhielt von den Organisatoren der Studie in puncto Chancengleichheit die Note »ungenügend« – in keinem anderen Land der Erde war der schulische Erfolg in einem solchen Maße an die soziale Herkunft gekoppelt wie in der Bundesrepublik.[20] Die Illusion, über eines der besten Schulsysteme der Welt zu verfügen, zerplatze, und das Land der Dichter und Denker, das sich so behaglich eingerichtet hatte, blickte auf das Titelblatt des Nachrichtenmagazins *Der Spiegel*, auf dem eine schlichte, aber fast schon rhetorische Frage prangte: »Sind deutsche Schüler doof?«[21] Natürlich waren die Ergebnisse umstritten, und die Messungen der Leistungen auf einer recht willkürlichen Punkteskala zogen massive Kritik auf sich.

Doch was die Bildungsleistungen einzelner Staaten anbelangte, so legte die Studie tatsächlich den Finger in die Wunde – und zwar rund um die Welt. In Lateinamerika beispielsweise war die Lesekompetenz sehr schlecht und das durchschnittliche Bildungsniveau nicht hoch. Auch die weiterführenden Schulen und Hochschulen wurden den Anforderungen einer Wissensgesellschaft kaum gerecht. Das lag im Wesentlichen daran, dass sich in sämtlichen Ländern Südamerikas über viele Jahrzehnte eine ähnliche Entwicklung vollzogen hatte: Die Eliten betrieben hier mehr als irgendwo sonst auf der Welt exklusive Privatschulen, während der öffentliche Schulsektor erbärmlich darniederlag. Die asiatischen Gesellschaften wiederum hatten in den Vergleichstests stets die Nase vorn, was weltweit Staunen erregte und auch Neid hervorrief. Manche im Westen sahen, wie im 19. Jahrhundert, schon wieder eine »gelbe Gefahr« heraufziehen.[22] Didaktiker aus Europa und den USA bemühten sich sehr schnell, diese herausragenden Leistungen in Asien nicht auf bessere Schulformen zurückzuführen, sondern auf eine andere, häufig autoritäre Lernkultur, insgesamt mehr Unterricht und durchorganisierte Lehrkonzepte. Die exzellenten Leistungen würden, so die Kritik, mit einem Verlust der Kindheit bezahlt.

Wie man es auch dreht und wendet: Autoritär verfasste Gesellschaften mit festen Hierarchien schienen besser für eine Wissensgesellschaft gerüstet zu sein. Doch dieser Eindruck konnte auch täuschen. Der Zusammenhang von Wissen und Macht war seit jeher evident und genauso die Verteilung von Lebenschancen über Wissen und Bildung. Die Unterdrückung nicht gewünschten Wissens schritt in der Informationsgesellschaft voran, und dass störende Internetseiten von bestimmten politischen Regimen gesperrt wurden, war am Übergang zum 21. Jahrhundert an der Tagesordnung.

Die Wissens- und Informationsgesellschaft hat vor allem im letzten Drittel des 20. Jahrhunderts einen tiefgreifenden Gesellschaftswandel bewirkt, allein schon deshalb, weil wissensbasierte Tätigkeiten beständig zugenommen haben. Natürlich waren Gesellschaften seit jeher wissensbasiert; dies ist eine anthropologische Konstante. Doch die Bedeutung von Wissenschaft und Technik, aber auch grundlegender Kulturtechniken wie Lesen und Schreiben war für die Ökonomie, Politik und Sozialstruktur nie größer als im 20. Jahrhundert. Das traf für sämtliche Lebensbereiche zu. »Ein Rückblick auf das abgelaufene Jahrhundert zeigt«, so schreibt Margit Szöllösi-Janze, »wie nachhaltig wissenschaftliches Wissen sowohl die persönliche Lebensführung als auch die Funktionsweisen von Politik, Wirtschaft und Gesellschaft prägt. Ehe, Familie und Erziehung sind in höchstem Maße ›soziologisiert‹ und ›psychologisiert.«[23] Nachindustrielle Gesellschaften waren (und sind) Wissensgesellschaften; das Wissen prägt die Faktoren der Wirtschaft und formt die Grundlagen politischer Entscheidungen aus.

Gegen Ende des 20. Jahrhunderts ruhten deshalb nicht zu Unrecht die Hoffnungen auf den globalen Wissenswelten. Wissen war dabei mehr als »nur« reine Information. Man konnte es als ein Handlungsvermögen auffassen, das in die jeweilige soziale Umwelt eingebettet war. Da Wissen als öffentliches Gut schlechthin galt, waren viele internationale Organisationen zuversichtlich, dass die Verbreitung von Wissen weltweit wie eine gewaltige, vielversprechende Aufklärungsmaßnahme wirke und so eine sich immer mehr angleichende »Weltwissensgesellschaft« entstehen könne. Diese Erwartung rief jedenfalls der Weltbank-Bericht »Knowledge for Development« aus dem Jahr 1999 hervor. Ein geschärfter Blick auf die historisch gewachsenen Eigenarten des globalen Wissenstransfers relativierte allerdings diese optimistische Sicht. Zum einen unterschieden sich Wissensproduzenten von Wissenskonsumenten fundamental; und zum anderen ermöglichten die modernen Kommunikationstechnologien zwar einen leichteren Zugang zum Wissen, doch waren die Standards höchst unterschiedlich, und von einer offenen Zugriffsmöglichkeit auf das Wissen war die Weltgesellschaft weit entfernt. So hatten am Ende der 1990er Jahre in den Vereinigen Staaten von Amerika rund drei Viertel und in Europa etwa die Hälfte der Bevölkerung Zugang zum Internet, in den weit bevölkerungsstärkeren Kontinenten Asien und Afrika betrug der Wert jedoch lediglich 15 bzw. fünf Prozent. Von einer Anbindung an den weltweiten Wissensaustausch konnte für die meisten Teile Afrikas nicht die Rede sein. Darüber hinaus herrschte eine Art von kulturellem Imperialismus vor, da die Produzenten von Wissen zu großen Teilen in westlichen Staaten, Organisationen oder Firmen saßen. Dies barg die Gefahr, dass viele lokale, regionale oder nationale kulturelle Erzeugnisse, aber auch lokales Wissen – man könnte auch schlicht sagen: ein Erfahrungsschatz zur Lösung spezifischer Probleme vor Ort – einfach verloren gingen oder angesichts massiven Drucks verdrängt wurden. Damit Wissen überhaupt einen globalen Charakter annehmen könnte, so argumentierten die Befürworter der globalen Wissenswelten, müsste man es auf der Allmende belassen. Es müsste also ein ungeteiltes, gemeinsam genutztes Eigentum sein. Jedoch gab es kulturübergreifend schwerwiegende Vorurteile gegenüber einem solch unbeschränkten Zugang. Und viel grundsätzlicher noch musste man sich fragen, ob die dominierende westliche Wissenswelt, die sich unter spezifischen historischen Bedingungen entfaltet hatte, überhaupt fähig war, weltweit übertragen zu werden. War die in Europa seit der Aufklärung weitgehend vollzogene Trennung von wissenschaftlichem und spirituellem Weltbild geeignet, ein globales Muster abzugeben? Zudem konnten auch moralische Schwierigkeiten in Bezug auf eine globale Verbreitung von Wissen auftreten: Einmal vorhandenes problematisches oder gefahrvolles Wissen – etwa die Atom- oder Genforschung – ließ sich kaum mehr einhegen, zumal dann nicht, wenn sich dieser Wissenstransfer zwischen unterschiedlichen Kultur- und Rechtsräumen vollzog.

Die Schere zwischen den beiden Schneiden »Analphabetismus und Wissen« hatte sich weit geöffnet. Während in vielen Teilen der Welt am Ende des Jahrhunderts weiterhin hohe Analphabetismusraten vorherrschten und Wissen erst mühsam erworben werden musste, vollzog sich in nachindustriellen Gesellschaften etwas Gegenläufiges: Es bildeten sich soziale Praktiken des Nichtwissens aus. Ein Zweig davon war das aktive Nichtwissen – eine Art Abwehr gegen die Überforderung durch zu viel Wissen. Damit konnte mehreres gemeint sein. Darunter auch jenes Phänomen, dass ein Schutz vor bedrückendem Wissen nötig war, zum Beispiel im medizinischen Bereich, um Heilungschancen zu erhöhen. Aber gemeint sein konnte auch ein allgemeines Zurückweisen von »Erkenntnissen«, um negative Effekte von Wissen zu vermeiden.[24] So prägten moderne Gesellschaften zum Beispiel verschiedene als legitim wahrgenommene Arten und Praktiken der Anonymisierung und Geheimhaltung aus, etwa die ärztliche Schweigepflicht, anonyme sozialwissenschaftliche Befragungen oder anonymisierte Bewerbungsverfahren, in denen Angaben über Alter und Geschlecht usw. fehlen. Damit sollte wissensbasierte Diskriminierung vermieden und eine höhere Gerechtigkeit durch Nichtwissen gewonnen werden. Nichtwissen bedeutete in solchen Fällen also nicht Ignoranz, sondern konnte als reflektierte und rationale Reaktion auf Probleme gewertet werden, die in der Wissensdynamik moderner Gesellschaften gründeten.

TEIL 4:
DIE ÖKONOMIE ALS SCHICKSAL

13.
ÜBERBEVÖLKERUNG UND BEVÖLKERUNGSRÜCKGANG

Demographische Fallen

Ich denke ganz kühl daran, das Zentrum der Großstädte niederzureißen und wieder aufzubauen, den schmierigen Gürtel der Vorstädte niederzureißen, diese weiter hinauszuverlegen und an ihre Stelle nach und nach eine freie Schutzzone zu setzen, die zur gegebenen Zeit (bei Anwachsen der Bevölkerung) völlige Bewegungsfreiheit bietet.
Der Architekt Le Corbusier zur Raumnot in Großstädten, 1925[1]

▲▲▼▲

29. August 1927: In Genf eröffnet die World Population Conference, organisiert von der amerikanischen Krankenschwester und Frauenrechtlerin Margaret Sanger. Die Teilnahme von 123 führenden Wissenschaftlern, Statistikern und Ärzten aus 27 Staaten macht die Konferenz zu einem globalen Ereignis. In seinem Vortrag prognostiziert der amerikanische Biologe Raymond Pearl eine Stabilisierung der Weltbevölkerung. Noch im selben Jahr überschreitet sie erstmals die Zwei-Milliarden-Grenze.
»World Population Problems«, The Times, 1. September 1927[2]

▲▲▼▲

Einst war die Stadt Symbol einer ganzen Welt. Heute ist die ganze Welt in vieler Hinsicht Stadt geworden.
Lewis Mumford, Stadthistoriker, 1961[3]

▲▲▼▲

Die bittere Pille des Papstes. Wenige Jahre nach Markteinführung der Antibabypille verbietet Papst Paul VI. in der Enzyklika *Humanae Vitae*, bald als

»Pillenenzyklika« bekannt, den Gläubigen seiner Kirche jegliche »künstliche Geburtenregelung«.
Rhona Churchill, »The Pope's bitter Pill«, 30. Juli 1968[4]

▲▲▼▲

Mehr Sex – weniger Babys: Sterben die Deutschen aus?
Titelgeschichte, Der Spiegel, 24. März 1975[5]

▲▲▼▲

SECHS MILLIARDEN MENSCHEN

Die Vereinten Nationen erklärten den 12. Oktober 1999 zum »Day of Six Billion«. Zwei Monate vor der Jahrtausendwende erreichte die Weltbevölkerungsuhr im Foyer des New Yorker Hauptsitzes die Sechs-Milliarden-Schwelle, eine Verdopplung in nur vier Jahrzehnten. Um Mitternacht besuchte UN-Generalsekretär Kofi Annan ein Krankenhaus in Sarajevo und erklärte den um 12:01 Uhr geborenen Adnan Mević symbolisch zum sechsmilliardsten Menschen. Die Geburt des Flüchtlingsjungen, so Annan, solle »einen Weg der Toleranz und der Verständigung aller Menschen aufzeigen«.[6]

Im langen Zeitraum von Christi Geburt bis zum letzten Drittel des 19. Jahrhunderts verdoppelte sich die Weltbevölkerung von einer halben auf eine ganze Milliarde Menschen. Diese Zahl war vermutlich gegen 1880 erreicht. Das war im Vergleich zu dem, was das 20. Jahrhundert bieten sollte, nicht sonderlich beeindruckend. Diese erste Milliarde war am schwersten zu erlangen, viele Tausend Jahre benötigte die Menschheit dazu. Danach wurden die Zeiträume immer kürzer, alles ging immer schneller: Um 1900 lebten bereits 1,6 Milliarden Menschen auf der Erde, 1925 war die Weltbevölkerung schon auf zwei Milliarden angestiegen, 1960 auf drei Milliarden, 1974 lebten vier, 1987 fünf und im Jahr 2000 6,1 Milliarden Menschen auf der Welt. Insgesamt hatte sich die Weltbevölkerung in einem einzigen Jahrhundert, dem 20., nahezu vervierfacht. Die Beschleunigung war extrem hoch, die Spannen sind immer kürzer geworden: Zwischen der ersten und der zweiten Milliarde vergingen noch 50 Jahre, zwischen der zweiten und dritten 35, zwischen der dritten und vierten nur noch 14, zwischen der vierten und fünften 13 und zwischen der fünften und sechsten gerade noch zwölf Jahre. Extreme Beschleunigung, anders kann man es nicht bezeichnen.

Dennoch gab es große Unterschiede. Am höchsten lag die jährliche Wachstumsrate der Weltbevölkerung in den Jahren zwischen 1965 und 1970. Damals betrug sie zwei Prozent, gegenwärtig liegt die Rate bei 1,2 Prozent. Am schnellsten wuchs die Bevölkerungszahl seit den 1960er Jahren in den am wenigsten entwickelten Ländern, und am Ende des 20. Jahrhunderts lebten in den armen Ländern der Welt fünfmal so viele Menschen wie in den reichen Ländern. Die Entwicklungsländer verzeichneten in den 1960er Jahren eine durchschnittliche Fertilität von sechs Kindern pro Frau. Aufgrund derart hoher Geburtenraten überschritt ihr Bevölkerungswachstum oft drei Prozent pro Jahr – was zu einer Bevölkerungsverdoppelung in nur 17 Jahren führte.[7]

Man muss diesen Schwindel erregenden Megatrend differenziert betrachten, um zu verstehen, welche dramatische Entwicklung sich im 20. Jahrhundert vollzog. Zu Beginn des 20. Jahrhunderts waren Industrie- und Entwicklungsländer etwa gleich stark am Wachstum der Weltbevölkerung beteiligt. Doch am Ende des Jahrhunderts wuchs die Menschheit zu 98 Prozent in den Entwicklungsländern. Die Bevölkerungsentwicklung ist im 20. Jahrhundert ein so vielschichtiges Problem wie niemals zuvor in der Weltgeschichte. Infolge des medizinischen Fortschritts, der Eindämmung von Epidemien, der gesünderen Ernährung und einer verbesserten Hygiene reduzierte sich in den Industriestaaten seit dem 19. Jahrhundert die Sterberate drastisch, in den Entwicklungsländern setzte dieser Prozess aber erst in den 1960er Jahren ein.

Dieser Trend lässt sich am besten mit dem Modell des »demographischen Übergangs« beschreiben. Immer beginnt dieser Übergang von hohen zu niedrigen Sterbe- und Geburtenraten in einer ersten Stufe mit einem deutlichen Rückgang der Sterberate, wohingegen die Geburtenrate eine Zeit lang noch konstant bleibt. Fast alle Entwicklungsländer erreichen im 20. Jahrhundert diese erste Phase des Übergangs, wodurch es zu einem starken Bevölkerungswachstum kam. Die Säuglingssterblichkeit sank, und die Lebenserwartung stieg infolge besserer Gesundheitsversorgung und besserer Nahrungsmittel. Die nächste Phase des demographischen Übergangs, jene Phase, in der die Geburtenrate durch eine andere, restriktivere Familienplanung sinkt, erreichten viele Länder in der zweiten Hälfte des 20. Jahrhunderts. Und in die dritte Phase, in der die Bevölkerung abnimmt, weil die Sterberate über der Geburtenrate liegt, waren am Ende des 20. Jahrhunderts etliche Industriestaaten eingetreten.[8]

Die Theorie des demographischen Übergangs beschreibt also das Zusammenwirken von Mortalität und Fertilität in einer zeitlichen Abfolge. Sie verdeutlicht den Wandel der natürlichen Bevölkerungsbewegung von einem hohen auf ein niedrigeres Niveau und dies beim Übergang von einer vorindustriellen zu einer industriellen Gesellschaft. Dieses Modell hat sich freilich auch kritische Fragen gefallen lassen müssen. So etwa: Ist es nicht allzu kulturspezifisch? Wird die Entwicklung europäischer Industrieländer mit ihrem gesamten politischen und kulturellen Unterbau nicht zu schnell und unbesehen auf Länder anderer Weltregionen angewendet? Auch werden hemmende Faktoren wie bestimmte Gesellschaftsstrukturen, die trotz eines Wirtschaftswachstums weiterhin vorhanden sein können, nicht genügend berücksichtigt. Bei der Kindersterblichkeit beispielsweise spielt die Infrastruktur und die damit verbundene medizinische Versorgung eine entscheidende Rolle. Neben dem technologisch-medizinischen Fortschritt prägen jedoch ebenso soziale Institutionen, Lebensformen sowie traditionelle Geschlechterrollen das generative Verhalten und somit auch die Bevölkerungsentwicklung eines Landes. Am Beispiel

Afrikas wird die Bedeutung solcher strukturellen kulturstiftenden Merkmale sichtbar. Wichtigstes Anliegen ist es dort, die Ahnenreihe zu erhalten, denn sie bildet eine seit jeher beständige und fortdauernde Institution. Des Weiteren sind die vielfach agrarisch geprägten Länder Afrikas mit europäischen Staaten nicht zu vergleichen. Kinder, die sowohl Arbeitskräfte sind als auch für die Altersvorsorge dienen, stellen in vielen afrikanischen Gesellschaften ein tragendes Element dar.[9]

EUROPA SCHRUMPFT, ASIEN WÄCHST

Eines ist auf jeden Fall nicht zu übersehen: Betrachtet man den Anfang und das Ende des 20. Jahrhunderts, so war die Weltbevölkerung höchst unterschiedlich verteilt, man kann geradezu von einer völligen Umkehr der Entwicklung sprechen. Um 1900 dominierten die europäischen Industriestaaten, jedenfalls, was die Wachstumsraten anbelangte. Nord- und Südamerika sowie Afrika hatten demgegenüber vergleichsweise wenig Einwohner, alle zusammen genommen weniger als Europa. Die meisten Menschen jedoch, etwa die Hälfte der Menschheit, lebte in Asien. 100 Jahre später, im Jahr 2000, lebte rund 80 Prozent der Menschheit in den Schwellen- und Entwicklungsländern. Nord- und Südamerika auf der einen Seite und Europa auf der anderen hatten ungefähr gleich hohe Bevölkerungszahlen. Afrika hatte gegenüber dem Beginn des Jahrhunderts enorm aufgeholt: Seine Bevölkerung hatte sich im Laufe des 20. Jahrhunderts von 133 Millionen Menschen auf 832 Millionen versechsfacht, womit diese prozentual den Spitzenplatz belegte. Doch die meisten Menschen lebten um 2000 in Asien, rund vier der insgesamt knapp über sechs Milliarden Menschen. Die demographischen Gewichte der Welt sind somit sehr unterschiedlich verteilt, und sie entsprechen nicht den ökonomischen Gewichten. So ist Deutschland zwar eine Weltwirtschaftsmacht, doch nur etwas wenig mehr als ein Prozent aller Menschen auf der Erde sind

Deutsche. Und wenn man es nach Kontinenten aufschlüsselt, ergibt sich folgendes Bild: Mehr als die Hälfte der Weltbevölkerung lebt gegenwärtig in Asien, 14 Prozent in Nord- und Südamerika, 13 Prozent in Afrika, zwölf Prozent in Europa und 0,3 Prozent in Ozeanien.

Durch die Welt ging ein Riss. So paradox es klingt, zwei ganz und gar entgegengesetzte Trends überschnitten sich seit den 1970er Jahren: In einigen Teilen der Welt wuchs die Bevölkerung so schnell, dass dort alle Probleme, die mit der Demographie zusammenhängen, explodierten, und in einigen Teilen der Welt, besonders in Europa, wuchs sie so langsam bzw. stagnierte und verringerte sich sogar, sodass dort wiederum alle Probleme in entgegengesetzter Weise größer wurden. Gleichzeitig nahm seither die Lebenserwartung überall auf der Welt zu, das Altern der Bevölkerung ist somit eine globale Tendenz. Jedoch existieren große regionale Unterschiede: Aller Voraussicht nach wird Europa im 21. Jahrhundert die älteste Weltregion sein. Bevölkerungsrückgang und Alterungsprozess summieren sich zu einem historischen Trend, der nüchtern und ohne Bedauern zu formulieren ist: Die Weißen europäischer Herkunft, die so lange das Geschehen bestimmt hatten, schrumpften im Laufe des Jahrhunderts auf ein Fünftel der Weltbevölkerung. Das 20. Jahrhundert macht darüber hinaus deutlich, dass demographische Entwicklungen verschiedenen, nicht immer mit genügender Aufmerksamkeit bedachten Bestimmungsfaktoren unterliegen. So sind sie etwa abhängig von soziokulturellen Strukturen und Wertesystemen und Geschlechterrollen, von wirtschaftlichen und politischen Situationen und Maßnahmen, vor allem jedoch von technologisch-medizinischen Standards.

BEVÖLKERUNGSPOLITIK

Versuche, das Bevölkerungswachstum zu drosseln, damit der Staat nicht kollabierte, lassen sich besonders gut am Beispiel Chinas aufzeigen. Am Beginn des 20. Jahrhunderts hatte das riesige Land ein relativ niedriges Bevölkerungswachstum. Die Gründe dafür waren in der instabilen gesellschaftlichen und politischen Lage angesichts westlicher und japanischer Kolonialisierungsbestrebungen zu suchen. Anschließend erschütterten Bürgerkriege und dann der Zweite Weltkrieg, wiederum gefolgt von einem Bürgerkrieg, das Land. Nach der Gründung der Volksrepublik China im Jahr 1949 setzte die kommunistische Regierung alles daran, die gesundheitliche und hygienische Situation zu verbessern. Die im Jahr 1952 ins Leben gerufene »Patriotische Kampagne zur öffentlichen Gesundheit« umfasste Sanitäts- und Hygienemaßnahmen, die Einrichtung spezieller Kliniken für Mütter und Kinder sowie eine gezielte Bekämpfung von Seuchen und Parasiten. Die Erfolge waren groß: Die Säuglingssterblichkeit ging deutlich zurück, und die Lebenserwartung erhöhte sich. In den 1960er Jahren sorgten »Barfußdoktoren« für eine weitere gesundheitliche Verbesserung. Barfußdoktoren waren Vertrauenspersonen aus Dörfern in allen ländlichen Regionen, die nur eine kurze Zeit medizinisch ausgebildet wurden. China war ein stark agrarisch geprägtes Land, Mitte des Jahrhunderts waren geschätzte 80 Prozent der Menschen im landwirtschaftlichen Sektor tätig, eine hohe Kinderzahl war somit wirtschaftlich wie sozial attraktiv. In ländlichen Gebieten lag die Heiratsrate bei nahezu 100 Prozent und das Heiratsalter war mit durchschnittlich 17,5 Jahren für Frauen und 21,3 für Männer sehr niedrig. Die Stellung der Frau war lange Zeit schwach, zu keiner Zeit ihres Lebens hatte sie das den Männern gleichgestellte Privileg, gesellschaftlich und wirtschaftlich unabhängig zu sein. Sie ging gleichsam aus dem »Besitz« der Eltern in den »Besitz« des Ehemannes über. Ein Bewusstsein dafür, dass ein hohes Bevölkerungswachstum bedrohlich für die Entwicklung des Landes werden könnte, entstand Mitte der

1950er Jahre, weshalb die erste Kampagne zur Geburtenkontrolle ins Leben gerufen wurde, die zum Beispiel ein Mindestheiratsalter einführte. Doch selbst der rasante Anstieg der Produktion von Verhütungsmitteln sowie die Legalisierung von Sterilisation und Abtreibung 1957 ließen die Geburtenrate kaum sinken.

Eine zweite Kampagne ein Jahrzehnt später propagierte das Ideal einer Familie mit zwei Kindern, und ab 1979 forcierte die kommunistische Führung die »Ein-Kind-Politik«. Damit begann in China die Umsetzung der weltweit bis dahin kompromisslosesten Maßnahme staatlicher Bevölkerungskontrolle. In weniger als 30 Jahren war das chinesische Volk von 560 auf 940 Millionen gewachsen. Durch die neue Regelung wollte Mao Zedongs kommunistische Führung die Bevölkerung nun per Gesetz auf 700 Millionen drücken und beschränken. Neben gesellschaftlichen Folgen wie der Entstehung einer Generation »kleiner Kaiser« und drohendem Männerüberschuss häuften sich Berichte über Zwangsabtreibungen und Kindstötungen. Vor allem Mädchen wurden getötet oder von ihren Familien verstoßen. So wuchsen »kleine Kaiser«, wie China seine männlichen Einzelkinder nennt, heran – verwöhnt, aber einsam und oft ohne emotionale Wärme zu erfahren.[10] Diese radikalste Bevölkerungspolitik auf der Erde gründete auf einer Mischung aus materiellen Anreizen, etwa der kostenlosen Ausbildung für einen Nachkommen oder einer zusätzlichen Altersrente für die Eltern, auf der einen Seite sowie auf massiver sozialer Kontrolle, etwa von »Familienbeauftragten« in Fabriken, auf der anderen Seite. Paaren, die sich nicht an die staatlichen Vorgaben hielten, drohten harte Strafen oder der Verlust von Ausbildung, Arbeitsplatz und Wohnung.[11]

China war sicherlich das extremste Beispiel. Doch seit den 1980er Jahren existierte weltweit in den meisten Ländern eine Bevölkerungspolitik, sei es zur Drosselung der Geburtenrate oder zur Anhebung. Politische Maßnahmen, die Geburten zu steigern, wurden vor allem in Europa ergriffen, doch blieben sie im Wesentlichen wirkungslos.

Hier, in Europa, und besonders in Deutschland, ließ sich das »demographisch-ökonomische Paradoxon« beobachten, wie es die Soziologie nannte. »Sterben die Deutschen aus?« lautete eine beliebte, immer wiederkehrende Frage. Oder: Nahte bevölkerungspolitisch vielleicht sogar »das Ende Europas«? Wenn man in Betracht zieht, dass in der zweiten Hälfte des 20. Jahrhunderts die Industriestaaten nur mit zwölf Prozent am Wachstum der Menschheit beteiligt waren, schien dies nahe zu liegen.[12] Die Länder der Erde ließen sich, was die Geburtenhäufigkeit anbelangt, in zwei Gruppen einteilen. Zur ersten Gruppe gehörten jene Länder, deren »totale Fruchtbarkeitsrate« über 2,1 lag, dazu zählten Staaten Afrikas, des Vorderen Orients und einige Länder Südamerikas. Die langfristig das Bestandsniveau erhaltende Geburtenziffer von 2,1 unterschritt vornehmlich die hochindustrialisierten Staaten. Die Annahme, dass mit zunehmendem Wohlstand auch die Geburtenzahl steige, da sich die Menschen mehr Kinder leisten könnten, je mehr sie verdienen, bestätigte sich nicht. Im Fachjargon bezeichnete dieses demographisch-ökonomische Paradoxon eine einfache Beobachtung: dass sich nämlich die Menschen in den entwickelten Ländern, aber auch die wachsende Population in den Entwicklungs- und Schwellenländern, »umso weniger Kinder leisten, je mehr sie sich auf Grund des seit Jahrzehnten steigenden Realeinkommens eigentlich leisten könnten.«[13] Dabei handelte es sich nicht um die Ausnahme, sondern um die Regel. Des Rätsels Lösung für diesen Trend sah und sieht die Bevölkerungsökonomie unter anderem darin, dass die Kosten für die Erziehung von Kindern oft stärker steigen als die Preise für Konsumgüter. Zur Erklärung des Paradoxons werden dann die »Opportunitätskosten«, also die potenziell entgangenen Einkommen, angeführt – solche »nüchternen«, alle Emotionen beiseitewischenden Erwägungen und Begründungen, Kinder zu bekommen, erscheinen indessen durchaus befremdlich.

Doch auch dies sollte erwähnt werden: Am Ende des 20. Jahrhunderts stellte Europa demographisch betrachtet keinesfalls eine

Einheit dar, genauso wenig wie jede andere Weltregion. West- und Osteuropa beispielsweise unterschieden sich erheblich. Innerhalb der europäischen Staatenwelt nahm Deutschland eine Vorreiterrolle ein, es war – jedenfalls gilt dies für die »alte« Bundesrepublik am Ende der 1970er Jahre – das Land mit der niedrigsten Geburtenrate der Welt.

BABYBOOM

In dieser Hinsicht hatte sich ein kurzzeitiger Trend vollkommen umgekehrt. Denn unter demographischen Gesichtspunkten bilden die 1960er Jahre, genauer: die Zeit bis zur Mitte des Jahrzehnts, eine zentrale, aber eher untypische Zwischenphase in der Geschichte der Bundesrepublik wie der der meisten Industrienationen. Die Geburtenziffer stieg wie nie zuvor und danach. Auch der Unterschied zur Epoche nach dem Ersten Weltkrieg war enorm. Damals hatten die Geburtenziffern stagniert oder waren nur sehr verhalten angestiegen. In den 1930er Jahren zeigte die Kurve leicht nach oben, doch einen Erfolg der pronatalistischen Elemente, selbst der aggressiven nationalsozialistischen Bevölkerungspolitik, kann man darin nicht sehen. Nach dem Abklingen der Weltwirtschaftskrise wurden zwar Kinderwünsche realisiert, doch blieb die durchschnittliche Zahl an Kindern, die eine Frau zur Welt brachte, in Deutschland konstant bei zwei.[14]

Der »Babyboom« der 1960er Jahre beruhte in der Hauptsache auf Gründen, die vorübergehender Natur waren, etwa dass viele Eheschließungen in der unmittelbaren Nachkriegszeit verschoben worden waren und jetzt nachgeholt wurden oder dass unter den Flüchtlingen aus der DDR jüngere Jahrgänge überwogen, die nun heirateten und Familien gründeten. Den Statistiken jener Zeit ist eine »überwältigende Ehefreudigkeit«[15] zu entnehmen. Demnach hatten 95 Prozent der Menschen wenigstens einmal im Leben geheiratet, und 94 Prozent aller Kinder wurden ehelich geboren.[16]

Man kann von einem »goldenen Zeitalter der Ehe«, wie es zeitgenössisch hieß, sprechen. Die Familie war das millionenfach selbstverständlich gelebte Grundmuster und wurde als einzig »richtige«, gesellschaftlich und rechtlich legitimierte private Lebensform betrachtet, und spätere Entwicklungen wie die große Zahl nichtehelicher Lebensgemeinschaften waren damals noch eine absolute Randerscheinung. Der anschließende Geburtenrückgang in der Bundesrepublik Deutschland setzte, wenn auch rapider als in anderen Gesellschaften, einen säkularen Trend fort. Seine Ursachen sind also weniger in dem von manchen Kulturkritikern angeprangerten Sittenverfall zu suchen und auch nicht in der eher vorwissenschaftlichen Erklärung des »Pillenknicks«. 1961 wurde auch in der Bundesrepublik die Anti-Baby-Pille zugelassen, und Vertreter der traditionellen Sexualmoral malten sogleich das Schreckensbild einer Gesellschaft ohne Werte an die Wand, die hemmungslos der sexuellen Ausschweifung fröne, ohne sich um Nachwuchs zu kümmern. Für die Abgabe des hormonellen Kontrazeptivums wurden zum Teil hohe Hürden errichtet, manche Ärzte verschrieben die Pille nur verheirateten Frauen, die bereits mindestens zwei Kinder hatten. Im Zuge des als »Ausbruch« bezeichneten Loslösens vieler Frauen aus dem häuslichen Bereich hin zu Bildung, Beruf und Erfolg kam es allmählich dazu, dass traditionelle Geschlechterrollen und Machtverhältnisse unterhöhlt und neu definiert wurden. Die Liberalisierung privater Lebensformen und eine durchdringende Individualisierung waren die Folge.

Der »Babyboom« in den Industriegesellschaften nach dem Zweiten Weltkrieg war nur die Spitze eines Eisberges und im Vergleich mit anderen Regionen der Welt von den Zahlen her im Grunde genommen vernachlässigbar. Noch nie zuvor in der Geschichte der Menschheit ist die Weltbevölkerung so schnell gewachsen wie in der zweiten Hälfte des 20. Jahrhunderts, das gilt in erster Linie für die armen Länder. Die demographische Entwicklung der Menschheit in den Jahren nach 1945 gleicht einer Explosion, sie ist einzigartig. Und dass die Weltbevölkerung jährlich weiterhin um etwa ein Prozent wächst, ist im historischen Maßstab überaus ungewöhnlich. Am Ende der 1980er Jahre hatte der Zuwachs an Menschen seinen Rekord erreicht: Jährlich stieg die Zahl der Menschen um rund 89 Millionen. Jedes Jahr kam sozusagen aufs Neue ein Deutschland oder ein Vietnam dazu.

JUNGE UND ALTE

Am Übergang vom 20. zum 21. Jahrhundert klang diese außergewöhnlichste Episode der Menschheitsentwicklung etwas ab. Der Grund dafür lag vor allem in der ungestümen Urbanisierung. Menschen, die in Städten lebten, brachten immer schon weniger Kinder auf die Welt als Menschen auf dem Land. Und in den Städten lebten die Menschen länger. Ein solches Zurückdrängen der Macht des Todes war für die Menschheit eine großartige Leistung und eine der größten gesellschaftlichen Veränderungen der Neuzeit. In den entwickelten Ländern hatte sich die Lebenserwartung der Menschen zwischen dem Beginn und dem Ende des Jahrhunderts ungefähr verdoppelt. Das gilt weniger für die physiologische Lebenserwartung, also jene, die dem Menschen von Natur aus Grenzen setzt, als vielmehr für die ökologische Lebenserwartung. Damit ist die realisierbare Lebensspanne gemeint, die unter den jeweiligen natürlichen und gesellschaftlichen Bedingungen erreicht werden kann.

Erst im 20. Jahrhundert nahmen im Vergleich zu allen anderen Jahrhunderten zuvor die Lebenserwartung im Alter und die Lebensqualität erheblich zu. Nicht allein Deutschland alterte, wie man so oft lesen konnte, die Welt alterte. Das Altern der Bevölkerung stellt keinen nationalen, sondern einen globalen Prozess dar und kann als ein Triumph der Modernisierung verstanden werden. Das erreichte Lebensalter bei Frauen stieg in den Industrieländern schneller als dasjenige der Männer, was zu einer deutlichen Verweiblichung des »dritten Alters« führte. In Deutschland zum

Beispiel war, auch bedingt durch den Zweiten Weltkrieg, die Zahl der über 70-jährigen Frauen im Jahr 2000 mit mehr als sechs Millionen fast doppelt so hoch wie jene der Männer. Zwei Ausnahmen durchbrachen den allgemeinen, weltweiten Trend hin zur immer längeren Lebenserwartung am Ende des 20. Jahrhunderts: Die Lebenserwartung in Ländern der ehemaligen Sowjetunion verkürzte sich, besonders in Russland, was unter anderem auf den Alkoholkonsum zurückzuführen war; und Afrika hatte unter den verheerenden Folgen von Aids zu leiden, einer Krankheit, die die Lebenserwartung dort drastisch reduzierte.

Betrachtet man die rasante Bevölkerungsentwicklung in ökologischen Zusammenhängen, so führt nichts an der Erkenntnis vorbei, dass ungezügeltes Bevölkerungswachstum der Umwelt schadete, und sei es allein durch die Nahrungsmittelproduktion. Bevölkerungsdruck führte etwa in Südamerika dazu, tropischen Regenwald zu roden, um neues Ackerland zu gewinnen, was letztlich Auswirkungen auf das Weltklima zeitigte. Aber auch umgekehrt galt, dass Bevölkerungsschwund Probleme verursachte: In Südeuropa führte die Abwanderung der Landbevölkerung seit den 1960er Jahren nicht nur dazu, dass ganze Landstriche verödeten, sondern bewirkte auch, dass sich die Bodenerosion beschleunigte. Exakt zu bestimmen, wie sich die Bevölkerungsentwicklung auf die Atmosphäre der Erde auswirkte, erwies sich als noch schwieriger. Doch immerhin ließ die Gesamtbiomasse der Menschheit im 20. Jahrhundert sämtliche Konkurrenten aus dem Bereich der Säugetiere hinter sich, mit der einzigen Ausnahme der Rinder. Alles in allem: »Die Jahrzehnte nach 1945 sahen in der Geschichte der globalen Bevölkerungsentwicklung ein außergewöhnliches Crescendo. Kein Zeitraum vergleichbarer Länge – nämlich eines Menschenlebens – war auch nur annähernd so außergewöhnlich.«[17] Und parallel dazu haben wir es – wie nie zuvor – mit einer Art demographischer Polarisierung zu tun. Der Bevölkerungsrückgang in einigen Teilen der Welt ging gleichsam unter im phänomenalen Zuwachs der Bevölkerung in anderen Teilen der Welt.

MEGA-CITY

Ebenso außergewöhnlich wie die Bevölkerungsentwicklung war der Umstand, wie sich die Lebensorte der Menschen veränderten. Ein Kennzeichen für die schnell wachsenden Länder war der Niedergang des Landlebens. An seine Stelle trat eine rasante Urbanisierung, ein krebsartiges Auswuchern der Metropolen, dessen Zeugen die neuen Megastädte mit ihren sie umsäumenden Slums sind. Die Urbanisierung ist ein charakteristisches Merkmal der modernen Welt. Vor dem Beginn der industriellen Revolution waren Städte eher die Ausnahme, und nur ein kleiner Teil der Weltbevölkerung lebte in ihnen. Doch am Beginn des 21. Jahrhunderts wohnte zum ersten Mal in der Geschichte mehr als die Hälfte der Weltbevölkerung in Städten. Im Rahmen dieser Entwicklung gediehen nicht nur die Städte sehr unterschiedlich, sondern im Verlauf des 20. Jahrhunderts verschoben sich die Regionen, in denen große Städte und am Ende Mega-Cities zu finden waren, gewaltig. Der allgemeine Trend beim Aufstieg der Städte lässt sich so beschreiben: Um 1900 konzentrierten sie sich im Wesentlichen auf Europa und die Ostküste Amerikas, um 1950 dominierte zahlenmäßig immer noch Europa, doch die Ostküste der USA, aber auch Küstenregionen in Brasilien, hatten erhebliche Zuwächse zu verzeichnen. Besonders auffällig war jedoch die rasante Entwicklung in Asien, in Indien, China, aber auch Japan. Um 2000 lagen hier die weitaus meisten Städte mit über einer Million Einwohner. Betrachtet man das Ganze in Zahlen, so gab es um 1900 etwa 20 Städte mit mehr als einer Million Einwohner, 1950 waren es 70 und 2000 etwa 300. Während jedoch um 1900 alle Millionenstädte und um 1940 noch alle Megastädte in den industriell entwickelten Ländern der nördlichen Erdhalbkugel lagen und New York seit 1930 die erste Metropolregion der Weltgeschichte war, in der zehn Millionen Menschen lebten, befanden sich um 1950 bereits sieben der 20 größten Städte in den Entwicklungsländern oder gehörten zur Peripherie der industriellen Welt. Und im Jahr 2000 waren von den etwa 45

Megastädten mehr als zwei Drittel in den Entwicklungsländern zu finden und wiesen Einwohnerzahlen auf, die deutlich über zehn Millionen lagen.

Urbanisierungsphänomene dieser Größenordnung – und der Trend ist bis in die Gegenwart hinein ungebrochen – werfen natürlich eine Reihe von begrifflichen und systematischen Problemen auf. Allein die Frage, wo die Mindestzahl für eine Megastadt anzusetzen sei, ist umstritten. Doch auch die Nennung einer Zahl, sei es acht Millionen oder über zehn Millionen, taugte wenig, wenn man den Blick dafür verschloss, dass sich die Größenwahrnehmung im Zeitverlauf veränderte. Was also um 1950 als eine Megastadt erscheinen konnte, musste es 30 Jahre später nicht mehr sein. Auch die Frage, ob es so stark Verbindendes gab, dass es berechtigt erscheint, von einer Art Globalisierung der Megastadt zu sprechen, ist nicht leicht zu beantworten. Haben diese Städte mehr miteinander gemeinsam als mit ihrem jeweiligen Hinterland? Oder sind die Einkommensverhältnisse, die Lebensbedingungen und die Infrastruktur von Los Angeles oder Tokio – der unter Einbezug des Ballungsraumes mit 37 Millionen größten Stadt der Welt – meilenweit entfernt von jenen, sagen wir, in Kalkutta oder Lagos?[18]

Dass über die Hälfte der Menschheit in Städten lebt, markiert einen grundlegenden Wandel in der Geschichte des Menschen. Die Mehrheit der Menschen wohnt, arbeitet und lebt also in einer Umgebung, die sie komplett selbst geschaffen hat. Dies wirft gewaltige Probleme auf: Die Menschen der Städte müssen versorgt werden, Städte können nicht isoliert existieren, sie benötigen Ressourcen und auch Möglichkeiten, ihren Abfall wieder loszuwerden. Einerseits verändern Städte die Natur und erhöhen die Flächenversiegelung, aber andererseits gestattet die höhere Bevölkerungsdichte in den Städten eine effizientere Produktion und Verteilung von Gütern, auch sozialer Dienste, als dies bei ländlichen Siedlungsformen der Fall ist. Deshalb gab es in vielen Teilen der Welt politische Programme, Menschen in Städte zu ziehen. Doch Städte waren auch ungesunde Orte, die Cholera-Epidemien waren bis ins frühe 20. Jahrhundert hinein gefürchtet, heute ist es die Luftverschmutzung, der Smog. Treibende Kraft der Urbanisierung war die industrielle Revolution, die die Menschen vom Land in die Städte führte. Die Wachstumsdynamik nahm im Verlauf des 20. Jahrhunderts jedoch in Industrieländern ab, in Entwicklungs- und Schwellenländern hingegen rasant zu. Ausschlaggebend dafür waren aber nicht nur wirtschaftliche Gründe, auch politische Verwerfungen oder Revolutionen kamen hinzu. In Mexiko gab die Revolution von 1910 den Anstoß für eine massenhafte Migration vom Land in die Hauptstadt. Kriege veränderten die Lage. Seoul zum Beispiel erlebte nach dem Koreakrieg, also ab 1953, einen Wachstumsboom. Schließlich war das Wachstum der Städte oftmals eine Folgewirkung der erlangten Unabhängigkeit, dies betraf etwa Lagos in Nigeria am Anfang der 1960er Jahre. Aber auch das extreme Wachstum von Neu-Delhi zählt dazu, hervorgerufen durch den Unabhängigkeitskampf und die religiösen Konflikte zwischen Moslems und Hindus. Alles in allem gesehen verlief die Urbanisierung nach 1945 in den Entwicklungsländern am spektakulärsten, was die Verwaltungen häufig überforderte, Armensiedlungen und Slums wuchern ließ. In Mumbai beherbergten die Slums am Ende des Jahrhunderts mehr als die Hälfte der Bevölkerung.

Städte können indessen genauso gut Innovationsregionen sein. Die Suche nach der »grünen Stadt«, um den Verschleiß globaler Ressourcen abzubremsen, hat eine längere Tradition. Die kleine südwestdeutsche Stadt Freiburg im Breisgau galt seit dem Ende des 20. Jahrhunderts als eine der führenden Kommunen weltweit auf dem Gebiet des Umweltschutzes und der Umwelttechnologie, sie ist zur Vorzeigestadt geworden für ein ökologisches Abfallsystem, ein umweltfreundliches Verkehrssystem und für die Entwicklung von ganzen Stadtvierteln mit Niedrigenergiebauweise. Seit den 1970er Jahren hatte sich nicht nur in Deutschland das Planungsparadigma gewandelt: Weg von der autogerechten Innenstadt, hin zu Fußgängerzonen und Grünflächen. Solche Pläne beschränkten sich jedoch keineswegs nur auf Städte der ersten Welt und nicht nur auf so kleine wie Freiburg. Curitiba im Süden Brasiliens, das mit 1,8 Millionen Einwohnern acht Mal so groß ist wie Freiburg, war seit dem letzten Drittel des 20. Jahrhunderts eine der innovativsten und kreativsten Städte, wenn es darum ging, städteplanerisch Umweltschonung mit hohem Lebensstandard zu verbinden. 1968 begann eine Gruppe junger Architekten um den 31-jährigen Jaime Lerner mit der Umsetzung eines umfassenden Stadtplanungskonzepts. Im Verlauf der nächsten 30 Jahre wurden stark befahrene Straßen in Fußgängerzonen umgewandelt, Hochgeschwindigkeitsbusse eingesetzt, der Autoverkehr auf ein neues Straßennetz verteilt, die Industrie an den Stadtrand verlagert und zahlreiche Grünflächen geschaffen. 1988 trat Jaime Lerner das Amt des Bürgermeisters der Stadt an, und seit Mitte der 1990er Jahre avancierte Curitiba weltweit zum Modell der modernen »Eco-City«.[19]

Megastädte sind somit beides: soziale Brennpunkte, Verdichtungen politischen Lebens, Schmelztiegel der Ethnien, urbanes Zentrum wirtschaftlicher und sozialer Modernisierung auf der einen Seite und chaotischer, schrecklicher Moloch, der Armut, Kriminalität, Verrohung und sozialen Verfall hervorbringt, auf der anderen Seite. Sie sind vor allem aber und zunehmend die Motoren des globalen Wandels geworden. Megastädte gewannen als Knotenpunkte von Globalisierungsprozessen in einer immer stärker von Städten dominierten Welt erhebliches Gewicht. Einige Megastädte entwickelten sich zu sogenannten »Global Cities«, sprich zu globalen wirtschaftlichen Steuerungszentren mit außergewöhnlichen Dienstleistungen, Hauptquartieren transnationaler Unternehmen oder kultureller Einrichtungen, etwa New York oder Hong-Kong. Die mit der Megaurbanisierung einhergehenden Prozesse lassen sich historisch mit den tiefgreifenden Veränderungen im Gefolge der Industriellen Revolution seit dem 18. Jahrhundert vergleichen. An der Wende vom 19. zum 20. Jahrhundert wurde die europäische Metropole zum Symbol einer Modernisierung, die bei vielen Menschen positive Gefühle hervorrief – sie stand für die neuen Chancen, eine bessere Lebensqualität, Internationalität und vielfältige

Möglichkeiten. Sie galt negativ gesehen aber auch als Monstrum, stand für den Verlust von Individualität, für die Massengesellschaft, sie konnte krank machen, Armut erzeugen, Sittlichkeit bedrohen und Kriminalität fördern. In Europa lebten um 1960 im Durchschnitt ein Drittel der Stadtbewohner in Millionenstädten, in den USA und Japan hingegen bereits die Hälfte. Am Ende des 20. Jahrhunderts fiel der alte Kontinent endgültig aus dem inzwischen normal gewordenen Muster der Welt heraus: Millionenstädte haben in Europa ein weit geringeres Gewicht als die mittelgroßen Städte. Hatten zu Beginn des 20. Jahrhunderts noch zehn der 20 größten Metropolen der Welt in Europa gelegen, so waren es in der Jahrhundertmitte nur noch fünf und am Ende des 20. Jahrhunderts blieben allein London und Moskau übrig.[20] – Diese demographischen Verschiebungen im 20. Jahrhundert stellten den Basisprozess dar, der sich auf Wirtschaftswachstum und Verelendung, auf Reich und Arm, auswirkte. Das folgende Kapitel widmet sich der Ökonomie.

14.

WIRTSCHAFTSWACHSTUM UND VERELENDUNG

Fiebrige Zeiten

Das Mittelmeer ist der Ozean der Vergangenheit, der Atlantik ist der Ozean der Gegenwart, und der Pazifik ist der Ozean der Zukunft.
Prognose des amerikanischen Außenministers John Hay am Anfang des 20. Jahrhunderts[1]

▲▲▼▲

Wollt ihr, dass unser sozialistisches Vaterland geschlagen wird und seine Unabhängigkeit verliert? Wenn ihr das nicht wollt, dann müsst ihr in kürzester Frist seine Rückständigkeit beseitigen und ein wirklich bolschewistisches Tempo im Aufbau seiner sozialistischen Wirtschaft entwickeln. Andere Wege gibt es nicht. Darum sagte Lenin zur Zeit des Oktobers: Entweder Tod oder die fortgeschrittenen kapitalistischen Länder einholen und überholen (»dognatj i pregnatj«). Wir sind hinter den fortgeschrittenen Ländern um 50–100 Jahre zurückgeblieben. Wir müssen diese Distanz in zehn Jahren durchlaufen. Entweder bringen wir das zuwege oder wir werden zermalmt.
Josef Stalin auf der 1. Unionskonferenz der Funktionäre der sozialistischen Industrie, 4. Februar 1931[2]

▲▲▼▲

Wohlstand für alle.
Titel eines Buches von Ludwig Erhard, 1957[3]

▲▲▼▲

Ich bin entschlossen, dafür zu sorgen, dass der amerikanische Dollar nie wieder ein Spielball in den Händen der internationalen Spekulanten sein wird.
US-Präsident Richard Nixon in einer Fernsehansprache, 15. August 1971[4]

▲▲▼▲

Zu Wallmerod im Westerwald blickte Tankwart Heinz Eilberg, 37, in die Mündung einer Pistole, als er dem Fahrer eines silbergrauen Mercedes 280 SE nur 15 Liter ablassen wollte. Flugs erhöhte der Westerwälder auf 72,1 Liter Super für glatte 59 Mark – da öffnete der Sprit-Bandit den Kofferraum und zeigte auf vier Kanister. Und nur, weil ein Lastwagen heranrollte, blieb nun der Hahn zu. Der Silbergraue brauste davon.
»Ein Schock für drei bis vier Jahre«, Der Spiegel, 26. November 1973[5]

▲▲▼▲

Schulden sind ein Mittel der Rekolonisierung Afrikas.
Thomas Sankara, Discours sur la Dette, 29. Juli 1987[6]

▲▲▼▲

Unsere Republik gehört heute zu den 10 leistungsfähigsten Industrienationen der Welt, zu den knapp zwei Dutzend Ländern mit dem höchsten Lebensstandard.
Erich Honecker zum 40. Jahrestag der DDR 1989[7]

▲▲▼▲

KONJUNKTUREN DES JAHRHUNDERTS

Zwei große Weltwirtschaftskrisen prägten das 20. Jahrhundert: Die seit 1929 und die seit 1973. Aus der ersten Krise, eingeleitet durch den »Schwarzen Freitag« an der New Yorker Börse, entstanden Massenarbeitslosigkeit und extreme Verarmung innerhalb der Industriestaaten. In vielen Ländern geriet das parlamentarische System in Misskredit, besonders dramatisch war die Lage in Deutschland. Panik trieb die Menschen in die Arme politischer Extremisten, die die Demokratie zerstörten. Während der zweiten Krise, ausgelöst durch einen Nahostkrieg und den Ölpreisschock, war dies nicht mehr der Fall. Doch auch damals bedrohte die Massenarbeitslosigkeit die Legitimität verschiedener Regierungssysteme. Politikverdrossenheit war eine Begleiterscheinung dieser zweiten Krise, die das »goldene Zeitalter« der Weltwirtschaft beendete, das nach 1945 angebrochen war. Wirtschaftsboom, Wohlstandsexplosion, Vollbeschäftigung, Ausbau des Sozialstaates – alles war bis zu diesem Zeitpunkt in einem welthistorisch einmaligen Umfang verlaufen. Nun begann eine Ära der langfristigen Schwierigkeiten, die bis in die Gegenwart andauert. Immerhin hatte man aus der Geschichte der ersten Krise einige Lehren gezogen. Denn anders als in den 1920er Jahren, als jeder versuchte, mit nationalen Rezepten den ökonomischen Abschwung aufzuhalten, koordinierten die führenden westlichen Industriestaaten ihr Vorgehen und schufen 1975 den Weltwirtschaftsgipfel.

Schon vor der Großen Depression seit 1929 war die globale Ökonomie nicht mehr rund gelaufen. Der Welthandel expandierte bis 1914, stagnierte in den 1920er Jahren und schrumpfte in den 1930er Jahren dramatisch. Der Erste Weltkrieg markierte das Ende der »ersten Globalisierung« der Weltwirtschaft. Diese war im 19. Jahrhundert stark vom Austausch zwischen Europa, Nord- und Südamerika und den europäischen Kolonien geprägt, zusätzlich hatte Japans Aufstieg zur Wirtschaftsmacht begonnen, und der Handel mit China war sogar schon seit dem Mongolenreich bedeutsam gewesen. Nicht nur politisch, auch wirtschaftlich verlor Europa im Ersten Weltkrieg seine dominierende Stellung. New York löste London als wichtigsten Finanzplatz ab, und US-amerikanische Unternehmen drängten massiv auf den Weltmarkt. In Sowjetrussland bildete sich nach der Oktoberrevolution allmählich das Gegenmodell zum liberal-kapitalistischen Westen aus. Versuche, in den 1920er Jahren an die erste Globalisierung anzuknüpfen, was durch den Zufluss amerikanischen Kapitals sowie technologische Neuerungen eingeleitet wurde, endeten jäh mit der Weltwirtschaftskrise seit 1929. Es kam zur Auflösung des Goldstandards, Währungsblöcke schotteten sich gegeneinander ab, ehemals multilaterale Zollverträge wurden durch bilaterale Abmachungen ersetzt.

Aus dem Zweiten Weltkrieg gingen die USA als unangefochtene Wirtschaftsmacht hervor, doch waren nun zugleich mit der Sowjetunion und der Volksrepublik China starke Gegenpole erwachsen. Während die USA die Wirtschaft nach den Prinzipien des Marktes weiterentwickeln wollten, vertraten die UdSSR und China planwirtschaftliche Ideen und führten ein staatliches Lenkungsmodell ein. So kam es im Zeichen dieser Zweiteilung der Welt zu einer jeweils »halbierten Globalisierung«. Statt einer ursprünglich geplanten gemeinsamen Handelsorganisation entstanden im Westen eigene Organisationen und Institutionen wie das GATT (das Allgemeine Zoll- und Handelsabkommen), der Marshallplan und die Organisation für wirtschaftliche Zusammenarbeit und Entwicklung (OECD). Der Gegenentwurf des kommunistischen Ostens ließ nicht lange auf sich warten: Hier gründeten die Staatslenker unter der Leitung der Sowjetunion den Rat für gegenseitige Wirtschaftshilfe, RGW.

DIE GROSSE DEPRESSION

Nach dem Zweiten Weltkrieg war somit alles anders als nach dem Ersten Weltkrieg. Zwar hatte der amerikanische Präsident Woodrow Wilson im Januar 1918 mit seinen »14 Punkten« für einen Weltfrieden den Weg eines liberalen Friedensmodells gewiesen – im Sinne einer »open door«-Politik sollte Frieden nicht zuletzt durch Freihandel geschaffen werden. Doch vor allem die zerrütteten politischen Verhältnisse im Nachkriegseuropa machten diesem Ansinnen einen Strich durch die Rechnung, statt Wirtschaftsfreiräume obwalteten überall nach dem Krieg Zollschranken.

Eine neue Stufe erreichte die Industrielle Revolution allerdings in den 1920er Jahren und breitete sich von Amerika in die industrielle Welt aus. Gemeint ist damit die Massen- und Fließbandproduktion von Konsumgütern. Der »Fordismus«, benannt nach dem amerikanischen Industriellen Henry Ford, wurde zum Signum einer Epoche, deren neue Organisation von Arbeit und Kapital auf den modernen Wohlfahrtsstaat vorauswies. Warum brach die »Große Depression« 1929 trotzdem gerade in der weltweit größten Volkswirtschaft aus? Es sind viele Gründe dafür genannt worden. Diese Weltwirtschaftskrise hatte in ihrer Dauer und Intensität keinen Vorläufer und keinen Nachfolger, löste Panik aus, brachte große Teile der industriellen Welt an den Abgrund und trieb viele Menschen und ganze Gesellschaften in die Arme von Diktatoren. Offenbar, so die Erklärungen, war der Aufschwung der US-Wirtschaft seit 1922 überschätzt worden, der Massenkonsum blieb hinter der Anzahl produzierter Güter zurück. Eine Agrarkrise mit Preisverfall verschlimmerte die Situation; der Welthandel, von dem Amerika so abhing, war durch protektionistische Maßnahmen behindert; die starke Ausweitung des internationalen Geldverkehrs, vor allem die kriegsbedingten Auslandsschulden europäischer Länder bei den USA und die Reparationen – das alles heizte die Krise an, die durch bodenlose Börsenspekulationen zusätzlich befeuert wurde. Als die Depression sich zuspitzte, handelte jeder für sich alleine: Statt ihre Maßnahmen zu koordinieren, versuchten die einzelnen Industrieländer, sie durch eine autonome Wirtschaftspolitik und verstärkte Autarkiebestrebungen zu überwinden – ein Teufelskreis kam in Gang.[8]

Die Große Depression erfasste die USA mit voller Wucht. So fiel der amerikanische Außenhandel innerhalb von drei Jahren von zehn auf drei Milliarden Dollar, über 9000 Banken brachen zusammen und 1932 war mindestens ein Viertel der Amerikaner arbeitslos. Unmittelbar nach der Weltwirtschaftskrise 1929 sank der Welthandel auf weniger als die Hälfte, zwischen 1929 und 1932 um 63 Prozent. Die weltweite Kohleförderung verringerte sich um 33 Prozent, die Welt-Roheisenproduktion um 73 Prozent. Am wenigsten betroffen waren die asiatischen Ökonomien, sie sanken nur um sechs Prozent. Insgesamt kamen periphere und halbperiphere

Länder besser davon. Auch die Sowjetunion war so gut wie gar nicht betroffen. In den ersten Fünfjahresplänen zwischen 1928 und 1940 wurde die Industrieproduktion dort verfünffacht. Stalin hatte Abschied von der Leninschen Weltrevolution genommen und den »Aufbau des Sozialismus in einem Land« propagiert. Die aufholende Industrialisierung Russlands konnte nicht auf Investitionen aus dem Ausland hoffen, sondern war ganz aus eigenem Budget zu finanzieren. Zudem gründete diese Industrialisierung zu großen Teilen auf ausbeuterischer Zwangsarbeit. Dennoch begeisterten sich nicht wenige Zeitgenossen angesichts der Turbulenzen, in die der Kapitalismus sich hineinmanövriert hatte, und der Verelendung der Menschen im Westen für das sowjetische Modell.

Dass die Weltwirtschaftskrise seit 1929 ganze Staaten destabilisierte, zeigte sich nirgends eindringlicher als in Deutschland, wo sie die erste deutsche Demokratie, die Weimarer Republik, unter sich begrub. Es wäre zu viel gesagt, dass allein die Wirtschaft das Schicksal Weimars war, andere politische und gesellschaftliche Faktoren kamen hinzu. Doch das Zusammenwirken von Wirtschaftskrise und Fehlentscheidungen der Regierung Heinrich Brüning führte dazu, dass am Ende der 1920er Jahre die NSDAP in Wahlen großen Zulauf erhielt und antidemokratische Kräfte um Reichspräsident Paul von Hindenburg schnell Oberwasser gewannen. Die Krise zerrieb die Republik von vielen Seiten her, am Ende lieferten die Eliten um den Reichspräsidenten sie an Hitler aus. Auf dem Höhepunkt der Großen Depression lag die Arbeitslosenquote in Deutschland bei gut 30 Prozent, und die Industrieproduktion hatte sich um über 40 Prozent verringert. Löhne und Gehälter, Pensionen und Sozialleistungen waren drastisch beschnitten worden, wohingegen die Lebenshaltungskosten sich wenig veränderten.[9]

Mit der Großen Depression waren sämtliche vielversprechende wirtschaftsdemokratische Konzepte, über die es in den 1920er Jahren eine so lebhafte Debatte wie nie mehr danach gegeben hatte, mit einem Mal verloren und sollten für lange Zeit vergessen bleiben. Überall entstanden während der 1930er Jahre Programme, die die Folgen der Weltwirtschaftskrise überwinden sollten, am bekanntesten ist der »New Deal« zwischen 1933 und 1939 in den Vereinigten Staaten unter Präsident Franklin D. Roosevelt. Ihm lag keine einheitliche Philosophie zugrunde, sondern er war ein Konglomerat verschiedener Initiativen, die sich aus staatsinterventionistischen Reformen zusammensetzten, um die amerikanische Wirtschaft wieder in Schwung zu bringen. Die erste Phase kennzeichneten Notstandsmaßnahmen zur Stabilisierung des Banken- und Börsenwesens, das strenger geregelt wurde. Dann traten groß angelegte Entwicklungsprojekte und Arbeitsbeschaffungsmaßnahmen, etwa Staudamm-Bauten in Tennessee, hinzu. Wie überall verstärkte die große Krise auch in den USA den Hang, sich abzuschotten. Der New Deal war wirtschaftspolitisch nur zum Teil erfolgreich, doch er bewirkte eine allgemeine Aufbruchstimmung und förderte in den USA das hier wenig verankerte Prinzip des modernen Sozialstaates. Viele Kritiker sahen Amerika unter Roosevelt sich in Richtung eines autoritären Staates entwickeln, der jenem Mussolinis in Italien oder gar Hitlers in Deutschland entsprach. In der Tat: Die Stärkung der Zentralgewalt sowie die staatliche Lenkung der Wirtschaft markierten eine gravierende Veränderung der traditionellen Grundlagen des politischen Denkens in den USA. Doch der Unterschied zu den europäischen Diktaturen war denkbar groß: Die USA vollzogen keinen Regimewechsel, sondern die Reformen hatten zum Ziel, die Demokratie zu festigen.[10]

BRETTON WOODS HILFT

Während des Zweiten Weltkrieges trat eine Entglobalisierung ein. Die angelsächsischen Mächte blockierten schon bald Deutschland und Italien, und der deutsche U-Boot-Krieg sowie derjenige der USA im Pazifik waren anfangs sehr erfolgreich. Mit dem alliierten Sieg über die deutschen U-Boote im Atlantik im August 1943 wendete sich jedoch das Blatt, und die Frequenz des transatlantischen Transports, vor allem nach Großbritannien, aber auch in die UdSSR über Murmansk, stieg rasch an. Innerhalb des von Deutschland kontrollierten Blocks nahmen unterdessen die Lieferungen aus den eroberten Ländern im Westen wie im Osten zu. Ausbeutung hier und Verelendung dort: Das »Dritte Reich« presste insbesondere aus Osteuropa billige Rohstoffe und massenhaft Arbeitskräfte, der Norden der Sowjetunion sollte deindustrialisiert, der Süden zum Lebensmittelexportgebiet umgestaltet werden, die dort lebenden Menschen sollten verhungern. Die Grundsätze für die besetzten Gebiete vom November 1941 sahen die Ausnutzung »unter kolonialen Gesichtspunkten und mit kolonialen Mitteln« vor.[11] Japan verfolgte im besetzten China und Korea ganz ähnliche Konzepte der Ausbeutung.

Der Sieg der Alliierten im Zweiten Weltkrieg über Deutschland und Japan – die beide versucht hatten, autarke Wirtschaftsräume aus dem Weltmarkt herauszuschneiden – war im Wesentlichen ein Sieg der USA. Sie strebten nun nach vielen Jahren eigener Hochzollpolitik für die gesamte Welt an, einen freien Markt für Waren und Kapital zu etablieren. Die herrschende Meinung unter den amerikanischen Eliten war, dass man die bestehenden Marktwirtschaften gegen die sozialistische Welle in Europa und gegen die Sowjetunion schützen müsse. Dies sollte zugleich der amerikanischen Ökonomie einen Schub geben. Daraus entstand die Idee eines Wiederaufbauprogramms für Europa, der Marshallplan, benannt nach dem amerikanischen Außenminister. Damit verfolgte die US-Administration ein doppeltes Ziel: einerseits den westeuropäischen Ökonomien wieder auf die Beine zu helfen, andererseits – und vor allem – den USA den wirtschaftlichen und politischen Sieg im aufkeimenden Kalten Krieg zu garantieren.[12] Das amerikanische Angebot war auch an die osteuropäischen Staaten gegangen. Dass Stalin es für die unter seiner Kontrolle stehenden Länder brüsk zurückweisen würde, war der amerikanischen Regierung von Anfang an klar und konnte in einen politischen Gewinn der USA umgemünzt werden.

Eine unabdingbare Grundlage dafür war bereits im Krieg gelegt worden. Mit der Unterzeichnung des Abkommens von Bretton Woods am 22. Juli 1944 wurde zum ersten Mal in der Geschichte eine monetäre internationale Ordnung geschaffen, die auf der engen Kooperation unabhängiger Staaten beruhte. Der damit verbundene Transfer von Souveränität an supranationale Institutionen kann als Startpunkt einer engen internationalen Zusammenarbeit gesehen werden, welche die Zeit bis zur Mitte der 1970er Jahre bestimmte, bevor dieses System in eine tiefe Krise stürzte und erlosch. Umstritten ist, ob das Bretton Woods-System in erster Linie als ein Instrument amerikanischer Macht- und Interessenpolitik entwickelt wurde oder ob es ein Produkt eines veränderten globalen Zeitgeistes und somit eine unumgängliche Entwicklung war.

Der Hintergrund muss mit wenigen Sätzen ausgeleuchtet werden. Der klassische Goldstandard, das Fundament der ersten ökonomischen Globalisierung, war während des Ersten Weltkrieges kollabiert, und die Versuche, den Goldstandard danach wieder zu etablieren, waren gescheitert. Bereits 1942 begannen Verhandlungen, in denen vor allem britische und amerikanische Modelle noch aufeinanderprallten, und erst nach dem Ende des Zweiten Weltkrieges wurden die Pläne, die Sowjetunion miteinzubeziehen, auf Drängen des amerikanischen Präsidenten Truman eingestellt.

730 Delegierte aus 44 Staaten trafen sich Anfang Juli 1944 zur »United Nations Monetary and Financial Conference« im Mount Washington Hotel in Bretton Woods. Was sie einte, waren die katastrophalen wirtschaftlichen Erfahrungen der 1930er Jahre. Den USA gelang es relativ rasch, ihre spezifischen Forderungen weitgehend durchzusetzen. Sie schmetterten den Plan des britischen Chefunterhändlers John Maynard Keynes ab, der eine internationale Verrechnungseinheit – den »Bancor« – vorgeschlagen hatte. Damit wäre der US-Dollar seiner Vormachtstellung als internationales Verrechnungs- und Zahlungsmittel beraubt worden. Stattdessen etablierte man den US-Dollar – der weiterhin an Gold ge-

bunden wurde – als Leitwährung, zu der alle anderen Währungen ein fixes Wechselverhältnis hatten. Der Wunsch nach einer stabilen Friedensordnung, stetiger Prosperität und internationaler Kooperation war die eine Seite der Medaille; die andere war, dass es den USA darum ging, große Teile der Erde in ein finanzkapitalistisches System westlicher Prägung zu integrieren, wobei sie selbst als Garantiemacht fungierten. Im Gegensatz zu den anderen Mitgliedstaaten verloren die USA kaum an Souveränität, da sie die Regularien des Internationalen Währungsfonds und der Internationalen Bank für Wiederaufbau und Entwicklung bestimmen und eine Sperrminorität durchsetzen konnten.

Ob das Bretton Woods-System für den erstaunlichen wirtschaftlichen »Boom« der Nachkriegszeit entscheidend war, lässt sich nicht mit absoluter Sicherheit sagen, denn feste Wechselkurse haben für die Teilnehmer immer sowohl Vor- wie auch Nachteile. Aber man konnte sich auf das geschaffene System zumindest verlassen. Gerade weil man sich daran gewöhnt hatte und es alles in allem gut funktionierte, verursachte sein Ende drei Jahrzehnte später heftige Turbulenzen. Als der amerikanische Präsident Richard Nixon 1971 die Goldbindung des Dollars stoppte, war dies ein Schock. Vor allem infolge der amerikanischen Militärausgaben für den Vietnamkrieg war der Dollar unter Druck geraten. Das System fester Wechselkurse brach zusammen, und 1973 wurde das Bretton Woods-System offiziell außer Kraft gesetzt, Währungsturbulenzen setzten ein.[13]

VOM BOOM PROFITIERTEN NICHT ALLE

Das »goldene Zeitalter des Wachstums«, das in den 1950er Jahren begonnen hatte, betraf West und Ost fast gleichermaßen, jährliche Wachstumsraten von vier bis fünf Prozent wurden bis in die 1970er Jahre hinein verzeichnet. Es war ohne Zweifel der außergewöhnlichste »Boom« der Weltgeschichte. Auch die ehemaligen europäischen Kolonien erfasste ein Industrialisierungsschub, und neben Japan, Australien und Neuseeland entwickelten sich Südkorea, Taiwan, Hong Kong, Singapur und Malaysia zu industrialisierten Staaten, denen weitere Länder in der Region nachzueifern versuchten.

Nie zuvor und niemals mehr danach hatte es eine solch einzigartige Prosperitätsperiode gegeben, jedenfalls nicht in den Industriestaaten – man hat deshalb von einer »Wohlstandsexplosion« gesprochen. Die grundlegende Verbesserung des Lebensstandards war für die Arbeitnehmer eine völlig neuartige Erfahrung. Noch nie waren die Menschen in den Industriestaaten schneller wohlhabend geworden. Die außergewöhnliche Steigerung der Durchschnittseinkommen korrespondierte mit großen Arbeitsmarktchancen, denn der Nachfragesog nach Arbeitskräften war in den 1950er Jahren ohne Beispiel. Darüber hinaus veränderte der Boom den Konsum und die sozialen Strukturen nachhaltig. Unter produktionstechnischen Gesichtspunkten brachte er den endgültigen Durchbruch der standardisierten Massenproduktion mit sich. Die Industrieländer des Westens erreichten im Handel einen historisch nie gekannten Internationalisierungsgrad, dazu gehörte auch die hohe Mobilität des Kapitals und der Siegeszug des technischen Fortschritts. Für die Regierungen, bis hinunter zur kommunalen Ebene, eröffneten sich große finanzielle Spielräume, um einen modernen Wohlfahrtstaat auszubauen sowie infrastrukturelle Maßnahmen etwa in der Stadt- und Raumplanung zu verwirklichen. Schließlich hat der Boom den durch den Zweiten Weltkrieg zerrütteten westeuropäischen Staatsformen und Verfassungen zu großer Stabilität verholfen.[14] Letzteres traf vor allen Dingen für die Bundesrepublik Deutschland zu, in der sich ein »rheinischer Kapitalismus« in Gestalt der »sozialen Marktwirtschaft« ausbildete – eine wesentliche Integrationsklammer dieses nach der Teilung Deutschlands sehr künstlichen Staates. Im Unterschied zur freien Marktwirtschaft, so der Leitgedanke, greift der Staat in der sozialen Marktwirtschaft durch Rahmengesetze ein (etwa durch Kündigungsschutz und Anti-Kartellbestimmungen), um keine zu großen sozialen Ungerechtigkeiten entstehen zu lassen. Kurz: Die Freiheit der Marktwirtschaft wird da eingeschränkt, wo sie nur dem Starken nützt und dem Schwachen schadet, also unsozial ist. Der Schutz des Privateigentums besteht, doch Eigentum verpflichtet gegenüber der Gesellschaft.[15]

Etliche Sozialhistoriker haben dem 20. Jahrhundert eine generelle Tendenz zum Abbau sozialer Ungleichheit attestiert und dabei vor allem Europa im Blick gehabt. Zunehmender Wohlstand und staatliche Steuerung bewirkten gerade im Vergleich zum 19. Jahrhundert eine deutliche Nivellierung und eine größere soziale Gleichheit. Jedoch waren in den Industriegesellschaften Ungleichheiten niemals gänzlich abgeschafft, und sie verschärften sich gegen Ende des Jahrhunderts sogar wieder[16] – ganz zu schweigen von den Missverhältnissen im globalen Maßstab, wo sich Ungleichheiten reproduzierten und zugleich verschlimmerten. Es wäre also weit gefehlt, zu behaupten, alle hätten auf die eine oder andere Weise gewonnen. Es gab auch große Verlierer dieses Wirtschaftssystems. Nach der Entkolonialisierung seit den 1960er Jahren gelang es vor allem den meisten unabhängig gewordenen Ländern nicht, an die Industriegesellschaften in Nordamerika, Europa und Japan anzuschließen. Sie blieben »Entwicklungsländer«, wobei der Begriff sehr problematisch ist, legt er doch nahe, es gebe gleichsam einen vorgezeichneten Weg der »Entwicklung«. Etwa drei Viertel der Menschheit lebte im letzten Drittel des 20. Jahrhunderts nach wie vor in sogenannten »unterentwickelten« Ländern.

Die »Entwicklungspolitik« seitens der Industrieländer war sehr zwiespältig. Oftmals wurde sie als eine freiwillig geleistete »Hilfe«, die nur moralisch begründbar ist, beschrieben. Das mag sie in manchen Fällen durchaus gewesen sein, sie war jedoch vor allem Interessenpolitik ganz unterschiedlicher Gruppen bis hin zu privaten Unternehmern und einer »Entwicklungslobby«. Gerade in den Zeiten des Ost-West-Konflikts verfolgte die gepriesene Entwicklungshilfe die Interessen des jeweiligen Blocks, das galt für die Länder, die sich um die Sowjetunion gruppierten ebenso wie für jene, die sich um die USA scharten. Der jeweilige Block wollte politisch und wirtschaftlich die Ausbreitung des anderen in der »Dritten Welt« verhindern oder zumindest behindern – und Zugang zu wichtigen Rohstoffen erhalten. Im Wesentlichen wurden die Empfängerländer nach zwei Strategien, die oft zusammengehörten, ausgewählt: Selektion und Durchdringung. Ein selektives Muster westlicher Entwicklungshilfe traf beispielsweise auf Ägypten, Israel, Südkorea und die Philippinen zu. Verstärkt wurde sie in jenen Regionen, in denen die USA einen Umschwung hin zum Kommunismus befürchteten. Spiegelbildlich agierte die Sowjetunion. Besonders skurrile Formen konnte der Wettlauf der »beiden Deutschlands« in der »Dritten Welt« annehmen, denn die Bundesrepublik Deutschland und die DDR buhlten manchmal geradezu um die Gunst vor allem afrikanischer Herrscher, und wer dabei im Zeichen der »Hallstein-Doktrin« die DDR diplomatisch anerkannte, den bestrafte Westdeutschland bis 1969 mit dem Abbruch diplomatischer Beziehungen.[17] Dies verweist auf die zweite erwähnte Form der »Hilfe«, auf die Strategie der Durchdringung. Sie nutzte die Entwicklungshilfe als Wegbereiterin diplomatischer Beziehungen, man setzte sie somit geopolitisch ein.

Seit Anfang der 1960er Jahre war die Entwicklungshilfe zu einem bedeutenderen Politikfeld geworden. US-Präsident John F. Kennedy hatte 1961 eine »Dekade der Entwicklung« ausgerufen und den Druck auf die westlichen Länder erhöht, seinem Beispiel zu folgen. Allerdings erreichten die meisten entwickelten Länder der Erde nie den 1970 von den Vereinten Nationen geforderten Entwicklungshilfesatz von 0,7 Prozent des Bruttosozialproduktes; in dem relativ guten Jahr 1979 betrug das Entwicklungshilfevolumen der reichen Bundesrepublik Deutschland beispielsweise lediglich 0,44 Prozent. Dennoch kam im Westen zur gleichen Zeit eine harsche, teils provozierende Kritik an der Praxis der Entwicklungshilfe auf, die eine Vergeudung von Geld unterstellte und in ihrer zynischen Variante in dem Slogan »Schnee für Afrika« gipfelte.[18] Kritik dieser Art riss nicht mehr ab. Entwicklungshilfe, so der Tenor, schade allen, denen sie angeblich nützen sollte, gesamten Ländern ebenso wie einzelnen Betroffenen. Sie trage in den meisten Entwicklungsländern dazu bei, ausbeuterische Eliten an der Macht zu halten und im Namen von Modernisierung und Fortschritt Verelendung und Hungertod zu bringen. Wenngleich manche dieser Töne schrill waren, so steckte in der Kritik als Ganzer doch mehr als ein Körnchen Wahrheit.

Die Schwierigkeit ergab sich daraus, dass sich Entwicklungsbemühungen an eine Art Modernisierungstheorie koppelten. Der globale Süden sollte nach dem Vorbild des globalen Nordens erneuert und modernisiert werden. Nicht nur, dass dies ein ziemlich unmögliches, ja anmaßendes Unterfangen war, es rief vor allem zahlreiche Widerstände hervor. So entstand als Gegenmodell die Dependenztheorie: Statt Entwicklung müsste es zuerst zur Befreiung kommen, denn die reichen Länder seien verantwortlich für Armut und Unterentwicklung und würden den abhängigen Süden weiterhin ausbeuten. In der Tat: So lange das Dominanz-Abhängigkeitsverhältnis nicht durchbrochen wurde, konnte sich gar fast nichts zum Guten wenden.

Hatte sich also während des Booms eine neokoloniale Weltordnung etabliert? Es war der ghanaische Präsident Kwame Nkrumah, der 1965 den Begriff »Neokolonialismus« prägte. Darunter verstand er eine Situation, in der trotz formaler Souveränität von Staaten wirtschaftliche und politische Angelegenheiten mehr oder weniger von außen gesteuert werden. Auslandsinvestitionen führten demnach nicht zur »Entwicklung«, sondern zur »Ausbeutung«. Mehr noch: Neokolonialismus erschien als verheerendste Form des Kolonialismus, da mit der formalen Souveränität der Länder die Pflicht und die Notwendigkeit der dominierenden Staaten, sich zu verantworten und Rechenschaft abzulegen, entfielen.[19]

Seit den 1990er Jahren stand die Entwicklungspolitik im Zeichen eines »Postdevelopment-Denkens«. Man nahm Abschied von den großen Visionen. Neue, bescheidenere Devisen lauteten »Hilfe zur Selbsthilfe« und »Entwicklungszusammenarbeit auf Augenhöhe«.

Doch es machten sich ebenso Resignation und Untätigkeit breit, manchmal kaschiert von der Vorstellung, dass Entwicklungspolitik globale Strukturpolitik sei. Wer mochte dem widersprechen, dies stimmte sicherlich. Wie jedoch Gerechtigkeit im Zeitalter der Globalisierung hergestellt werden konnte – auf diese Frage blieben Politik und Ökonomie konkrete Antworten schuldig. Einige der Entwicklungsländer, besonders in Asien, konnten sich zu Schwellenländern fortentwickeln; andere Regionen – insbesondere Afrika außer Südafrika – wurden nahezu vollständig von der Weltwirtschaft abgekoppelt.

GRENZEN DES WACHSTUMS

Der »Ölpreisschock« zu Beginn der 1970er Jahre hatte erheblich dazu beigetragen, dass sich die Gruppe der Entwicklungsländer ausdifferenzierte: Ökonomisch und finanziell weitaus besser gestellt als die anderen waren die ölexportierenden Staaten. Im asiatischen Raum setzten gleichzeitig die »Tigerstaaten« zum ökonomischen Sprung an. Ihr Modell – rasantes wirtschaftliches Wachstum, eine disziplinierte Gesellschaft mit allenfalls semidemokratischen Freiheiten – löste in den 1970er und 1980er Jahren vor allem in Europa eine gewisse Faszination aus. Es mischten sich in sie aber auch Ängste, die sich im Ausdruck von der »gelben Gefahr« Raum verschafften. Weit hinter solchen Schwellenländern blieben die wirtschaftlich und infrastrukturell wenig entwickelten Staaten, vornehmlich in Afrika, zurück. Ihre Situation war immer noch durch eine einseitige Abhängigkeit vom Weltmarkt geprägt: Angewiesen auf teure Importe und Fertigprodukte blieb ihnen nur ein Export von Rohstoffen, für die sie bei einem Überangebot und schwankender Nachfrage oft nur schlechte Preise erzielen konnten.

Überhaupt veränderte sich die Nachkriegsordnung seit Mitte der 1970er Jahre im Zuge der beiden Ölkrisen von 1973 und 1979 gewaltig. Überall wandelte sich das politische, ökonomische und gesellschaftliche Klima. In sämtlichen Industriestaaten ging angesichts der bis dahin größten Wirtschaftskrise nach dem Zweiten Weltkrieg den zum Teil sehr ehrgeizigen Reformvorhaben das Geld aus. Das »goldene Zeitalter« war zu Ende, und die »Ära der langfristigen Schwierigkeiten« begann;[20] neue, bisher ungeahnte Probleme tauchten auf. Die Zäsur war einschneidend: Plötzlich entwickelte sich ein Bewusstsein für die Grenzen des Wachstums, ein banges Gefühl, dass die optimistischen Zukunftserwartungen zerbröseln könnten. Die bisher herrschende Zuversicht fand ein Ende. »Erschöpfung der Ressourcen« stieg zum Schlagwort des Jahrzehnts auf. Die bereits angeschlagene Weltwirtschaft geriet in die tiefste Rezession der Nachkriegszeit. Am 15. November 1975 trafen sich die Staats- und Regierungschefs der sechs wichtigsten Industrieländer zum Krisengipfel in der Abgeschiedenheit des kleinen Schlosses Rambouillet bei Paris: Gerald Ford (USA), Valéry Giscard d'Estaing (Frankreich), Harold Wilson (Großbritannien), Helmut Schmidt (Bundesrepublik Deutschland), Takeo Miki (Japan) und Aldo Moro (Italien). Der Weltwirtschaftsgipfel war geboren, man versuchte, die internationale Wirtschaftskooperation zu beleben. Bereits bestehende Interdependenzen und die insgesamt kritische Lage der Weltökonomie förderten Verflechtungen – der globale Markt erfuhr eine neue Dynamik. Europa schien zunächst ins Hintertreffen zu geraten, das Wort von der »Eurosklerose«, einer europäischen Lähmung, machte die Runde. Seit Mitte der 1980er Jahre wendete sich schließlich das Blatt. Ein neuer europäischer Schwung entstand. Er basierte auf dem Projekt des europäischen Binnenmarkts, in dem ein freier Verkehr von Waren, Dienstleistungen, Kapital und Personen gewährleistet war.

Die neuen Weltwirtschaftsgipfel waren ein untrügliches Zeichen für die »Ökonomisierung der internationalen Politik«.[21] Seit den Turbulenzen der Ölkrise war augenfällig geworden, dass es keinerlei wirksame und regelmäßige Abstimmung über die Wirtschafts- und Währungspolitik unter den westlichen Industriestaaten gab.

Spitzenbegegnungen, so die Meinung, seien geeignet, Kompromissbereitschaft unter den Staaten hervorzurufen, wechselseitiges Vertrauen zu schaffen und gegenseitige Kalkulierbarkeit zu fördern.[22] Beim zweiten Treffen in San Juan (Puerto Rico) 1976 wurde auf Wunsch des amerikanischen Präsidenten Kanada als siebtes Teilnehmerland hinzugezogen. Seit dem dritten Gipfel 1977 nahm zudem noch der Präsident der EG-Kommission teil. Die sieben Gipfelstaaten stellten die Hälfte des Welthandels, erwirtschafteten mehr als 50 Prozent der Weltindustrieproduktion sowie 83 Prozent des Bruttosozialprodukts der 24 Industrieländer der OECD und verbrauchten 86 Prozent der Primärenergie.[23]

Im letzten Drittel des 20. Jahrhunderts setzte ein, was Zeithistoriker mittlerweile einen »Strukturbruch« der industriegesellschaftlichen Moderne nennen.[24] Der Begriff ist durchaus umstritten, legt er doch eine allzu abrupte Vorstellung des Wandels nahe, dabei handelte es sich in Wahrheit um keine glatte Fraktur, kein »Neues«, das das »Alte« einfach ablöste, vielmehr um einen langwierigen Prozess mit fortbestehenden Beharrungskräften und dem Einbruch von neuem. Die 1970er Jahre waren eine Epoche des Übergangs, sie beendeten den ungewöhnlichen Nachkriegsboom zwischen 1948 und 1973. Hochgerechnet auf das gesamte 20. Jahrhundert stellte die Zeit danach indessen eher einen Normalisierungsprozess dar. Jedenfalls lief die Hochmoderne, die fast ein Jahrhundert gewährt hatte, aus. Traditionelle Industrien erlebten einen massiven Einbruch, und die »Sockelarbeitslosigkeit« wurde zu einem strukturellen Problem der klassischen Industriegesellschaften, die sich immer mehr zu Dienstleistungsgesellschaften wandelten, was sich durch die digitale Revolution ein Jahrzehnt später noch beschleunigte. Die internationalen Finanzmärkte lösten sich nach dem Ende des Bretton Woods-Systems von staatlichen Vorgaben und entfalteten eine mitunter schädliche Eigendynamik. Deindustrialisierung auf der einen Seite und Siegeszug des digitalen Finanzmarktkapitalismus auf der anderen Seite – diese Entwicklung, eine der stärksten Bewegungsfaktoren der neuesten

Zeitgeschichte, zeigte sich besonders ausgeprägt am Beispiel Großbritanniens und des Finanzplatzes London.

Die Krise seit Mitte der 1970er Jahre war weltweit spürbar, und seither beschleunigte sich auch der wirtschaftliche Niedergang des Ostblocks. Der wirtschaftliche Kern des Sozialismus, jedenfalls in seiner Theorie, bestand ja aus Vollbeschäftigung, Krisenfreiheit und Bedürfnisbefriedigung. Der Markt als Koordinierungsinstrument schien entbehrlich, stattdessen gab es eine staatliche Wirtschaftsbürokratie mit strikten hierarchischen Organisationen, die immer stärker wucherten. Man orientierte sich an politisch gesetzten Prioritäten, doch das System litt an einer systemimmanenten Innovationsschwäche, da die Quantität wichtiger war als die Qualität. Wegen des staatlichen Außenhandelsmonopols waren die meisten Betriebe zudem von internationaler Konkurrenz abgeschottet. Nikita Chruschtschow, der bis 1964 mit nicht ganz so harter Hand wie vor ihm Stalin und nicht ganz so geschmeidig wie nach ihm Breschnew die Sowjetunion regierte, erinnerte daran, dass der Sozialismus als Überflussgesellschaft konzipiert sei, und so wurden in der Sowjetunion in diesen Jahren spezifische Normen der sozialpolitischen Absicherung und des Konsums formuliert. Ziel war die Ausrichtung auf eine – wohlgemerkt – leistungsunabhängige Bedürfnisbefriedigung. Im landwirtschaftlichen Bereich schlug dies grandios fehl. Und auch der Konsum blieb stets eine Entscheidung der Politik, blieb stets eingebettet in die jeweilige Strategie der Herrschaftssicherung; nie war er abhängig von der realen Leistungskraft der Wirtschaft.[25] Das sowjetische Konsummodell wich besonders durch eine erzieherische Komponente des Idealbildes vom »neuen Menschen« ganz erheblich vom westlichen ab. Bestimmte langlebige Konsumgüter wie Waschmaschinen oder Kühlschränke sollten von mehreren Familien gemeinsam benutzt werden. Auch eine private Motorisierung lehnte Chruschtschow weitgehend ab und wollte Pkws nur für Fahrgemeinschaften oder als Taxis zur Verfügung stellen. In dieser Hinsicht unterschied sich die DDR erheblich vom »großen Bruder«. Das westdeutsche Konkurrenzmodell erhöhte dort den Druck. Seit Beginn der 1960er Jahre verbesserte sich die Haushaltsausstattung mit langlebigen Konsumgütern recht sprunghaft, und mit Trabant und Wartburg wurden zwei Pkw-Typen produziert, mit denen man eine private Motorisierung anvisierte. Aber auch in der DDR galt: Die zentralistische Organisation des Konsums führte zu zahlreichen Engpässen, Blockaden und zu einem eigentümlichen Beschaffungswesen. Sozialismus ohne Beziehungen – das war tatsächlich wie Kapitalismus ohne Geld,[26] und die Aporien der sozialistischen Wirtschaftspolitik zeigten sich im Leitprinzip des DDR-Staatschefs Walter Ulbricht: »Überholen ohne einzuholen« – hatte er mit Blick auf den Westen formuliert.[27]

EIN SIEG DES KAPITALISMUS?

Die sowjetkommunistischen Planwirtschaften hatten seit Längerem den Anschluss verpasst, was die Systemkrise des Ostblocks verschärfte und zum Untergang des östlichen Kommunismus beitrug. In den meisten osteuropäischen Ländern waren die Staatsführungen nur noch damit beschäftigt, die sich ablösenden ökonomischen Krisensituationen mehr schlecht als recht zu bewältigen. In der »zweiten Globalisierung« der Weltwirtschaft war der Ostblock massiv ins Hintertreffen geraten. Diese war einmal mehr mit technologischen Entwicklungen verbunden, nun vor allem mit neuen Informations- und Kommunikationstechnologien. Hinzu kam eine »Containerrevolution« in Form standardisierter Großraumbehälter, die auf Riesenschiffen Waren über die Weltmeere transportierten.

Die 1990er Jahre leiteten einen tiefen Umbruch der gesamten Weltwirtschaft ein. Bis dahin hatte es eine Art »halbierte Globalisierung« gegeben, der Westen und der Osten unterlagen jeweils einem unterschiedlichen Takt. Dies war mit dem kommunistischen Kollaps zu Ende. Während Westeuropa ökonomisch von der Öffnung des Ostens profitierte, verschoben die USA auffälligerweise ihr Augenmerk auf den pazifischen Raum und tätigten, ebenso wie Japan, umfangeiche Investitionen in China. Die Staaten Asiens, aber auch Mittel- und Südamerikas, weniger Afrikas, entwickelten sich enorm. Doch nicht mehr einzelne Länder oder Regionen waren von nun an die Herren des Geschehens, sondern transnationale Konzerne, »Global Player« übernahmen oftmals die Entscheidung über die Steuerung wirtschaftlicher Macht. Damit sind Unternehmen gemeint, die auf der ganzen Welt produzierten, Handel trieben und Waren kauften oder verkauften, etwa Automobilkonzerne wie Toyota oder Nahrungsmittelkonzerne wie Nestlé und Coca-Cola. Sie nutzten niedrige Lohn- und Produktionskosten bei der Herstellung von Waren und verkauften sie in höher entwickelten Ländern mit großem Gewinn; auch schöpften sie oft Steuervorteile aus, indem sie ihre Zentralen in Länder mit niedrigerem Steuersatz verlegten. Insgesamt betraf die Globalisierung nicht allein die immer stärkere Verflechtung der Weltwirtschaft. Sie erstreckte sich ebenso auf die Politik, die Wissenschaften, das Bildungswesen und die Kultur, nicht zuletzt aber auch auf die unbestritten hässlichen Seiten, etwa in Gestalt der organisierten Kriminalität oder der Bedrohung der Umwelt bis hin zur spürbaren Klimaveränderung.

Die Probleme waren am Übergang zum 21. Jahrhundert gewaltiger denn je geworden. Ein Fünftel der Menschheit besaß vier Fünftel des Reichtums, der Wohlstand war extrem ungleich verteilt. Die Auslandsschulden der Entwicklungsländer hatten sich seit den 1970er Jahren verdreißigfacht. Auch in dieser Hinsicht war das 20. Jahrhundert ein Zeitalter der Extreme: Verschuldungs- und Ernährungskrise einerseits, Wohlstand, Konsum und Luxus andererseits. 40 Prozent der Menschen in den Entwicklungsländern lebten am Ende des Jahrhunderts in absoluter Armut. Die internationale Verschuldungskrise lässt sich wie so vieles auf den Ölpreisschock von 1973/74 zurückführen. 1982 beispielsweise erklärte sich Mexiko als zahlungsunfähig und kündigte den Staatsbankrott an. Sämtliche zehn ärmsten Staaten der Welt am Übergang vom 20. zum 21. Jahrhundert lagen in Afrika.

Zur Jahrtausendwende hatte die Welt ökonomisch ein neues Gesicht. Die Industrieländer versuchten, den Welthandel weiter zu expandieren, und während in den zwei Jahrzehnten bis 1990 die Weltindustrieproduktion verdoppelt, der Welthandel vervierfacht, die Auslandsinvestitionen versechsfacht wurden, erhöhte sich danach das Tempo noch einmal. 2005 überschritt der weltweite Güteraustausch zum ersten Mal den Wert von einer Billion Dollar. Scheinbare Gewinner waren wichtige Schwellenländer, Brasilien, Russland, Indien, China und Südafrika – die BRICS-Staaten. Sie trieben seit dem letzten Jahrzehnt des 20. Jahrhunderts die Weltwirtschaft an – dies jedoch um den Preis verschleppter Reformen und mangelnder Zukunftsperspektiven im eigenen Land. So verließen sich etwa Brasilien und Russland auf den Verkauf ihrer Rohstoffe, ohne weitere eigene Industriezweige zu entwickeln, und China konnte auch aus dem simplen Grund heraus, dass ein Millionenheer einstiger Bauern begann, in den Fabriken zu arbeiten, seine Produktivität steigern. Teile der islamischen Welt wiederum empfanden eine geforderte Anpassung an die moderne westlich geprägte Industriewelt als Verlust von Eigenart. Aus einer radikalen Opposition gegen den Kapitalismus und den Westen, dem ein wirtschaftlicher Weltkrieg vorgeworfen wurde, nährte sich dort ein aggressiver religiöser Fundamentalismus.

Der Kapitalismus steckte in einer Legitimationskrise, wenngleich dies am Ende der 1990er Jahre nur die wenigsten wahrnehmen. Neo- oder radikalliberale Modelle prägten den Zeitgeist. Goldgräberstimmung brach allenthalben aus, besonders an den Technologiebörsen und den Neuen Märkten. Es entwickelte sich nicht nur eine Blase (Dotcom-Blase), sondern dieser Hype führte zu unzähligen Gaunereien und kriminellen Vergehen: Bilanzfälschungen, Untreue, Insiderhandel, Kursbetrug und Gründungsschwindel. Doch diese Entwicklung wurde erst um 2001/2002 herum in vollem Umfang sichtbar, als die Abwärtsbewegung bereits eingesetzt hatte. Solche Verantwortungslosigkeiten schienen zum Wesenskern des kapitalistischen Systems zu gehören. Die Meinung, dass der Kapitalismus die Gesellschaften wohlhabender und die Menschen freier, friedlicher und besser machen würde, wie man es im Zeitalter der Aufklärung noch gedacht hatte, vertraten immer weniger Menschen. Die Kritik am Kapitalismus berief sich auf konkrete Probleme. Durch die Verbindung von Bevölkerungs- und Wirtschaftswachstum erhöhten sich beispielsweise die ökologischen Risiken dramatisch. Ein einfaches Beispiel mag dies verdeutlichen: In den USA kamen am Ende des 20. Jahrhunderts auf 1000 Personen 700 Autos, in China nur fünf. Sollten die Chinesen den westlichen Stand der individuellen Motorisierung erreichen, wäre – die gegenwärtige Technik zugrunde gelegt – eine ökologische Katastrophe nicht abzuwenden. Haben jedoch die reichen Industrieländer das Recht, den bisher zu kurz Gekommenen mit einer ökologischen Moral den ökonomischen Verzicht zu predigen, den sie selbst nie leisteten?

Die Art und Weise, wie am Ende des 20. Jahrhunderts die Asienkrise gelöst wurde, wog die internationalen Akteure in trügerischer Sicherheit. Die schwere Finanz- und Wirtschaftskrise, die 1997 und 1998 asiatische Länder wie Indonesien, Südkorea, Thailand und Malaysia ergriff – während die Volksrepublik China und Taiwan unberührt blieben –, verwies zwar darauf, welch schwerwiegende Folgen finanzpolitische Fehlentwicklungen zeitigen konnten. Doch damit, dass diese Krise vor allem von Alan Greenspan, der in den Jahren 1987 bis 2006 der US-Notenbank Federal Reserve vorstand, dadurch beendet wurde, dass er die Liquidität erhöhte und Dollars in die Märkte pumpte, schien ein Muster für die Zukunft gefunden zu sein: Expansive Geldpolitik und Deregulierung würden zu einer raschen Erholung führen. Besonders der Internationale Währungsfonds (IWF) trug die Botschaft »Deregulierung der Wirtschaft« wie ein Mantra vor sich her.[28] Die Aufgabe des IWF war und ist es, die Stabilität des globalen Wechselkurs- und Zahlungssystems zu gewährleisten und so Sorge zu tragen, dass die Mitgliedstaaten miteinander handeln und Verbindlichkeiten begleichen können. Gerät ein Land in Finanznot, kann es den IWF um Kredite ersuchen. Als Gegenleistung forderte der IWF oft rabiate Spar- und Reformprogramme. Heute meinen viele Ökonomen, dass in dieser Politik langfristige Ursachen späterer, noch schwerer wiegender Finanz-, Wirtschafts- und Gerechtigkeitskrisen zu suchen sind.[29] Eine Kapitalismuskritik, wie sie die Welt seit den Zeiten von Karl Marx und Friedrich Engels zur Mitte des 19. Jahrhunderts nicht mehr gesehen hatte, begleitet seither das neue Jahrhundert. Das hatte auch damit zu tun, dass es während des gesamten 20. Jahrhunderts trotz immenser Wohlstandssteigerung im Norden der Erde nicht gelungen war, den Hunger im Süden des Planeten zu besiegen. Davon handelt das folgende Kapitel.

15.

HUNGER UND WOHLSTAND

Unterernährung kontra Diätwahn

Wenn der Ertrag pro Morgen in Mais und Bohnen erhöht werden könnte, dann würde dies eine größere Wirkung auf das nationale Leben in Mexiko haben als alles andere, das getan werden könnte.
Raymond B. Fosdick, Memorandum regarding Wallace's Ideas for a Program in Mexico, 5. Februar 1941[1]

▲▲▼▲

Die sogenannte Fettlücke, die der bizonalen Verwaltung im Hungerwinter 1946/47 noch große Sorgen bereitet hatte, war bald geschlossen – 1955 rollte die Fresswelle an.
Über die 1950er Jahre, Der Spiegel, 23. Dezember 2005[2]

▲▲▼▲

Ganz Mexiko ist zu dick. Nirgendwo in der Welt ist die Zahl der Übergewichtigen und Fettleibigen in den vergangenen zwei Jahrzehnten so stark gewachsen: Auf knapp 70 Prozent an der Gesamtbevölkerung seit 1980.
Der Spiegel, 2. Januar 2015[3]

▲▲▼▲

795 Millionen Menschen auf der Welt haben nicht genug zu essen.
Das Bundesministerium für wirtschaftliche Zusammenarbeit und Entwicklung in einem Bericht über die deutsche Entwicklungspolitik, 2015[4]

▲▲▼▲

HUNGER ALS GLOBALES PROBLEM

Im Sommer 1968 wurde ein bis dahin weitgehend unbeachteter Bürgerkrieg im Westen Afrikas zum globalen Medienereignis. Bilder abgemagerter »Biafra-Kinder« mit extrem aufgeblähten Bäuchen erschütterten die Welt. Täglich starben über 6000 Menschen in Biafra den Hungertod, vor allem Frauen und Kinder. Rund zehn Millionen Einwohner der abtrünnigen nigerianischen Provinz waren von Truppen der Zentralregierung in einem Kessel des Todes zusammengepfercht worden. Seit über einem Jahr versuchte Nigerias Staatschef General Gowon die Einheit des Landes gewaltsam zu erzwingen – durch Hunger und Waffen. Magazine und Zeitungen der Industriestaaten titelten über die »Starving Children of Biafra War« (*LIFE*, Amerika), »Die verhungernden Kinder von Biafra« (*Stern*, Deutschland) oder »Biafra: La Fin« (*L'Express*, Frankreich). »Erstmals«, so berichtete *Der Spiegel*, »wird ein Völkermord im Fernsehen gezeigt«.[5] Weltweite Unterstützungswellen machten das Bild eines verhungernden Kindes zum direkten Kriegsfaktor und Biafra zur Projektionsfläche nationaler Erinnerungen: In Großbritannien lebten Gefühle postkolonialer Verantwortung auf, und besonders in Israel und Deutschland wurden Erinnerungen an Dachau und Auschwitz geweckt. Zwei Jahrzehnte später ging eine ganz andere Meldung über den Ticker. Der kommerzielle internationale Diätklub »Weight Watchers«, der Übergewichtigen gegen Bezahlung beim Abnehmen behilflich ist, baute sein Geschäft in Deutschland weiter aus. Die »Weight Watchers«, die zum amerikanischen Soßen- und Suppenkonzern Heinz gehörten, wollten unter ihrem Markennamen kalorienreduzierte Kost in den Handel bringen. Verhandlungen zwischen der Europazentrale in London und im deutschen Markt tätigen Lebensmittelherstellern standen kurz vor dem Abschluss. Geplant war ein Diätsortiment mit rund 50 Produkten, die vor allem in Supermarktketten angeboten werden sollten. Für den Start der Diätkost-Palette plante der Konzern eine viele Millionen Mark teure Werbekampagne. Dieses Geld, so vermutete man zu Recht, werde sich angesichts des Kampfes um die Pfunde und des Schlankheitswahns in den Industrieländern schnell amortisiert haben.[6]

Die Gegenüberstellung dieser beiden Berichte mag frivol erscheinen. Doch das Anstößige ist der tatsächlich existierende Kontrast. Untrennbar mit den Entwicklungen der Wirtschaft verbunden ist das Thema der Welternährung. Das 20. Jahrhundert war die größte Prosperitätsepoche der Menschheitsgeschichte. Massenkonsum- und Wegwerfgesellschaften entwickelten sich nach 1945 rasant. Parallel dazu traten die schlimmsten Hungersnöte auf. Mangel- und Unterernährung, denen mehr Menschen zum Opfer fielen als jemals zuvor in der Geschichte, verdunkelten die meiste Zeit des Jahrhunderts. Auf der einen Seite sehen wir »Fresswellen«, auf der anderen Hungerkatastrophen, hier Überschusskrisen, d. h. Überproduktion an Lebensmitteln und deren Vernichtung, dort Mangelkrisen und Massensterben, hier Überfluss und Luxus, dort Knappheit, Elend und Not. Nur rund ein Fünftel der Weltbevölkerung nahm im 20. Jahrhundert an konsumgesellschaftlichen Prozessen teil. Unterernährung war und ist die hohe und für viele unüberwindbare Barriere zu ökonomischer und sozialer Entwicklung. Und als sei das nicht maßlos genug, hält das 20. Jahrhundert noch weitere extreme Polaritäten bereit: politisch geplante und produzierte Hungersnöte mit Millionen von Toten. Sie waren ebenso ein herausstechendes Merkmal des Jahrhunderts wie – auf der gegenüberliegenden Seite – Hungerstreiks als Form des Protestes gegen Unterdrückung und Ungerechtigkeit, besonders im antikolonialen Kampf.

Bis ins späte 19. Jahrhundert hinein nahmen die Menschen Hunger meistens nur als regional begrenztes Phänomen wahr. Erst die beiden Weltkriege führten dazu, dass sich der Blick global weitete und der Hunger in der Welt mehr Beachtung fand. Dieser Geißel der Menschheit sollte seither mithilfe internationaler Organisationen entgegengewirkt werden. Der Zugriff auf Nahrungsmittelressourcen wurde von den Industriestaaten nach dem Ersten

Weltkrieg als geopolitische Aufgabe verstanden, und zugleich begannen Wissenschaftler damit, Unterernährung und Hunger zu vermessen, Normen festzulegen und technokratische Lösungen anzubieten. Amerikanische und europäische Stiftungen, vor allem die Rockefeller Foundation, der Commonwealth Fund oder die Deutsche Hungerhilfe, stellten die internationale Ernährungs- und Gesundheitspolitik ins Zentrum ihres Wirkens. Wie sehr Hunger anders als bisher und gänzlich neu, nämlich als Ausdruck globaler Ungleichheit, ins Bewusstsein drang, wird in den Worten des norwegischen Flüchtlingskommissars Fridtjof Nansen im Oktober 1921 vor dem Völkerbund deutlich. Er führte aus: »Argentinien verbrennt seinen Getreideüberfluss, Amerika lässt in den Speichern sein Korn verfaulen, Kanada hat mehr als zwei Millionen Tonnen Getreide übrig – und in Russland sterben Millionen vor Hunger.«[7]

Die Rockefeller Foundation unterstützte in den 1930er Jahren agrar- und entwicklungspolitische Projekte in China und förderte systematisch pflanzengenetische Forschungen mit dem Ziel, durch Züchtung besonders ertragreicher und widerstandsfähiger Getreidesorten die Ernährungsprobleme in der Welt zu bekämpfen. Diese frühe Forschung begründete recht rasch Ernährungsstandards, die in ihrer grundsätzlichen Ausrichtung bis in die Gegenwart gültig sind. Sie umriss, welche Mengen an Kohlenhydraten, Fett, Eiweiß, Vitaminen und Spurenelementen für das menschliche Überleben nötig sind. Dass sich in derselben Zeit komplementär dazu die »Hungerforschung« als neues medizinisches Feld ausbildete und sich dabei besonders das NS-Regime mit verbrecherischen Hungerexperimenten an Häftlingen in Konzentrationslagern hervortat, gehört zu den ethisch dunkelsten Seiten der Humanwissenschaften im 20. Jahrhundert.[8]

GEPLANTE HUNGERSNÖTE

Auf der Nachtseite des 20. Jahrhunderts geschah, was zuvor in diesen Dimensionen historisch unvorstellbar gewesen war: Hungersnöte, die nicht auf Dürre, Schädlinge oder andere Katastrophen zurückzuführen waren, sondern die selbst produziert wurden. Menschengemachte, politisch geplante Hungersnöte, die Millionen von Menschenleben forderten, durchzogen das gesamte Jahrhundert, nicht allein seine erste, dunklere Hälfte. Stalin nutzte in den 1930er Jahren in der Sowjetunion die »Hungerwaffe« dazu, den Widerstand der bäuerlichen Bevölkerung gegen die Kollektivierung und »Ent-Kulakisierung« zu brechen. Dies geschah vor allem in der Ukraine, eigentlich die »Kornkammer Osteuropas«. Die freien Bauern konnten hier auf eine lange Tradition von Privateigentum an Grund und Boden zurückblicken, die einer Kollektivierung entgegenstand. Das Land glich um 1932/1933 einem Todeslager: 45 Millionen Menschen hungerten und elf Millionen verhungerten. Das Sterben war nicht verursacht durch eine Katastrophe, Wassermangel, Epidemie oder Krieg, sondern durch immense Getreiderequirierungen und – bei Nichterfüllung des von der Regierung geforderten Getreidesolls – Beschlagnahmungen sämtlicher Lebensmittel von Fleisch und Speck bis hin zu Graupen, Pilzen und Zwiebeln. Geschah dies, und es geschah ständig, endete die Winterversorgung unweigerlich in einer Katastrophe für die Menschen. Ziel der Sowjetführung war es, den ukrainischen Nationalismus zu brechen und den Stalinismus bis in den letzten Winkel der Sowjetunion hinein zu festigen. Wenngleich in der Forschung umstritten ist, ob man in diesem Falle von einem Genozid bzw. Ethnozid sprechen muss[9] oder das stalinistische Vorgehen »nur« ein übliches Terrorinstrument gegen jene Teile der Bevölkerung war, die sich der Uniformierung des bolschewistischen Systems widersetzten – eines bleibt in seiner Furchtbarkeit gewiss, der Holodomor, das Töten durch Hunger, war eine politische Waffe, die vorsätzlich Anwendung fand.[10]

Dieser Vorsatz war der gravierende Unterschied zur großen Hungersnot am Beginn der Geschichte Sowjetrusslands. Seit 1917/1918 forderten der mit größter Brutalität geführte Bürgerkrieg nach der Revolution sowie eine Dürreperiode fünf Millionen Hungertote. Es handelte sich wegen des Zusammenspiels beider Faktoren um einen der verlustreichsten Bürgerkriege der Geschichte, doch Lenin akzeptierte immerhin ausländische Hilfe, um das Elend zu lindern, und ließ Organisationen, die Lebensmittel, Kleidung und Medikamente brachten, ins Land, darunter das Amerikanische Hilfswerk, welches der spätere amerikanische Präsident Herbert Hoover initiiert hatte, sowie karitative Verbände aus Norwegen und die Internationale Arbeiterhilfe des deutschen Kommunisten Willi Münzenberg. Stalin hingegen lehnte 1932/1933 jegliche Hilfe von außen mit der Bemerkung ab, dass es ja gar keine Hungernot gäbe.

Es war der Nationalsozialismus, der in Kriegszeiten zum Extremsten ausholte. In Weißrussland verfolgten Hitler und die deutschen Besatzungsbehörden nach dem Überfall auf die Sowjetunion 1941 eine »Hungerpolitik« mit genozidalen Absichten. Die Vorstellungen einer Autarkie- und Lebensraumplanung hatten sich im Nationalsozialismus radikalisiert, und der Entzug von Nahrungsmitteln für die einheimische Bevölkerung gehörte zu den zentralen Bestandteilen der nationalsozialistischen Vernichtungspolitik in den besetzten Gebieten Osteuropas.[11] Umgesetzt wurde ein Plan, Millionen Zivilisten ohne jegliche Skrupel einfach verhungern zu lassen.

Um »kalkulierte Morde« handelte es sich auch beim »Großen Hunger« in der Volksrepublik China. Maos propagierter »Große Sprung nach vorn« mündete in ein Fiasko und forderte eine unfassbar große Menge an Menschenleben. 1958 hatte der »Große Steuermann« Mao die Initiative ergriffen und getönt, mit einer gewaltigen Kraftanstrengung die Modernisierung des Riesenreiches voranzutreiben und die Industriestaaten des Westens überholen zu können. Spätestens in 15 Jahren sollte die Industriemacht Großbritannien weit abgeschlagen rangieren. Die chinesische Gesellschaft mit einem einzigen entschlossenen Sprung in die kommunistische Zukunft zu befördern, lautete der vermessene Plan. China müsse nur seine wichtigste Ressource in die Waagschale werfen, um dieses Ziel zu erreichen – hunderte Millionen von Arbeitern. Im Ergebnis war der »Große Sprung nach vorn« die furchtbarste Katastrophe der gesamten chinesischen Geschichte. Millionen Bauern wurden mobilisiert und zu Deichbauten oder zur Produktion von Stahl in häufig lokalen, primitiven Hochöfen herangezogen (der produzierte Stahl war deshalb meistens minderwertig und nicht verwendbar). Wer sich widersetzte, war der Willkür der kommunistischen Kader ausgeliefert. Gleichzeitig sollte die Landwirtschaft selbst umgekrempelt werden. Es war eine Art von Doppelschlag. Die Bauern pferchte man in riesigen Volkskommunen zusammen, in denen kollektive Volksküchen die Nahrung verteilten und zwar entsprechend der Arbeitsleistung. Mit diesem perfiden System bemächtigte man sich einer Waffe, mit der die Menschen zu fast allem gezwungen werden konnten. Zwang, Terror und systematische Gewalt – auf diesen drei Säulen stand der »Große Sprung«. Rasch waren die Zeichen nicht mehr zu übersehen, dass die Ernährungsproduktion zusammenbrach. Doch anstatt die Aktion abzubrechen, opferten die chinesischen Kommunisten die ländliche Bevölkerung, um die Versorgung der aufstrebenden Industriestädte zu retten. Sie führten sogar noch landwirtschaftliche Produkte in befreundete Staaten aus, damit der Import von Industriegütern bezahlt werden konnte. Genaue Zahlen zum großen Sterben lassen sich nur schwer ermitteln, fest steht jedoch, dass am Schluss, als das desaströse Experiment beendet wurde, mindestens 45 Millionen Menschen ihr Leben verloren hatten, die meisten waren verhungert. Mao und mit ihm die gesamte Führung der Volksrepublik China gaben sie willentlich dem Hungertod preis, obwohl Millionen Leben hätten gerettet werden können. In diesen Jahren zwischen 1958 und 1962 war China tatsächlich die Hölle auf Erden.[12]

HUNGERSTREIK

Auf der anderen Seite der Macht, nämlich jener der Geknechteten und Entrechteten, wurde im 20. Jahrhundert der Hungerstreik in verschiedenen politischen Situationen erfolgreich als ausdrucksstarker Akt etabliert. In Indien gab es nach dem Ersten Weltkrieg eine Flut von Hungerstreiks gegen die britische Kolonialherrschaft. Die Streikenden wollten die Ungerechtigkeiten des kolonialen Systems als ein körperliches Drama präsentieren und damit anprangern. Das vordem Individuelle und Heroische übertrug sich so als stellvertretendes Leid auf die gesamte Nation. Diese Praxis des politischen Protestes war nicht unbedingt neu, fand nun allerdings große mediale Aufmerksamkeit. Sie hatte sich über das zaristische Russland nach Großbritannien verbreitet, wo 1909 die Suffragetten in ihrem Kampf um das Frauenwahlrecht zu dieser Protestform griffen; ähnliches geschah 1912 in Irland. Bekannt geworden ist der Hungerstreik jedoch insbesondere durch Mahatma Gandhi, der ihn zum ersten Mal 1913 in Südafrika gegen die kolonialen Rassengesetze einsetzte. Der Hungerstreik der Sikhs in Kanada im Jahr 1914 knüpfte daran an. Das Fasten nahm in Gandhis Leben eine solch große Bedeutung ein, dass es schwierig ist, diese Praxis der Selbstkontrolle und der Selbstreinigung vom Akt nationalen Protestes genau zu unterscheiden. Allerdings ließ sich eine Verbindung zwischen der individuellen Selbstdisziplin und der physischen Gesundheit der nationalen Gemeinschaft leicht herstellen. Gandhis Körper wurde mit jenem der indischen Nation gleichgesetzt. Damit entstanden Interpretationen, dass er nicht allein in seinem Namen, sondern im Namen der Nation und deren moralischer Gesundheit litt. Der so praktizierte gewaltfreie Widerstand gegen die britische Kolonialherrschaft führte Indien 1947 in die Unabhängigkeit.[13]

Auch westliche Gesellschaften kannten den Hungerstreik. Er weckte dort Assoziationen an ältere Traditionen hungernder Körper. Die Linie reichte von der spirituellen Ernährungspraxis des

Mittelalters, dem dämonischen Selbstverhungern in der Reformation, bis hin zu den »Hungerkünstlern« im 19. Jahrhundert. Die Verbrechen des Nationalsozialismus überlagerten dann alles. Seither riefen Hungerstreiks im kollektiven Gedächtnis eher die Erinnerungen an Bilder hungernder, ausgemergelter und geschundener Menschen in den Konzentrationslagern der Nazis wach als ein irgendwie geartetes religiöses Martyrium. Dies evozierten auch die Hungerstreikenden in der Bundesrepublik Deutschland, die am meisten Aufmerksamkeit erhielten: die Baader-Meinhof-Gruppe in ihrer Haft in Stuttgart-Stammheim Mitte der 1970er Jahre. Dass sie mit ihren Handlungen zugleich an die Sprache der hungernden Körper im antikolonialen Kampf anknüpften, lag in der Logik der Roten Armee Fraktion.[14]

RECHT AUF NAHRUNG

Solchen Formen der verweigerten Nahrungsaufnahme war die mediale Resonanz sicher. Es war jedoch der reale Hunger in der Welt, der die Stabilität und den Wohlstand im Westen bedrohte. Dies galt zumindest in moralischer Hinsicht. Bilder von hungernden Menschen machten bewusst, worauf die Prosperität der »entwickelten« Welt beruhte, nämlich nicht zuletzt auf der Ausbeutung der Ärmsten. Trotz vielfältiger internationaler Programme und Anstrengungen im Rahmen einer »Grünen Revolution«, die das Saatgut verbessern, die Anbauflächen effizienter gestalten und die Erträge steigern sollte, ereignete sich zwischen 1970 und 1990 in fast der Hälfte der Entwicklungsländer das Gegenteil: Das Nahrungsangebot nahm ab. In mehr als einem Viertel der Länder stieg die Zahl hungernder Kinder. Noch Mitte der 1990er Jahre fehlten rund 20 Prozent der Menschen in den Entwicklungsländern genügend Nahrung, um die lebensnotwendigen Nährstoffe zu erhalten – das entsprach 840 Millionen Menschen. Fast ein Drittel der unter fünfjährigen Kinder in den betroffenen afrikanischen und asiatischen

Regionen litten an schwerer Unterernährung.[15] Von Prosperität konnte hier also nicht die Rede sein, im Gegenteil: Der Abstand im durchschnittlichen Pro-Kopf-Einkommen zwischen den USA und Afrika ist zwischen 1820 und 2000 von 1:3 auf 1:20 angestiegen, zu Lateinamerika von 1:2 auf 1:5.

Dabei war der Wunsch, in eine neue Zeit aufzubrechen und den Hunger in der Welt zu bekämpfen, nach dem Zweiten Weltkrieg so stark wie nie. Die Allgemeine Erklärung der Menschenrechte von 1948 legte auch das »Recht auf Nahrung« fest. Es war ja die unabdingbare Voraussetzung für das Recht auf Leben und einen die Gesundheit gewährenden Lebensstandard überhaupt. In mehreren internationalen Menschenrechtsbestimmungen, welche die zweite Hälfte des 20. Jahrhunderts kennzeichnen, wurde dieses Recht auf Nahrung zusätzlich verankert, so etwa im 1966 angenommenen Sozialpakt der UN-Vollversammlung, der allerdings erst zehn Jahre später ratifiziert werden konnte, oder in der Frauenrechtskonvention von 1979 und der Kinderrechtskonvention von 1989. Alle Verträge stellten bindendes internationales Recht dar, scheiterten jedoch oft an der schlichten Frage, wie man Hunger wissenschaftlich messen und wie man Hungernde erfassen könne, zumal in manchen Weltregionen die Versorgungslage schwankte oder Menschen nur zu bestimmten Jahreszeiten hungerten. Verlässliche Werte konnte die Ernährungs- und Landwirtschaftsorganisation (FAO) der UNO, obwohl sie bereits im Oktober 1945 gegründet worden war, erst seit den 1990er Jahren erheben und zur Verfügung stellen. Hunger tritt dann ein, so definierte die FAO seither, wenn die tägliche Energiezufuhr für einen längeren Zeitraum unter dem Bedarf liegt, der für einen gesunden Körper und ein aktives Leben benötigt wird, wobei als Schwellenwert bei mäßiger Arbeit 1800 Kalorien gelten. Solche Werte sagen indessen noch gar nichts über eine ausgewogene Ernährung aus.

So sehr sich nach 1945 strukturelle Ansätze herausbildeten, dem Hunger die Stirn zu bieten, so blieb das Ergebnis trostlos. Sämtliche Ideen zerschellten an den Mauern des Kalten Krieges. Dies galt für jene, die Freihandelssysteme stärken wollten, um Ungleichgewichte in den Weltagrarmärkten abzubauen; und es traf ebenfalls für diejenigen zu, die auf agrartechnologische Modernisierungen im Gefolge der Entwicklungspolitik hofften. Kirchliche und private Organisationen oder solche, die mit der UNO verwoben waren, sahen sich deshalb oft in die Rolle einer »Feuerwehr« gedrängt. Sie konnten versuchen, ein brennendes Haus zu löschen, nicht jedoch dieses umzubauen. Doch genau dies wäre nötig gewesen, um künftige Katastrophen zu verhindern.

Besonders verstörend, ja skandalös war die häufige Parallelität von Hungerkrisen auf der einen Seite und landwirtschaftlicher Überproduktion auf der anderen. In Westeuropa gelang es nach dem Zweiten Weltkrieg innerhalb von nur zwei Jahrzehnten, die Landwirtschaft so umzugestalten, dass nicht mehr Mangel herrsche, sondern eine Bedarfsdeckung erreicht werden konnte. Seit Ende der 1960er Jahre traten vermehrt »Überschusskrisen« auf. Die Agrarüberschüsse auf europäischer Ebene wuchsen rapide an, sodass bald nicht nur von »Milch- und Weinseen«, »Butter- und Getreidebergen« gesprochen wurde, nein, diese waren real vorhanden. Die Verwaltung der Überschüsse – die nicht zuletzt Folge einer verfehlten europäischen Agrarpolitik waren, welche auf Ertrags-, nicht auf Qualitätssteigerung setzte und den Bauern Garantiepreise versprach – verschlang Unsummen an Steuergeldern, sei es durch Lagerung oder Vernichtung. Vor dem Fall der Berliner Mauer gab die EG jährlich umgerechnet mehr als zehn Milliarden Euro aus, nur um die Überschüsse zu lagern oder abzusetzen. Im Berichtsjahr 1992/1993 stellte der Europäische Rechnungshof fest, dass insgesamt 4,3 Millionen Tonnen Obst und Gemüse aus dem Handel genommen worden waren. Zwei Prozent davon verteilte man an Krankenhäuser, Schulen und Einrichtungen für wohltätige Zwecke, 14 Prozent wurden zu Viehfutter verarbeitet, 24 Prozent zu Industriealkohol und 60 Prozent vernichtet.[16] Dass Nahrungsmittel auch in die »Dritte Welt« verschenkt oder zu Dumpingpreisen verkauft wurden, konnte unter karitativen Aspekten honoriert werden, doch die dunkle Kehrseite bedarf ebenso der Erwähnung: Solche Aktionen ruinierten nicht selten die dortigen Bauern und Erzeuger, die mit den kostenlosen oder sehr billigen Produkten nicht mithalten konnten.

DIE LEBENSLÜGE VOM WOHLSTAND FÜR ALLE

»*Wohlstand für alle*«, so lautet der Titel des Bestsellers, den der deutsche Wirtschaftsminister Ludwig Ehrhard in den 1950er Jahren verfasst hatte. Zu Werbezwecken ließ er sich gerne nicht nur mit dem Buch vor seinem Bauch, sondern auch mit seinem Symbol für »Wohlstand«, der dicken Zigarre, ablichten. Im Weltmaßstab war »Wohlstand für alle« seit jeher eine Illusion. Nur in den westlichen Industriegesellschaften entstanden neue Konsummöglichkeiten. Viel (nicht unbedingt gutes) Essen und der dicke (Männer-) Bauch avancierten zum Statussymbol, und so sehr man das Ganze in Westeuropa als aufholende Entwicklung angesichts der vorangehenden Jahre des Mangels und der Lebensmittelrationen nach dem Zweiten Weltkrieg erklären kann, so haftete der in der Bundesrepublik Deutschland sprichwörtlich gewordenen »Fresswelle« ein fader Beigeschmack an. In dem zeitgenössischen Film »*Wir Wunderkinder*« stimmten die Kabarettisten Wolfgang Neuss und Wolfgang Müller ein hintersinniges Lied dazu an: »Jetzt kommt das Wirtschaftswunder! Der deutsche Bauch erholt sich auch und ist schon sehr viel runder (…). Jetzt schmeckt das Eisbein wieder in Aspik. Is' ja kein Wunder nach dem verlorenen Krieg.«[17]

Produkte als Sinnvermittler, der Käufer als Konsument und die Werbung, die dies steuert: Das Zeitalter der Konsumgesellschaften war angebrochen. Nicht mehr die Grundbedürfnisse wurden befriedigt, sondern die Wahlbedürfnisse. Waren dienten als Sinnvermittler, Konsumieren wurde als Erlebnis zelebriert. Die historische Schwelle zur Konsumgesellschaft liegt dort, wo dank hoher Einkommen und standardisierter Massenproduktion ausreichend Ressourcen vorhanden sind, um den Wahlbedarf zu befriedigen, weil die Grundbedürfnisse gedeckt sind. In den USA waren schon in den 1920er Jahren die Anfänge einer solchen Konsumgesellschaft zu finden, in den westlichen Industriestaaten brach sie seit dem Ende der 1950er Jahre mit aller Macht durch.

HUNGER UND KRANKHEIT

Die Diskrepanz zwischen Konsumgesellschaften und Hungergesellschaften wuchs ständig an. Afrika war der einzige Kontinent, bei dem die Indikatoren für die wirtschaftliche Entwicklung wie für die Gesundheits- und Sozialversorgung im gesamten 20. Jahrhundert ständig nach unten zeigten. Der Anteil der Menschen im subsaharischen Afrika, die mit weniger als einem Dollar täglich auskommen mussten, stieg noch zwischen 1990 und 2002 von 44,6 auf 46,4 Prozent. Nach dem Human Development Index waren dies die ärmsten Länder der Welt. Nur wenige verfügten über genug sauberes Wasser, und im Tschad sowie in Mosambik wurde fast ganzjährig gehungert.

Wie sehr körperlich geschwächte Menschen Opfer von Krankheiten werden können, ist in der Geschichte durch alle Jahrhunderte hindurch immer wieder sichtbar geworden. Der Todeslauf der »Spanischen Grippe« nach dem Ersten Weltkrieg ist eines von vielen Beispielen dafür. In drei Wellen war seit Frühjahr 1918 ein Jahr lang die Grippe-Pandemie über die Welt gezogen, bis zu 50 Millionen Menschen starben an dieser Form der Influenza.[18] 60 Jahre später geriet der afrikanische Kontinent in den Fokus von Hunger und Krankheit. Hier verschärfte sich das Hungerproblem seit den 1980er Jahren zusätzlich durch die Immunschwächekrankheit Aids. Die Krankheit wurde 1981 entdeckt, ein Impfstoff gegen das Virus ist bis in unsere Gegenwart hinein nicht gefunden. In Windeseile nahm das Virus ganze Weltregionen in seinen tödlichen Griff. Geschätzte 40 Millionen Menschen trugen HIV am Ende des

20. Jahrhunderts in sich; 25 Millionen hat es bereits getötet. Nach der ersten Seuchenexplosion in Afrika breitete sich der Erreger in Asien aus. In armen afrikanischen Gesellschaften war und ist Aids nicht nur ein Gesundheitsproblem, vielmehr bestehen kausale Beziehungen zwischen Aids und Hungersnöten. Denn im Gegensatz zu anderen Epidemien, denen hauptsächlich Kinder und Alte zum Opfer fallen, wirkt sich Aids sehr stark auf junge, sexuell aktive Erwachsene aus, die im Arbeitsleben stehen. So werden gewachsene Familienverbände in einen Strudel gerissen: Das Einkommen von Familien, in denen ein Mitglied an Aids erkrankt oder stirbt, sinkt im Durchschnitt um 40 Prozent, wodurch der Zugang zu Lebensmitteln erheblich beeinträchtigt wird.

DIÄTWAHN ODER GESUNDHEITSGEBOT?

Das Gegensatzpaar »Hunger und Wohlstand« durchfurcht die Welt bis in unsere Tage auf unterschiedlichste Art und Weise. Greller Not stehen schnöde Luxusprobleme gegenüber. Was bedeutet, so zerbricht man sich in Industriegesellschaften den Kopf, »gesunde Ernährung« und welche von der Lebensmittelindustrie gepriesene Diät führt endlich zum gewünschten Erfolg? Wird Joghurt gegessen, weil es gesund ist? Trends machen skeptisch. In der ersten Hälfte des 20. Jahrhunderts konsumierten Menschen Joghurt, weil es als gesundheitsfördernd galt. Nach dem Zweiten Weltkrieg hingegen stieg der Konsum nur durch die Bewerbung als »tasty and convenient snack«, es stand also der Genuss im Vordergrund. In den letzten zwei Jahrzehnten überwog wieder das Gesundheitsargument, das Label »Biogurt« machte es möglich. Nun erfreute sich die Kräuterheilkunde der mittelalterlichen Mystikerin Hildegard von Bingen wachsender Beliebtheit. Viele Menschen in Wohlstandsgesellschaften präferierten Schonkost, andere eine Nur-Fleisch-Ernährung oder kohlenhydratarme Kost oder Rohkost. Die Lebensreformbewegung, die am Anfang des 20. Jahrhunderts entstanden war, hielt schon fast alles bereit, was seit den 1970er Jahren wiederentdeckt und – teils übersteigert – zur Mode wurde.

Eine Kulturgeschichte des Essens zeigt, welchem Wandel das Nahrungsverhalten von Menschen unterliegt und wie stark es kulturell geprägt ist: Mahlzeiten und Essen können das Prestige des Gastgebers steigern, können als Status- und Fetischprodukt betrachtet werden, als eines zur Lustoptimierung in hedonistischen Gesellschaften oder als schiere Notwendigkeit körperlichen Überlebens in Mangelgesellschaften. Dass Essen und Trinken soziale Unterschiede markieren und damit gesellschaftliche Grenzen, die entscheiden, wer dazugehört und wer ausgeschlossen wird, ist eine Binsenweisheit. Während »Fine Food« mit gehobenem Einkommen einhergeht, schwören andere auf »Ethno-Food«, womit die ungebrochene Konjunktur von Speisen bezeichnet wird, die nicht aus der nordamerikanisch-westeuropäischen Küchentradition stammen. Und ob vegetarische Ernährung auf ethischen Gründen fußt oder auf religiös-esoterischen, hygienischen oder ökologischen – immer beeinflusst die Lebensmittelindustrie, offen oder verdeckt, die Entscheidungen der Konsumenten. Anhand der »Faszination Schokolade« werden noch einmal beide zusammengehörende Seiten des 20. Jahrhunderts plastisch. Ihr Rohstoff Kakao changierte stets zwischen Luxus, Massenprodukt und Medizin. Bis weit ins 20. Jahrhundert hinein konnten sich nur die wenigsten den Luxusartikel leisten, dann wurde der »Schokoriegel« zum Massenprodukt und zur preiswerten Zwischenmahlzeit mit generationen- und geschlechtsspezifischer Marktsegmentierung. Schokolade und Kakao galten aber nicht mehr als »Medizin«, sondern als »Dickmacher«. Was die Herstellung anbelangte, so setzte sich eine Trennung von Anbau- und Produktionsstandort durch. Die multinationalen Schokounternehmen haben nur noch wenig mit den Firmen ihrer Gründer zu Beginn des Jahrhunderts gemein. Zum großen Teil brachten sie die Anbauregionen des Kakaos an der westafrikanischen Küste unter ihre Kontrolle, bemächtigten sich Firmen, die sich dem fairen Handel verschrieben hatten, und kauften ihre Ware zu Gunsten der Massenverbraucher in den Industriestaaten zu Niedrigpreisen ein. Damit schadeten sie den Menschen, die auf den Kakaoplantagen arbeiteten. Letztlich beförderten sie häufig den Hunger als den extremsten Ausdruck von Armut und Ungleichheit in der Welt.[19] Das Thema des nächsten Kapitels ist hiermit bereits angedeutet: Die Kluft zwischen technologischer Entwicklung und Rückständigkeit.

16.

HOLZPFLUG UND MIKROCHIP

Ochsengespann trifft High-Tech

»Horrible loss of life« say White Star Officials. »We can replace the money loss« they say, »but not the lives«. It was thought Titanic was an unsinkable vessel.
The Atlanta Constitution, 16. April 1912[1]

▲▲▽▲

Lilienthal dachte nicht nur, er handelte. Und so leistete er den größten individuellen Beitrag zur Lösung des Flugproblems, wie der Mensch fliegen kann.
Wilbur Wright über Otto Lilienthal, September 1912[2]

▲▲▽▲

Die letzte Generation des Wilhelminischen Deutschland hatte noch Reiterdenkmäler errichtet, obwohl sie schon Auto fuhr. Sie hatte das Schwert zu ihrer Linken besungen, während sie das Giftgas erfand.
Hans A. Joachim, Romane aus Amerika, 1930[3]

▲▲▽▲

Worte sind etwas Schönes, aber Gewehre, Maschinengewehre, Schiffe und Flugzeuge sind noch viel schöner.
Benito Mussolini, Rede in Florenz vor einer Versammlung von Schwarzhemden, 17. Mai 1930[4]

▲▲▽▲

That's one small step for a man ... one ... giant leap for mankind.
Astronaut Neil Armstrong, der als erster Mensch den Mond betrat, 20. Juli 1969[5]

▲▲▽▲

Die größte Müllhalde für den globalen Elektroschrott befindet sich in Accra, der Hauptstadt Ghanas, die deshalb auch »Toxic City« genannt wird. *Deutschlandfunk, 10. Januar 2013*[6]

▲▲▼▲

RASANTES TEMPO UND GÄHNENDE LANGSAMKEIT

Die technologische und industrielle Entwicklung, basierend auf den Naturwissenschaften, beschleunigte sich im 20. Jahrhundert wie nie zuvor in der Menschheitsgeschichte. Sie veränderte sämtliche Lebensbereiche, riss aber auch krasse Diskrepanzen auf. Niemals zuvor war die Kluft zwischen den auf der Welt lebenden Menschen, die etwa einen mit primitivem Holzpflug arbeitenden Bauer am Rande der Steppe Afrikas und kleinste Siliziumprozessoren entwickelnde IT-Spezialisten in Kalifornien voneinander trennte, so tief. Doch auch in einem einzigen Land konnten die Gegensätze krass aufeinanderprallen, etwa in Indien. Dort war am Ende des 20. Jahrhunderts die Landwirtschaft noch immer das Rückgrat der Volkswirtschaft, trug jedoch nur noch knapp ein Drittel zum Bruttosozialprodukt des Landes bei. Weit über die Hälfte aller Inder lebten weiterhin in der Landwirtschaft, viele von ihnen fernab jeglicher Moderne, fast noch vor der Schwelle zum Industriezeitalter und in größter Armut. Gemessen an der Gesamtbevölkerungszahl von etwa 1,25 Milliarden Menschen lebten noch 2015 nirgendwo auf der Welt so viele Menschen unterhalb der Armutsgrenze wie in Indien, nämlich fast 30 Prozent. Dies war die eine Seite. Doch betrachtet man die andere Seite Indiens, so muss eine gänzlich abweichende Geschichte erzählt werden. Indien ist eine der zwölf größten Industrienationen der Welt geworden, es baut Kernkraftwerke, hat beste IT-Experten, schickt Satelliten ins Weltall, verfügt über Trägerraketen und Atombomben. Besonders im letzten Jahrzehnt des 20. Jahrhunderts konnte Indien seine

Wettbewerbsfähigkeit merklich verbessern – und es war nicht die übliche Industrialisierung mit billigen Arbeitskräften wie etwa in China, die den Treibstoff bildete. Vielmehr war die Revolution in der Telekommunikation dafür verantwortlich. Als wolle es die Entwicklungsstufen der Schwerindustrialisierung einfach überspringen, legte das Land sein Augenmerk auf die High-Tech und High-Skilled Produktion. So bildete sich ein »indisches Modell« aus, und von den »Fortune 500« – dies ist die Liste der umsatzstärksten US-amerikanischen Unternehmen – hatten um 2000 bereits 125 ihre Forschungs- und Entwicklungsbasis auf dem indischen Subkontinent. Die Informationstechnologie trug somit das dynamische Wachstum. Westliche Computer-Hersteller nutzten einen entscheidenden Vorteil: den großen Pool an hochqualifizierten, englischsprechenden Softwareentwicklern, deren Dienstleistungen nicht schlechter, jedoch viel billiger waren als die ihrer Kollegen in den USA und anderen Industriegesellschaften.[7] Indien ist somit ein Land extremer Gegensätze, ein Land, in dem die High-Tech-Mikrochip-Produktion einer landwirtschaftlichen Arbeitsweise mit dem Holzpflug gegenübersteht. Nirgendwo sonst prallt anstößiger Reichtum dermaßen auf eine unfassbare Armut wie etwa in den großen Slums.

TECHNIKREVOLUTIONEN

Die Veränderungen zwischen dem Anfang und dem Ende des Jahrhunderts waren gerade im Bereich des technischen Fortschritts spektakulär. Am Anfang herrschte ein starker nationaler Kontrast zwischen Land- und Stadtbevölkerung. Die Zeitung war das wichtigste Informationsmittel, die Kommunikation über größere Entfernungen fand per Briefpost statt oder mithilfe der aufkommenden Telegrafie. Nach der Erfindung des Unterseekabels rückten die alte und die neue Welt nachrichtentechnisch viel näher aneinander heran. Die Welt wurde unter dem Atlantik verkabelt.[8]

Die Eisenbahn war das vorherrschende nationale Verkehrsmittel, und zwischen den Kontinenten verkehrten Dampfschiffe. Wenige Menschen waren es, die sie nutzten, die Wahrnehmung der meisten beschränkte sich auf das unmittelbare Lebensumfeld. Und am Ende des Jahrhunderts musste man ein riesiges Wohlstandsgefälle zwischen der »Ersten« und der »Dritten Welt« feststellen. Informationen flimmerten über Fernsehen und Internet, kommuniziert wurde per Telefon, Fax und E-Mail. Jedes Ereignis konnte in Sekundenschnelle global verbreitet und nahezu grenzenlos zur Verfügung gestellt werden. Der Schlüssel zu allem war ein hoher Grad an Kommunikation. Über Jahrhunderte hinweg war der Brief nahezu konkurrenzlos das einzige Medium, mit dem über größere Distanzen hinweg, allerdings auch mit einem großen Zeitbedarf, Beziehungen aufrechterhalten oder Kontakt aufgenommen werden konnte. Dass die Kommunikation von einer »Elektronisierung« ergriffen wurde, bewirkte einen grundsätzlich kulturellen und technologischen Wandel. Telefone, Funk- und Tonbandgeräte, Schreibmaschinen und Computer dienten vor allem dazu, die Leistungsfähigkeit von Schrift und Sprache zu vergrößern, doch erst die semiotische Universalmaschine Computer konnte alle technisch vermittelten Kommunikationsformen miteinander verbinden. Die erste SMS-Mitteilung wurde am 3. Dezember 1992 von einem Computer aus an ein Mobiltelefon im britischen Vodafone-Netz verschickt, der Jahreszeit gemäß, wenn auch noch etwas früh, lautete der Text »MERRY CHRISTMAS«. Nur wenige Jahre später sind allein in Deutschland zwölf Milliarden solcher Kurzmitteilungen verschickt worden, 2005 waren es über 22 Milliarden.[9]

Wie ungleich verteilt jedoch der Zugang zur Kommunikation war, machen einige Zahlen deutlich. Im Jahr 2000 benutzen in den Vereinigten Staaten von Amerika mehr als 60 Prozent der Bevölkerung das Internet, in Südkorea 35 Prozent, in Brasilien nur sechs Prozent und in Nigeria waren es gerade einmal 0,1 Prozent. Allerdings muss hinzugefügt werden, dass in diesen rückständigen Ländern seither eine rasante Entwicklung eingesetzt hat. Doch am

Ende des 20. Jahrhunderts stand alles noch am Anfang. Die Erde war ein Dorf geworden, aber manche Dorfbewohner lebten ganz für sich in abgeschiedenen Regionen. Menschen waren über Erdteile miteinander vernetzt, für andere war nur der unmittelbare Nahraum erlebbar und für ihren Erfahrungshorizont bestimmend. Auch die Mobilität, die sich von der Nutzung von Dampfschiffen und Lokomotiven zu Flugzeugen und Automobilen entwickelt hatte, war beträchtlich, dennoch waren die meisten Menschen gar nicht davon betroffen, weil sie sich kaum über weite Strecken fortbewegten. Man hatte sich daran gewöhnt, dass der Mensch den Weltraum eroberte, und ein Land, das etwas auf sich hielt, beteiligte sich am Wettlauf ums All und sei es auf Kosten des ärmsten Teils seiner Bevölkerung, der an seinem Lebensort, dem er nicht entweichen konnte, ganz andere Sorgen hatte.

Um den beschleunigten Wandel zu benennen, spricht man von Industriellen Revolutionen. Die erste Industrielle Revolution, die Ende des 18. Jahrhunderts begann, markierte eine der tiefgreifendsten Kulturschwellen der Menschheitsgeschichte, weil sie alles veränderte – von der individuellen Lebensweise über die Wahrnehmung der Welt bis hin zu Eingriffen in die Natur. Aber dies war erst der Anfang, seither ging es in ungestümen Schritten voran. Die zweite Industrielle Revolution von der Mitte des 19. bis zur Mitte des 20. Jahrhunderts bildete eine neuartige chemische Industrie aus, brachte Kunststoff, Kunstdünger und pharmazeutische Produkte hervor, Elektrizität wurde nutzbar gemacht, Röntgenstrahlen entdeckt. Einiges spricht dafür, diesen Zeitraum noch einmal zu unterteilen, enger zu fassen, und das Augenmerk stark auf den Übergang vom 19. zum 20. Jahrhundert zu richten. Eine entscheidende technikhistorische Epoche wird mittlerweile vom letzten Drittel des 19. Jahrhunderts bis zum Beginn des Ersten Weltkrieges angesetzt und als ein »Zeitalter der Synergie« beschrieben. Damit soll zum Ausdruck gebracht werden, dass in diesem relativ kurzen Zeitraum eine Fülle technischer Innovationen das Licht der Welt erblickte, die bis in die unmittelbare Gegenwart hinein das

Leben eines großen Teils der Menschheit bestimmen. Diese Innovationen mit lange dauernden Folgewirkungen erstrecken sich auf die kalkulierte Erzeugung und Nutzung von Elektrizität, auf die Erfindung und Kommerzialisierung von Verbrennungsmotoren, auf die Entwicklung besonders leistungsfähiger Materialien und synthetischer Stoffe sowie darauf, dass sich moderne Kommunikations- und Informationsnetzwerke herausbildeten, die jedoch unendlich weit von den heutigen entfernt sind. »Synergetisch« war diese Epoche deshalb, weil sie nicht mehr auf dem Fundament eines einzigen genialen, jedoch zufälligen und experimentellen Erfindergeistes stand, sondern erstmals naturwissenschaftliche und technische Erkenntnisse mit einer gewissen Systematik in anwendungsorientierte sowie kommerziell nutzbare Erfindungen umsetzte. Schließlich gab es einen internationalen Wissensaustausch unter den Experten, was dazu führte, dass fast alle wichtigen Erfindungen umgehend und permanent verbessert und auf Massenproduktion oder Technikkonsum ausgerichtet wurden. Die technologische Forschung wurde routinierter. Forschungseinrichtungen entstanden, die systematische Entwicklungen förderten, und diese Institutionalisierung – so etwa, was Deutschland anbelangt, in Gestalt der Kaiser-Wilhelm-Gesellschaft – war ein wichtiger Schritt der Technikgeschichte.[10] Als Nachfolgeorganisation der Kaiser-Wilhelm-Gesellschaft ist 1948 die Max-Planck-Gesellschaft gegründet worden, die aus über 80 Forschungsinstituten besteht und mit vergleichbaren Einrichtungen, die es in allen großen Industrienationen gibt, über die ganze Welt hinweg kooperiert.

Wenn also in dieser Spanne vor dem Ersten Weltkrieg das 20. Jahrhundert »kreiert« und geformt wurde – was kam dann überhaupt noch danach? Nicht mehr viel, wenn man den Vertretern dieser Meinung folgt. Die Entwicklungen jener entscheidenden Epoche wurden zwar im Design und in ihren Wirkungsgraden optimiert, auch wurden sie verbilligt und für weite Teile der Gesellschaft zugänglich gemacht – doch mit Ausnahme der Gasturbine, des Computers und der Nutzung der Kernenergie kam nichts grundlegend Neues mehr hinzu. Eher »klassische« Periodisierungen verweisen darauf, dass die sich anschließende dritte Industrielle Revolution im letzten Drittel des 20. Jahrhunderts besonders wichtig war. Sie läutete das gänzlich neue digitale Zeitalter ein. Die Erfindung des Mikrochips revolutionierte die Welt. Der schöpferische Einfall und die Verwirklichung des World Wide Web katapultierte die Menschheit in neuartige Zeiten. Im industriellen und privaten Bereich griff eine weitreichende Computerisierung um sich. Eine Automatisierung der Produktionsabläufe setzte sich durch, Zeit und Arbeitskraft konnten rationaler eingesetzt werden. Eine auf neue Informationstechnologien fußende Medienrevolution fegte über die Erde. Seit dem Ende des 20. Jahrhunderts vollzog sich schließlich eine vierte Industrielle Revolution: Gentechnik und Nanotechnologie boten gänzlich neue und für viele auch beängstigende Möglichkeiten und warfen drängende ethische Fragen auf. Der Mensch versetzte sich in die Lage, Pflanzen gentechnisch verändern zu können, er konnte Tiere klonen und in das menschliche Erbgut eingreifen.[11] Wie weit durfte er gehen? Vieles spricht dafür, dass dies der entscheidende Bruch der bisherigen Moderne war und nun ein vollkommen neues Zeitalter der gottähnlichen Machbarkeit anbrach.

SEGEN UND UNHEIL

Kein anderes bisheriges Zeitalter war so durchdrungen und abhängig von den Naturwissenschaften und der Technik wie das 20. Jahrhundert. Wie sehr sich die Schwerpunkte bei der Herkunft naturwissenschaftlicher Forschungserkenntnisse regional verschoben, wird deutlich, wenn man darauf blickt, wem im 20. Jahrhundert die bedeutenden Nobelpreise für Chemie und Physik verliehen wurden. Der Trend spiegelt die Ressourcen für die Forschungsförderung wider und ist recht simpel auf einen Nenner zu bringen: Er ging weg von Europa und hin zu den USA; andere Weltregionen spielen so gut wie keine Rolle. Zwischen 1901 und 1933 dominierte Europa eindeutig und hier vor allem das Deutsche Reich. Von den 29 nach Europa verliehenen Chemienobelpreisen erhielten allein deutsche Wissenschaftler fast die Hälfte, nämlich 14, von 36 Physiknobelpreisen elf, gefolgt jeweils von Großbritannien (fünf bzw. acht) und Frankreich (drei bzw. sechs). US-amerikanische Forscher wurden zwei bzw. drei Nobelpreise in diesen beiden Disziplinen zuerkannt. Bei den Zahlen ist zu beachten, dass sich auch mehrere Wissenschaftler einen Preis teilen konnten. Ganz anders war die Lage zwischen 1945 und 1980: Europa fiel markant zurück, konnte jedoch immerhin noch 30 Chemie-Nobelpreise gewinnen, gefolgt von den USA mit 21. Das Vereinigte Königreich hatte die Bundesrepublik Deutschland weit hinter sich gelassen (16 zu sieben). Bei den Physik-Nobelpreisen zogen die USA deutlich an Europa vorbei (35 zu 21). Erstmals gingen in dieser Zeitspanne sechs Preise für Physik nach Asien (drei nach Japan, zwei nach China, nach Pakistan einer). Im letzten Zeitabschnitt von 1981 bis 2000 bauten die USA ihre Dominanz aus: 25 Physik-Nobelpreise und 24 Chemie-Nobelpreise gingen auf ihr Konto, gefolgt von Europa (17 bzw. elf). Als erster Wissenschaftler aus einem afrikanischen Land wurde 1999 einem ägyptischen Chemiker der Nobelpreis zugesprochen.

So groß die Durchdringung sämtlicher Lebensbereiche mit Naturwissenschaften und Technik auch war, kein Jahrhundert hat sich damit zugleich so unbehaglich gefühlt. Technikbegeisterung und Technikangst, Segen und Unheil sind Zwillingsschwestern, am Anfang und am Ende des 20. Jahrhunderts ist man sich dessen gleichermaßen bewusst geworden. Ins Jahr 1912 fällt ein Ereignis, das die Menschheit bis heute immer wieder beschäftigte, auch in Literatur, Film und Fernsehen, schließlich im Musical: der dramatische Untergang des als unsinkbar gefeierten Luxusdampfers Titanic. Die Titanic war das größte Passagierschiff der Welt und galt als Wunderwerk der Technik. Wegen vollautomatischer Wasserschutztüren hielt man sie für praktisch unsinkbar. Auch die eingebaute

Funktechnik, die unabhängig von atmosphärischen Bedingungen arbeitete, war eine Weltneuheit. Im Passagierbereich waren die Luxusdecks mit Fahrstühlen miteinander verbunden, es gab Gymnastikräume, ein kostbares türkisches Bad und ein Promenadendeck, ausgestattet mit einer beheizbaren Veranda. Was hingegen nicht vorhanden war: ausreichend Rettungsboote. Nur für die Hälfte der Passagiere und Mannschaften fand sich Platz in den vorhandenen Booten. Auf seiner Jungfernfahrt kollidierte das Schiff am 14. April 1912 etwa 300 Seemeilen südöstlich von Neufundland mit einem Eisberg und sank innerhalb von zweieinhalb Stunden. 1514 der über 2200 Passagiere an Bord starben. War der Untergang des Riesendampfers ein Mahnruf? Das Unglück gehört zu den großen Schiffskatastrophen. Doch der negative Mythos, wonach diese Katastrophe die Hybris der Menschen symbolisierte, entwickelte sich erst viel später, als Technikbegeisterung in Technikkritik umgeschlagen war. Die zeitgenössische Sicht war noch eine völlig andere. Man hatte Maßnahmen zur Verbesserung der Sicherheit auf See ergriffen und dieses »Lernen aus der Katastrophe« stand exemplarisch für den weiterbestehenden Fortschrittsoptimismus der Epoche.[12]

Am Ende des 20. Jahrhunderts war dieser Optimismus alles andere als ungebrochen. 1986 geschah der größte anzunehmende Unfall (GAU) der als sicher geltenden Atomkraft im Kraftwerk bei Tschernobyl in der Sowjetunion. Dieses Unglück war Menetekel für die Bedrohung der Menschheit im Zeichen einer »Weltrisikogesellschaft« und einer »Gesellschaft der Angst«.[13] Bezeichnenderweise fanden nun jene Interpretationen in unterschiedlichsten Erzeugnissen der Populärkultur großen Zuspruch, die den Untergang der Titanic vor 75 Jahren als Beweis menschlicher Überheblichkeit verstanden wissen wollten. Die Vorstellung, dass Wissenschaft und Technik gleichbedeutend seien mit potenzieller Katastrophe, nahm erst in der zweiten Hälfte des Jahrhunderts einen großen Raum ein, zuvor war sie eher eine Randerscheinung. Vier Befürchtungen wurden vorgebracht: die unvorhersehbaren Folgen wissenschaftlicher Errungenschaften, die – so die zweite Angst – die »natürliche« Ordnung der Dinge durcheinanderbringe. Sodann fördere Wissenschaft die Hilflosigkeit und das Ausgeliefertsein des Individuums und als viertes, vor allem mit Blick auf Bio- und Gentechnologie, stellten sich moralische und ethische Fragen.

TOXIC CITY

Eine Klage hörte man gegen Ende des Jahrhunderts häufig. Sie lautete, dass der Technikhedonismus vieler Menschen in den Industriegesellschaften erhebliche Kosten verursachte. Trotz der Klage ließ man den Technikmüll dann gleichwohl anonym in den ärmsten Ländern der Welt entsorgen.[14] Agbogbloshie, eine Region in Ghanas Hauptstadt Accra, hatte sich am Ende des Jahrhunderts zu einer der größten Müllhalden für Elektroschrott weltweit entwickelt, es war und ist zugleich Heimat für 50 000 Menschen, darunter viele Kinder. Dort verbrennen die Bewohner alte Geräte, um Kupfer, Aluminium und Blei zu gewinnen, wobei krebserregende Dämpfe entstehen. Kinder, sogenannte »Scrap boys«, suchen dort tagein, tagaus nach verwertbaren Stoffen. Einer der Jungen berichtete: »Ich komme aus dem Norden Ghanas, wie die meisten hier. Meine Eltern haben es schwer, deshalb muss ich hier arbeiten. Ich habe mit der Schule aufhören müssen, weil das Geld einfach nicht reicht. Dieser Ort hier ist ein Segen, weil ich etwas Geld verdiene. Aber er ist auch ein Fluch, weil meine Augen immer schlechter werden. Nachts kann ich nicht schlafen, ich habe schlimme Kopfschmerzen. Irgendwann will ich mit dieser Schufterei aufhören, wenn ich denn etwas Besseres finde. Ich habe große Angst zu erblinden.«[15] Der reiche Westen lieferte den Schrott, der die Umwelt zerstörte und die Menschen krank machte, Computer, Fernseher, E-Books, alles, was der Wohlstandsbürger liebte. Das riesige Gelände erstreckte sich über mehrere Quadratkilometer, Schrott und Müll bis zum Horizont. Der ghanaische Umweltaktivist Mike Anane zählte die Länder auf, von wo der Müll kam, Deutschland, Dänemark, China und so weiter und so fort, fast alle Industrieländer waren vertreten, ob groß oder klein. Das Baseler Übereinkommen, das um die Jahrtausendwende auch Deutschland unterschrieben hatte, verbot eigentlich den Export von Technikmüll aus Europa. Dennoch landeten pro Monat rund 500 Container mit Elektrogeräten in Agbogbloshie, sie waren als gebraucht deklariert und damit völlig legal.[16]

Dies ist nur ein Beispiel unter vielen. Dort, in armen Ländern, existierten parallel zum behaglichen Wohlstand des Nordens, den die Technik hervorbrachte und garantierte, beklemmende Lebensumstände. In einem von der Weltbank herausgegebenen Weltentwicklungsbericht aus dem Jahr 1990 wurde der Haushalt eines armen Bauern aus Ghana so beschrieben: »In der Savannenregion Ghanas lebt eine typische siebenköpfige Familie in drei Einraumhütten aus Lehmziegeln auf nacktem Boden. Die Ausstattung ist minimal, es gibt weder eine Toilette noch Elektrizität oder fließendes Wasser. Wasser wird aus einem Bach geholt, der 15 Minuten entfernt ist. Abgesehen von drei Acres unbewässerten Landes und einer Kuh besitzt die Familie kaum etwas und hat keinerlei Ersparnisse. Auf ihrem Land baut die Familie Sorghum, Gemüse und Erdnüsse an. (…) Der Boden ist von sehr geringer Qualität, doch hat die Familie keinen Zugang zu den Düngemitteln und anderen modernen Einsatzmitteln. Darüber hinaus ist die Region dürreanfällig; alle fünf Jahre bleibt der Regen zwei Jahre lang aus. (…) Der Marktflecken, wo der Ehemann seine dürftigen Ernteerzeugnisse verkauft und lebenswichtige Waren kauft, ist fünf Meilen entfernt und über Trampelpfade sowie eine unbefestigte Straße zu erreichen, die bei jedem Regen weggeschwemmt wird. Keines der älteren Familienmitglieder hat jemals eine Schule besucht, aber der achtjährige Sohn geht nun in die erste Klasse der Grundschule. Die Familie hofft, dass er dort bleiben kann, obwohl sie unter einem gewissen Druck steht, ihn zu Hause zu behalten, damit er in arbeitsreichen Zeiten in der Landwirtschaft helfen kann. Er und seine jüngeren Schwestern haben nie irgendeine Schutzimpfung bekommen und waren nie bei einem Arzt.«[17]

Solche Zustände, die noch am Ausgang des 20. Jahrhunderts vorherrschten, widersprachen dem Bild von einem angeblich verbindlichen Muster der industriellen Moderne im 19. und 20. Jahrhundert. Diesem zufolge durchliefen oder durchlaufen sämtliche Gesellschaften, europäische und außereuropäische, ähnlich Phasen. Ihre strukturellen Verlaufsformen, soziale, politische und kulturelle Muster glichen sich und würden einen Übergang von einer agrarischen zu einer durch technisch-wissenschaftliche Revolutionen geprägten Gesellschaft zeigen. »Die agrarische Transition ist mit ihrer Umwandlung von Bauern- in Industriegesellschaften mit zeitlichen Verschiebungen in vergleichbaren Formen und Dimensionen sowohl ein europäischer als auch ein globaler Prozess.«[18] Für etliche Länder der Erde jedenfalls scheint dieser Prozess entweder noch gar nicht eingesetzt zu haben oder er ist noch im Gange.

EROBERUNG DER LÜFTE

Ähnlich paradoxe Entwicklungen begegnen einem auf vielen Feldern. Das Jahrhundert prägt eine Mobilitätsrevolution fast unvorstellbaren Ausmaßes, und glaubten die Menschen am Anfang noch, Dampfschiffe und Eisenbahnen seien die großen Errungenschaften – später dachte man das über das Auto – so erwies sich vor allem die Luftfahrt als entscheidend. Gleichzeitig blieben weite Teile der Menschheit davon ausgeschlossen.

Um 1890 hatte alles begonnen. »*Der Vogelflug als Grundlage der Fliegekunst*« aus der Feder von Otto Lilienthal war die wichtigste flugtechnische Veröffentlichung der Zeit und regte nach dem tödlichen Unfall des Deutschen die amerikanischen Gebrüder Wright seit 1901 zu Gleitflügen an der US-Küste an, womit der Durchbruch in das »Air Age« gelang. Keine andere Technologie war für die weltpolitischen Machtverschiebungen im 20. Jahrhundert so zentral wie das Flugzeug. Mitte des 20. Jahrhunderts befanden sich die USA in der stärksten Position, ihre an die Luftfahrt anknüpfenden globalen Gestaltungsvorstellungen auch zu verwirklichen.[19]

Dabei hatte es am Anfang gar nicht so ausgesehen, dass die USA diese Position erringen würden. Die Ingenieure der Sowjetunion stürzten nämlich den Westen 1957, acht Jahre, nachdem auch das Atommonopol der USA gebrochen worden war, in eine schwere Krise; manche sprachen von einem technischen Pearl Harbor. Dass es der angeblich so rückständigen Sowjetunion gelungen war, einen künstlichen Erdtrabanten in den Weltraum zu schicken, bedeutete den größten Triumph des Ostens im Kalten Krieg. Sputnik 1 war ein Schock für den Westen, verursacht von einer Diktatur, die auf Wissenschaft und Technik setzte. Die sowjetische Nachrichtenagentur TASS triumphierte: »Künstliche Erdsatelliten werden dem Weltraumflug den Weg bereiten, und es hat den Anschein, als werde die gegenwärtige Generation Zeuge sein, wie die befreite und bewusste Arbeit der Menschen der neuen sozialistischen Gesellschaft selbst die kühnsten Träume der Menschheit verwirklicht.« Und das SED-Organ »*Neues Deutschland*« erinnerte mit einem eigens verfassten Gedicht an den Beginn des neuen Menschen, der mit der russischen Oktoberrevolution geboren worden war: »Der neue Mensch war vierzig Jahre kaum / und seine roten Siegesfahnen wehten / von vielen mächt'gen Zinnen des Planeten / Da stieß er vor schon in den Weltenraum / Sein Stern umflog die Erde hoch und weit / und funkte Botschaft viele tausend Male / Es klang wie *Völker, höret die Signale* / Es war wie Anbruch einer neuen Zeit.«[20] Die Selbstwahrnehmung, dass man in vielen Dingen dem Westen überlegen sei, erfuhr eine grandiose Bestätigung, und für die USA ging der Nimbus der technologischen Überlegenheit verloren. Dementsprechend düster waren die westlichen Kommentare. *Daily Mirror* titelte: »Up goes a man-made moon. Russia beats America to it«, und *News Chronicle* verkündete sogar schon: »Russia wins Space Race«.[21] Danach sah es auch aus, denn 1961 stieß der

sowjetische Kosmonaut Juri Gagarin an Bord seines Raumschiffes Wostok 1 als erster Mensch in den Weltraum vor, und 1963 umkreiste die erste Frau, Walentina Tereschkowa, in der Wostok 6 sage und schreibe 49-mal die Erde.[22]
Dass zum ersten Mal eine Sowjetbürgerin in die Elitegruppe der Weltraumflieger aufstieg, quittierte die US-Senatorengattin Jane Hart, Sportfliegerin und Mutter von acht Kindern, mit der Bemerkung: »Unsere Behörden schlafen so lange, bis die Russen das ganze Leningrader Symphonieorchester zum Mond und wieder zurück befördert haben werden.« Rechtzeitig zum Weltfrauenkongress 1963 präsentierte Moskau eine leibhaftige Miss Universum, eben Walentina Tereschkowa. Wie »Aschenbrödel, das durch die Berührung des Zauberstabes zur Prinzessin wird«, kommentierte die französische Zeitung »*Le Monde*«. Damit avanciere die »pummelige Proletarierin in einer Parfümwolke«, so »*Der Spiegel*«, zum Symbol kosmischer Gleichberechtigung von Mann und Frau. Der Hinweis auf die »bedenkliche« Frauenemanzipation im Sozialismus, die so ganz den westlichen Werten der Zeit und dem Weiblichkeitsideal widersprach, versteckte sich nur wenig verhüllt hinter den scheinbar anerkennenden Worten. Ein Kommentator des sowjetzonalen Rundfunks jubilierte jedenfalls, das Land der unbegrenzten Möglichkeiten sei nun nicht mehr Amerika, sondern die Sowjetunion. Die »*New York Herald Tribune*« pflichtete zumindest ironisch bei. Und die Sowjetunion ließ durch Walentina Tereschkowa verkünden: »Es stimmt zwar, dass bei uns die Frauen Straßen kehren. Aber wir erlauben ihnen auch, die Sterne abzustauben.«[23]
Bald darauf gab es im sowjetischen Weltraumprogramm jedoch herbe Rückschläge und schwere Unfälle. Am Ende der 1960er Jahre waren es nicht die Sowjets, sondern die Amerikaner, die den Wettlauf zum Mond gewannen. Der erste Mensch, der den Erdtrabanten am 21. Juli 1969 betrat, war ein Amerikaner, Neil Armstrong. Als die Landefähre »Eagle« auf dem Mond aufsetzte und Armstrong das Treppchen herunterstieg, saß fast jeder fünfte Mensch auf der Erde vor einem Fernseher und verfolgte seine tapsigen Schritte. Die

Mondlandung bescherte dem Fortschrittsglauben der 1960er Jahre einen Höhepunkt. Mit diesem Aufbruch zu ganz neuen Ufern im Universum schien ein neues Zeitalter der Menschheitsgeschichte angebrochen zu sein.

Der amerikanische Erfolg war maßgeblich Wernher von Braun zu verdanken, einem Deutschen. Beide Supermächte hatten sich am Ende des Zweiten Weltkrieges deutsche Raketenpioniere »geangelt«. In den USA errichtete der 1955 eingebürgerte von Braun seit 1950 federführend eine neue Raketenstation sowie ab 1958 die NASA am Cape Canaveral. Dort arbeiteten Hunderte von Ingenieuren an Atomraketen und Satelliten sowie am Raketenprogramm »Saturn«, mit dem die »Apollo«-Missionen ins Weltall ausgerüstet wurden. Von Braun war vor seiner amerikanischen Karriere vom nationalsozialistischen Regime Anfang der 1940er Jahre zum technischen Direktor der Heeresversuchsanstalt Peenemünde befördert worden, wo er die V2-Rakete entwickelte, die im letzten Kriegsjahr noch zum Angriff auf London eingesetzt worden war. Er gehörte der NSDAP und der SS an, unter seiner Leitung wurden Zwangsarbeiter zur Raketenproduktion eingesetzt. Wie so viele Wissenschaftler rechtfertigte er sich nach 1945 damit, er habe seine langfristigen, von der NS-Ideologie unabhängigen Forschungen sichern wollen. Dies war eine, viele hunderte Male von unterschiedlichsten Personen vorgebrachte, aber durchsichtige Rechtfertigungsstrategie.

RÜSTUNGSTECHNIK

Die Ära der politisierten Wissenschaften hatte ihren Gipfel im Zweiten Weltkrieg erreicht, insbesondere in der nationalsozialistischen und der stalinistischen Diktatur. Es erwies sich allerdings als vollkommen irrational und letzten Endes kontraproduktiv, die Naturwissenschaften und die Technik in ideologische Zwangsjacken zu stecken. Dass der Nationalsozialismus eine »deutsche

Physik« gegen die angeblich falsche »jüdische« eines Albert Einsteins ins Rennen schicken wollte, so als würden die Naturgesetze nach »rassischen« Kategorien funktionieren, war ebenso irrwitzig-verblendet wie der Umstand, dass im Stalinismus pflanzengenetische Erkenntnisse schlicht geleugnet wurden, weil sie dem sozialistischen Entwicklungsmodell zuwiderliefen.

Im nationalsozialistischen Deutschland spielten Rüstungsforschung und eine effiziente Mobilisierung der Forschungsressourcen für den Krieg eine zentrale Rolle. Und im faschistischen Italien war seit den 1920er Jahren eine für das Land ganz ungewöhnliche Faszination für technischen Fortschritt ausgebrochen, welche auf die künstlerische und politische Bewegung des Futurismus zurückging. Diese Spielart der europäischen Avantgarde, die alles Alte zertrümmern wollte, war um 1910 in Italien entstanden und strahlte rasch vor allem ins revolutionäre Russland aus. Etliche »Futuristen« verherrlichten den Krieg als notwendige Hygiene der Welt, sie priesen die Technik, die Dynamik und Geschwindigkeit, die bisher gültige Kategorien von Raum und Zeit aufhob – auch Benito Mussolini begeisterte sich dafür und glorifizierte alles »Moderne«, unter anderem Maschinengewehre und Kampfflugzeuge. Im Zweiten Weltkrieg wurde die Wissenschaft in großem Stil und systematisch für den Krieg eingesetzt, und es war auch technischer Vorsprung, der den Sieg der Alliierten schließlich ermöglichte. Zwar hatte der deutsche Physiker Otto Hahn 1939 die Atomspaltung entdeckt, doch amerikanische Wissenschaftler trieben die Entwicklung zur Atombombe voran, und Fortschritte beim Radar waren für die Kriegsführung in der Luft und im Wasser entscheidend.[24]

Kriege brachten die wissenschaftlichen Zaubermeister hervor. Und gleichzeitig entstand der Zauberlehrling, wie in Goethes Ballade, der nicht mehr weiß, wie ihm geschieht, der sich überschätzt, die Geister, die er rief, nicht mehr los wird und so die Welt ins Chaos zu stürzen vermag. Auch neue Formen der Nachrichtenübermittlung entstanden im 20. Jahrhundert im Gefolge der Kriege, in denen dies von besonderer strategischer Bedeutung war. Telefone und drahtlose Telegraphie erlebten seit Jahrhundertbeginn eine rasante, vor allem durch die Nachfrage des Militärs angetriebene Entwicklung. Das Radio war das erste netzbasierte Massenmedium. Es erlebte in den 1920er Jahren seine erste Blütezeit. Doch noch um die Jahrhundertmitte waren die Infrastrukturnetze sehr uneinheitlich ausgebildet, und vor allem in Europa, nicht jedoch in den USA, spielte dabei der Staat eine tragende Rolle. Der deutsche Ingenieur Konrad Zuse hatte die Urform des späteren Computers, eine erste vollautomatische und programmierbare Maschine, bereits 1941 entwickelt, doch der allumfassende Durchbruch zum Massenmedium konnte erst später realisiert werden. Die Erfindung des Mikrochips im Jahr 1958 – integrierte Schaltungen en miniature auf Reinstsilizium-Kristallen –, die Grundlage der Mikroelektronik schlechthin, war allein vergleichbar mit der Erfindung der Dampfmaschine, die im 18. Jahrhundert den Beginn der industriellen Revolution markierte. Mikrochip und Mikroprozessor, der 1971 erfunden wurde, ermöglichten seit den 1970er Jahren die Entwicklung neuer, immer preiswerterer Generationen von Rechnern, die sich auf ständig kleinerem Raum durch fortlaufend höhere Arbeitsgeschwindigkeit und -kapazitäten sowie eine zunehmende Präzision auszeichneten. Eingesetzt wurde die Mikroelektronik zuerst dort, wo es sich um standardisierte Arbeitsvorgänge handelte, bald jedoch konnten Roboter nahezu sämtliche Arbeitsbereiche übernehmen. Nicht nur menschenleere Produktionshallen etwa in der Automobilindustrie waren nun gang und gäbe, sondern auch in Büros ließ sich durch eine computergestützte Sachbearbeitung Personal einsparen.

MENSCH-MASCHINE

1983 nahm die Volkswagen AG in Wolfsburg ihre neue »Halle 54« in Betrieb. Der neue VW Golf II wurde unter dem Banner des »Computer-integrated manufacturing« zu einem Viertel von automatisierten Industrierobotern gefertigt. Ziel war unter anderem die Produktivitätssteigerung und auch die Entlastung der Arbeiter, doch die Halle 54 wurde in Presse und Bevölkerung zunehmend zum Kristallisationspunkt für Ängste vor einer »Verdrängung« des Menschen durch die Maschine. Schlagwörter wie »Geisterschichten« machten die Runde, die IG Metall schrieb in ihrer Mitgliederzeitschrift über die »Rationalisierungslawine« und den »Unternehmertraum von einer menschenleeren Fabrik«.[25]

Dass die Computer-Revolution die Menschen ihrer Arbeit beraubt, sie arbeitslos macht, davor ängstigten sich viele. Eine ebenso berechtigte Furcht war, dass sie den Weg in den modernen Überwachungsstaat wenn schon nicht ebnete, so doch zumindest erleichterte. Bereits Charlie Chaplin hatte in seinem Film *Moderne Zeiten* aus dem Jahr 1936 den Verlust von Individualität infolge maschinengestützter Industrie- und Fließbandarbeit kritisiert und einen zum willenlosen »Maschinenmenschen« degenerierten Arbeiter in der Figur des »Tramps« zwar lustig verpackt, doch als Schreckensvision auf die Leinwand gebannt. Im Vergleich zur nun einsetzenden Roboterisierung schien Chaplins Arbeitsweltkritik, die bei seinem Filmhelden Störungen in der Motorik und im Verhalten hervorrief, geradezu harmlos. Die beschäftigungspolitischen Effekte, die aus dem Einsatz solcher neuer Technologien resultierten, sind mittlerweile jedoch strittig. Einigkeit herrscht allein darüber, dass Innovationen, welche die Optimierung der Produktionsverfahren betreffen, im Regelfall Arbeitsplätze vernichteten, wohingegen Produktinnovationen Arbeitsplätze schufen.[26]

Mit dem Siegeslauf der Mikroelektronik begann die Medialisierung des Alltags und im Grunde genommen der gesamten Lebenswelt. In den »neuen Medien«, vor allem in der elektronischen Nachrichtenübermittlung des Internets, verschmolzen Informations- und Kommunikationstechniken. Ab 1989 kam es zu einer Vermarktung des Word Wide Web, als die US-amerikanische National Science Foundation beschloss, es über Universitäten hinaus öffentlich zugänglich und für kommerzielle Zwecke nutzbar zu machen. Im schweizerischen Forschungslabor CERN bei Genf waren zuvor die Grundlagen dafür entwickelt worden. Mithilfe neuer Webbrowser, die oftmals zum kostenlosen Download angeboten wurden, verbreitete sich das Medium in Windeseile. Die Medienlandschaft war dadurch einem dramatischen Wandel unterworfen, und die ein Vierteljahrhundert zurückliegenden Kabelfernsehprojekte und Videogeräte waren bald wieder überholt. Die Epoche einer globalen »Media-Morphose« hatte begonnen, mit der Folge, dass sich die Industrieländer, aber auch etliche Schwellenländer zu Wissens- und Unterhaltungsgesellschaften entwickelten. Seit 1983 begann das große Geschäft mit Musikvideoclips, schneller als jemals zuvor fielen Grenzen zwischen verschiedenen Musikrichtungen. Die Sprache der Musik wurde international. Der US-Musiker Michael Jackson nutzte dies meisterhaft und stieg zum international erfolgreichsten Star der 1980er Jahre auf. Die elektronischen Medien transformierten zudem das Weltbild vieler Menschen. Mit einem Mausklick waren fremde Länder und Kulturen visuell zu erfahren. Kulturelle Muster und Güter aus anderen Ländern und Kontinenten waren mit einem Mal überall auf der Welt verfügbar – sei es für eine kreative Beschäftigung mit ihnen oder nur zum gedankenlosen Konsum. Diese weltweite Vernetzung wies freilich auch Schattenseiten auf: Sie ermöglichte ja nicht nur legale, sondern auch illegale Transfers. Drogenhandel, Geldwäsche und Menschenhandel hatten es nun leichter als zuvor, kulturelle Verständigung konnte aufgebaut und Hass abgebaut werden, doch ebenso war es möglich, rassistischen oder religiösen Hass zu schüren.

FORTSCHRITTSZEITALTER?

Allein aufgrund von Wissenschaft und Technik werde das 20. Jahrhundert als ein Zeitalter des menschlichen Fortschritts in Erinnerung bleiben, und dadurch alle Schrecknisse und Tragödien, die es prägten, überdecken, meinte Eric Hobsbawm.[27] Rückblickend reihen sich tatsächlich sämtliche technischen Revolutionen aneinander, jedenfalls in der zweiten Jahrhunderthälfte: Atomzeitalter, Raumfahrtzeitalter, Zeitalter der Automation. Dann folgten die Zeitalter der Computertechnologie, der Informationstechnologie, der Biotechnologie, der Nanotechnologie, das Medienzeitalter und das der regenerativen Energie. Und womöglich gelingt es der Menschheit in zunehmendem Maße doch noch, »Holzpflug und Mikrochip« nicht als getrennte und abgeschottete Welten nebeneinander existieren zu lassen, sondern miteinander zu verbinden und dabei durchaus bewahrenswerte Traditionen zu erhalten.

Kleine Beispiele gab es am Übergang vom 20. zum 21. Jahrhundert genug. Etwa dieses: In einigen Bereichen erneuerbarer Energietechniken – so zum Beispiel der Photovoltaik – war die Bundesrepublik Deutschland zum Weltmarktführer aufgestiegen. Die Marke »Renewable made in Germany« boomte um die Jahrhundertwende, und auf internationalen Konferenzen wie der 2002 in Johannesburg schwärmten die Teilnehmer davon, in nur einer Dekade mehr als einer Milliarde Menschen Strom und Wärme aus erneuerbaren Energien zur Verfügung stellen zu können. Dies blieb wie so vieles eine Illusion. Doch als eines der gelungensten Beispiele für die dezentrale Nutzung erneuerbarer Energien verwies die deutsche Regierung gerne auf die Fischer von Baleia im nordbrasilianischen Bundesstaat Ceará. Lange Zeit hatten die Fischer, die noch mit altbewährten Methoden fischten, ein Problem: In der schwülen Hitze verdarben ihre Fische so schnell, dass sie fast jeden Preis der Fischaufkäufer akzeptieren mussten, wenn sie nicht auf einem faulenden Fang sitzen bleiben wollten. Seit 2003 war dies anders. Seit diesem Zeitpunkt besaßen die Fischer eine kleine Solaranlage, die jeden Tag den Strom für 300 Kilogramm Eis produzierte. Dieses Eis sorgte direkt vom Fang bis zu den Kühltruhen der Zwischenhändler für frischen Fisch und garantierte den rund 100 Fischern Einnahmen, die um die Hälfte gestiegen waren. Baleia war ein Pilot- und Vorzeigeprojekt der Deutschen Entwicklungsgesellschaft, der Gesellschaft für technische Zusammenarbeit sowie des schwäbischen Unternehmens Würth Solar und zeigte eine Art »Win-win-Situation« auf, von der alle Partner profitierten.[28] Dies war, auch wenn die deutsche Solarindustrie bald gegenüber der chinesischen nicht mehr konkurrenzfähig war, ein zukunftsträchtiges Modell.

SCHLUSS: INS 21. JAHRHUNDERT – WELT AUS DEN FUGEN?

Joseph von Eichendorff, der Lyriker der deutschen Romantik, verfasste 1815 ein schönes Gedicht, das 1837 unter dem Titel »Zwielicht« veröffentlicht wurde. In ihm werden merkwürdige Umformungen und Verwandlungen beschrieben. Es handelt vom Übergang des Tages in die Nacht. In dieser Zeit verwandeln sich die Dinge, die eigentlich Gegensätze sind, und gehen ineinander über: Vertrauen in Verrat, Freundschaft in Feindschaft und Frieden in Krieg. Doch was in der Dämmerung dem Untergang geweiht scheint, kann sich am nächsten Morgen zu neuer Pracht entfalten, auch wenn so mancher Verlust bleibt, verschluckt von der Dunkelheit. Hier hilft nur, die Dinge immer wieder zu hinterfragen, aufmerksam und neugierig zu bleiben.

Ich habe solche Umformungen und Verwandlungen, also eine Art interaktive Welt des 20. Jahrhunderts, geschildert. Es war eine unruhige Zeit, die sich im Griff tatsächlicher und manchmal auch angeblicher Gegensätze befand. Ungeheure menschliche Errungenschaften begegneten uns auf der einen Seite, beispiellose menschliche Barbarei auf der anderen. Es war ein ständiges Schwanken zwischen Hoffnungen und Gefahren. Aber es war nicht nur eine Welt im Zwiespalt, sondern dieser Zwiespalt konnte sich trotz aller Verwerfungen auch in eine Konvergenz verwandeln. Nie zuvor waren, um zwei Beispiele zu nennen, die Bewohner der westlichen Industriestaaten sozial so nah beieinander wie am Endes des 20. Jahrhunderts, nie zuvor hatten die Eliten fast aller Länder der Erde so stark kooperiert. Zwar lag vieles im Argen und unzählige

Probleme harrten einer Lösung, doch dass sie überhaupt zusammenarbeiteten, war ein großer Fortschritt, verglichen mit der Situation am Anfang des Jahrhunderts.

Gab es also am Ende des 20. Jahrhunderts keine Welt im Zwiespalt mehr? Ein kurzer, schweifender Blick auf die globale Lage im Jahr 2016, als diese Darstellung abgeschlossen wurde, war ernüchternd. Schon kamen Stimmen auf, die die Übersichtlichkeit und Stabilität in der Ära des Kalten Krieges lobpriesen, der zumindest einen nuklearen Frieden und ein Kartell der Kriegsverhinderung gebracht hatte. Die Starre der Blockkonfrontation war einer ganz normalen Anarchie gewichen. 2016 waren die geopolitischen Konflikte formverwandelt zurückgekehrt. Die großen Mächte rangen miteinander um Einflusssphären. Überall erhob der Nationalismus wieder sein hässliches Haupt. Die Globalisierung, das Zusammenwachsen der Welt in den unterschiedlichsten Bereichen, schien den Rückwärtsgang einzulegen. Überwunden geglaubte politische Konzepte wie Abschreckung und Eindämmung feierten fröhlich Urständ. Kriegsgedanken schwirrten durch die Köpfe zahlreicher Führungspersonen der Welt. Man konnte sich in die Zeit nach dem Ersten Weltkrieg zurückversetzt fühlen. Alte Konflikte lebten offenbar wieder auf, die Welt schien aus den Fugen zu geraten, die globale Sicherheitslage war so kritisch wie seit dem Ende des Kalten Krieges nicht mehr. Alle Hauptmächte befanden sich in einem Übergangsstadium mit unsicherem Ausgang. In den USA polarisierte sich am Ende der Ära Obama das politische System und ein gänzlich unerwarteter Kandidat wurde zum nächsten Präsidenten gewählt. Europa war besonders geplagt, hier überschnitten sich die Flüchtlingskrise mit der Finanzkrise und dem neu aufkeimenden islamistischen Terrorismus; dann kam noch der Brexit hinzu. In Russland befand sich die Wirtschaft nach den westlichen Sanktionen wegen der russischen Annexion der Krim in freiem Fall, und Putin bombte sich durch einen Kriegseinsatz im Bürgerkriegsland Syrien an den internationalen Verhandlungstisch der Großmächte zurück. Zuvor hatte US-Präsident Obama Russland verbal als »Regionalmacht« deklassiert, eine Demütigung, die der Kremlchef mit kraftstrotzenden Gesten zurückwies. China lag in territorialen Streitigkeiten mit seinen Nachbarn, die jederzeit militärisch eskalieren konnten, und gleichzeitig endete dort der Megaaufschwung, der die Weltwirtschaft so lange genährt hatte. Nordkorea, die unerbittliche kommunistische Diktatur, erhöhte permanent die Spannungen und spielte das eine um das andere Mal mittels Waffentests mit dem Feuer. Mehr als jemals zuvor waren der Nahe und der Mittlere Osten ein Pulverfass, der »Arabische Frühling«, die demokratische Hoffnung, war einem »diktatorischen Winter« gewichen. Der selbsternannte »Islamische Staat« legte seine mordenden Hände über das Gebiet und bis weit nach Afrika hinein, und der Konflikt zwischen Israelis und Palästinensern radikalisierte sich. Viele Länder Lateinamerikas fielen von einer Staatskrise in die nächste. Für Afrika, dem größten und vielfältigsten Kontinent der Erde, war am Ende des 20. Jahrhunderts eine positive Zukunft prognostiziert worden. Nun gab es dort scheinbar nur noch Staatszerfall, Flüchtlingselend und Ausbrüche des tödlichen Ebola-Virus. Als sei das alles nicht mehr als genug, kamen zu diesen Hauptkonflikten zahlreiche regionale Unruheherde hinzu.

Vor allem, so glaubten politische Beobachter, kehrte die Grundkonstellation des Kalten Krieges wieder: Der Westen gegen Russland und seine Verbündeten. Die Sichtweisen des Westens und Russlands auf die Epoche nach dem Kalten Krieg und überhaupt des 20. Jahrhunderts unterschieden sich fundamental. Ein Bericht der OSZE, der anlässlich der Münchner Sicherheitskonferenz 2016 veröffentlicht wurde, machte dies in aller Schärfe deutlich[1]: Aus russischer Sicht nutzte der Westen seit dem Niedergang des Ostblocks und der Wiedervereinigung Deutschlands die Schwäche Russlands rücksichtslos zu seinen Gunsten aus und demütigte die einstige Weltmacht. Die USA präsentierten sich in arroganter Weise als einzige verbliebene Supermacht. Das proklamierte »gemeinsame europäische Haus« kam nicht zustande, da sich der Westen weigere, eine neue, offene Sicherheitsarchitektur einzuziehen. Wellenförmig habe sich die NATO immer weiter nach Osten ausgebreitet und versuche so, was im Kalten Krieg seit 1947 nicht gelungen war: an Russlands Pforte zu stoßen. Der Westen handle nur noch unilateral: Das sei im Jugoslawienkrieg so gewesen, bei der US-amerikanischen Intervention im Irak 1991 und beim Krieg in Afghanistan nach 9/11. Dass der Westen seit 2010 die Bürgerbewegungen des »Arabischen Frühlings« unterstützte, habe zu katastrophalen Ergebnissen geführt. Mit seiner unüberlegten Politik habe er die gesamte Region gefährdet, die trotz Kriegen nach 1945 relativ stabil gewesen war, und hinterließ nichts als Chaos. Überall verfolge der Westen eine »Versailles-Politik mit Samthandschuhen«, also eine wenig verhohlene Dominanzpolitik wie jene der alliierten Mächte nach dem Ersten Weltkrieg, und weite seine Einflusssphäre permanent aus. Russland habe nicht nur das Vertrauen in die Worte des Westens verloren, sondern auch den Respekt vor seinen angeblichen Kompetenzen, die er im gesamten 20. Jahrhundert für sich beansprucht hatte. – Die westliche Betrachtung unterschied sich diametral von dieser russischen Erzählung, in der sich die Sichtweise der autoritären Staatsführung widerspiegelte. Sie begann mit der Errichtung des Sowjetstaates seit 1917, in dessen Folge zahlreiche Völker unterdrückt wurden. Der Kalte Krieg habe mit dem Kollaps des sowjetischen Kommunismus geendet, und in den ostmitteleuropäischen Staaten setzten sich die Freiheitsbewegungen durch. Dies sei kein »Sieg des Westens«, sondern ein Sieg von Freiheit und Demokratie gewesen. Die betroffenen Länder wollten aus freien Stücken nach Europa zurückkehren, wovon sie 40 Jahre lang ausgeschlossen geblieben waren. Es handele sich keineswegs um einen maliziösen Plan, Russland einzukreisen. Im Gegenteil: Der Westen habe eine strategische Partnerschaft mit Russland angestrebt, was ausgeschlagen worden sei. Russland habe sich in der Balkankrise verweigert, weil es mit ungelösten nationalen und territorialen Konflikten im Bereich der ehemaligen Sowjetunion konfrontiert war, in Aserbaidschan, Georgien und Moldawien, bald darauf in der Ukraine. Unter Inkaufnahme eines Bruchs aller internationaler Regelungen sei die Halbinsel Krim annektiert worden. Das Resultat sei, dass Russland 2016 ein völlig anderes Land als in den 1990er Jahren darstelle und im Grunde mehr jenem der Jahre nach der Oktoberrevolution von 1917 entspreche: einer revisionistischen und unberechenbaren Macht.

Diesen Bericht der OSZE durchzogen beständig Vergleiche und historische Parallelisierungen. So verführerisch solche Analogien zur Zeit nach dem Ersten Weltkrieg, zur Epoche des Kalten Krieges oder zur Ära nach seiner Überwindung in den 1990er Jahren erscheinen mögen, sie zeigen doch vor allem eines: dass das 20. Jahrhundert in die Erinnerung übergegangen ist. Es handelt sich um eine inzwischen historisch gewordene Zeit. Die vergangenen Signaturen werden seither abgerufen, um die Gegenwart besser zu verstehen. Natürlich ragen Endmoränen des 20. Jahrhunderts ins 21. hinein. Jahrhundertwechsel sind fiktive Wendepunkte und gründen nicht auf objektiven Umständen, sondern werden in den Köpfen der Menschen konstruiert. Konstellationen und das Leben der Menschen ändern sich nicht schlagartig, nur weil der Kalender vom 31. Dezember auf den 1. Januar springt. Doch solche fiktiven Wendepunkte können Anlass sein, innezuhalten und zu prüfen, was war. Und viele Zeitgenossen meinten, noch nie so wenig die Zukunft erahnen zu können wie an der Schwelle zum neuen Jahrtausend. Nach dem Ende des Kalten Krieges schienen die Zeit und die Welt vollends unberechenbar geworden zu sein. 1989/1991 markierte nicht nur einen glücklichen Ausgang einer Geschichte von Unfreiheit und Unterdrückung (sie gab es in vielen Teilen der Welt immer noch). Die »Epochenwende« war auch die Geburt von neuen, bis dahin nicht gekannten Problemlagen – »neue Kriege« und »gescheiterte Staaten« sind die prominentesten Beispiele dafür. Hoffnungen und Utopien schienen zerstoben und hatten offenbar der Orientierungslosigkeit Platz gemacht. Doch was auch immer kommen mochte, so tröstete man sich, Schlimmeres als die Monster, die das 20. Jahrhundert in seiner ersten Hälfte ausgebrütet hatte, dürfte es nicht sein – hoffentlich. So vermittelte der Jahrhundertwechsel auch die Erwartung, diese katastrophische Vergangenheit hinter sich lassen zu können. Aber hätte das vergangene Jahrhundert nicht noch viel schlimmer werden können? Die Gewaltgeschichte war verheerend, doch ein Atomkrieg hatte nicht stattgefunden, die Menschheit hatte überlebt. Wie groß die allgemeine Ungewissheit auch war, deutlich wurden Hypotheken für das neue 21. Jahrhundert. Einige der wichtigsten von ihnen sollen abschließend skizziert werden.

Im 20. Jahrhundert mündeten die Konflikte um die Legitimität moderner politischer Ordnungen in einen Zwiespalt von Demokratie und Diktatur. Das »Zeitalter der Weltkriege« war 1945 zu Ende. Durchbrüche zur Freiheit und zur politischen, sozialen und kulturellen Emanzipation prägten den Verlauf des Jahrhunderts. Aber eine Erfolgsgarantie gab es nie. Und müssen wir nicht gegenwärtig in vielen Staaten und Gesellschaften einen Rückwärtsdrall der Demokratie feststellen, selbst in Europa? Noch um die Jahrtausendschwelle schien es gut um die Demokratie in Europa und die seiner Nachbarn bestellt zu sein. Die osteuropäischen Länder waren 2004 der EU beigetreten, die Ukraine erlebte nach der Orangenen Revolution eine Öffnung und die Türkei hatte 2005 Beitrittsverhandlungen mit der EU aufgenommen. Ein Jahrzehnt später sah es nach einer historischen Schubumkehr aus, und einige Länder standen auf der Kippe zu einer Autokratie. Jedenfalls war in vielen Ländern die Demokratie Gefährdungen von rechtspopulistischen oder fundamentalistischen Bewegungen ausgesetzt, die sich aus Verunsicherungen und Identitätskrisen nährten.

Angesichts dieser aktuellen politischen Debatten verliert man leicht aus den Augen, dass der Klimawandel zur Signatur der Welt im 21. Jahrhundert werden wird. In der Politik, in der öffentlichen Verwaltung, im Wirtschaftsleben und im privaten Alltag wird er ein ständiger Begleiter sein. Denn allein die weltweit bislang schon emittierten Treibhausgase dürften einen Temperaturanstieg um etwa 1,5 Grad im Vergleich zum vorindustriellen Zeitalter zur Folge haben. Kann das Problem gelöst oder kann es nur »bearbeitet« werden? Die Folgen des Klimawandels werden sich verschlimmern – er steht der Menschheit nicht bevor, er ist längst da. Alle bisherigen Klimagipfel haben nicht zu ausreichenden Gegenmaßnahmen geführt. Doch was ist davon zu halten, dass sich gleichzeitig die Stimmen mehren, die eine Klimaschutzpolitik für einen Irrweg halten?

Der fast unersättliche Verbrauch fossiler Energieträger heizte das Klima auf. Ein Grund für die Ausbeutung der Ressourcen war die immense Steigerung der Mobilität. Sie gestaltete sich im 20. Jahrhundert ebenso dynamisch wie die Zirkulation von Gütern, Waren und Kapital – im Guten wie im Schlechten. Die Teilung der Welt ist 1989 aufgehoben worden. Seitdem hat der Prozess der Globalisierung verstärkt dazu geführt, dass die große Mehrheit aller Staaten und ihre nationalen Volkswirtschaften an einer weltweiten Verbundwirtschaft beteiligt sind. Wird das Informationszeitalter die Massenarbeit beenden? Warum steigt die Ungleichheit in vielen Gesellschaften und im globalen Maßstab? Warum vergrößert sich die Kluft zwischen Arm und Reich? Und warum gelingt es nicht, Armut, die weiblich ist, von der also insbesondere Frauen betroffen sind, zu besiegen? Eine Möglichkeit, Armut, Gewalt und Unterdrückung zu entkommen, ist die Abwanderung in andere Länder. Die Zahl der Menschen, die vor Krieg, Konflikten, Armut und Verfolgung fliehen, war noch nie so hoch wie gegenwärtig. Ende 2015 befanden sich 63,5 Millionen Menschen auf der Flucht. Dies ist der höchste Wert, den die UN-Flüchtlingsorganisation, die 1950 gegründet worden war, jemals verzeichnet hat. Im Durchschnitt flohen 2015 pro Tag 34 000 Menschen – und 50 Prozent der Flüchtlinge weltweit sind Kinder. Etwa neun von zehn Flüchtlingen, das entspricht 86 Prozent, leben in Entwicklungsländern.[2] Wie kann der zunehmenden Flucht und der Elendswanderung begegnet werden? Was ist in der Eindämmung großer Flüchtlingsströme geboten, was ist erlaubt? Stößt sich die Moral an den politischen Möglichkeiten? Und geraten die letzten Inseln des Wohlstandes spätestens dann in Gefahr, wenn, wie prognostiziert, im Jahr 2050 sich allein 200 Millionen Klimaflüchtlinge auf den Weg machen?

Das drängendste soziale Problem im globalen Maßstab ist nach wie vor die Unterernährung. Zwar hat sich die Situation in Südamerika, Asien und Osteuropa in langer Sicht verbessert, und es ist eine große Leistung der bevölkerungsstarken asiatischen Länder, dass sie den Hunger weitgehend besiegten. Doch vor allem in Afrika sieht es anders aus. Der Hunger geht hier viel weniger auf Naturkatastrophen zurück, als man denkt, sondern ist strukturell bedingt. Schlechte politische und wirtschaftliche Rahmenbedingungen und Korruption verursachen ihn, Umweltzerstörung und Klimawandel befördern ihn, und die vielen regionalen Kriege verschlimmern ihn katastrophal. Gerade Letzteres hat dazu geführt, dass seit der Jahrhundertwende die Zahl der Hungernden in der Welt wieder auf über eine Milliarde Menschen nach oben geschossen ist. Doch auch die reichen Länder treiben Menschen in den Hungertod. Dass Agrarflächen für die Produktion von Biokraftstoffen genutzt werden, womit die Nachfrage und der Preis steigen, erscheint skandalös. Der Anbau von Ölpalmen ist eine der Hauptursachen für die massive Urwaldzerstörung etwa in Indonesien oder Malaysia.

Ob eine »grüne« Gentechnologie, die in der Landwirtschaft und der Nahrungsmittelproduktion eingesetzt wird, Abhilfe schaffen und den Hunger in den Armutsregionen der Welt lindern kann, muss sich erweisen. Die »rote« Gentechnologie hingegen gewinnt in der Medizin rasant an Bedeutung. Dabei geht es längst nicht mehr nur um gentechnisch hergestellte Medikamente und Impfstoffe, sondern um die Veränderung von Erbmaterial. Vor wenigen Jahren haben zwei Wissenschaftlerinnen, Jennifer Doudna und Emmanuelle Charpentier, molekulargenetische Werkzeuge entdeckt, die, wenn sie in einen Organismus eingeschleust werden, dort wie Genscheren funktionieren: Bestimmte Abschnitte eines Gens können herausgeschnitten, korrigiert oder durch andere Abschnitte ersetzt werden. Erfinden Forscher damit das Menschsein neu? »Designerbabys« durch genetische Manipulation oder Heilung von Krankheiten wie Krebs und Aids – beides erscheint möglich. Wann stehen dem Einsatz solcher Technologien die Lebensinteressen Dritter oder elementare Grundrechte entgegen? Sind die neuen medizinischen Entwicklungen moralisch vertretbar und werden sie die Gesellschaft verändern? Es handelt sich hier um globale Fragen. Allerdings ist die rechtliche Situation in der Regel durch nationale Gesetze bestimmt, und die kulturell bedingten Sichtweisen variieren von Land zu Land.

Wie viele Menschen können auf der Erde leben, werden es in wenigen Jahrzehnten elf Milliarden sein? Wie viele Menschen erträgt der blaue Planet? Die Explosion der Weltbevölkerung und das Wuchern von häufig unregierbaren Megastädten führt zu dieser Frage, die niemand präzise beantworten kann. Und wie wird es, je mehr Menschen es gibt, um die Menschenrechte bestellt sein, in deren Zeichen die zweite Hälfte des 20. Jahrhunderts stand. Nie zuvor sind diese in derart allgemeiner Art und Weise anerkannt worden. Aber auch hier ist die Zukunft offen. Ob der im 20. Jahrhundert geschaffene internationale Rechtsrahmen ausreichen wird, erscheint fraglich. Es könnte sein, dass dieser an verschiedenen Stellen erodiert. So gibt es in der Epoche der Globalisierung, des Internets und des Massentourismus keine geschützten Nischen mehr. Gleichzeitig scheinen bisher gültige Erfahrungsmuster und Denkfiguren sowie bewährte Entscheidungsraster zu verblassen. Überwachungstechnologien können alles aufzeichnen und »Big Data« vermag unser Denken zu verändern. Ist die Autonomie des Menschen bedroht? Oder wird der Mensch auch in dieser Hinsicht eine ethische Anleitung zum Gebrauch seiner Macht finden?

Das 20. Jahrhundert hält dafür keine klaren Antworten bereit. Es ist in die Vergangenheit eingetaucht und die alten Rezepte taugen nur noch begrenzt dafür, die Zukunft zu gestalten. Es war ein Jahrhundert der Beschleunigung, die offenbar keine Bremsen mehr kannte. Das 20. Jahrhundert war das schlimmste Jahrhundert von allen Jahrhunderten, und es war das beste von allen. Die Welt, die es uns hinterlassen hat, ist offen und ambivalent. Das Leben ist nicht linear oder stets logisch geordnet, sondern diffus und oft chaotisch.

Widersprüchliches geschieht, die Fülle an Einzelheiten ist schier unübersichtlich. Man kann vor diesem Hintergrund pessimistisch sein oder optimistisch. Doch man kann auch Gefahren betonen und zugleich Hoffnungen hegen, also in Paradoxien denken und nicht gleich der Hysterie des Weltuntergangs auf der einen Seite oder der der Weltrettung auf der anderen Seite verfallen. Jacob Burckhardt, der große Basler Historiker des ausgehenden 19. Jahrhunderts, verstand Geschichte noch als Bildungsmacht. Sie mache nicht klug für ein andermal, sondern weise für immer. Vermutlich würden die meisten dies heute bezweifeln. Aber kann man diesen Satz nicht einfach umdrehen? Warum sollte man nicht aus der Geschichte lernen und gegenüber Problemen klüger werden können? Genaue Handlungsanleitungen für wechselnde Gegenwartsprobleme hält die Geschichte niemals bereit. Aber die Geschichte des 20. Jahrhunderts im Zwiespalt kann dafür sensibilisieren, auch mit neuen Situationen umzugehen. Und das ist die Antwort auf die Frage, die Marc Bloch in seinem Jahrhundertbuch *Apologie der Geschichte* aufwarf. 1944 wurde er, der sich der französischen Résistance angeschlossen hatte, von den Nazis ermordet. Die erwähnte Frage legte er einem kleinen Jungen in den Mund: »Papa, erklär' mir doch mal: Wozu dient eigentlich die Geschichte?«[3]

ANHANG

ANMERKUNGEN

EINLEITUNG: DAS JAHRHUNDERT BEGREIFEN

1 Hobsbawm, Zeitalter der Extreme, S. 15.
2 Z. B. Mazower, Der dunkle Kontinent.
3 Bloch, Erbschaft dieser Zeit, S. 104.
4 Zit. nach Decker, Hermann Hesse, S. 502.
5 Judt/Snyder, Nachdenken über das 20. Jahrhundert, S. 393 f.
6 Rosenberg, Einleitung, in: Dies. (Hg.), 1870–1945. Weltmärkte und Weltkriege, S. 31.
7 Siehe Sabrow/Weiß (Hg.), Das Zeitalter vermessen.
8 MacGregor, Shakespeares ruhelose Welt.
9 Rathenau, Rede auf der Tagung des Reichsverbandes der Deutschen Industrie.
10 Zweig, Die Welt von Gestern. Erinnerungen eines Europäers, Frankfurt am Main 1985, S. 493 [Erstveröffentlichung: Stockholm 1942].

1. KRIEG UND FRIEDEN

1 Adolf Hitler, Rede vor dem Deutschen Reichstag, 1. 9. 1939, in: Verhandlungen des Reichstages. 4. Wahlperiode 1939. Bd. 460. Stenographische Berichte 1939–1942. Anlagen zu den stenographischen Berichten 1.–8. Sitzung, S. 45; 47.
2 Stefan Zweig, Die Welt von Gestern. Erinnerungen eines Europäers, Frankfurt am Main 1985, S. 11 [Erstveröffentlichung: Stockholm 1942].
3 Joseph Goebbels, »Sportpalastrede«, 18. 2. 1943, in: Helmut Heiber (Hg.), Goebbels-Reden, Bd. 2: 1939–1945, Düsseldorf 1972, S. 205.
4 Charta der Vereinten Nationen, zit. nach: Markus Pallek, Die Aufgaben der Vereinten Nationen nach der Charta, in: Helmut Volger (Hg.), Grundlagen und Strukturen der Vereinten Nationen, München u. a. 2007, S. 68.
5 Robert Oppenheimer in einem Interview für die NBC-Dokumentation *The Decision to Drop the Bomb* 1965: »Now, I am become Death, the destroyer of

worlds.«, frei nach der »Bhagavad Gita«, einer zentralen heiligen Schrift des Hinduismus; zit. nach: Bird, Kai/Sherwin, Martin, Robert Oppenheimer. Die Biographie, Berlin 2009, S. 564.
6 Karl Jaspers, Die Atombombe und die Zukunft des Menschen. Politisches Bewußtsein in unserer Zeit, München 1962, Vorwort zur Sonderausgabe, S. 1 [Erstveröffentlichung: München u. a. 1957].
7 Fidel Castro in einer Rede während der Mobilisierung gegen die unmittelbar bevorstehende Invasion in der Schweinebucht am 16. 4. 1961; die vollständige Formel zum Abschluss von Castros Reden lautet seitdem: „Socialismo o muerte, patria o muerte. Venceremos!" (»Sozialismus oder Tod, Vaterland oder Tod. Wir werden siegen!«), zit. nach: Fürntratt-Kloep, Ernst F., Unsere Herren seid ihr nicht. Das politische Denken des Fidel Castro, Köln 2000, S. 141, Fußnote 1.
8 Kofi Annan, zit. im Schreiben von Horstmann an Staatssekretär Heye, 8. 4. 1999, in: Depositum Dr. phil. Thomas Steg; Henke, Christoph, Die humanitäre Intervention. Völker- und verfassungsrechtliche Probleme unter besonderer Berücksichtigung des Kosovo-Konflikts, Münster 2002, S. 68.
9 Übersetzter Auszug aus Präsident Bushs Fernsehansprache vom 11. 9. 2001; Niederschrift des englischen Originals in: Selected Speeches of George W. Bush, 2001–2008, Online-Ressource der Archive des Weißen Hauses, abrufbar unter: https://georgewbush-whitehouse.archives.gov/infocus/bushrecord/documents/Selected_Speeches_George_W_Bush.pdf [Stand 7. 6. 2015].
10 Hobsbawm, Zeitalter der Extreme, S. 28.
11 Dülffer, Frieden stiften, S. 39f.
12 Die Bezeichnung geht auf George F. Kennan zurück, der den Krieg als »the great seminal catastrophe of this century« charakterisierte. Ders., The Decline of Bismarck's European Order. Franco-Russian Relations, 1875–1890, Princeton 1979, S. 3.
13 Stöver, Der Kalte Krieg.
14 Gantzel/Schwinghammer, Die Kriege nach dem Zweiten Weltkrieg 1945–1992, S. 31.
15 Siehe dazu das Kapitel »Starke Staaten und gescheiterte Staaten«.
16 Münkler, Die neuen Kriege.
17 Andreas Wirsching, auf der Tagung »Das 20. Jahrhundert und der Erste Weltkrieg«, siehe Tagungsbericht.
18 Jürgen Osterhammel, ebd.
19 Messerschmidt, Das Verhältnis von Wehrmacht und NS-Staat, S. 234.
20 Heidenreich u. a. (Hg.), Der 8. Mai im Geschichtsbild.
21 Frey, Geschichte des Vietnamkrieges.
22 Meier/Penter (Hg.), Sowjetnam.

23 Zit. nach: Schulzinger, A Time for War, S. 314.
24 Rogge, Rechtssysteme der internationalen Friedenssicherung, S. 163.
25 Siehe unten, S. 42.
26 Siehe dazu das Kapitel »Genozide und Völkermordkonvention«.
27 Senghaas/Senghaas, Si vis pacem, para pacem.
28 Zit. nach: Cottrell, Lost in Transition?, S. 91.
29 Zit. nach Wolfrum, Rot-Grün an der Macht, S. 279.
30 The Responsibility to Protect. Report of the International Commission in Intervention and State Sovereignty, Ottawa 2001.

2. DEMOKRATIE UND DIKTATUR

1 Emmeline Pankhurst, Ein Leben für die Rechte der Frauen, Göttingen 1996, S. 293 [engl. Erstveröffentlichung: London 1914].
2 W. I. Lenin, Über die Aufgabe des Proletariats in der gegenwärtigen Revolution (»Aprilthesen«), in: Hedeler, Wladislaw (Hg.), Die Russische Revolution 1917. Wegweiser oder Sackgasse?, Berlin 1971, S. 231 ff.
3 Mao Zedong, Das Rote Buch. Worte des Vorsitzenden Mao Tse-tung, hg. v. Tilemann Grimm, Frankfurt am Main 1967, S. 22.
4 Otto Wels (SPD), Reichstagssitzung 23. 3. 1933, in: Verhandlungen des Deutschen Reichstags. VIII. Wahlperiode 1933, Bd. 457, Stenographische Berichte, Berlin 1934, S. 33.
5 »Gesetz zur Behebung der Not von Volk und Reich« (»Ermächtigungsgesetz«), in: Morsey, Rudolf, Das »Ermächtigungsgesetz« vom 24. März 1933. Quellen zur Geschichte und Interpretation des »Gesetzes zur Behebung der Not von Volk und Reich«, Düsseldorf 1992, S. 76 f.
6 US-Präsident Truman am 12. März 1947 vor beiden Häusern des Kongresses (»Truman-Doktrin«), in: Lautemann, Wolfgang/Schlenke, Manfred, Geschichte in Quellen. Die Welt seit 1945, München 1980, S. 576 f.
7 Regierungserklärung des Bundeskanzlers Willy Brandt vor dem Deutschen Bundestag, 28. 10. 1969, in: Brandt, Willy, Mehr Demokratie wagen. Innen- und Gesellschaftspolitik 1966–1974, Bonn 2001, S. 219.
8 Nelson Mandela, Der lange Weg zur Freiheit. Autobiographie, Frankfurt am Main 1994, S. 835 [engl. Erstveröffentlichung: Boston 1994].
9 Pankhurst, Ein Leben für die Rechte der Frauen, S. 19.
10 Nolte, Was ist Demokratie?, S. 465.
11 Baberowski/Patel, Jenseits der Totalitarismustheorie, S. 966.
12 Ebd., S. 969.
13 Siehe das Kapitel »Genozid und Völkermordkonvention«.
14 Staritz/Weber (Hg.), Kommunisten verfolgen Kommunisten.

15 Mussolini, Der Geist des Faschismus, S. 27.
16 Voegelin, Politische Religionen, S. 12.
17 Sheehan, Kontinent der Gewalt.
18 Ein Ausdruck dafür ist die Errichtung des House Un-American Activities Committee (HUAC), das mit seiner Errichtung 1938 zunächst Bedrohungen sowohl durch faschistische als auch kommunistische Gruppierungen untersuchen sollte und sich nach 1945 auf Letztere konzentrierte. Siehe McKenna, The puritan Origins of American Patriotism, S. 261 ff.
19 Sontheimer, Die verunsicherte Republik.
20 John F. Kennedy, Rede vor dem Rathaus Schöneberg, 26. 6. 1963, zit. nach: Daum, Kennedy in Berlin, S. 125.
21 Ruderer, Das Erbe Pinochets, S. 9.
22 Schulze, Geschichte der islamischen Welt, S. 201.
23 Siehe dazu auch das Kapitel »Säkularisierung und Rückkehr der Religionen«.
24 Schulze, Geschichte der islamischen Welt, S. 277.
25 KSZE-Schlussakte, S. 8.
26 Charta der Vereinten Nationen, S. 1.
27 Fukuyama, Das Ende der Geschichte.
28 Bellah, Zivilreligion in Amerika, S. 38.
29 Plaggenborg, Experiment Moderne, S. 18.

3. DRITTE WELT ZWISCHEN ERSTER UND ZWEITER

1 Ernesto Che Guevara, The Motorcycle Diaries. Latinoamericana Tagebuch einer Motorradreise 1951/52, Köln ⁶2013, S. 25 [engl. Erstveröffentlichung: New York 1995].
2 Alfred Sauvy, Trois mondes, une planète, in: L'Observateur, 14. 8. 1952.
3 Narasimha Rao, Kommentar zur Konferenz von Bandung 1955, zit. nach: Matthies, Volker, Die Blockfreien. Ursprünge – Entwicklungen – Konzeptionen, Opladen 1985, S. 13.
4 Karlheinz Böhm, Gründung der Hilfsorganisation »Menschen für Menschen« (1981), zit. nach: Die Welt, 30. 5. 2014.
5 Césaire, Bandung, S. 1366–1370.
6 Calic, Geschichte Jugoslawiens, S. 189–201.
7 Reinhard, Unterwerfung der Welt, S. 725.
8 Diner, Zeitenschwelle, S. 228.
9 Senghor, What is »Négritude«?, S. 248.
10 Rede auf der Konferenz der OAS am 8. 8. 1961, in: Deutschmann (Hg.), Che Guevara and the Cuban Revolution, S. 265–320.

11 Rede vor der UN-Vollversammlung in New York am 11.12.1964, in: Deutschmann (Hg.), Che Guevara and the Cuban Revolution, S. 321–336, hier S. 330f.
12 Rede auf der Zweiten Afro-Asiatischen Wirtschaftskonferenz in Algier am 24.2.1965, in: ebd., S. 337–346, hier S. 339.
13 Durban, South Africa Declaration, in: Summit of Declarations of Non-Aligned Movement (1961–2009), S. 377–381.

4. STARKE STAATEN UND GESCHEITERTE STAATEN

1 Woodrow Wilson, Der zehnte Punkt seiner »Vierzehn Punkte« aus seiner Ansprache an den Vereinigten Kongress am 8.1.1918, in: Woodrow Wilson, Memoiren und Dokumente über den Vertrag zu Versailles anno MCMXIX, Bd. 3, Leipzig 1923, S. 40ff., hier S. 42.
2 Adolf Hitler, Rede in Nürnberg am 7.9.1934, zit. nach: Loiperdinger, Martin, »Triumph des Willens«. Einstellungsprotokoll, München 1980, S. 114f.
3 Richard von Weizsäcker im Deutschen Bundestag am 24.2.1972, in: Stenographische Protokolle des Deutschen Bundestages. 6. Wahlperiode, 172. Sitzung, S. 9838.
4 Kopenhagener Kriterien für eine Mitgliedschaft in der EU, in: Europäischer Rat Kopenhagen. 21.–22. Juni 1993. Schlussfolgerungen des Vorsitzes, S. 13.
5 U.S. National Security Strategy, Washington, D.C. 17. September 2002, S. 1 (»America is now threatened less by conquering states than we are by failing ones«).
6 Goethes Werke, hg. im Auftrage der Großherzogin Sophie von Sachsen, S. 218.
7 Regierungserklärung von Willy Brandt, 28.10.1969, in: Texte zur Deutschlandpolitik IV, S. 12.
8 Kosing, Nation in Geschichte und Gegenwart.
9 Siehe dazu unten, S. 105ff.
10 Jeismann, Das Vaterland der Feinde.
11 Czempiel, Die amerikanische Weltordnung, S. 3.
12 Demandt, Die Weltreiche, S. 223.
13 Zit. nach: Münkler, Imperien, S. 241.
14 Ignatieff, Empire Amerika?, S. 30.
15 Chomsky, Hybris.
16 Fund for Peace (Hg.), Failed States Index.
17 Wirsching, Demokratie und Globalisierung, S. 57.
18 Siehe Wolfrum, Rot-Grün an der Macht, S. 384f.
19 Di Fabio, Schwankender Westen.

5. NATURBEHERRSCHUNG UND UMWELTKATASTROPHEN

1 Bob Hope, zit. nach: Maik Brandenburg, Bikini-Atoll, Marshall-Islands. Drei schwarze Sterne auf der Flagge, in Hilmar Schmundt/Miloš Vec/Hildegard Westphal (Hg.): Mekkas der Moderne. Pilgerstätten der Wissensgesellschaft, Köln u. a. 2010, S. 98.
2 Der ägyptische Komponist Kamal el-Tawil, zit. nach: »Oberst Wasser«, in: Der Spiegel, 21. 9. 1960, S. 60.
3 Rachel Carson, Der stumme Frühling, München 2013, S. 16 [engl. Erstveröffentlichung: Boston 1962].
4 Dritte Single aus Michael Jacksons Doppelalbum »HIStory – Past, Present and Future Book I« aus dem Jahre 1995.
5 Swetlana Alexijewitsch, Stimmen aus Tschernobyl, in: APuZ 13 (2006), S. 3.
6 »Die Wut brachte die Wende«, Die Zeit, 23. 6. 1995.
7 Goethe, Campagne in Frankreich, S. 235.
8 Der Ausdruck »kolumbianischer Austausch« geht auf Alfred W. Crosby zurück, vgl. ders., The Columbian Exchange. Biological and Cultural Consequences of 1492.
9 Vgl. Bankoff/Frerks/Hilhorst (Hg.), Mapping Vulnerability, sowie Engels, Gefährlicher Wasserstand im »Wirtschaftswunderland«.
10 Oliver-Smith, Peru's Five-Hundred-Year Earthquake, S. 84.
11 Meadows u. a., Die Grenzen des Wachstums.
12 Pfister, Das »1950er Syndrom«.
13 Kupper, Die »1970er-Diagnose«.
14 Resolution 44/236 »International Decade for Natural Disaster Reduction«.
15 Siehe Freytag, Deutsche Umweltgeschichte, S. 385.
16 Burke, The Big Story, S. 49.
17 Zit. nach McNeill/Engelke, Mensch und Umwelt, S. 388.
18 Vgl. Hartung, Staumauer bei Assuan, sowie Meyer, Hochstaudamm bei Assuan, die die Vorteile des Staudamms in den Vordergrund rücken. Radkau, Natur und Macht, S. 291, hingegen betont die ökologischen Gefahren, die von derartigen Staudämmen ausgingen.
19 Van Laak, Weiße Elefanten.
20 Brandenburg, Bikini-Atoll, S. 99.
21 Dikötter, Maos großer Hunger. Siehe dazu ausführlicher das Kapitel »Wohlstand und Hunger« in diesem Band.
22 Brüggemeier, Tschernobyl.
23 »Welcome to the Anthropocene«, The Economist, 26. 5. 2011.
24 Crutzen/Stoermer, The Anthropocene.
25 Ehlers, Das Anthropozän, S. 14.

26 Siehe dazu das Kapitel »Überbevölkerung und Bevölkerungsrückgang«.
27 McNeill/Engelke, Mensch und Umwelt, S. 367.
28 Ebd., S. 442.
29 Vgl. Manemann, Kritik des Anthropozäns; Waters u. a., A Stratighraphical Basis of the Anthropocene; Crutzen/Stoermer, The Anthropocene; Ruddiman, The Anthropogenic Greenhouse Era began thousands of Years ago.

6. IMPFUNG UND AIDS

1 Rheinische Zeitung, 23. 8. 1918, zit. nach: Hieronimus, Marc, Krankheit und Tod 1918. Zum Umgang mit der Spanischen Grippe in Frankreich, England und dem Deutschen Reich, Berlin 2006 (zugleich Dissertation Universität zu Köln 2006), S. 165.
2 Arno Hamburger, einer der letzten Augenzeugen des Ärzteprozesses, Rede zum Auftakt des Kongresses »Medizin und Gewissen« in Nürnberg im Jahr 2010, zit. nach: Die Perversion des Heilens, in: Süddeutsche Zeitung Online 22. 5. 2010, abrufbar unter: http://www.sueddeutsche.de/leben/menschenversuche-die-perversion-des-heilens-1.926062 [Stand 10. 6. 2016].
3 Louise Brown, zit. nach: »Erstes Retortenbaby der Welt wird 30«, in: Focus Online, 24. 7. 2008, abrufbar unter: http://www.focus.de/gesundheit/baby/news/kuenstliche-befruchtung-erstes-retortenbaby-der-welt-wird-30_aid_319726.html [Stand 10. 6. 2016].
4 »Aids: Eine Epidemie, die erst beginnt«, in: Der Spiegel, 6. 6. 1983, abrufbar unter: http://www.spiegel.de/spiegel/print/d-14021779.html [Stand 10. 6. 2016].
5 Putnam, Hillary, Why Fraternity cannot be cloned, in: Times Higher Education Supplement 1317 (1998), S. 18f., deutsche Übersetzung in: Philosophie Magazin. Sonderausgabe: 1914–2014. Das Jahrhundert im Spiegel seiner großen Denker (2013), S. 85.
6 Pickstone/Cooter (Hg.), Medicine in the 20th Century; Groß/Winckelmann (Hg.), Medizin im 20. Jahrhundert.
7 Bieber, Die Rückkehr der Seuchen.
8 McCarthy, Key to the Sanatoria, S. 417.
9 World Malaria Report 2013, S. ix.
10 Sontag, »Aids and its Metaphors«, zit. nach: Philosophie Magazin. Sonderausgabe: 1914–2014. Das Jahrhundert im Spiegel seiner großen Denker (2013), S. 74.
11 O'Hara, AIDS and HIV, S. 459 und S. 465, sowie Iliffe, African Aids Epidemic.
12 Zit. nach: Eckart, Geschichte der Medizin, S. 302.

13 The State of the World's Children 2000, S. 83.
14 Eckart/Gradmann, Die Medizin und der Erste Weltkrieg.
15 Rasmussen, Medical Science and the Military.
16 Ohler, Der totale Rausch.
17 Klee, »Euthanasie« im NS-Staat.
18 Hensel, Zur Frage der Tuberkuloseschutzimpfung, S. 129.
19 Schott/Tölle, Geschichte der Psychiatrie, S. 198.
20 Schneider, Blood Transfusion between the Wars.
21 Zit. nach: »Patient überlebte die Sensation nur 18 Tage«, Die Welt, 3. 12. 2007.
22 Osagie, Tagungsbericht: Gesundheit im Wandel.
23 Fox Keller, Das Jahrhundert des Gens.
24 Brandt, Zeitschichten des Klons.
25 Zit. nach: »Ein ganz normales Baby«, Deutschlandradio Kultur, 25. 7. 2008.
26 Zit. nach: »Vater von vier Millionen Kindern«, Süddeutsche Zeitung, 7. 10. 2010.

7. VERTREIBUNG UND MOBILITÄT

1 The Life Story of a Polish Sweatshop Girl, in: Hamilton Holt (Hg.), The Life Stories of Undistinguished Americans as Told by Themselves, New York u. a. 1990, S. 22 [engl. Erstveröffentlichung: New York 1906].
2 Mitteilung über die Dreimächtekonferenz von Berlin vom 2. August 1945 (Potsdamer Abkommen), in: Michael Antoni, Das Potsdamer Abkommen – Trauma oder Chance?. Geltung, Inhalt und staatsrechtliche Bedeutung, Berlin 1985, S. 346.
3 Caterina Valente, Musik zur Filmkomödie »Bonjour Kathrin« aus dem Jahre 1965 mit den Hauptdarstellern Caterina Valente und Peter Alexander.
4 »Menschen auf der Flucht«, in: Die Zeit 22. 12. 1978, abrufbar unter: http://www.zeit.de/1978/52/menschen-auf-der-flucht [Stand 10. 6. 2016].
5 Hans-Dietrich Genscher an die Bürger der DDR, zit nach: Vodicka, Karel, Die Prager Botschaftsflüchtlinge 1989. Geschichte und Dokumente, Göttingen 2014, S. 19.
6 EU-Schengen-Katalog, 2002, S. 49, abrufbar unter: www.consilium.europa.eu/de/documents-publications/.../2002/pdf/catalogue-de_pdf [Stand 9. 6. 2016].
7 Oltmer, Migration im 19. und 20. Jahrhundert, S. 1; Fisher, Migration. A World History.
8 Oltmer, Migration im 19. und 20. Jahrhundert, S. 5.
9 Brandes, Das Jahrhundert der »ethnischen Säuberungen«.

10 Gottschang/Lary, Swallows and Settlers; Damm/Gransow, Zwischen Kuli-Export und Business-Netzwerken.
11 Herbert, Geschichte der Ausländerpolitik in Deutschland, S. 147.
12 Troebst, Flüchtlinge, Vertriebene, »Repatriierte«, S. 1.
13 Jacobmeyer, Die Displaced Persons in Westdeutschland, S. 15f.
14 Rauschning (Hg.), Rechtsstellung Deutschlands. Völkerrechtliche Verträge, S. 34.
15 Bade, Europa in Bewegung, S. 318.
16 Düvell, Europäische und internationale Migration, S. 192.
17 Laube, Grenzkontrollen jenseits nationaler Territorien, S. 13.
18 O'Reilly, Briten in Spanien. Der »Urtyp« des Lifestyle-Migranten.
19 Zahlen nach UN Population Facts 2013.
20 Berlinghoff, Das Ende der »Gastarbeit«, S. 11.
21 Bade, Europa in Bewegung, S. 382.
22 Art. 1A, Abs. 2 der Genfer Flüchtlingskonvention.
23 »Die große Mauer des Kapitals«, Die Zeit, 12. 10. 2006.

8. GENOZIDE UND VÖLKERMORDKONVENTION

1 Anne Frank, Tagebuch, Frankfurt am Main 1988, S. 11 [niederl. Erstveröffentlichung: Amsterdam 1947].
2 Rede von Joschka Fischer zum NATO-Einsatz im Kosovo vor dem Parteitag von Bündnis 90/Die Grünen am 13. Mai 1999, abgedruckt in der taz am 14. Mai 1999, zit. nach: Bergem, Wolfgang (Hg.), Die NS-Diktatur im deutschen Erinnerungsdiskurs, Opladen 2003, S. 179.
3 Roméo Dallaire, Handschlag mit dem Teufel. Die Mitschuld der Weltgemeinschaft am Völkermord in Ruanda, Frankfurt am Main 2008, S. 581 [engl. Erstveröffentlichung: Toronto 2003].
4 United Nations Treaty Series, S. 280; Paul, Kritische Analyse und Reformvorschlag zu Art. II Genozidkonvention, S. 321ff.
5 Die Kämpfe der deutschen Truppen in Südwestafrika, S. 211; Kundrus, Von den Herero zum Holocaust?
6 Gottschlich, Beihilfe zum Völkermord, S. 11.
7 Protokoll der Wannsee-Konferenz, 20. Januar 1942, S. 167, zit. nach: Roseman, Die Wannsee-Konferenz, S. 171f.
8 Longerich, Politik der Vernichtung; Hilberg, Täter, Opfer, Zuschauer. Die Vernichtung der Juden.
9 Jäckel, Die elende Praxis der Untersteller, S. 118.
10 Resolution 60/7 der UN zum Internationalen Holocaust-Gedenktag, 1. 11. 2005.

11 Diner, Das Jahrhundert verstehen, S. 239.
12 Barth, Genozid, S. 144.
13 Baberowski/Patel, Jenseits der Totalitarismustheorie, S. 971.
14 Ebd., S. 968f.
15 Snyder, Bloodlands, S. 9.
16 Ebd., S. 16.
17 Courtois, Das Schwarzbuch des Kommunismus.
18 Naimark, Stalin und der Genozid, S. 135–140.
19 Eckel, Die Ambivalenz des Guten, S. 12.
20 Moyn, Die Rückkehr des verlorenen Sohnes. Einleitung.

9. KÜNSTLERISCHE AVANTGARDE UND REPRESSION DER KUNST

1 Richard Huelsenbeck, Was ist dada?, in: Der Dada 2 (1919), S. 6.
2 Marcel Duchamp, Die Schriften 1, hg. von Serge Stauffer, Zürich 1981, S. 125.
3 Peter Brügge, »Die Mysterien finden im Hauptbahnhof statt«. Ein Gespräch mit Joseph Beuys über Anthroposophie und die Zukunft der Menschheit, in: Der Spiegel, 4. 6. 1984, S. 182.
4 Joan Mitchell im Gespräch mit Yves Michaud (1986), in: Yilmaz Dziewior (Hg.), Joan Mitchell. Retrospective: Her Life and Paintings, Bregenz 2015, S. 51f.
5 Damien Hirst, in: Amelie von Heydebreck (Hg.), Stations. 100 Meisterwerke zeitgenössischer Kunst, Köln 2008, S. 30.
6 Ai Weiwei in: Ai Weiwei/Hans Ulrich Obrist, Ai Weiwei spricht. Interviews mit Hans Ulrich Obrist, München 2011, S. 115 [engl. Erstveröffentlichung: London 2011].
7 Zit. nach: Stünke, Bemerkungen zur Vorgeschichte und Geschichte des Kölner Kunstmarktes, S. 343.
8 Zit. nach: Spies, Picasso, S. 12.
9 Weichlein, Perikleisches Zeitalter.
10 »Nochmals das Kriegsbild von Otto Dix«, Kölnische Zeitung, 15. 12. 1923.
11 Salmony, Die neue Galerie des 17. bis 20. Jahrhunderts im Museum Wallraf-Richartz in Köln, in: Der Cicerone 16 (1924), S. 8.
12 Adolf Zieglers Eröffnungsrede, in: Schuster (Hg.), Nationalsozialismus und »Entartete Kunst«, S. 217.
13 Ebd., S. 217.
14 »Der unsichtbare Feind«, Süddeutsche Zeitung, 19. 5. 2010.
15 Kimpel/Stengel, II. documenta '59, S. 5.

16 Erbe, Die verfemte Moderne, S. 28 ff.
17 Crow, Die Kunst der sechziger Jahre, S. 52.
18 Zit. nach: art. Das Kunstmagazin, Dezember 2015, S. 93.
19 Habermas, Die neue Unübersichtlichkeit.
20 Ursprung, Die Kunst der Gegenwart, S. 83.
21 Ebd.
22 Dressler/Christ (Hg.), Subversive Praktiken.
23 Hardt/Negri, Empire; Ehalt/Hobsbawm, Kunst und Kultur am Ende des 20. und am Beginn des 21. Jahrhunderts.
24 Siehe die Graphik von Mathias Stolz, Kunstweltkarte, ZEITmagazin 24 (2012).
25 Elderfield (Hg.), Das MoMA in Berlin.
26 Gallagher (Hg.), Damien Hirst.
27 Ursprung, Die Kunst der Gegenwart, S. 105 f.
28 Ebd., S. 106; Weski (Hg.), Andreas Gursky.

10. LIEBESGLÜCK UND GESCHLECHTERUNGLEICHHEIT

1 Adolf Hitler, Rede auf dem Nürnberger Reichsparteitag, 14. 9. 1935, zit. nach: Fest, Joachim C., Hitler. Eine Biographie, Frankfurt am Main 1973, S. 736.
2 Simone de Beauvoir, Das andere Geschlecht. Sitte und Sexus der Frau, Hamburg 1956, S. 334 [frz. Erstveröffentlichung: Paris 1949].
3 Das auf ein Transparent geschriebene Motto des ersten Bundesfrauenkongresses, 12. 3. 1972, zit. nach: Schulz, Kristina, Der lange Atem der Provokation. Die Frauenbewegung in der Bundesrepublik und in Frankreich 1968–1976, Frankfurt am Main u. a. 2002, S. 158.
4 Waris Dirie, Wüstenblume, München ⁷2000, S. 61 f. [engl. Erstveröffentlichung: New York 1998].
5 Beauvoir, Das andere Geschlecht, S. 208.
6 Ebd., S. 555.
7 Vgl. »Misunderstandig Afghan women«, New York Times, 6. 5. 2016.
8 Scheide, Kinder, Küche, Kommunismus.
9 Zit. nach: Flemming, »Die Frau ist Geschlechts- und Arbeitsgenossin des Mannes«, S. 62
10 Nandy, Talking India, S. 43.
11 Nolte, Weltgeschichte des 20. Jahrhunderts, S. 163 f.
12 Gerhard, Frauenbewegung und Feminismus, S. 50.
13 § 175 StGB in der Fassung vom 1. 9. 1935, in dieser Form bis 1. 9. 1969 gültig.

14 Bündnis 90/Die Grünen/SPD: Aufbruch und Erneuerung. Deutschlands Weg ins 21. Jahrhundert. Koalitionsvertrag zwischen der Sozialdemokratischen Partei Deutschlands und Bündnis 90/Die Grünen, Bonn 1998, S. 2.
15 Gesetzesentwurf vom 4.7.2000, in: Deutscher Bundestag, 14. Wahlperiode, Drucksache 14/3751, 4.7.2000, S. 1 und S. 33.
16 Die Umfrage in: Argumente zur eingetragenen Lebenspartnerschaft von Günter Dworek, Juli 2000, in: AGG, Bundesvorstand – BundesGeschStelle, B. I. 10 – BuVo/BGSt [2375].
17 BVerfG, 1 BvF 1/01 vom 17.7.2002, Absatz-Nr. (1–147).
18 Winfried Hammes, Haushalte und Lebensformen der Bevölkerung. Ergebnisse des Mikrozensus 2010, Statistisches Bundesamt, Wirtschaft und Statistik, Oktober 2011, S. 994 f.
19 Feuerbach, Alternative Übergangsrituale, S. 82.
20 Asefaw, Weibliche Genitalbeschneidung, S. 24.
21 Beauvoir, Das andere Geschlecht, S. 161.

11. SÄKULARISIERUNG UND RÜCKKEHR DER RELIGIONEN

1 Dankerlass des Oberbefehlshabers Paul von Hindenburg an die Truppen der 8. Armee nach der Schlacht von Tannenberg vom 31. August 1914, in: Der Kaiser kommt, der Kaiser geht. Tondokumente von 1900 bis 1918. Eine Produktion des Deutschen Historischen Museums Berlin und des Deutschen Rundfunkarchivs, Frankfurt am Main/Potsdam-Babelsberg 2004, CD 1, 1'19.
2 Das vom Gründer Hasan al-Bannā geprägte Credo der 1928 entstandenen Muslimbruderschaft, in: Murtaza, Muhammad Sameer, Die ägyptische Muslimbruderschaft. Geschichte und Ideologie, Berlin 2011, S. 55.
3 Pius XII., Weihnachtsansprache vom 24.12.1942, in: Verhofstadt, Dirk, Pius XII. und die Vernichtung der Juden, Aschaffenburg 2013, S. 80.
4 Artikel 18 der Allgemeinen Erklärung der Menschenrechte der Vereinten Nationen, abrufbar unter: http://www.un.org/depts/german/menschenrechte/aemr.pdf [Stand 20.6.2016].
5 »Diesseits und Jenseits«, in: Der Spiegel, 18.12.1967.
6 Ajatollah Chomeini, Der islamische Staat, Berlin 1983, S. 52 [Erstveröffentlichung: Nadschaf 1970].
7 Aussage von Bhagwan Shree Rajneesh, in: Ders., The Beloved. Songs of the Baul Mystics, Bd. 1, Poona 1972, S. 83 f.
8 Burckhardt, Weltgeschichtliche Betrachtungen, S. 3.

9 Folgende Zahlen nach Hutter, Die Weltreligionen, S. 10 ff.; Graf, Götter global, S. 14–35.
10 Graf, Götter global, S. 20.
11 Conermann, Islam, S. 98; allgemein zum Islam: Halm, Der Islam. Geschichte und Gegenwart; Martin (Hg.), Encyclopedia of Islam and the Muslim World; Zehetmair (Hg.), Der Islam. Im Spannungsfeld von Konflikt und Dialog.
12 Allgemein zum Hinduismus: Michaels, Der Hinduismus. Geschichte und Gegenwart; Stietencron, Der Hinduismus; Shukla-Bhatt, Hinduism.
13 Gatz, Die Katholische Kirche in Deutschland im 20. Jahrhundert, S. 104.
14 Alberigo, Johannes XXIII. Leben und Wirken des Konzilspapstes, S. 161.
15 Henighan, Sandino's Nation, S. 55.
16 Graf, Götter global, S. 146.
17 Lepp, Protestanten im New Age, S. 555.
18 Mörth, New Age – neue Religion?, S. 316.
19 Buchta, Irans Reformdebatte um Theokratie versus Demokratie, S. 222.
20 Assmann, Die Mosaische Unterscheidung, S. 12 f.
21 Habermas, Glauben und Wissen, 2001.

12. WISSEN UND ANALPHABETISMUS

1 Dekret zur Linderung des Analphabetismus des mexikanischen Staatspräsidenten Manuel Ávila Camacho, 1944 mit der auffordernden Losung »Oyed!« (Hört zu!), zit. nach: Peter Radvanyi, Jenseits des Stroms. Erinnerungen an meine Mutter Anna Seghers, Berlin 2006, S. 104.
2 Georg Picht, Die deutsche Bildungskatastrophe. Analyse und Dokumentation, Freiburg im Breisgau 1964, S. 17.
3 Ralf Dahrendorf, Bildung ist Bürgerrecht. Plädoyer für eine aktive Bildungspolitik, Hamburg 1965, S. 3.
4 Eckhard Klieme u. a. (Hg.), PISA 2000: Die Studie im Überblick. Grundlagen, Methoden und Ergebnisse, Berlin 2002, S. 8.
5 Hans-Ulrich Grunder, Art. Alphabetisierung, in: Historisches Lexikon der Schweiz 1, Basel 2002, S. 243.
6 Kaelble, Sozialgeschichte Europas, S. 386 f.
7 Langewiesche, Universität im Umbau, S. 389; Brändle, 10 Jahre Bologna-Prozess, S. 7.
8 Thamer, Der »Neue Mensch« als nationalsozialistisches Erziehungsprojekt, S. 91.
9 Budde, Frauen der Intelligenz, S. 408.
10 Wolfrum, Die geglückte Demokratie, S. 241; wichtige weiterführende Lite-

ratur: Führ (Hg.), Handbuch der deutschen Bildungsgeschichte, Bd. 6: 1945 bis zur Gegenwart. Teilbd. 1: Bundesrepublik Deutschland; Hüfner, Konjunkturen der Bildungspolitik, Bd. 1: Der Aufschwung; Kenkmann, Von der bundesdeutschen »Bildungsmisere« zur Bildungsreform in den 60er Jahren; Berchem, Bildung und Wissenschaft in der Bundesrepublik Deutschland; Geißler, Die Sozialstruktur Deutschlands, S. 249–274.
11 Bell, Die nachindustrielle Gesellschaft, S. 3.
12 Wolfrum, Die geglückte Demokratie, S. 242.
13 Picht, Die deutsche Bildungskatastrophe.
14 Vgl. Erlinghagen, Katholisches Bildungsdefizit in Deutschland.
15 Vgl. die Zahlenreihen bei Zapf, Sozialstruktur und gesellschaftlicher Wandel in der Bundesrepublik Deutschland, S. 103.
16 Vgl. Geißler, Die Sozialstruktur Deutschlands, S. 278.
17 Education for All Global Monitoring Report 2006, Chapter 1, Literacy: The Core of Education for All, S. 30.
18 Adick, Bildung in Subsahara-Afrika, S. 135 f.
19 Kriener, Bildung in den arabischen Staaten, S. 27.
20 Smolka, Die PISA-Studie; Niemann, Deutschland – Im Zentrum des PISA-Sturms.
21 »Sind deutsche Schüler doof?«, Der Spiegel, 10. 12. 2001.
22 Zum alten Schreckbild: Gollwitzer, Die gelbe Gefahr.
23 Szöllösi-Janze, Wissensgesellschaft – ein neues Konzept zur Erschließung der deutsch-deutschen Zeitgeschichte?, S. 277.
24 Wehling, Soziale Praktiken des Nichtwissens, S. 44.

13. ÜBERBEVÖLKERUNG UND BEVÖLKERUNGSRÜCKGANG

1 Le Corbusier, Städtebau, Berlin u. a. 1929, S. 83 [frz. Erstveröffentlichung: Paris 1925].
2 »World Population Problems«, in: The Times (London), 1. 9. 1927, S. 9.
3 Lewis Mumford, Die Stadt. Geschichte und Ausblick, München 1984, Vorwort, S. xi [engl. Erstveröffentlichung: New York 1961].
4 Rhona Churchill, »The Pope's bitter Pill«, in: Daily Mail (London), 30. 7. 1968, S. 1.
5 »Die Kinder wollen keine Kinder mehr«, in: Der Spiegel, 24. 3. 1975, S. 38–57, abrufbar unter: http://www.spiegel.de/spiegel/print/d-41521215.html [Stand 22. 6. 2016].
6 Zit. nach: »World Population Hits 6 Billion«, The Washington Post, 12. 10. 1999.

ANMERKUNGEN   393

7   Birdsall/Kelley/Sinding (Hg.), Population Does Matter; Bähr, Bevölkerungsgeographie, S. 370f.
8   Birg, Die Weltbevölkerung, S. 52 und S. 58f.; Ders., Die demographische Zeitenwende.
9   Knox/Marston, Humangeographie.
10 Xinran, Kleine Kaiser.
11 Rainer, Bevölkerungswachstum als globale Katastrophe; Harrell u.a., Fertility Decline in Rural China; Banister, China's Changing Population.
12 Bryant, Von der »Vergreisung des Volkskörpers« zum »demographischen Wandel der Gesellschaft«, S. 117f.
13 Birg, Die demographische Zeitenwende, S. 42.
14 Ehmer, Bevölkerungsgeschichte und historische Demographie 1800–2000; Kaufmann, Schrumpfende Gesellschaft.
15 Pross, Die Ehe ist stabiler als ihr Ruf, S. 502.
16 Kaufmann, Familiäre Konflikte und gesellschaftliche Spannungsfelder, S. 168.
17 Sippel/Woellert/Klingholz, Schwieriges Wachstum; McNeill/Engelke, Mensch und Umwelt im Zeitalter des Anthropozän, S. 413.
18 Schwentker (Hg.), Megastädte im 20. Jahrhundert; Kraas/Nitschke, Megastädte als Motoren globalen Wandels; Lenger/Tenfelde (Hg.), Die europäische Stadt im 20. Jahrhundert.
19 Suzuki, Eco^2 Cities, S. 169–182.
20 Kaelble, Die Besonderheiten der europäischen Stadt im 20. Jahrhundert, S. 37.

14. WIRTSCHAFTSWACHSTUM UND VERELENDUNG

1   John Hay, amerikanischer Außenminister, zit. nach: Pilny, Karl, Das asiatische Jahrhundert. China und Japan auf dem Weg zur neuen Weltmacht, Frankfurt am Main 2005, S. 9.
2   Josef Stalin, Über die Aufgaben der Wirtschaftler, in: Stalin, J. W., Werke. Band 13, Juli 1930–Januar 1934, hg. vom Marx-Engels-Lenin-Stalin-Institut des Zentralkomitees der SED, Berlin 1955, S. 36.
3   Ludwig Erhard, Wohlstand für alle, Düsseldorf 1957.
4   Richard Nixon, Aufhebung des Bretton-Woods-Systems fester Wechselkurse, zit. nach: Public Papers of the Presidents of the United States. Richard Nixon, 1971, hg. vom Office for the Federal Register, National Archives and Records Service, General Services Administration, Washington D.C., S. 889.

5 »Ein Schock für drei bis vier Jahre«, in: Der Spiegel, 26. 11. 1973, S. 28, abrufbar unter: http://www.spiegel.de/spiegel/print/d-41840240.html [Stand 22. 6. 2016].
6 Rede von Thomas Sankara, sozialistischer Revolutionär und Präsident von Burkina Faso von 1983–1987, auf einer Konferenz der Organisation für Afrikanische Einheit in Addis Abeba am 29. Juli 1987, Video abrufbar unter: http://www.dailymotion.com/video/x17idb_discours-de-thomas-sankara-a-addis_news [Stand 23. 6. 2016].
7 »Durch das Volk und für das Volk wurde Großes vollbracht. Festansprache von Erich Honecker, Generalsekretär des ZK der SED und Vorsitzender des Staatsrates der DDR«, in: Neues Deutschland, 9. 10. 1989.
8 Hesse/Köster/Plumpe, Die Große Depression.
9 Ritschl, Deutschlands Krise und Konjunktur 1924–1934; Müller, Demokratie und Wirtschaftspolitik in der Weimarer Republik.
10 Winkler, Geschichte des Westens, Bd. 2: Die Zeit der Weltkriege 1914–1945, S. 666; Himmelberg, The Great Depression and the New Deal; Junker, Der unteilbare Weltmarkt. Das ökonomische Interesse in der Außenpolitik der USA 1933–1941.
11 Nolte, Weltgeschichte des 20. Jahrhunderts, S. 231.
12 Abelshauser, Hilfe und Selbsthilfe.
13 Cesarano, Monetary Theory and Bretton Woods; Leeson, Ideology and the International Economy; Schild, Bretton Woods and Dumbarton Oaks.
14 Kaelble (Hg.), Der Boom 1948–1973.
15 Ambrosius, Die Durchsetzung der sozialen Marktwirtschaft in Westdeutschland.
16 Mergel, Gleichheit und Ungleichheit als zeithistorisches und soziologisches Problem; Wehler, Die neue Umverteilung.
17 Wallenwein, Entwicklungshilfe als Deutschlandpolitik.
18 Bandulet, Schnee für Afrika.
19 Ziai, Neokoloniale Weltordnung?; Reinert, How Rich Countries Got Rich.
20 So die Periodisierung und Bezeichnung der Nachkriegsepoche zwischen 1945 und 1973 bei Hobsbawm, Das Zeitalter der Extreme, S. 20.
21 Hanrieder, Fragmente der Macht, S. 175.
22 James, Rambouillet.
23 Rebentisch, Gipfeldiplomatie und Weltökonomie, S. 318.
24 Doering-Manteuffel/Raphael, Nach dem Boom.
25 Steiner, The Globalisation Process and the Eastern Bloc Countries.
26 Äußerung einer DDR-Bürgerin, zit. nach: Bender, Deutschlands Wiederkehr, S. 62.
27 Steiner (Hg.), Überholen ohne einzuholen.
28 Peet, Unholy Trinity. The IMF, World Bank and WTO.
29 Pohlmann, Die Entwicklung des Kapitalismus in Ostasien.

15. HUNGER UND WOHLSTAND

1 Raymond B. Fosdick, zit. nach: Cobb, William C. (Hg.), The Historical Backgrounds of the Mexican Agriculture Program, New York 1956, S. 6.
2 »Plötzlich waren die Regale voll«, in: Der Spiegel, 23.12.2005.
3 »Fettsucht in Mexiko: Carlos, zwölf Jahre, 60 Kilo Übergewicht«, in: Spiegel online, 2.1.2015, abrufbar unter: http://www.spiegel.de/gesundheit/diagnose/uebergewicht-in-mexiko-regierung-beschliesst-massnahmen-gegen-fettsucht-a-1008810.html [Stand 23.6.2016].
4 Bundesministerium für wirtschaftliche Zusammenarbeit und Entwicklung (Hg.), Eine Welt ohne Hunger ist möglich. Was tut die deutsche Entwicklungspolitik, Paderborn ²2015, S. 26.
5 »Biafra/Völkermord: Nur beten«, Der Spiegel, 19.8.1968.
6 »Magerkost von Weight Watchers«, Der Spiegel, 21.12.1987.
7 Zit. nach: Eckart, Nach bestem Vermögen tatkräftige Hilfe leisten, S. 16; Nützenadel, Entstehung und Wandel des Welternährungssystems im 20. Jahrhundert.
8 Eckart, Medizin in der NS-Diktatur, S. 306f.
9 Siehe das Kapitel »Genozide und Völkermordkonvention«.
10 Ellmann, Stalin and the Soviet Famine; Mark/Simon, Die Hungersnot in der Ukraine.
11 Gerlach, Kalkulierte Morde; Ders., Krieg, Ernährung, Völkermord.
12 Dikötter, Maos großer Hunger.
13 Pratt/Vernon, The Colonial Politics of Gandhi's Fasts.
14 Passmore, The Art of Hunger.
15 Jenkins, Food Security in Less Developed Countries, S. 718; Jachertz/Nützenadel, Coping with Hunger.
16 Ortmayr, Überschusskrisen in der Europäischen Landwirtschaft, S. 162.
17 Wolfrum, Die geglückte Demokratie, S. 150ff.
18 Siehe dazu das Kapitel »Impfung und Aids«.
19 Schulte Beerbühl, Faszination Schokolade; Teuteberg, Homo edens.

16. HOLZPFLUG UND MIKROCHIP

1 »Titanic went to Ocean Deeps with 1.595 Souls«, in: The Atlanta Constitution, 16.4.1912.
2 Wilbur Wright, Otto Lilienthal, in: Aero Club of America Bulletin 1 (1912), S. 20f.
3 Hans A. Joachim, »Romane aus Amerika«, in: Neue Rundschau 41 (1930), S. 396–409, hier S. 397.

4 Benito Mussolini, Rede in Florenz vor einer Versammlung von Schwarzhemden, 17. Mai 1930, zit. nach: Baker, Nicholson, Menschenrauch. Wie der Zweite Weltkrieg begann und die Zivilisation endete, Reinbek bei Hamburg 2009, S. 26.
5 Neil Armstrong, zit. nach: Kulke, Ulli, »Neue Wahrheiten über Armstrongs legendären Satz«, in: Die Welt, 7. 1. 2013, abrufbar unter: http://www.welt.de/vermischtes/article112442893/Neue-Wahrheiten-ueber-Armstrongs-legendaeren-Satz.html [Stand 26. 6. 2016].
6 »Müllplatz der Welt. Elektroschrott aus den reichen Industrieländern vergiftet in Ghana Menschen und Umwelt«, in: Deutschlandfunk, 10. 1. 2013, abrufbar unter: http://www.deutschlandfunk.de/muellplatz-der-welt.724.de.html?dram:article_id=233760 [Stand 23. 6. 2016].
7 Das, The India Model.
8 Wenzlhuemer, Connecting the Nineteenth-Century World.
9 Meier, Kommunikationsformen im Wandel, S. 67f.
10 Smil, Creating the Twentieth Century; Berghoff, »Dem Ziele der Menschheit entgegen«; König, Das Problem der Periodisierung und die Technikgeschichte.
11 Siehe das Kapitel »Impfung und Aids«.
12 Helmes, Der Untergang der Titanic. Modellkatastrophe und Medienmythos.
13 Beck, Weltrisikogesellschaft.
14 Fuchsloch, Metamorphosen oder Euphemismen?
15 »Müllplatz der Welt«, Deutschlandfunk, 10. 1. 2013.
16 Ebd.
17 Weltbank (Hg.), Weltentwicklungsbericht 1990, S. 29f.
18 Mai, Die agrarische Transition, S. 471.
19 Van Vleck, Empire of the Air.
20 Zit. nach: »Der rote Mond«, Die Zeit, 20. 9. 2007.
21 »Up goes a man-made moon. Russia beats America to it«, Daily Mirror, 5. 10. 1957; »Russia wins Space Race«, News Chronicle, 5. 10. 1957.
22 Richers/Maurer/Rüthers/Scheide (Hg.), Soviet Space Culture.
23 Zit. nach: »Kosmonautin. Sterne abgestaubt«, Der Spiegel, 26. 6. 1963.
24 Hacker, The Machines of War; Trischler, Die Technisierung des Krieges.
25 Heßler, Die Halle 54 bei Volkswagen, S. 65.
26 Hachtmann/Saldern, Das fordistische Jahrhundert.
27 Hobsbawm, Das Zeitalter der Extreme, S. 687.
28 Die Fischer von Baleia, abrufbar unter: http://www.renewables2004.de [Stand 2. 9. 2012].

SCHLUSS:
INS 21. JAHRHUNDERT – WELT AUS DEN FUGEN?

1 Back to Diplomacy: Final Report and Recommendations of the Panel of Eminent Persons on European Security as a Common Project.
2 https://www.uno-fluechtlingshilfe.de/fluechtlinge/zahlen-fakten.html [Stand 18. 8. 2016].
3 Bloch, Apologie der Geschichte oder Der Beruf des Historikers, S. 23.

LITERATUR

EINLEITUNG: DAS JAHRHUNDERT BEGREIFEN

Bloch, Ernst, Erbschaft dieser Zeit, Frankfurt am Main 1992 [Erstveröffentlichung: Zürich 1935].
Decker, Gunnar, Hermann Hesse. Der Wanderer und sein Schatten. Biographie, München 2012.
Hobsbawm, Eric, Zeitalter der Extreme. Weltgeschichte des 20. Jahrhunderts, München u. a. 1995.
Judt, Tony/Snyder, Timothy, Nachdenken über das 20. Jahrhundert, München 2013.
Mazower, Mark, Der dunkle Kontinent. Europa im 20. Jahrhundert, Berlin 2000.
MacGregor, Neil, Shakespeares ruhelose Welt, München 2013.
Rathenau, Walther, Rede auf der Tagung des Reichsverbandes der Deutschen Industrie. Gehalten in München am 28. September 1921, in: Walther Rathenau. Gesammelte Reden, Berlin 1924, S. 243–264.
Rosenberg, Emily (Hg.), 1870–1945. Weltmärkte und Weltkriege, München 2012.
Sabrow, Martin/Weiß, Peter Ulrich (Hg.), Das Zeitalter vermessen. Historische Signaturen des 20. Jahrhunderts, Göttingen 2016.
Zweig, Stefan, Die Welt von Gestern. Erinnerungen eines Europäers, Frankfurt am Main 1981 [Erstveröffentlichung: Stockholm 1942].

1. KRIEG UND FRIEDEN

Becker, Jean-Jacques/Krumeich, Gerd, Der große Krieg. Deutschland und Frankreich 1914–1918, Essen 2010.
Ben-Eliezer, Uri, Post-Modern Armies and the Question of Peace and War. The Israeli Defense Forces in the »New Times«, in: International Journal of Middle East Studies 36/1 (2004), S. 49–70.
Besslich, Barbara, Wege in den »Kulturkrieg«. Zivilisationskritik in Deutschland, 1890–1914, Darmstadt 2000.

Brzoska, Michael, ›New Wars‹ Discourse in Germany, in: Journal of Peace Research 41/1 (2004), S. 107–117.
Buzan, Barry, Will the ›Global War on Terrorism‹ be the New Cold War?, in: International Affairs 82/6 (2006), S. 1101–1118.
Casey, Steven (Hg.), The Korean War at sixty. New Approaches to the Study of the Korean War, London u. a. 2012.
Clark, Christopher, Die Schlafwandler. Wie Europa in den Ersten Weltkrieg zog, München 2013.
Cottrell, Patrick, Lost in Transition? The League of Nations and the United Nations, in: Ian Shapiro/Joseph Lampert (Hg.), Charter of the United Nations. Together with Scholarly Commentaries and Essential Historical Documents, New Haven u. a. 2014, S. 91–106.
Dehio, Ludwig, Gleichgewicht oder Hegemonie. Betrachtungen über ein Grundproblem der neuen Staatengeschichte, Krefeld 1948.
Dülffer, Jost, Jalta, 4. Februar 1945. Der Zweite Weltkrieg und die Entstehung der bipolaren Welt, München 1998.
Ders., Frieden stiften – Deeskalations- und Friedenspolitik im 20. Jahrhundert, Köln u. a. 2008.
Eckel, Jan, Die Ambivalenz des Guten. Menschenrechte in der internationalen Politik seit den 1940ern, Göttingen 2014.
Ferguson, Niall, Kissinger. Der Idealist, 1923–1968, Berlin 2016.
Fisch, Jörg, Krieg und Frieden im Friedensvertrag. Eine universalhistorische Studie über Grundlagen und Formelemente des Friedensschlusses, Stuttgart 1979.
Fischer, Fritz, Griff nach der Weltmacht. Die Kriegszielpolitik des kaiserlichen Deutschland 1914/18, Düsseldorf 1961.
Frevert, Ute (Hg.), Militär und Gesellschaft im 19. und 20. Jahrhundert, Stuttgart 1997.
Frey, Marc, Geschichte des Vietnamkrieges. Die Tragödie in Asien und das Ende des amerikanischen Traums, München 1998.
Förster, Stig/Nagler, Jörg, On the Road to Total War. The American Civil War and the German Wars of Unification 1861–1871, Cambridge 1997.
Gaddis, John Lewis, Der Kalte Krieg. Eine neue Geschichte, München 2007.
Galtung, Johan, Frieden mit friedlichen Mitteln. Friede und Konflikt, Entwicklung und Kultur, Opladen 1998.
Gantzel, Klaus Jürgen/Schwinghammer, Torsten, Die Kriege nach dem Zweiten Weltkrieg 1945–1992. Daten und Tendenzen, Münster 1995.
Gasteiger, Daniela, Tagungsbericht: Das 20. Jahrhundert und der Erste Weltkrieg. Zusammenbruch, Neukonstitution und Kontinuität von Ordnungen in globaler Perspektive, in: H-Soz-Kult, 14. 3. 2014, <http://www.hsozkult.de/conferencereport/id/tagungsberichte-5274>.

Greiner, Bernd (Hg.), Heiße Kriege im Kalten Krieg, Hamburg 2006.

Hankel, Gerd/Stuby, Gerhard, Die Aufarbeitung von Verbrechen durch internationale Strafgerichte, in: Petra Bock/Edgar Wolfrum (Hg.), Umkämpfte Vergangenheit. Geschichtsbilder, Erinnerung und Vergangenheitspolitik im internationalen Vergleich, Göttingen 1999, S. 247–268.

Heidenreich, Bernd/Evelyn Brockhoff/Andreas Rödder (Hg.), Der 8. Mai im Geschichtsbild der Deutschen und ihrer Nachbarn, Wiesbaden 2016.

Henke, Christoph, Die humanitäre Intervention. Völker- und verfassungsrechtliche Probleme unter besonderer Berücksichtigung des Kosovo-Konflikts, Münster 2002.

Herren-Oesch, Madeleine, Internationale Organisationen seit 1865. Eine Globalgeschichte der internationalen Ordnung, Darmstadt 2009.

Hirschfeld, Gerhard/Krumeich, Gerd/Renz, Irina (Hg.), Enzyklopädie Erster Weltkrieg, Paderborn ²2014.

Hobsbawm, Eric J., Das Zeitalter der Extreme. Weltgeschichte des 20. Jahrhunderts, München 1998.

Howard, Michael, A Thirty Years' War? The Two World Wars in Historical Perspective: The Prothero Lecture, in: Transactions of the Royal Historical Society 3 (1993), S. 171–184.

Kaldor, Mary, Neue und alte Kriege. Organisierte Gewalt im Zeitalter der Globalisierung, Frankfurt am Main 2000.

Kant, Immanuel, Zum Ewigen Frieden. Ein philosophischer Entwurf, hg. v. Rudolf Malter, Stuttgart 2010.

Kennan, George F., The Decline of Bismarck's European Order. Franco-Russian Relations, 1875–1890, Princeton 1979.

Kertcher, Chen, From Cold War to a System of Peace Keeping Operation. The Discussions on Peace Keeping Operations in the UN during the 1980s up to 1992, in: Journal of Contemporary History 47/3 (2012), S. 611–637.

Leonhard, Jörn, Die Büchse der Pandora, Geschichte des Ersten Weltkriegs, München 2014.

März, Peter, Nach der Urkatastrophe. Deutschland, Europa und der Erste Weltkrieg, Köln 2014.

Mazov, Sergej, A Distant Front in the Cold War. The USSR in West Africa and the Congo, 1956–1964, Stanford u. a. 2010.

McMahon, Robert J. (Hg.), The Cold War in the Third World, Oxford 2013.

Meier, Esther/Penter, Tanja (Hg.), Sovietnam: Die UdSSR in Afghanistan 1979–1989, Paderborn 2016.

Messerschmidt, Manfred, Das Verhältnis von Wehrmacht und NS-Staat und die Frage der Traditionsbildung, in: Ders., Militärgeschichtliche Aspekte des deutschen Nationalstaates, Düsseldorf 1988, S. 233–255.

Müller, Rolf-Dieter, Der letzte deutsche Krieg 1939–1945, Stuttgart 2005.

Münkler, Herfried, Der Große Krieg. Die Welt 1914–1918, Berlin 2013.
Ders., Die neuen Kriege, Reinbek bei Hamburg 2004.
Neitzel, Sönke, Blut und Eisen. Deutschland und der Erste Weltkrieg, Zürich 2003.
Osterhammel, Jürgen, Über die Periodisierung der neueren Geschichte, in: Berlin-Brandenburgische Akademie der Wissenschaften, Berichte und Abhandlungen, Bd. 10, Berlin 2006, S. 45–64.
Plesch, Dan, America, Hitler and the UN. How the Allies won World War II and forged a Peace, London u. a. 2011.
Reynolds, David, The Origins of the Two ›World Wars‹. Historical Discourse and International Politics, in: Journal of Contemporary History 38/1 (2003), S. 29–44.
Rogge, Heinrich, Rechtssysteme in der internationalen Friedenssicherung: Alte und neue Aufgaben der Rechtswissenschaft, in: Archiv des Völkerrechts 2/2 (1949), S. 159–179.
Schreiber, Gerhard, Der Zweite Weltkrieg, München 2002.
Schulzinger, Robert, A Time for War. The United States and Vietnam, 1941–1975, New York u. a. 1997.
Senghaas, Dieter/Senghaas, Eva, Si vis pacem, para pacem. Überlegungen zu einem zeitgemäßen Friedenskonzept, in: Leviathan 20/2 (1992), S. 230–251.
Shen, Zhihua, Mao, Stalin and the Korean War. Trilateral Communist Relations in the 1950s, London 2012.
Stöver, Bernd, Geschichte des Koreakriegs. Schlachtfeld der Supermächte und ungelöster Konflikt, München 2013.
Ders., Der Kalte Krieg 1947–1991. Geschichte eines radikalen Zeitalters, München 2007.
Stur, Heather M., Beyond Combat. Women and Gender in the Vietnam War Era, Cambridge u. a. 2011.
The Responsibility to Protect. Report of the International Commission in Intervention and State Sovereignty, Ottawa 2001.
Wegner, Bernd (Hg.), Wie Kriege entstehen. Zum historischen Hintergrund von Staatskonflikten, Paderborn u. a. 2000.
Weinberg, Gerhard, Eine Welt in Waffen. Die globale Geschichte des Zweiten Weltkriegs, Stuttgart 1995.

2. DEMOKRATIE UND DIKTATUR

Arendt, Hannah, Elemente und Ursprünge totaler Herrschaft. Antisemitismus, Imperialismus, Totalitarismus, Frankfurt am Main 1955 [engl. Erstveröffentlichung: New York 1951].

Aron, Raymond, Über Deutschland und den Nationalsozialismus. Frühe politische Schriften 1930-1939, hg. v. Joachim Stark, Opladen 1993.

Baberowski, Jörg/Patel, Kiran Klaus, Jenseits der Totalitarismustheorie? Nationalsozialismus und Stalinismus im Vergleich, in: Zeitschrift für Geschichtswissenschaft 57/12 (2009), S. 965-972.

Baberowski, Jörg, Verbrannte Erde. Stalins Herrschaft der Gewalt, München 2012.

Ders., Der rote Terror. Die Geschichte des Stalinismus, München 2013.

Baumeister, Martin, Auf dem Weg in die Diktatur. Faschistische Bewegungen und die Krise der europäischen Demokratien, in: Dietmar Süß/Winfried Süß (Hg.), Das »Dritte Reich«. Eine Einführung, München 2008, S. 13-34.

Bellah, Robert N., Zivilreligion in Amerika, in: Heinz Kleger/Alois Müller (Hg.), Religion des Bürgers. Zivilreligion in Amerika und Europa, Münster ²2004, S. 19-41.

Berg, Manfred, Politische Reform und soziale Bewegung: Die afro-amerikanische Bürgerrechtsbewegung des 20. Jahrhunderts, in: Neue Politische Literatur 44 (1999), S. 40-58.

Ders., The Ticket to Freedom. Die NAACP und das Wahlrecht der Afro-Amerikaner, Frankfurt am Main u. a. 2000.

Beyrau, Dietrich, Schlachtfeld der Diktatoren. Osteuropa im Schatten von Hitler und Stalin, Göttingen 2000.

Bracher, Karl-Dietrich, Es begann mit der Weimarer Erfahrung, in: Vierteljahrshefte für Zeitgeschichte 51/1 (2003), S. 1-4.

Brenner, Michael. Israel. Traum und Wirklichkeit des jüdischen Staates: Von Theodor Herzl bis heute, München 2016.

Charta von Paris für ein neues Europa, hg. v. Organization for Security and Co-operation in Europe, Paris 1990.

Daum, Andreas, Kennedy in Berlin. Politik, Kultur und Emotionen im Kalten Krieg, Paderborn u. a. 2003.

Doering-Manteuffel, Anselm, »Soziale Demokratie« als transnationales Ordnungsmodell im 20. Jahrhundert, in: Jost Dülffer/Wilfried Loth (Hg.), Dimensionen internationaler Geschichte, München 2012, S. 313-334.

Friedrich, Carl J./Brzesinski, Zbigniew, Totalitäre Diktatur, Stuttgart 1957.

Fritz, Regina, Nach Krieg und Judenmord. Ungarns Geschichtspolitik seit 1944, Göttingen 2012.

Fukuyama, Francis, Das Ende der Geschichte. Wo stehen wir?, München 1992.

Hacke, Jens, Staat in Gefahr. Die Bundesrepublik der 70er Jahre zwischen Legitimationskrise und Unregierbarkeit, in: Ders./Dominik Geppert (Hg.), Streit um den Staat. Intellektuelle Debatten in der Bundesrepublik 1960–1980, Göttingen 2008, S. 188–206.

Hammerstein, Katrin u.a. (Hg.), Aufarbeitung der Diktatur – Diktat der Aufarbeitung? Normierungsprozesse beim Umgang mit diktatorischen Vergangenheiten, Göttingen 2009.

Hildebrand, Klaus, Monokratie oder Polykratie? Hitlers Herrschaft und das Dritte Reich, in: Gerhard Hirschfeld/Lothar Kettenacker (Hg.), Der »Führerstaat« – Mythos und Realität. Studien zur Struktur und Politik des Dritten Reiches, Stuttgart 1981, S. 73–97.

Hildermeier, Manfred, Geschichte der Sowjetunion 1917–1991. Entstehung und Niedergang des ersten sozialistischen Staates, München 1998.

Hockerts, Hans Günter, Der deutsche Sozialstaat. Entfaltung und Gefährdung seit 1945, Göttingen 2011.

Hofmann, Birgit, Der »Prager Frühling« und der Westen. Frankreich und die Bundesrepublik in der internationalen Krise um die Tschechoslowakei 1968, Göttingen 2015.

Huhle, Rainer, Internationale Strafgerichtshöfe. Was nützen sie den Menschenrechten?, in: Alfons Kenkmann/Hasko Zimmer (Hg.), Nach Kriegen und Diktaturen. Umgang mit Vergangenheit als internationales Problem. Bilanzen und Perspektiven für das 21. Jahrhundert, Essen 2005, S. 119–140.

Kailitz, Steffen, Nach dem »Großen Krieg« – vom Triumph zum Desaster der Demokratie 1918/19 bis 1939, in: Totalitarismus und Demokratie 12/1 (2015), S. 21–45.

Kershaw, Ian, Hitler, 3 Bde., Stuttgart 1998–2001.

Kershaw, Ian, Hitler and the Uniqueness of Nazism, in: Journal of Contemporary History 39/2 (2004), S. 239–254.

Kuretsidis-Haider, Claudia/Garscha, Winfried R. (Hg.), Gerechtigkeit nach Diktatur und Krieg. »Transitional Justice« 1945 bis heute. Strafverfahren und ihre Quellen, Graz 2010.

Linz, Juan J., Totalitäre und autoritäre Regime, Berlin 2000.

Longerich, Peter, Hitler. Biographie, München 2015.

Maier, Hans, Deutungen totalitärer Herrschaft 1919–1989, in: Vierteljahrshefte für Zeitgeschichte 50/3 (2002), S. 349–366.

McKenna, George, The puritan Origins of American Patriotism, New Haven 2007.

Metzler, Gabriele, »Staatsversagen und Unregierbarkeit in den siebziger Jahren«?, in: Konrad H. Jarausch (Hg.), Das Ende der Zuversicht? Die siebziger Jahre als Geschichte, Göttingen 2008, S. 243–260.

Meyer, Harald, Die »Taisho-Demokratie«. Begriffsgeschichtliche Studien zur Demokratierezeption in Japan von 1900 bis 1920, Bern u.a. 2005.

Möller, Horst, Diktatur- und Demokratieforschung im 20. Jahrhundert, in: Vierteljahrshefte für Zeitgeschichte 51/1 (2003), S. 29–50.

Mommsen, Hans, Hitlers Stellung im nationalsozialistischen Herrschaftssystem, in: Gerhard Hirschfeld/Lothar Kettenacker (Hg.), Der »Führerstaat« – Mythos und Realität. Studien zur Struktur und Politik des Dritten Reiches, Stuttgart 1981, S. 43–72.

Ders., Nationalsozialismus oder Hitlerismus?, in: Michael Bosch (Hg.), Persönlichkeit und Struktur in der Geschichte. Historische Bestandsaufnahme und didaktische Implikationen, Düsseldorf 1977, S. 62–71.

Müller, Dominik, Indien – Die größte Demokratie der Welt? Marktmacht, Hindu-Nationalismus, Widerstand, Berlin u.a. 2014.

Müller, Jan-Werner, Das demokratische Zeitalter. Eine politische Ideengeschichte Europas im 20. Jahrhundert, Berlin 2013.

Mussolini, Benito, Der Geist des Faschismus. Ein Quellenwerk, hg. von Horst Wagenführ, München ⁵1943.

Nolte, Ernst, Der Faschismus in seiner Epoche. Die Action française, der italienische Faschismus und der Nationalsozialismus, München ⁴1971.

Nolte, Paul, Was ist Demokratie? Geschichte und Gegenwart, München 2012.

Pankhurst, Emmeline, Ein Leben für die Rechte der Frauen. Autobiographie, Göttingen 1996 [engl. Erstveröffentlichung: London 1914].

Plaggenborg, Stefan, Experiment Moderne. Der sowjetische Weg, Frankfurt am Main 2006.

Pyta, Wolfram, Hitler. Der Künstler als Politiker und Feldherr. Eine Herrschaftsanalyse, München 2015.

Ruderer, Stephan, Das Erbe Pinochets. Vergangenheitspolitik und Demokratisierung in Chile 1990–2006, Göttingen 2010.

Sabrow, Martin (Hg.), Autobiographische Aufarbeitung. Diktatur und Lebensgeschichte im 20. Jahrhundert, Leipzig 2012.

Schlussakte der Konferenz über Sicherheit und Zusammenarbeit in Europa, hg. von Organization for Security and Cooperation in Europe, Helsinki 1975.

Schulze, Reinhard, Geschichte der islamischen Welt im 20. Jahrhundert, München ²2003.

Sheehan, James J., Kontinent der Gewalt. Europas langer Weg zum Frieden, München 2008.

Snyder, Timothy, Bloodlands. Europa zwischen Hitler und Stalin, München 2011.

Sontheimer, Kurt, Die verunsicherte Republik. Die Bundesrepublik nach 30 Jahren, München 1979.

Staritz, Dietrich/Weber, Hermann (Hg.), Kommunisten verfolgen Kommunisten. Stalinistischer Terror und »Säuberungen« in den kommunistischen Parteien Europas seit den dreißiger Jahren, Berlin 1993.

Thamer, Hans-Ulrich, Der Nationalsozialismus, Stuttgart 2002.
Ders., Verführung und Gewalt. Deutschland 1933–1945, Berlin 1994.
Trappe, Julie, Rumäniens Umgang mit der kommunistischen Vergangenheit. Eine Untersuchung aus strafrechtlicher Perspektive, Göttingen 2009.
Troebst, Stefan (Hg.), Postdiktatorische Geschichtskulturen im Süden und Osten Europas. Bestandsaufnahme und Forschungsperspektiven, Göttingen 2010.
Ullrich, Volker, Adolf Hitler. Die Jahre des Aufstiegs 1889–1939, Frankfurt am Main 2013.
Voegelin, Eric, Politische Religionen, München 1993.
Wagner, Jens C., Abrechnung mit Diktaturen: Strategien der »Aufarbeitung der Vergangenheit«. Ein internationaler Vergleich, in: Sozialwissenschaftliche Informationen 30/2 (2001), S. 112–119.
Weinke, Annette, DDR-»Aufarbeitung«, NS-»Bewältigung« und internationale Übergangsjustiz, in: Martin Sabrow (Hg.), Bewältigte Diktaturvergangenheit? 20 Jahre DDR-Aufarbeitung, Leipzig 2010, S. 59–82.
Woller, Hans, Mussolini. Der erste Faschist. Eine Biografie, München 2016.

3. DRITTE WELT ZWISCHEN ERSTER UND ZWEITER

Barraclough, Geoffrey, The revolt against the West, in: Prasenjit Duara (Hg.), Decolonization. Perspectives from now and then, London 2004, S. 118–130.
Calic, Marie-Janine, Geschichte Jugoslawiens im 20. Jahrhundert, München 2010.
Chakrabarty, Dipesh, Postcoloniality and the Artifice of history, in: Bill Ashcroft/Gareth Griffiths/Helen Tiffin (Hg.), The post-colonial Studies Reader, London ²2006, S. 340–344.
Ders., The Legacies of Bandung. Decolonization and the Politics of Culture, in: Christopher James Lee (Hg.), Making a World after Empire. The Bandung Moment and its political Afterlives, Athens Ohio 2010, S. 45–68.
Ders., Europa provinzialisieren. Postkolonialität und die Kritik der Geschichte, in: Sebastian Conrad/Shalini Randeria/Regina Römhild (Hg.), Jenseits des Eurozentrismus. Postkoloniale Perspektiven in den Geschichts- und Kulturwissenschaften, Frankfurt am Main ²2013, S. 134–161.
Césaire, Aimé, Bandung, in: Les Temps modernes 11 (1956), S. 1366–1370.
Conrad, Sebastian, Kolonialismus und Postkolonialismus. Schlüsselbegriffe der aktuellen Debatte, in: APuZ 44–45 (2012), S. 3–9.
Ders., Dekolonisierung in den Metropolen, in: Geschichte und Gesellschaft 37/2 (2011), S. 135–156.

Deutschmann, David (Hg.), Che Guevara and the Cuban Revolution. Writings and Speeches of Ernesto Che Guevara, Sydney 1987.
Diner, Dan, Zeitenschwelle. Gegenwartsfragen an die Geschichte, München 2010.
Durban, South Africa Declaration. The Declaration of the 12th Summit of the Heads of State or Government of the Member Countries of the Non-Aligned Movement Issued on 2–3 September 1998 in: Summit of Declarations of Non-Aligned Movement (1961–2009), hg. v. Institute of Foreign Affairs, Kathmandu 2011, S. 377–381.
Eckert, Andreas, »We Are All Planners Now.« Planung und Dekolonisation in Afrika, in: Geschichte und Gesellschaft 34/3 (2008), S. 375–397.
Ders., Spätkoloniale Herrschaft, Dekolonisation und internationale Ordnung. Einführende Bemerkungen, in: Anja Kruke (Hg.), Dekolonisation. Prozesse und Verflechtungen 1945–1990, Bonn 2009, S. 3–20.
Dülffer, Jost/Frey, Marc (Hg.), Elites and Decolonization in the twentieth Century, Basingstoke 2011.
Frey, Marc, Drei Wege zur Unabhängigkeit. Die Dekolonialisierung in Indochina, Indonesien und Malaya nach 1945, in: Vierteljahrshefte für Zeitgeschichte 50/3 (2002), S. 399–433.
Jansen, Jan/Osterhammel, Jürgen, Dekolonisation. Das Ende der Imperien, München 2013.
Nuscheler, Franz, Der Nord-Süd-Konflikt. Vom Kampfbegriff zur Leerformel?, in: Jahrbuch für öffentliche Sicherheit 2002/2003, S. 465–478.
Reinhard, Wolfgang, Die Unterwerfung der Welt. Eine Globalgeschichte der europäischen Expansion 1415–2015, München 2016.
Senghor, Léopold S., What is »Négritude«?, in: Paul E. Sigmund (Hg.), The Ideologies of the Developing Nations, New York 1963, S. 248–250.
Solarz, Marcin W., ›Third World‹. The 60th Anniversary of a Concept that changed History, in: Third World Quarterly 33/9 (2012), S. 1561–1573.
Tomlinson, Brian R., What was the Third World?, in: Journal of Contemporary History 38/2 (2003), S. 307–321.
Zeleza, Paul T., The Troubled Encounter between Postcolonialism and African History, in: Journal Of The Canadian Historical Association 17/2 (2006), S. 89–129.

4. STARKE STAATEN UND GESCHEITERTE STAATEN

Andersen, Benedict, Die Erfindung der Nation. Zur Geschichte eines folgenreichen Konzepts, Frankfurt am Main u. a. 1988.
Bayar, Yeşim, In Pursuit of Homogeneity. The Lausanne Conference, Minorities and the Turkish Nation, in: Nationalities Papers 42/1 (2014), S. 108–125.

Bender, Peter, Weltmacht Amerika. Das Neue Rom, Stuttgart 2003.
Bernecker, Walther L., Europa zwischen den Weltkriegen 1914–1945, Stuttgart 2002.
Bielefeld, Ulrich, Nation und Gesellschaft. Selbstthematisierungen in Deutschland und Frankreich, Hamburg 2003.
Butler, Larry, British Decolonization, in: Larry Butler/Bob Moore/Martin Thomas (Hg.), Crises of Empire. Decolonization and Europe's imperial States 1918–1975, London 2008, S. 17–125.
Chomsky, Noam, Hybris. Die endgültige Sicherung der globalen Vormachtstellung der USA, Hamburg/Wien 2003.
Czempiel, Ernst-Otto, Die amerikanische Weltordnung, in: APUZ B48/2002, S. 3–6.
Dann, Otto, Nation und Nationalismus in Deutschland 1770–1990, München 1993.
Demandt, Alexander, Die Weltreiche in der Geschichte, in: Ders. (Hg.): Das Ende der Weltreiche, München 1997, S. 221–233.
Di Fabio, Udo, Schwankender Westen. Wie sich ein Gesellschaftsmodell neu erfinden muss, München 2015.
Frey, Marc, Drei Wege zur Unabhängigkeit. Die Dekolonialisierung in Indochina, Indonesien und Malaya nach 1945, in: Vierteljahrshefte für Zeitgeschichte 50/3 (2002), S. 399–433.
Fund for Peace (Hg.), Failed States Index, Washington, D.C. 2005–2015.
Goethes Werke hg. im Auftrage der Großherzogin Sophie von Sachsen, I. Abteilung, Goethes Werke, Bd. 5, I. Abteilung, Weimar 1893.
Hirschhausen, Ulrike von/Leonhard, Jörn (Hg.), Nationalismen in Europa. West- und Osteuropa im Vergleich, Göttingen 2001.
Hobsbawm, Eric J., Nationen und Nationalismus. Mythos und Realität seit 1780, Frankfurt am Main u.a. 1991.
Ignatieff, Michael, Empire Amerika?, in: Ulrich Speck/Nathan Sznaider (Hg.), Empire Amerika. Perspektiven einer neuen Weltordnung, München 2003, S. 15–37.
Jeismann, Michael, Das Vaterland der Feinde. Studien zum nationalen Feindbegriff und Selbstverständnis in Deutschland und Frankreich 1792–1918, Stuttgart 1992.
Kallscheuer, Otto, Der Vatikan als Global Player, in: APuZ 7 (2005), S. 7–14.
Katzer, Nikolaus, Los von Moskau! Der Zerfall der Sowjetunion und die Gründung der GUS, in: Welt- und Kulturgeschichte 15 (2006), S. 456–471.
Kaelble, Hartmut, Sozialgeschichte Europas 1945 bis zur Gegenwart, München 2007.
Kappeler, Andreas, Rußland als Vielvölkerreich. Entstehung, Geschichte, Zerfall, München 2001.

Kennedy, Paul M., Aufstieg und Fall der großen Mächte. Ökonomischer Wandel und militärischer Konflikt von 1500 bis 2000, Frankfurt am Main 1989.
Ders., Parlament der Menschheit. Die Vereinten Nationen und der Weg zur Weltregierung, München 2007.
Kosing, Alfred, Nation in Geschichte und Gegenwart. Studie zur historisch-materialistischen Theorie der Nation, Berlin (Ost) 1976.
Krippendorff, Ekkehart, Staat muss sein. Muss Staat sein?, in: APuZ 34–35 (2010), S. 40–46.
Kunze, Rolf-Ulrich, Nation und Nationalismus, Darmstadt 2005.
Langewiesche, Dieter, Nation, Nationalismus, Nationalstaat in Deutschland und Europa, München 2000.
Loth, Winfried, Europas Einigung. Eine unvollendete Geschichte, Frankfurt am Main 2014.
Meyns, Peter, Die »Afrikanische Union«. Afrikas neuer Anlauf zu kontinentaler Einheit und globaler Anerkennung, in: Rolf Hofmeier/Andreas Mehler (Hg.), Afrika-Jahrbuch 2001, Opladen 2002, S. 51–67.
Münkler, Herfried, Imperien. Die Logik der Weltherrschaft – vom Alten Rom bis zu den Vereinigten Staaten, Berlin 2005.
Patel, Kiran K., Rivalisierende Raum-Zeit-Ordnungen. Verhandeln im europäischen Integrationsprozess im 20. Jahrhundert, in: Markus A. Denzel/Günther Heeg (Hg.), Globalizing Areas, kulturelle Flexionen und die Herausforderung der Geisteswissenschaften, Stuttgart 2011, S. 61–77.
Planert, Ute, Nation und Nationalismus in der deutschen Geschichte, in: APuZ 39 (2004), S. 11–18.
Rauch, Georg von, Eine taktische Waffe. Der sowjetische Panslawismus, in: Osteuropa 59/12 (2009), S. 115–124.
Struck, Bernhard, Grenzziehungen nach dem Ersten Weltkrieg als Problem von Periodisierung und Territorialisierung in einer transnationalen Geschichte Ostmitteleuropas, in: Comparativ 20/1–2 (2010), S. 81–89.
Suppan, Arnold, Die Nationalitäten Österreich-Ungarns und ihre Selbstbestimmung im 20. Jahrhundert, in: Mitteilungen des Österreichischen Staatsarchivs 48 (2000), S. 75–87.
Texte zur Deutschlandpolitik IV, hg. v. Bundesministerium für innerdeutsche Beziehungen, Bonn 1970.
Wehler, Hans-Ulrich, Nationalismus. Geschichte, Formen, Folgen, München 2001.
Winkler, Heinrich August, Demokratie und Nation in der deutschen Geschichte, in: Ders., Streitfragen der deutschen Geschichte. Essays, München 1997, S. 31–51.
Ders., Geschichte des Westens, 4 Bde., München 2009–2015.
Ders., Von der deutschen zur europäischen Frage. Gedanken zu einem Jahrhundertproblem, in: Vierteljahrshefte für Zeitgeschichte 63/4 (2015), S. 473–486.

Wirsching, Andreas, Der Preis der Freiheit. Geschichte Europas in unserer Zeit, München 2012.
Ders., Demokratie und Globalisierung. Europa seit 1989, München 2015.
Wolfrum, Edgar, Geschichte als Waffe. Vom Kaiserreich bis zur Wiedervereinigung, Göttingen 2002.
Ders., Rot-Grün an der Macht. Deutschland 1998–2005, München 2013.
Yilmaz, Harun, The Rise Of Red Kurdistan, in: Iranian Studies 47/5 (2014), S. 799–822.

5. NATURBEHERRSCHUNG UND UMWELTKATASTROPHEN

Alexijewitsch, Swetlana, Stimmen aus Tschernobyl, in: APuZ 13 (2006), S. 3–11.
Bankoff, Greg/Frerks, Georg/Hilhorst, Dorothea (Hg.), Mapping Vulnerability. Disasters, Development and People, London 2004.
Brandenburg, Maik, Bikini-Atoll, Marshall-Islands. Drei schwarze Sterne auf der Flagge, in: Hilmar Schmundt/Miloš Vec/Hildegard Westphal (Hg.), Mekkas der Moderne. Pilgerstätten der Wissensgesellschaft, Köln u. a. 2010, S. 98–105.
Brüggemeier, Franz-Josef, Tschernobyl, 26. April 1986. Die ökologische Herausforderung, München 1998.
Burke III, Edmund, The Big Story. Human History, Energy Regimes and the Environment, in: Ders./Kenneth Pomeranz (Hg.), The Environment and World History, Berkley 2009, S. 33–53.
Carson, Rachel, Silent Spring, Boston 1962.
Crosby, Alfred W., The Columbian Exchange. Biological and Cultural Consequences of 1492, Westport, Conn. 1972.
Crutzen, Paul J./Stoermer, Eugene, The Anthropocene, in: IGBP Global Change Newsletter 41 (2000), S. 17f.
Detten, Roderich von/Metzger, Birgit/Brüggemeier, Franz-Josef, Der Wald stirbt?! Eine westdeutsche Debatte der 1980er Jahre, in: Freiburger Universitätsblätter 196 (2012), S. 115–137.
»Die Wut brachte die Wende«, in: Die Zeit 23. 6. 1995.
Dikötter, Frank, Maos großer Hunger. Massenmord und Menschenexperiment in China 1958–1962, Stuttgart 2014.
Ehlers, Eckart, Das Anthropozän. Die Erde im Zeitalter des Menschen, Darmstadt 2008.
Engels, Jens I., Gefährlicher Wasserstand im »Wirtschaftswunderland«. Die Hamburger Sturmflut vom Februar 1962, in: Gerrit Jasper Schenk (Hg.), Katastrophen. Vom Untergang Pompejis bis zum Klimawandel, Ostfildern 2009, S. 171–181.

Flaig, Egon, Eine Katastrophe definieren. Versuch einer Skizze, in: Historical Social Research 32/3 (2007), S. 35–43.
Freytag, Nils, Deutsche Umweltgeschichte – Umweltgeschichte in Deutschland. Erträge und Perspektiven, in: Historische Zeitschrift 283 (2006), S. 383–407.
Goethe, Johann Wolfgang von, Campagne in Frankreich 1792, in: Goethes Werke. Hamburger Ausgabe Bd. 10, hg. von Erich Trunz, München ⁶1976.
Groh, Dieter/Kempe, Michael/Mauelshagen, Franz (Hg.), Naturkatastrophen. Beiträge zu ihrer Deutung, Wahrnehmung und Darstellung in Text und Bild von der Antike bis ins 20. Jahrhundert, Tübingen 2003.
Hartung, Fritz, Die Geschichte der alten Staumauer bei Assuan, in: Deutscher Verband für Wasserwirtschaft und Kulturbau (Hg.), Historische Talsperren, Stuttgart 1987, S. 445–464.
Kersten, Jens, Das Anthropozän-Konzept. Kontrakt, Komposition, Konflikt, Baden-Baden 2014.
Kupper, Patrick, Die »1970er-Diagnose«. Grundsätzliche Überlegungen zu einem Wendepunkt der Umweltgeschichte, in: Archiv für Sozialgeschichte 43 (2003), S. 325–348.
Lübken, Uwe, Die Natur der Gefahr. Überschwemmungen am Ohio River im 19. und 20. Jahrhundert, Göttingen 2014.
Manemann, Jürgen, Kritik des Anthropozäns. Plädoyer für eine neue Humanökologie, Bielefeld 2014.
Mann, Charles C., Kolumbus' Erbe. Wie Menschen, Tiere, Pflanzen die Ozeane überquerten und die Welt von heute schufen, Reinbek 2013.
McNeill, John R./Engelke, Peter, Mensch und Umwelt im Zeitalter des Anthropozän, in: Akira Iriye (Hg.), 1945 bis heute. Die globalisierte Welt, München 2013, S. 357–534.
Meadows, Dennis u.a., Die Grenzen des Wachstums. Bericht des Club of Rome zur Lage der Menschheit, Stuttgart 1972.
Meyer, Günter, Der Hochstaudamm bei Assuan und seine Folgen. Klischee vs. Realität, in: Ders. (Hg.), Die arabische Welt im Spiegel der Kulturgeographie, Mainz 2004, S. 178–185.
Meyer, Jan-Henrik, L'européanisation de la politique environnementale dans les années 1970, in: Vingtième Siècle 113 (2012), S. 117–126.
Oliver-Smith, Anthony, Peru's Five-Hundred-Year Earthquake. Vulnerability in Historical Context, in: Ders./Susanna M. Hoffman (Hg.), The angry Earth. Disaster in Anthropological Perspective, New York 1999, S. 74–88.
Pfister, Christian (Hg.), Am Tag danach. Zur Bewältigung von Naturkatastrophen in der Schweiz 1500–2000, Bern u.a. 2002.
Ders., Das »1950er Syndrom«. Die umweltgeschichtliche Epochenschwelle zwischen Industriegesellschaft und Konsumgesellschaft, in: Ders. (Hg.), Das 1950er Syndrom. Der Weg in die Konsumgesellschaft, Bern u.a. ²1995, S. 51–95.

Radkau, Joachim, Natur und Macht. Eine Weltgeschichte der Umwelt, München 2000.
Resolution 44/236 »International Decade for Natural Disaster Reduction« der Generalversammlung der Vereinten Nationen, 22. 12. 1989; abrufbar unter: http://www.un.org/documents/ga/res/44/a44r236.htm [Stand 10. 6. 2016].
Ruddiman, William, The Anthropogenic Greenhouse Era began thousands of Years ago, in: Climatic Change 61/3 (2003), S. 261–293.
Uekötter, Frank, Umweltgeschichte im 19. und 20. Jahrhundert, München 2007.
Van Laak, Dirk, Weiße Elefanten. Anspruch und Scheitern technischer Großprojekte im 20. Jahrhundert, Stuttgart 1999.
Waters, Colin u. a. (Hg.), A Stratigraphical Basis for the Anthropocene, London 2014.
»Welcome to the Anthropocene«, in: The Economist, 26. 5. 2011.

6. IMPFUNG UND AIDS

Bieber, Horst, »Die Rückkehr der Seuchen«, in: Die Zeit, 14. 10. 1988.
Brandt, Christina, Zeitschichten des Klons. Anmerkungen zu einer Begriffsgeschichte, in: Berichte zur Wissenschaftsgeschichte 33/2 (2010), S. 123–146.
Cooter, Roger/Pickstone, John (Hg.), Medicine in the 20th Century, Amsterdam 2000.
»Das Mädchen aus der Petrischale«, in: Spiegel Online, 23. 7. 2008, abrufbar unter: http://www.spiegel.de/einestages/30-jahre-retortenbabys-a-947143.html [Stand 10. 6. 2016].
»Death of the first IVF Mum. 34 Years ago, she made medical History and gave Hope to Millions of Couples«, in: Daily Mail, 20. 6. 2012, abrufbar unter: http://www.dailymail.co.uk/health/article-2162178/Lesley-Brown-Mother-history-giving-birth-worlds-test-tube-baby-dies-64.html [Stand 20. 6. 2016].
Eckart, Wolfgang U./Gradmann, Christoph (Hg.), Die Medizin und der Erste Weltkrieg, Pfaffenweiler 1996.
Eckart, Wolfgang, Geschichte der Medizin, Berlin u. a. ^{5}2005.
Ders., Medizin in der NS-Diktatur. Ideologie, Praxis, Folgen, Köln 2012.
»Ein ganz normales Baby«, in: Deutschlandradio Kultur, 25. 7. 2008, abrufbar unter: http://www.deutschlandradiokultur.de/ein-ganz-normales-baby.932. de.html?dram:article_id=130149 [Stand 10. 6. 2016].
Fox Keller, Evelyn, Das Jahrhundert des Gens, Frankfurt am Main u. a. 2001.
Groß, Dominik/Winckelmann, Hans-Joachim (Hg.), Medizin im 20. Jahrhundert. Fortschritte und Grenzen der Heilkunde seit 1900, München 2008.
Hays, Jo N., Epidemics and Pandemics. Their Impacts on Human History, Santa Barbara 2005.

Hensel, Georg, Zur Frage der Tuberkuloseschutzimpfung, in: Monatsschrift für Kinderheilkunde 89 (1942), S. 127–132.
Iliffe, John, The African Aids Epidemic. A History, Athens, Ohio 2006.
Klee, Ernst, »Euthanasie« im NS-Staat. Die »Vernichtung lebensunwerten Lebens«, Frankfurt am Main ¹⁰2001.
McCarthy, Owen O'Rourke, The Key to the Sanatoria, in: Journal of the Royal Society of Medicine 94/8 (2001), S. 413–417.
O'Hara, Phillip Anthony, The Global Spread of AIDS and HIV, in: Journal of Economic Issues 41/2 (2007), S. 459–468.
Ohler, Norman, Der totale Rausch. Drogen im Dritten Reich, Köln 2015.
Osagie, Iris Riwa, Tagungsbericht: Gesundheit im Wandel: Politikum – Ware – Religionsersatz? 13. 10. 2006–15. 10. 2006, Freiburg, in: H-Soz-Kult, 21. 11. 2006, <http://hsozkult.geschichte.hu-berlin.de/tagungsberichte/id=1378>.
»Patient überlebte die Sensation nur 18 Tage«, in: Die Welt, 3. 12. 2007.
Philosophie Magazin. Sonderausgabe: 1914–2014. Das Jahrhundert im Spiegel seiner großen Denker (2013).
Rasmussen, Nicolas, Medical Science and the Military. The Allies' Use of Amphetamine during World War II, in: Journal of Interdisciplinary History 42/2 (2011), S. 205–233.
Roelcke, Volker/Maio, Giovanni (Hg.), Twentieth Century Ethics of Human Subjects Research. Historical Perspectives on Values, Practices, and Regulations, Stuttgart 2004.
Schneider, William H., Blood Transfusion between the Wars, in: Journal of the History of Medicine and Allied Sciences 58/2 (2003), S. 187–224.
Schott, Heinz/Tölle, Rainer, Geschichte der Psychiatrie. Krankheitslehren, Irrwege, Behandlungsformen, München 2006.
Sontag, Susan, »Aids and its Metaphors«, in: The New York Review of Books, 27. 10. 1988.
»Tests show no Threat of ›imported‹ Epidemic«, in: The Guardian, 6. 2. 2003.
The United Nations Children's Fund (Hg.), The State of the World's Children 2000, abrufbar unter: http://www.unicef.org/sowc/archive/ENGLISH/The%20State%20of%20the%20World's%20Children%202000.pdf [Stand 10. 6. 2016].
»Vater von vier Millionen Kindern«, in: Süddeutsche Zeitung, 7. 10. 2010, abrufbar unter: http://www.sueddeutsche.de/wissen/medizin-nobelpreis-robert-edwards-vater-von-vier-millionen-kindern-1.1008118 [Stand 10. 6. 2016].
World Health Organization (Hg.), World Malaria Report 2013.

7. VERTREIBUNG UND MOBILITÄT

Bade, Klaus J., Europa in Bewegung. Migration vom späten 18. Jahrhundert bis zur Gegenwart, München 2000.
Ders. u. a. (Hg.), Enzyklopädie Migration in Europa. Vom 17. Jahrhundert bis zur Gegenwart, Paderborn u. a. 2008.
Berlinghoff, Marcel, Das Ende der »Gastarbeit«. Europäische Anwerbestopps 1970–1974, Paderborn 2013.
Bommes, Michael, Migration, Raum und Netzwerke. Über den Bedarf einer gesellschaftstheoretischen Einbettung der transnationalen Migrationsforschung, in: Jochen Oltmer (Hg.), Migrationsforschung und Interkulturelle Studien, Osnabrück 2002, S. 91–106.
Brandes, Detlef, Das Jahrhundert der »ethnischen Säuberungen«. Zwangsumsiedlungen in Europa im 20. Jahrhundert, in: Ralph Melville u. a. (Hg.), Zwangsmigrationen im mittleren und östlichen Europa. Völkerrecht – Konzeptionen – Praxis (1938–1950), Mainz 2007, S. 3–18.
Damm, Jens/Gransow, Bettina, Zwischen Kuli-Export und Business-Netzwerken. Muster interner, inter- und transnationaler chinesischer Migration seit dem 19. Jahrhundert, in: Albert Kraler u. a. (Hg.), Migrationen. Globale Entwicklungen seit 1850, Wien 2007, S. 222–244.
»Die große Mauer des Kapitals«, in: Die Zeit 12. 10. 2006, abrufbar unter: http://www.zeit.de/2006/42/Mauern [Stand 10. 6. 2016].
Düvell, Franck, Europäische und internationale Migration. Einführung in historische, soziologische und politische Analysen, Hamburg 2006.
Fisher, Michael H., Migration. A World History, Oxford 2014.
Genfer Flüchtlingskonvention, abrufbar unter: http://www.unhcr.de/fileadmin/user_upload/dokumente/03_profil_begriffe/genfer_fluechtlingskonvention/Genfer_Fluechtlingskonvention_und_New_Yorker_Protokoll.pdf [Stand 9. 6. 2016].
Gottschang, Thomas R./Lary, Diana, Swallows and Settlers. The Great Migration from North China to Manchuria, Ann Arbor, Michigan 2000.
Herbert, Ulrich, Geschichte der Ausländerpolitik in Deutschland. Saisonarbeiter, Zwangsarbeiter, Gastarbeiter, Flüchtlinge, München 2001.
Hollifield, James F., Offene Weltwirtschaft und nationales Bürgerrecht. Das liberale Paradox, in: Dietrich Thränhardt/Uwe Hunger (Hg.), Migration im Spannungsfeld von Globalisierung und Nationalstaat, Wiesbaden 2003, S. 35–57.
Jacobmeyer, Wolfgang, Vom Zwangsarbeiter zum heimatlosen Ausländer. Die Displaced Persons in Westdeutschland 1945–1951, Göttingen 1985.
Johnston, Ronald J./Taylor, Peter J./Watts, Michael J. (Hg.), Geographies of Global Change. Remapping the World, Oxford u. a. 2002.

Laube, Lena, Grenzkontrollen jenseits nationaler Territorien. Die Steuerung globaler Mobilität durch liberale Staaten, Frankfurt am Main 2013.

McKeown, Adam, Global Migration 1846–1940, in: Journal of World History 15/2 (2004), S. 155–189.

Oltmer, Jochen, Migration im 19. und 20. Jahrhundert, München 2010.

O'Reilly, Karen, Briten in Spanien. Der »Urtyp« des Lifestyle-Migranten, Kurzdossier der bpb zur Lifestyle Migration, abrufbar unter: http://www.bpb.de/gesellschaft/migration/kurz-dossiers/198239/briten-in-spanien [Stand 10. 6. 2016].

Rauschning, Dietrich (Hg.), Rechtsstellung Deutschlands. Völkerrechtliche Verträge und andere rechtsgestaltende Akte, München ²1989.

Schmidtke, Oliver, Das kanadische Einwanderungsmodell. Wohlverstandenes Eigeninteresse und multikulturelles Ethos, in: Dietrich Thränhardt/Uwe Hunger (Hg.), Migration im Spannungsfeld von Globalisierung und Nationalstaat, Wiesbaden 2003, S. 205–226.

Troebst, Stefan, Flüchtlinge, Vertriebene, »Repatriierte«. Zwangsmigration in Mittel- und Osteuropa 1945–1949, Vortrag auf der 5. Internationalen Konferenz zur Holocaustforschung, Berlin, 25. bis 27. Januar 2015, abrufbar unter: https://www.bpb.de/veranstaltungen/dokumentation/ konferenz-holocaustforschung/199742/migrationsbewegungen-am-ende-des-zweiten-weltkriegs [Stand 10. 6. 2016].

UN Population Facts 2013, abrufbar unter: https://esa.un.org/unmigration/documents/the_number_of_international_migrants.pdf [Stand 9. 6. 2016].

8. GENOZIDE UND VÖLKERMORDKONVENTION

Akçam, Taner, Armenien und der Völkermord. Die Istanbuler Prozesse und die türkische Nationalbewegung, Hamburg 1996.

Aly, Götz, Warum die Deutschen? Warum die Juden? Gleichheit, Neid und Rassenhass – 1800 bis 1933, Frankfurt am Main 2011.

Baberowski, Jörg/Doering-Manteuffel, Anselm, Ordnung durch Terror. Gewaltexzesse und Vernichtung im nationalsozialistischen und stalinistischen Imperium. Dietrich Beyrau zum 65. Geburtstag, Bonn 2006.

Baberowski, Jörg/Patel, Kiran Klaus (Hg.), Jenseits der Totalitarismustheorie? Nationalsozialismus und Stalinismus im Vergleich (Zeitschrift für Geschichtswissenschaft 57/12), Berlin 2009.

Barth, Boris, Genozid. Völkermord im 20. Jahrhundert. Geschichte, Theorien, Kontroversen, München 2006.

Browning, Christopher R., Ganz normale Männer. Das Reserve-Polizeibataillon 101 und die »Endlösung« in Polen, Reinbek 1993.

Büttner, Ursula (Hg.), Die Deutschen und die Judenverfolgung im Dritten Reich, Frankfurt am Main 2003.
Courtois, Stéphane u. a. (Hg.), Das Schwarzbuch des Kommunismus. Unterdrückung, Verbrechen und Terror, München 1998.
Ders. u. a. (Hg.), Das Schwarzbuch des Kommunismus. Das schwere Erbe der Ideologie, München 2004.
Die Kämpfe der deutschen Truppen in Südwestafrika. Auf Grund amtlichen Materials bearbeitet von der Kriegsgeschichtlichen Abteilung I des Großen Generalstabs, Bd. 1, Berlin 1906.
Dikötter, Frank, Maos großer Hunger. Massenmord und Menschenexperiment in China 1958–1962, Stuttgart 2014.
Diner, Dan, Das Jahrhundert verstehen. Eine universalhistorische Deutung, München 1999.
Eckel, Jan/Moyn, Samuel (Hg.), Moral für die Welt? Menschenrechtspolitik in den 1970er Jahren, Göttingen 2012.
Eckel, Jan, Die Ambivalenz des Guten. Menschenrechte in der internationalen Politik seit den 1940ern, Göttingen 2014.
Friedländer, Saul, Das Dritte Reich und die Juden, 2 Bde., München 1998–2006.
Gottschlich, Jürgen, Beihilfe zum Völkermord. Deutschlands Rolle bei der Vernichtung der Armenier, Berlin 2015.
Hilberg, Raul, Täter, Opfer, Zuschauer. Die Vernichtung der Juden 1933–1945, Frankfurt am Main 1992.
Jäckel, Eberhard u. a. (Hg.), Enzyklopädie des Holocaust. Die Verfolgung und Ermordung der europäischen Juden, 4 Bde., Berlin ²1998.
Ders., Die elende Praxis der Untersteller. Das Einmalige der nationalsozialistischen Verbrechen läßt sich nicht leugnen, in: Rudolf Augstein (Hg.), »Historikerstreit«. Die Dokumentation der Kontroverse um die Einzigartigkeit der nationalsozialistischen Judenvernichtung, München u. a. 1987, S. 115–122.
Kundrus, Birthe, Von den Herero zum Holocaust? Einige Bemerkungen zur aktuellen Debatte, in: Mittelweg 36 (2005), S. 82–91.
Longerich, Peter, Politik der Vernichtung. Eine Gesamtdarstellung der nationalsozialistischen Judenverfolgung, München 1998.
Madley, Benjamin, From Africa to Auschwitz: How German South West Africa Incubated Ideas and Methods Adopted and Developed by the Nazis in Eastern Europe, in: European History Quarterly 35/3 (2005), S. 429–464.
Moyn, Samuel, Die Rückkehr des verlorenen Sohnes. Einleitung: Die 1970er Jahre als Umbruchphase in der Menschenrechtsgeschichte, in: Ders./Jan Eckel (Hg.), Moral für die Welt? Menschenrechtspolitik in den 1970er Jahren, Göttingen 2012, S. 7–21.
Naimark, Norman M., Stalin und der Genozid, Berlin 2010.

Novick, Peter, Nach dem Holocaust. Der Umgang mit dem Massenmord, Stuttgart/München 2001.
Paul, Angela, Kritische Analyse und Reformvorschlag zu Art. II Genozidkonvention, Berlin u. a. 2008.
Resolution 60/7 der UN zum Internationalen Holocaust-Gedenktag, 1. 11. 2005, abrufbar unter: http://www.un.org/ga/search/view_doc.asp?symbol=A/RES/60/7 [Stand 10. 6. 2016].
Roseman, Mark, Die Wannsee-Konferenz. Wie die NS-Bürokratie den Holocaust organisierte, Berlin 2002.
Snyder, Timothy, Bloodlands. Europa zwischen Hitler und Stalin, München 2011.
United Nations Treaty Series. Treaties and International Agreements registered or filed and recorded with the Secretariat of the United Nations 78 (1951), abrufbar unter: https://treaties.un.org/doc/Publication/UNTS/Volume%2078/v78.pdf [Stand 10. 6. 2015].
Wojak, Irmtrud/Meinl, Susanne (Hg.), Völkermord und Kriegsverbrechen in der ersten Hälfte des 20. Jahrhunderts, Frankfurt am Main u. a. 2004.
Wolgast, Eike, Geschichte der Menschen- und Bürgerrechte, Stuttgart 2009.
Zeitschrift für Genozidforschung. Strukturen, Folgen, Gegenwart kollektiver Gewalt 1999 ff.
Zimmermann, Michael, Rassenutopie und Genozid. Die nationalsozialistische »Lösung der Zigeunerfrage«, Hamburg 1996.

9. KÜNSTLERISCHE AVANTGARDE UND REPRESSION DER KUNST

Barron, Stephanie/Eckmann, Sabine (Hg.), Kunst und Kalter Krieg. Deutsche Positionen 1945–89, Köln 2009.
Beyme, Klaus von, Kulturpolitik in Deutschland. Von der Staatsförderung zur Kreativwirtschaft, Wiesbaden 2012.
Bode, Arnold, Documenta Kassel – Essays, Kassel 1986.
Crow, Thomas, Die Kunst der sechziger Jahre. Von der Pop-art zu Yves Klein und Joseph Beuys, Köln 1997.
Damus, Martin, Kunst in der BRD 1945–1990. Funktionen der Kunst in einer demokratisch verfassten Gesellschaft, Reinbek bei Hamburg 1995.
»Der unsichtbare Feind«, in: Süddeutsche Zeitung, 19. 5. 2010.
Dressler, Iris/Christ, Hans D. (Hg.), Subversive Praktiken. Kunst unter den Bedingungen politischer Repression, 60er bis 80er, Südamerika, Europa, Ostfildern 2010.
Elderfield, John (Hg.), Das MoMA in Berlin. Meisterwerke aus dem Museum of Modern Art, New York, New York u. a. 2004.

Erbe, Günter, Die verfemte Moderne. Die Auseinandersetzung mit dem »Modernismus« in Kulturpolitik, Literaturwissenschaft und Literatur der DDR, Berlin 1993.

Förster, Till, Zeitgenössische Afrikanische Kunst, in: Dossier »Afrika« der bpb, 5.12.2005, abrufbar unter: http://www.bpb.de/internationales/afrika/afrika/59130/kunst?p=all [Stand 18.4.2016].

Gallagher, Ann (Hg.), Damien Hirst, München u.a. 2012.

Habermas, Jürgen, Die neue Unübersichtlichkeit, Frankfurt am Main 1985.

Hardt, Michael/Negri, Antonio, Empire. Die neue Weltordnung, Frankfurt am Main u.a. 2003.

Herbert, James, Paris 1937. Worlds on Exhibition, Ithaca, NY u.a. 1998.

Hobsbawm, Eric J./Ehalt, Hubert Christian, Kunst und Kultur am Ende des 20. und am Beginn des 21. Jahrhunderts, Wien 2008.

Hüneke, Andreas, Verhöhnt, verkauft, vernichtet. Die »Entartete Kunst« und die Radikalisierung der NS-Kulturpolitik, in: Osteuropa 1–2 (2006), S. 223–234.

Kimpel, Harald/Stengel, Karin, II. documenta '59. Kunst nach 1945. Internationale Ausstellung. Eine fotografische Rekonstruktion, Bremen 2000.

Kretschmar, Winfried, Geschichte der Weltausstellungen, Frankfurt am Main u.a. 1999.

Laß, Karen, Vom Tauwetter zur Perestrojka. Kulturpolitik in der Sowjetunion (1953–1991), Köln u.a. 2002.

Lorent, Catherine, Kunst und Propaganda in der Weltausstellung, in: Hemecht: Zeitschrift für Luxemburger Geschichte 63/3 (2011), S. 315–327.

Lyotard, Jean-François, Das postmoderne Wissen, Wien 1986 [frz. Erstveröffentlichung: Paris 1979].

Mattie, Erik, Weltausstellungen, Stuttgart u.a. 1998.

Nawojka, Cieslinska, Die Kunst in der Volksrepublik Polen im Spiel mit der politischen Wirklichkeit, in: Zeitschrift für Politik 45/1 (1998), S. 1–19.

»Nochmals das Kriegsbild von Otto Dix«, in: Kölnische Zeitung, 15.12.1923.

Pyta, Wolfram, Hitler. Der Künstler als Politiker und Feldherr. Eine Herrschaftsanalyse, München 2015.

Salmony, Alfred, Die neue Galerie des 17. bis 20. Jahrhunderts im Museum Wallraf-Richartz in Köln, in: Der Cicerone 16 (1924), S. 1–8.

Schneede, Uwe M., Die Kunst der klassischen Moderne, München 2009.

Schuster, Peter-Klaus, Nationalsozialismus und »Entartete Kunst«. Die »Kunststadt« München 1937, München ⁵1998.

Spies, Werner, Picasso. Die Zeit nach Guernica 1937–1973, Ausstellungskatalog, Nationalgalerie Berlin/Kunsthalle der Hypo-Kulturstiftung München/Hamburger Kunsthalle, 1993.

Stünke, Hein, Bemerkungen zur Vorgeschichte und Geschichte des Kölner Kunstmarktes, in: Wulf Herzogenrath/Gabriele Lueg (Hg.), Die 60er Jahre.

Kölns Weg zur Kunstmetropole, vom Happening zum Kunstmarkt, Köln 1986, S. 342–349.

Udovički-Selb, Danilo, Facing Hitler's Pavilion: The Uses of Modernity in the Soviet Pavilion at the 1937 Paris International Exhibition, in: Journal of Contemporary History 47/1 (2012), S. 13–47.

Ursprung, Philip, Die Kunst der Gegenwart. 1960 bis heute, München 2010.

Weichlein, Siegfried, Weimar. Perikleisches Zeitalter und archimedische Punkte, in: Edgar Wolfrum (Hg.), Die Deutschen im 20. Jahrhundert, Darmstadt 2004, S. 55–66.

Weski, Thomas (Hg.), Andreas Gursky, Köln 2007.

Wörner, Martin, Die Welt an einem Ort. Illustrierte Geschichte der Weltausstellungen, Berlin 2000.

10. LIEBESGLÜCK UND GESCHLECHTERUNGLEICHHEIT

AGG, Bundesvorstand – BundesGeschStelle, B. I. 10 – BuVo/BGSt [2375].

Asefaw, Fana, Weibliche Genitalbeschneidung. Hintergründe, gesundheitliche Folgen und nachhaltige Prävention, Königstein 2008.

Beauvoir, Simone de, Das andere Geschlecht. Sitte und Sexus der Frau, Reinbeck 1997 [frz. Erstveröffentlichung 1949].

Biswas, Ranjita/Dhawan, Nandi/Sen, Samita (Hg.), Intimate Others. Marriage and Sexualities in India, Kolkata 2011.

Bock, Gisela, Frauen in der europäischen Geschichte. Vom Mittelalter bis zur Gegenwart, München 2000.

Bündnis 90/Die Grünen/SPD: Aufbruch und Erneuerung. Deutschlands Weg ins 21. Jahrhundert. Koalitionsvertrag zwischen der Sozialdemokratischen Partei Deutschlands und Bündnis 90/Die Grünen, Bonn 1998, S. 2, abrufbar unter: http://www.gruene.de/fileadmin/user_upload/Bilder/Redaktion/30_Jahre_-_Serie/Teil_21_Joschka_Fischer/Rot-Gruener_Koalitionsvertrag1998.pdf [Stand 4. 12. 2012].

Butler, Judith, Das Unbehagen der Geschlechter, Frankfurt am Main 2003 [engl. Erstveröffentlichung: New York u. a. 1990].

BVerfG, 1 BvF 1/01 vom 17. 7. 2002, Absatz-Nr. (1–147), abrufbar unter: http://www.bverfg.de/entscheidungen/ls20020717_1bvf000101.html [Stand 4. 12. 2012].

Conze, Susanne, Weder Emanzipation noch Tradition. Stalinistische Frauenpolitik in den 40er Jahren, in: Stefan Plaggenborg (Hg.), Stalinismus. Neue Forschungen und Konzepte, Berlin 1998, S. 293–320.

Derbal, Nora, Zwischen Reformversprechen und Status quo: Frauen in Saudi-Arabien, in: APuZ 46 (2014), S. 19–24.

Deshpande, Satish (Hg.), The Problem of Caste, New Dehli 2014.
Dietz, Bernhard/Neumaier, Christian/Rödder, Andreas (Hg.), Gab es den Wertewandel? Neue Forschungen zum gesellschaftlich-kulturellen Wandel seit den 1960er Jahren, München 2014.
Feuerbach, Melanie, Alternative Übergangsrituale. Untersuchung zu Praktiken der weiblichen Genitalverstümmelung im subsaharischen Afrika und deren Transformationen im Entwicklungsprozess, Wiesbaden 2011.
Flemming, Jens, »Die Frau ist Geschlechts- und Arbeitsgenossin des Mannes«. Die Frauen und der Nationalsozialismus, in: Werner Faulstich (Hg.), Die Kultur der 30er und 40er Jahre, München u.a. 2009, S. 57–70.
Frevert, Ute, Die Zukunft der Geschlechterordnung. Diagnosen und Erwartungen an der Jahrhundertwende, in: Geschichte und Gesellschaft 18 (2000), S. 146–184.
Gammerl, Benno, Eine Regenbogengeschichte, in: APuZ 15–16 (2010), S. 7–13.
Gerhard, Ute/Jansen, Mechtild/Rumpf, Mechthild (Hg.), Facetten islamischer Welten. Geschlechterordnungen, Frauen- und Menschenrechte in der Diskussion, Bielefeld 2003.
Gerhard, Ute, 50 Jahre Gleichberechtigung – eine Springprozession, in: APuZ 24–25 (2008), S. 3–10.
Dies., Frauenbewegung und Feminismus. Eine Geschichte seit 1789, München 2009.
Gesetzesentwurf vom 4. 7. 2000, in: Deutscher Bundestag, 14. Wahlperiode, Drucksache 14/3751, 4. 7. 2000, S. 1 und S. 33, abrufbar unter: http://dipbt.bundestag.de/dip21/btd/14/037/1403751.pdf [Stand 18. 12. 2012].
Gestrich, Andreas, Geschichte der Familie im 19. und 20. Jahrhundert, München 2013.
Hammes, Winfried, Haushalte und Lebensformen der Bevölkerung. Ergebnisse des Mikrozensus 2010, Statistisches Bundesamt, Wirtschaft und Statistik, Oktober 2011, S. 994f., abrufbar unter: https://www.destatis.de/DE/Publikationen/WirtschaftStatistik/Bevoelkerung/HaushalteLebensformen Bevoelkerung.pdf?__blob=publicationFile [Stand 18. 12. 2012].
Heller, Birgit, Hindu-Traditionen und Frauenemanzipation, in: Gender 1 (2010), S. 28–46.
Hollstein, Walter, Vom Singular zum Plural. Männlichkeit im Wandel, in: APuZ 40 (2012), S. 10–16.
Jellonnek, Burkard/Lautmann, Rüdiger (Hg.), Nationalsozialistischer Terror gegen Homosexuelle. Verdrängt und ungesühnt, Paderborn u.a. 2002.
Karl, Michaela, Die Geschichte der Frauenbewegung, Stuttgart 2011.
Meuser, Michael, Entgrenzungsdynamiken. Geschlechterverhältnisse im Umbruch, in: APuZ, 40 (2012), S. 17–24.

»Misunderstandig Afghan women«, in: New York Times, 6. 5. 2016.
Nandy, Ashis, Talking India. Ashis Nandy in Conversation with Ramin Jahanbegloo, New Delhi 2006.
Nolte, Hans-Heinrich, Weltgeschichte des 20. Jahrhunderts, Wien u. a. 2009.
Reichardt, Sven, Klaus Theweleits »Männerphantasien« – ein Erfolgsbuch der 1970er Jahre, in: Zeithistorische Forschungen 3 (2006), S. 401–421.
Renard, Amélie Le, »Only for Women«. Women, the State and Reform in Saudi Arabia, in: Middle East Journal 62/4 (2008), S. 610–629.
Reuter, Julia/Wolf, Katja (Hg.), Geschlechterleben im Wandel. Zum Verhältnis von Arbeit, Familie und Privatsphäre, Tübingen 2006.
Scheide, Carmen, Kinder, Küche, Kommunismus. Das Wechselverhältnis zwischen sowjetischem Frauenalltag und Frauenpolitik von 1921–1930 am Beispiel Moskauer Arbeiterinnen, Zürich 2002.
Steinbacher, Sybille (Hg.), »Volksgenossinnen«. Frauen in der NS-Volksgemeinschaft, Göttingen 2007.
Strafgesetzbuch in den Fassungen der Bekanntmachung vom 15. 5. 1871 (damaliger Titel: Reichsstrafgesetzbuch) bis 10. 3. 1994.
Syed, Renate, »Ein Unglück ist die Tochter«. Zur Diskriminierung des Mädchens im alten und heutigen Indien, Wiesbaden 2001.
Wörmann, Silke, Afghanische Frauen zwischen Islam und Sozialismus. Gesellschaftliche Realitäten von 1920 bis 2001, Marburg 2003.
Zulfacar, Maliha, The Pendulum of Gender Politics in Afghanistan, in: Central Asian Survey 25/1–2 (2006), S. 27–59.

11. SÄKULARISIERUNG UND RÜCKKEHR DER RELIGIONEN

Alberigo, Giuseppe, Johannes XXIII. Leben und Wirken des Konzilspapstes, Mainz 2000.
Assmann, Jan, Die Mosaische Unterscheidung. Oder der Preis des Monotheismus, München u. a. 2003.
Berger, Peter/Davie, Grace/Fokas, Effie (Hg.), Religious America, Secular Europe? A Theme and Variations, Aldershot u. a. 2008.
Bergunder, Michael/Cyranka, Daniel (Hg.), Esoterik und Christentum. Religionsgeschichtliche und theologische Perspektiven. Helmut Obst zum 65. Geburtstag, Leipzig 2005.
Beyer, Peter, Religions in Global Society, London 2006.
Bochinger, Christoph, »New Age« und moderne Religion. Religionswissenschaftliche Analysen, Gütersloh 1995.
Bruce, Steve, God is dead. Secularization in the West, Oxford 2008.

Buchta, Wilfried, Ein Vierteljahrhundert Islamische Republik Iran, in: APuZ 9 (2004), S. 6–17.

Ders., Irans Reformdebatte um Theokratie versus Demokratie, in: Hans Zehetmair (Hg.), Der Islam. Im Spannungsfeld von Konflikt und Dialog, Wiesbaden 2005, S. 220–235.

Burckhardt, Jacob, Weltgeschichtliche Betrachtungen, Stuttgart 1955.

Conermann, Stephan, Islam, in: Klais Ebeling (Hg.), Orientierung Weltreligionen. Eine Handreichung, Strausberg 2010, S. 98–132.

Cowan, Douglas E./Bromley, David G., Neureligionen und ihre Kulte, Berlin 2010.

Eitler, Pascal, Körper – Kosmos – Kybernetik. Transformationen der Religion im »New Age« (Westdeutschland 1970–1990), in: Zeithistorische Forschungen 4/1–2 (2007), S. 116–136.

Gatz, Erwin, Die Katholische Kirche in Deutschland im 20. Jahrhundert, Freiburg im Breisgau 2009.

Graf, Friedrich Wilhelm, Götter global. Wie die Welt zum Supermarkt der Religionen wird, München 2014.

Ders., Die Wiederkehr der Götter. Religion in der modernen Kultur, München 2004.

Groutt, John, The Second Vatican Council: A Memoir, in: Journal of Ecumenical Studies 49/1 (2014), S. 25–36.

Habermas, Jürgen, Glauben und Wissen. Friedenspreis des Deutschen Buchhandels 2001, Frankfurt am Main 2001.

Haller, Max/Hoffmann-Nowotny, Hans-Joachim/Zapf, Wolfgang (Hg.), Kultur und Gesellschaft. Verhandlungen des 24. Deutschen Soziologentags, des 11. Österreichischen Soziologentags und des 8. Kongresses der Schweizerischen Gesellschaft für Soziologie in Zürich 1988, Frankfurt am Main u.a. 1989, S. 297–320.

Halm, Heinz, Der Islam. Geschichte und Gegenwart, München 2000.

Hanegraaff, Wouter J., New Age Religion and Western Culture. Esotericism in the Mirror of Secular Thought, Leiden u.a. 1996.

Henighan, Stephen, Sandino's Nation. Ernesto Cardenal and Sergio Ramírez. Writing Nicaragua. 1940–2012, Montreal u.a. 2014.

Hutter, Manfred, Die Weltreligionen, München 2005.

Israeli, Raphael, Muslims in China. A Study in Cultural Confrontation, London 1980.

Kallscheuer, Otto, Der Vatikan als Global Player, in: APuZ 7 (2005), S. 7–14.

Krumeich, Gerd/Lehmann, Hartmut (Hg.), »Gott mit uns«. Nation, Religion und Gewalt im 19. und frühen 20. Jahrhundert, Göttingen 2000.

Lehmann, Hartmut (Hg.), Religiöser Pluralismus im vereinten Europa. Freikirchen und Sekten, Göttingen 2005.

Lepp, Claudia, Protestanten im New Age. Evangelische Kirche und neue religiöse Bewegungen in der Bundesrepublik während der 1970er und 80er Jahre, in: Christoph Schwöbel (Hg.), Gott – Götter – Götzen. Beiträge des XIV. Europäischen Kongresses für Theologie, Zürich 11.–15. 9. 2011, Leipzig 2012, S. 551–568.

Dies./Oelke, Harry/Pollack, Detlef (Hg.), Religion und Lebensführung im Umbruch der langen 1960er Jahre, Göttingen u. a. 2016.

Martin, David, Pentecostalism. The World their Parish, Carlton u. a. 2002.

Martin, Richard C. (Hg.), Encyclopedia of Islam and the Muslim World, New York 2004.

Michaels, Axel, Der Hinduismus. Geschichte und Gegenwart, München 1998.

Mörth, Ingo, New Age – neue Religion? Theoretische Überlegungen und empirische Hinweise zur sozialen Bedeutung des Wendezeit-Syndroms, in: Max Haller/Hans-Joachim Hoffmann-Nowotny/Wolfgang Zapf (Hg.), Kultur und Gesellschaft. Verhandlungen des 24. Deutschen Soziologentages, des 11. Österreichischen Soziologentages und des 8. Kongresses der Schweizerischen Gesellschaft für Soziologie in Zürich 1988, Frankfurt am Main 1989, S. 297–320.

Pollack, Detlef, Rekonstruktion statt Dekonstruktion. Für eine Historisierung der Säkularisierungsthese, in: Zeithistorische Forschungen 7/3 (2010), S. 433–439.

Ders., Historische Analyse statt Ideologiekritik. Eine historisch-kritische Diskussion über die Gültigkeit der Säkularisierungsthese, in: Geschichte und Gesellschaft 37/4 (2011), S. 482–522.

Ders./Rosta, Gergely, Religion in der Moderne. Ein internationaler Vergleich, Frankfurt am Main 2015.

Sheik, Mona Kanwal, How does Religion matter? Pathways to Religion in International Relations, in: Review of International Studies 38/2 (2012), S. 365–392.

Shukla-Bhatt, Neelima, Hinduism, London 2016.

Siegers, Pascal, Alternative Spiritualitäten. Neue Formen des Glaubens in Europa. Eine empirische Analyse, Frankfurt am Main u. a. 2012.

Stietencron, Heinrich von, Der Hinduismus, München 2001.

Thönissen, Wolfgang, Ein Konzil für ein ökumenisches Zeitalter. Schlüsselthemen des Zweiten Vaticanums, Paderborn u. a. 2013.

Tibi, Bassam, Fundamentalismus im Islam. Eine Gefahr für den Weltfrieden?, Darmstadt 2000.

Widmann, Alexander Christian, Wandel mit Gewalt? Der deutsche Protestantismus und die politisch motivierte Gewaltanwendung in den 1960er und 1970er Jahren, Göttingen 2013.

Zehetmair, Hans (Hg.), Der Islam. Im Spannungsfeld von Konflikt und Dialog, Wiesbaden 2005.

12. WISSEN UND ANALPHABETISMUS

Adick, Christel, Bildung in Subsahara-Afrika, in: Dies. (Hg.), Bildungsentwicklungen und Schulsysteme in Afrika, Asien, Lateinamerika und der Karibik, Münster u. a. 2013, S. 125–146.

Aldcroft, Derek H., Education and Development. The Experience of Rich and Poor Nations, in: History of Education 27/3 (1998), S. 235–254.

Baumert, Jürgen u. a., PISA 2000. Basiskompetenzen von Schülerinnen und Schülern im internationalen Vergleich, hg. v. Deutschen PISA-Konsortium, Opladen 2001.

Bell, Daniel, Die nachindustrielle Gesellschaft, Frankfurt am Main u. a. 1989 [engl. Erstveröffentlichung: New York 1973].

Bender, Christiane, Die Geburt der Wissensgesellschaft aus dem Geist des Kalten Krieges, in: APuZ 18–20 (2013), S. 22–28.

Berchem, Theodor, Bildung und Wissenschaft in der Bundesrepublik Deutschland, in: Werner Weidenfeld (Hg.), Deutschland-Handbuch, München 1989, S. 345–369.

Brändle, Tobias, 10 Jahre Bologna-Prozess. Chancen, Herausforderungen und Problematiken, Wiesbaden 2010.

Budde, Gunilla Friederike, Frauen der Intelligenz. Akademikerinnen in der DDR 1945–1975, Göttingen 2003.

Connelly, John, Stalinismus und Hochschulpolitik in Ostmitteleuropa nach 1945, in: Geschichte und Gesellschaft 24/1 (1998), S. 5–23.

Education for All Global Monitoring Report 2006, Chapter 1, Literacy: The Core of Education for All, abrufbar unter: http://www.unesco.org/education/GMR2006/full/chapt1_eng.pdf [Stand 15. 6. 2016].

Erlinghagen, Karl, Katholisches Bildungsdefizit in Deutschland, Freiburg 1965.

Führ, Christoph (Hg.), Handbuch der deutschen Bildungsgeschichte, Bd. 6: 1945 bis zur Gegenwart. Teilbd. 1: Bundesrepublik Deutschland, München 1998.

Geißler, Rainer, Die Sozialstruktur Deutschlands. Ein Studienbuch zur sozialstrukturellen Entwicklung im geteilten und vereinten Deutschland, Opladen ²1996.

Gollwitzer, Heinz, Die gelbe Gefahr. Geschichte eines Schlagworts: Studien zum imperialistischen Denken, Göttingen 1962.

Grüttner, Michael, Studenten im Dritten Reich, Paderborn u. a. 1995.

Hüfner, Klaus, Konjunkturen der Bildungspolitik, Bd. 1: Der Aufschwung, Stuttgart 1977.

Jarausch, Konrad, »Erziehung zur Unmündigkeit« – Überlegungen zur Schule im NS und in der DDR, in: Franz-Josef Jelich (Hg.), Geschichte als Last und Chance. Festschrift für Bernd Faulenbach, S. 303–314.

Kaelble, Hartmut, Sozialgeschichte Europas. 1945 bis zur Gegenwart, München 2007.

Katsakioris, Constantin, Sowjetische Bildungsförderung für afrikanische und asiatische Länder, in: Bernd Greiner/Tim B. Müller/Claudia Weber (Hg.), Macht und Geist im Kalten Krieg, Hamburg 2011, S. 396–415.

Kenkmann, Alfons. Von der bundesdeutschen »Bildungsmisere« zur Bildungsreform in den 60er Jahren, in: Axel Schildt (Hg.), Dynamische Zeiten. Die 60er Jahre in den beiden deutschen Gesellschaften, Hamburg 2000, S. 402–423.

Kriener, Jonathan, Bildung in den arabischen Staaten, in: Christel Adick (Hg.), Bildungsentwicklungen und Schulsysteme in Afrika, Asien, Lateinamerika und der Karibik, Münster u. a. 2013, S. 23–42.

Kroll, Frank-Lothar, Kultur, Bildung und Wissenschaft im 20. Jahrhundert, München 2003.

Langewiesche, Dieter, Universität im Umbau. Heutige Universitätspolitik in historischer Sicht und Vorschlag für eine neue Personalstruktur, in: Klaus Kempter/Rosemarie Boenicke (Hg.), Bildung und Wissensgesellschaft, Berlin u. a. 2005, S. 389–406.

Lenhart, Volker, »Bildung für alle«. Zur Bildungskrise in der Dritten Welt, Darmstadt 1993.

Niemann, Dennis, Deutschland – Im Zentrum des PISA-Sturms, in: Philipp Knodel u. a. (Hg.), Das PISA-Echo. Internationale Reaktionen auf die Bildungsstudie, Frankfurt am Main 2010, S. 59–90.

Paletschek, Sylvia, Stand und Perspektiven der neueren Universitätsgeschichte, in: Zeitschrift für Geschichte der Wissenschaften, Technik und Medizin 19/2 (2011), S. 169–189.

Picht, Georg, Die deutsche Bildungskatastrophe. Analyse und Dokumentation, Freiburg im Breisgau 1964.

»Sind deutsche Schüler doof?«, Der Spiegel, 10. 12. 2001.

Smolka, Dieter, Die PISA-Studie. Konsequenzen und Empfehlungen für Bildungspolitik und Schulpraxis, in: APuZ 41 (2002), S. 3–11.

Szöllösi-Janze, Margit, Wissensgesellschaft – ein neues Konzept zur Erschließung der deutsch-deutschen Zeitgeschichte?, in: Hans Günter Hockerts (Hg.), Koordinaten deutscher Geschichte in der Epoche des Ost-West-Konflikts, München 2004, S. 277–305.

Thamer, Hans-Ulrich, Der »Neue Mensch« als nationalsozialistisches Erziehungsprojekt. Anspruch und Wirklichkeit in den Eliteeinrichtungen des NS-Bildungssystems, in: Albert Moritz (Hg.), »Fackelträger der Nation«. Elitebildung in den NS-Ordensburgen, Köln 2010, S. 81–94.

Van Zanden, Jan Luiten u. a. (Hg.), How Was Life?: Global Well-being since 1820, OECD Publishing 2014, abrufbar unter: http://www.oecd.org/statistics/how-was-life-9789264214262-en.htm [Stand 17. 6. 2016].

Wehling, Peter, Soziale Praktiken des Nichtwissens, in: APuZ 18–20 (2013), S. 41–47.
Wolfrum, Edgar, Die geglückte Demokratie. Geschichte der Bundesrepublik Deutschland von ihren Anfängen bis zur Gegenwart, Stuttgart 2006.
Zapf, Wolfgang, Sozialstruktur und gesellschaftlicher Wandel in der Bundesrepublik Deutschland, in: Werner Weidenfeld/Hartmut Zimmermann (Hg.), Deutschland-Handbuch, München 1989, S. 99–124.

13. ÜBERBEVÖLKERUNG UND BEVÖLKERUNGSRÜCKGANG

Bähr, Jürgen, Bevölkerungsgeographie. Verteilung und Dynamik der Bevölkerung in globaler, nationaler und regionaler Sicht, Stuttgart ⁴2004.
Banister, Judith, China's Changing Population, Stanford 1987.
Birdsall, Nancy/Kelley, Allen C./Sinding, Steven W. (Hg.), Population Does Matter. Demography, Growth and Poverty in the Developing World, Oxford 2001.
Birg, Herwig, Die Weltbevölkerung. Dynamik und Gefahren, München 1996.
Ders., Die demographische Zeitenwende. Der Bevölkerungsrückgang in Deutschland und Europa, München ⁴2005.
Bryant, Thomas, Von der »Vergreisung des Volkskörpers« zum »demographischen Wandel der Gesellschaft«. Geschichte und Gegenwart des deutschen Alterungsdiskurses im 20. Jahrhundert, in: José Brunner (Hg.), Demographie – Demokratie – Geschichte. Deutschland und Israel, Göttingen 2007, S. 116–127.
Coleman, David/Basten, Stuart, The Death of the West. An Alternative View, in: Population Studies 69/1 (2015), S. 107–118.
Ehmer, Josef, Bevölkerungsgeschichte und historische Demographie 1800–2000, München 2004.
Harrell, Stevan u.a., Fertility Decline in Rural China. A Comparative Analysis, in: Journal of Familiy History 36/1 (2011), S. 15–36.
Kaelble, Hartmut, Die Besonderheiten der europäischen Stadt im 20. Jahrhundert, in: Friedrich Lenger/Klaus Tenfelde (Hg.), Die europäische Stadt im 20. Jahrhundert, Köln u.a. 2006, S. 25–44.
Kaufmann, Franz-Xaver, Familiäre Konflikte und gesellschaftliche Spannungsfelder, in: Landeszentrale für politische Bildung des Landes Nordrhein-Westfalen (Hg.), Der Mensch in den Konfliktfeldern der Gegenwart, Köln 1975, S. 165–188.
Ders., Schrumpfende Gesellschaft. Vom Bevölkerungsrückgang und seinen Folgen, Frankfurt am Main 2005.

Knox, Paul L./Marston, Sallie A., Humangeographie, Heidelberg u. a. 2001.
Kraas, Frauke/Nitschke, Ulrich, Megastädte als Motoren globalen Wandels. Neue Herausforderungen weltweiter Urbanisierung, in: Internationale Politik 11 (2006), S. 18–28.
Lenger, Friedrich/Tenfelde, Klaus (Hg.), Die europäische Stadt im 20. Jahrhundert. Wahrnehmung, Entwicklung, Erosion, Köln u. a. 2006.
Lenger, Friedrich, Metropolen der Moderne. Eine europäische Stadtgeschichte seit 1850, München 2013.
McNeill, John R./Engelke, Peter, Mensch und Umwelt im Zeitalter des Anthropozän, in: Akira Iriye (Hg.), Geschichte der Welt. 1945 bis heute. Die globalisierte Welt, München 2013, S. 357–534.
Pross, Helge, Die Ehe ist stabiler als ihr Ruf, in: Evangelische Kommentare 4 (1971), S. 501–504.
Rainer, Bettina, Bevölkerungswachstum als globale Katastrophe. Apokalypse und Unsterblichkeit, Münster 2005.
Schwentker, Wolfgang (Hg.), Megastädte im 20. Jahrhundert, Göttingen 2006.
Sippel, Lilli/Woellert, Franziska/Klingholz, Reiner, Schwieriges Wachstum. Bevölkerungsdynamik – das vergessene Thema der Entwicklungspolitik, Berlin 2010.
Suzuki, Hiroaki, Eco^2 Cities. Ecological Cities as Economic Cities, Washington, D.C. u. a. 2010.
»World Population Hits 6 Billion«, in: The Washington Post, 12. 10. 1999, abrufbar unter: http://www.washingtonpost.com/wp-srv/aponline/1999l012/aponline181217_000.htm [Stand 22. 6. 2016].
Xinran, Kleine Kaiser. Geschichten über Chinas Ein-Kind-Generation, München 2016.

14. WIRTSCHAFTSWACHSTUM UND VERELENDUNG

Abelshauser, Werner, Hilfe und Selbsthilfe. Zur Funktion des Marshallplans beim westdeutschen Wiederaufbau, in: Vierteljahrshefte für Zeitgeschichte 37/1 (1989), S. 85–113.
Aly, Götz, Hitlers Volksstaat. Raub, Rassenkrieg und nationaler Sozialismus, Frankfurt am Main 2005.
Ambrosius, Gerold, Die Durchsetzung der sozialen Marktwirtschaft in Westdeutschland. 1945–1949, Stuttgart 1977.
Bandulet, Bruno, Schnee für Afrika. Das Milliardengeschäft mit der Entwicklungshilfe, München 1979.

Bender, Peter, Deutschlands Wiederkehr. Eine ungeteilte Nachkriegsgeschichte 1945–1990, Stuttgart 2007.
Cesarano, Filippo, Monetary Theory and Bretton Woods. The Construction of an International Monetary Order, Cambridge u. a. 2006.
Doering-Manteuffel, Anselm/Raphael, Lutz, Nach dem Boom. Perspektiven auf die Zeitgeschichte seit 1970, Göttingen 2008.
Hanrieder, Wolfram F., Fragmente der Macht. Die Außenpolitik der Bundesrepublik, München 1981.
Hesse, Jan-Otmar/Köster, Roman/Plumpe, Werner, Die Große Depression. Die Weltwirtschaftskrise 1929–1939, Frankfurt am Main u. a. 2014.
Himmelberg, Robert F., The Great Depression and the New Deal, Westport, Conn. 2001.
Hobsbawm, Eric J., Das Zeitalter der Extreme. Weltgeschichte des 20. Jahrhunderts, München u. a. 1995.
James, Harold, Rambouillet, 15. November 1975. Die Globalisierung der Wirtschaft (20 Tage im 20. Jahrhundert), München 1997.
Junker, Detlef, Der unteilbare Weltmarkt. Das ökonomische Interesse in der Außenpolitik der USA 1933–1941, Stuttgart 1975.
Kaelble, Hartmut (Hg.), Der Boom 1948–1973. Gesellschaftliche und wirtschaftliche Folgen in der Bundesrepublik Deutschland und in Europa, Opladen 1992.
Leeson, Robert, Ideology and the International Economy. The Decline and Fall of Bretton Woods, Basingstoke u. a. 2003.
Mergel, Thomas, Gleichheit und Ungleichheit als zeithistorisches und soziologisches Problem, in: Zeithistorische Forschungen 10/2 (2013), S. 307–320.
Müller, Tim, Demokratie und Wirtschaftspolitik in der Weimarer Republik, in: Vierteljahrshefte für Zeitgeschichte 62/4 (2014), S. 569–601.
Nolte, Hans-Heinrich, Weltgeschichte des 20. Jahrhunderts, Wien u. a. 2009.
Peet, Richard, Unholy Trinity. The IMF, World Bank and WTO, London u. a. 2009.
Pohlmann, Markus, Die Entwicklung des Kapitalismus in Ostasien und die Lehren aus der asiatischen Finanzkrise, in: Leviathan 32/3 (2004), S. 360–381.
Rebentisch, Dieter, Gipfeldiplomatie und Weltökonomie. Weltwirtschaftliches Krisenmanagement während der Kanzlerschaft Helmut Schmidts 1974–1982, in: Archiv für Sozialgeschichte 28 (1988), S. 307–332.
Reinert, Erik S., How Rich Countries Got Rich … and Why Poor Countries Stay Poor, London 2007.
Ritschl, Albrecht, Deutschlands Krise und Konjunktur 1924–1934. Binnenkonjunktur, Auslandsverschuldung und Reparationsproblem zwischen Dawes-Plan und Transfersperre, Berlin 2002.

Schild, Georg, Bretton Woods and Dumbarton Oaks. American Economic and Political Postwar Planning in the Summer 1944, Basingstoke u. a. 1995.

Steiner, André, The Globalisation Process and the Eastern Bloc Countries in the 1970s and 1980s, in: European Review of History 21/2 (2014), S. 165–181.

Ders. (Hg.), Überholen ohne einzuholen. Die DDR-Wirtschaft als Fußnote der deutschen Geschichte?, Berlin 2006.

Wallenwein, Luisa, Entwicklungshilfe als Deutschlandpolitik. Ein Vergleich der entwicklungspolitischen Konzeptionen und Praktiken von DDR und Bundesrepublik 1957–1969, unv. Diss., Universität Heidelberg 2016.

Wehler, Hans-Ulrich, Die neue Umverteilung. Soziale Ungleichheit in Deutschland, München 2013.

Winkler, Heinrich August, Geschichte des Westens, Bd. 2: Die Zeit der Weltkriege 1914–1945, München 2011.

Wolf, Nikolaus, Kurze Geschichte der Weltwirtschaft, in: APuZ 1–3 (2014), S. 9–15.

Ziai, Aram, Neokoloniale Weltordnung? Brüche und Kontinuitäten seit der Dekolonisation, in: APuZ 44–45 (2012), S. 23–30.

15. HUNGER UND WOHLSTAND

»Biafra/Völkermord: Nur beten«, in: Der Spiegel, 19. 8. 1968, abrufbar unter: http://www.spiegel.de/spiegel/print/d-45966348.html [Stand 22. 6. 2016].

Briesen, Detlef, Was ist »gesunde Ernährung«?, in: APuZ 45 (2010), S. 40–46.

Dikötter, Frank, Maos großer Hunger. Massenmord und Menschenexperiment in China (1958–1962), Stuttgart, 2014.

Eckart, Wolfgang U., Nach bestem Vermögen tatkräftige Hilfe leisten. Die Deutsche Hungerhilfe – Vorhaben und Wirkungen, in: Ruperto Carola 3 (1999), S. 15–20.

Ders., Medizin in der NS-Diktatur. Ideologie, Praxis, Folgen, Köln 2012.

Ellmann, Michael, Stalin and the Soviet Famine of 1932–33 Revisited, in: Europe-Asia Studies 59/4 (2007), S. 663–693.

Gerlach, Christian, Krieg, Ernährung, Völkermord. Forschungen zur deutschen Vernichtungspolitik im Zweiten Weltkrieg, Hamburg 1998.

Ders., Kalkulierte Morde. Die deutsche Wirtschafts- und Vernichtungspolitik in Weißrussland 1941–1944, Hamburg 2000.

Gewald, Jan-Bart, Near Death in the Streets of Karibib. Famine, Migrant Labour and the Coming of Ovambo to Central Namibia, in: Journal of African History 44/2 (2003), S. 211–239.

Jachertz, Ruth/Nützenadel, Alexander, Coping with Hunger? Visions of a

Global Food System, 1930–1960, in: Journal of Global History 6/1 (2011), S. 99–119.
Jenkins, Craig J., Food Security in Less Developed Countries, 1970 to 1990, in: American Sociological Review 66/5 (2001), S. 718–744.
»Magerkost von Weight Watchers«, in: Der Spiegel, 21. 12. 1987, abrufbar unter: http://www.spiegel.de/spiegel/print/d-13526493.html [Stand 22. 6. 2016].
Mark, Rudolf/Simon, Gerhard, Die Hungersnot in der Ukraine und anderen Regionen der Sowjetunion 1932 und 1933, in: Osteuropa 54/12 (2004), S. 5–12.
Nützenadel, Alexander, Entstehung und Wandel des Welternährungssystems im 20. Jahrhundert, in: APuZ 6–7 (2009), S. 3–9.
Ortmayr, Norbert, Überschusskrisen in der Europäischen Landwirtschaft. Österreich 1970–1994 als Fallbeispiel, in: Zeitgeschichte 34/3 (2007), S. 162–178.
Passmore, Leith, The Art of Hunger. Self-Starvation in the Red Army Fraction, in: German History 27/1 (2009), S. 32–59.
Pratt, Tim/Vernon, James, »Appeal from this Fiery Bed …«: The Colonial Politics of Gandhi's Fasts and Their Metropolitan Reception, in: Journal of British Studies 44/1 (2005), S. 92–114.
Schulte Beerbühl, Margrit, Faszination Schokolade. Die Geschichte des Kakaos zwischen Luxus, Massenprodukt und Medizin, in: Vierteljahrschrift für Sozial- und Wirtschaftsgeschichte 95/4 (2008), S. 410–429.
Teuteberg, Hans-Jürgen, Homo edens. Reflexionen zu einer neuen Kulturgeschichte des Essens, in: Historische Zeitschrift 265 (1997), S. 1–28.
Wolfrum, Edgar, Die geglückte Demokratie. Geschichte der Bundesrepublik Deutschland von ihren Anfängen bis zur Gegenwart, Stuttgart 2006.

16. HOLZPFLUG UND MIKROCHIP

Beck, Ulrich, Weltrisikogesellschaft. Auf der Suche nach der verlorenen Sicherheit, Frankfurt am Main 2007.
Berghoff, Hartmut, »Dem Ziele der Menschheit entgegen«. Die Verheißungen der Technik an der Wende zum 20. Jahrhundert, in: Ute Frevert (Hg.), Das neue Jahrhundert. Europäische Zeitdiagnosen und Zukunftsentwürfe um 1900, Göttingen 2000, S. 47–78.
Blom, Philipp, Der taumelnde Kontinent. Europa 1900–1914, München ⁶2014.
Das, Gurcharan, The India Model, in: Foreign Affairs 85/4 (2006), S. 2–16.
»Der rote Mond. Wie Moskaus Sputnik, der erste Satellit, vor 50 Jahren die westliche Welt schockierte und in Aufruhr versetzte«, in: Die Zeit, 20. 9. 2007, abrufbar unter: http://www.zeit.de/2007/39/A-Sputnik [Stand 26. 6. 2016].
Die Fischer von Baleia, abrufbar unter: http://www.renewables2004.de [Stand 2. 9. 2012].

Fuchsloch, Norman, Metamorphosen oder Euphemismen? Vom Wandel der Abfälle zu Wertstoffen, in: Technikgeschichte 68/4 (2001), S. 373–394.

Gleitsmann, Rolf-Jürgen/Kunze, Rolf-Ulrich/Oetzel, Günther, Technikgeschichte, Konstanz 2009.

Hachtmann, Rüdiger/Saldern, Adelheid von, Das fordistische Jahrhundert. Eine Einleitung, in: Zeithistorische Forschungen 6/2 (2009), S. 174–185.

Hacker, Barton, The Machines of War. Western Military Technology 1850–2000, in: History and Technology 21/3 (2005), S. 255–300.

Helmes, Günter, Der Untergang der Titanic. Modellkatastrophe und Medienmythos, in: Gerhard Paul (Hg.), Bilder, die Geschichte schrieben. 1900 bis heute, Göttingen 2011, S. 26–33.

Heßler, Martina, Die Halle 54 bei Volkswagen und die Grenzen der Automatisierung. Überlegungen zum Mensch-Maschine-Verhältnis in der industriellen Produktion der 1980er-Jahre, in: Zeithistorische Forschungen 11/1 (2014), S. 56–76.

Hobsbawm, Eric J., Das Zeitalter der Extreme. Weltgeschichte des 20. Jahrhunderts, München u. a. 1995.

König, Wolfgang, Das Problem der Periodisierung und die Technikgeschichte, in: Technikgeschichte 57/4 (1990), S. 285–298.

»Kosmonautin. Sterne abgestaubt«, in: Der Spiegel, 26. 6. 1963, abrufbar unter: http://www.spiegel.de/spiegel/print/d-45144020.html [Stand 26. 6. 2016].

Mai, Gunther, Die agrarische Transition. Agrarische Gesellschaften in Europa und die Herausforderungen der industriellen Moderne im 19. und 20. Jahrhundert, in: Geschichte und Gesellschaft 33/4 (2007), S. 471–514.

Meier, Jörg, Kommunikationsformen im Wandel. Brief – E-Mail – SMS, in: Werkstadt Geschichte 60 (2012), S. 58–75.

»Müllplatz der Welt. Elektroschrott aus den reichen Industrieländern vergiftet in Ghana Menschen und Umwelt«, in: Deutschlandfunk, 10. 1. 2013, abrufbar unter: http://www.deutschlandfunk.de/muellplatz-der-welt.724.de.html?dram:article_id=233760 [Stand 23. 6. 2016].

Richers, Julia/Maurer, Eva/Rüthers, Monica/Scheide, Carmen (Hg), Soviet Space Culture. Cosmis Enthusiasm in Socialist Societies, Basingstoke 2011.

»Russia wins Space Race«, in: News Chronicle, 5. 10. 1957.

Schuhmann, Annette, Der Traum vom perfekten Unternehmen. Die Computerisierung der Arbeitswelt in der Bundesrepublik Deutschland (1950er- bis 1980er-Jahre), in: Zeithistorische Forschungen 9/2 (2012), S. 231–256.

Smil, Vaclav, Creating the Twentieth Century. Technical Innovations of 1867–1914 and their lasting Impact, Oxford 2005.

Trischler, Helmuth, Die Technisierung des Krieges, in: Technik & Gesellschaft 31 (2014), abrufbar unter: http://www.vdi-nachrichten.com/Technik-Gesellschaft/Die-Technisierung-Krieges [Stand 26. 6. 2016].

»Up goes a man-made Moon. Russia beats America to it«, in: Daily Mirror, 5. 10. 1957.
van Vleck, Jenifer, Empire of the Air. Aviation and the American Ascendancy, Cambridge/Mass. u. a. 2013.
Weltbank (Hg.), Weltentwicklungsbericht 1990. Die Armut, Washington D.C. 1990.
Wenzlhuemer, Roland, Connecting the Nineteenth-Century World. The Telegraph and Globalization, Cambridge u. a. 2013.

SCHLUSS:
INS 21. JAHRHUNDERT – WELT AUS DEN FUGEN?

Back to Diplomacy: Final Report and Recommendations of the Panel of Eminent Persons on European Security as a Common Project, hg. v. Organization for Security and Cooperation in Europe, 3. 12. 2015, abrufbar unter: http://www.osce.org/networks/205846?download=true [Stand 22. 6. 2016].
Bloch, Marc, Apologie der Geschichte oder Der Beruf des Historikers, Stuttgart 1992.
https://www.uno-fluechtlingshilfe.de/fluechtlinge/zahlen-fakten.html [Stand 18. 8. 2016].

BILDNACHWEIS

© akg-images:
Abb. 4 (Africa Media Online), Abb. 5 (Ernst Volland), Abb. 6, Abb. 7 (Rainer Hackenberg), Abb. 8 (Pictures From History), Abb. 14 (Science Photo Library), Abb. 16, Abb. 21 (Sputnik), Abb. 22 (arkivi), Abb. 23, Abb. 24 (ClassicStock / CHARLES PHELPS CUSHING), Abb. 27 (AP), Abb. 30

© ullstein bild:
Abb. 1 (LEONE), Abb. 2 (Binder), Abb. 3 (imageBROKER / Egon Bömsch), Abb. 9 (Reuters / SIEGFRIED MODOLA), Abb. 10, 13 (dpa), Abb. 11 (Brigitte Hiss), Abb. 12 (Heritage Images / Ann Ronan Pictures), Abb. 15 (Prisma / Malherbe Marcel), Abb. 17 (Reuters / STRINGER), Abb. 18 (Pictures From History), Abb. 19 (Ulrich Baumgarten), Abb. 20 (Granger, NYC), Abb. 25 (Klaus Rose), Abb. 26 (Haeckel Archiv), Abb. 28 (imageBROKER / Stefan Auth), Abb. 29 (Jörg F. Müller), Abb. 31 (Phillip A. Harrington), Abb. 32 (mirrorpix)

DANK

Dieses Buch zu konzipieren und fertigzustellen hat viele Jahre, gefüllt mit anderen Verpflichtungen, in Anspruch genommen. Strukturbildende Maßnahmen für meine Universität in den Bereichen der Public History und der NS-Geschichte sowie der Aufbau einer neuen Forschungsstelle haben Kräfte gebunden. Am schwierigsten war dann, die Fülle an Literatur zu den unterschiedlichsten Themen zusammenzutragen und auszuwerten. Mitarbeiterinnen und Mitarbeiter am Lehrstuhl für Zeitgeschichte halfen engagiert, und so habe ich vielfältigen Anlass, zu danken: Joana Duyster-Borredà, Yvonne Hilges, Susanne Jeck, Miriam Jost, Sarah Pimpl, Sören Rohrmann und Stefanie Siess. Der erste, der das Rohmanuskript las, war mein damaliger Mitarbeiter Michael Graupner, nun an der Deutschen Journalistenschule in München. Das fertige Manuskript hat Dr. Thomas Kurz, mein Freund aus Freiburger Studientagen, gelesen, der im Auswärtigen Dienst der Bundesrepublik Deutschland arbeitet; er kennt zahlreiche Länder aus eigener Anschauung und nicht nur als Historiker, der er von Hause aus ist. Ich danke ihm herzlich für Kritik und Anregungen. Ebenso geht mein Dank an Professor Dr. Frank Engehausen und Dr. Birgit Hofmann. Lange haben Verlag und ich über einen geeigneten Titel nachgedacht. Wieder hat dann meine Frau, Professor Dr. Claudia Lepp, die inspirierende Idee gehabt – wie damals bei der *Geglückten Demokratie*, die auch bei Klett-Cotta erschienen ist. Herzlichen Dank. Im Verlag fühlte ich mich bestens aufgehoben, was besonders an den Mitarbeiterinnen und Mitarbeitern liegt, denen ich danke, vor allem Senior Editor Dr. Christoph Selzer, Dr. Johannes Czaja und Julia Matthias sowie der freien Lektorin Dr. Nastasja Dresler.

Gewidmet ist das Buch den beiden Menschen, die große Teile des Jahrhunderts miterlebt haben: meinen Eltern.

Edgar Wolfrum, Heidelberg, Dezember 2016

REGISTER

A
Aachen 102
Aborigines 189
Abramović, Marina 214
Accra 346, 354
Aceh 104
Addis Abeba 394
Adenauer, Konrad 102
Afghanistan 34, 98, 109, 224, 262, 370
Afrika 12, 25 f., 47, 62, 77, 81, 83, 87, 98, 103 f., 109, 135 f., 144 f., 158, 160, 175, 218, 220, 240, 248, 262, 276 ff., 282, 291, 295, 299, 306, 317, 319, 324 f., 330, 337, 341, 346, 352, 369, 374, 392, 394
Afrikanische Union (AU) 104
Agbogbloshie 354
Agent Orange (Entlaubungsmittel) 129
Ägypten 77, 88, 103, 127, 140, 240, 261, 317
AIDS (Acquired Immune Deficiency Syndrome) 14, 139, 145, 217, 299, 341, 374, 385, 395 f.
Albanien 69, 80
Albright, Madeleine 106
Alexander, Peter 167, 386
Alexandria 117
Alexijewitsch, Swetlana 118, 384
Algerien 82, 85
Allende, Salvador 63
Alpen 127, 168

Amazonas 130
Amerika 8, 21, 23, 29 f., 32 ff., 39, 41, 49 f., 58, 64, 70, 82, 85, 92, 100, 106 ff., 117, 119, 121 f., 143, 145, 150 f., 153, 174, 190, 195, 200, 219, 233 f., 238, 257, 269, 273, 282, 287, 300, 305 ff., 311 ff., 321, 330, 332, 334, 345, 347, 352, 356, 358 ff., 362, 370, 382 f., 393, 395
Amnesty International 150, 192
Amsterdam 178, 254, 387
Anane, Mike 354
Angola 147
Annan, Kofi 20, 43, 288, 380
Anrainerstaaten 172
Apollo (Weltraummission) 359
Apulien 140, 167
Arabische Liga (LAS) 102
Arabische Welt 79, 99, 102, 109, 140, 231, 239, 261, 276, 279, 392
Aralsee 128
Arendt, Hannah 56
Argentinien 63, 65, 188, 231, 332
Armenien 53, 108
Armstrong, Neil 345, 358, 396
Aron, Raymond 56
Ärzte ohne Grenzen *siehe* Médecins Sans Frontières
ASEAN *siehe* Südostasien-Assoziation
Aserbaidschan 53, 108, 370
Asien 12, 22, 25, 47, 58, 63, 76 ff., 81, 87, 104 f., 109, 158, 160 f., 168, 172, 174, 189, 220, 248, 250, 272, 278 f., 281 f., 291,

300, 309, 319, 324, 326, 337, 342, 352, 374, 393
Assmann, Jan 263, 391
Assuan-Staudamm 117
Atatürk (Mustafa Kemal Pascha) 54, 99
Athen 111
Äthiopien 28, 77, 89, 103, 240, 278
Atlanta 345, 395
Atlantik 305, 311, 347
AU *siehe* Afrikanische Union
Auschwitz 94, 177f., 182f., 195, 330
Australien 82, 171, 173f., 189, 315

B
Baader, Andreas 337
Baden 110, 269
Bagdad 174
Balandier, Georges 79
Baleia 364, 396
Balkan 40, 69, 80, 98, 108, 140, 172, 249
Banat 99
Bandung 76, 78f., 81, 87, 382
Bangladesch 87
Bannā, Hasan al- 243, 390
Barnard, Christiaan 151
Basel 219, 391
Batista, Fulgencio 85
Bauhaus 205
Bayern 237, 269, 275
Belgien 172
Belgisch-Kongo 163
Belgrad 80, 88, 99
Bellah, Robert N. 70, 382
Bell, Daniel 273, 392
Benedikt XV., Papst 251
Bengalen 140
Benin 278
Bergen-Belsen 178
Berlin 19, 29, 31, 61, 67, 77, 149, 199f., 219f., 380ff., 385f., 389ff.

Berliner Mauer 26, 35, 94, 165, 339
Bern 131
Beuys, Joseph 199, 214, 388
Bhagwan Shree Rajneesh 244, 390
Bhutan 174
Biafra 330, 395
Bikini-Atoll 117, 129, 384
Bildung 97, 101, 225, 233, 238, 265, 267f., 271ff., 279, 281, 297, 376, 391f.
Bingen, Hildegard von 342
Bloch, Marc 9, 376, 379, 397
Böhm, Karl-Heinz 75, 382
Bolivien 85
Bologna 269, 391
Bongard, Willi 217
Bosnien 9
Bosporus 98
Botha, Pieter Willem 67
Botswana 146, 175
Brandt, Willy 46, 62, 93, 381, 383, 386
Brasilien 63, 144, 188, 246, 256, 279, 300, 303, 325, 348
Braun, Wernher von 359
BRD *siehe* Bundesrepublik Deutschland
Brent Spar 118
Breschnew, Leonid Iljitsch 322
Bretton Woods 311, 313 f., 321, 394
BRICS-Staaten (Schwellenländer) 325, 363
Brown, Louise Joy 139, 154, 385
Brüning, Heinrich 310
Brzeziński, Zbigniew 56
Budde, Gunilla Friederike 271, 391
Buddha 250
Bulgarien 36, 69, 80, 111, 164
Bundesrepublik Deutschland (BRD) 12, 60, 62, 92f., 95, 126, 130, 158, 166f., 184, 195, 211f., 232, 235, 237, 244, 254, 268, 272ff., 280, 296f., 315, 317, 320, 337, 340, 352, 364, 389, 392

Burckhardt, Jacob 245, 376, 390
Burkina Faso 104, 278, 394
Bush, George W. 21, 41, 107, 380

C
Camacho, Manuel Ávila 391
Canterbury 154
Cape Canaveral 359
Capra, Fritjof 258
Capri 167
Carajás 130
Cardenal, Ernesto 253
Carson, Rachel 117, 122, 384
Carter, Jimmy 192
Castro, Fidel 20, 33, 65, 85, 380
Ceará 364
Ceaușescu, Nicolae 69
Cecil, Robert 38
Central Intelligence Agency (CIA) 64, 102, 192
CERN *siehe* Europäische Organisation für Kernforschung
Césaire, Aimé 77, 382
Ceuta 175
Cham 190
Chamberlain, Neville 55
Chang-Wan, Yun 157
Chaplin, Charlie 362
Charpentier, Emmanuelle 374
Che Guevara *siehe* Guevara, Ernesto Che
Chelmno 182
Chile 63, 65, 73, 192
China 22, 24, 26, 28, 31, 39, 78, 84, 128, 132, 188, 203, 248, 250, 277, 280, 293 f., 300, 307 f., 312, 324 ff., 332, 335, 347, 352, 355, 369, 393
Chomeini, Ajatollah 244, 259, 390
Chruschtschow, Nikita 33, 210, 322
Churchill, Winston 57, 288, 392

CIA *siehe* Central Intelligence Agency (CIA)
Club of Rome 122
Colombo 87
Commonwealth of Nations 78, 332
Condor 29, 202
Costa Rica 63
Coudenhove-Kalergi, Graf Richard Nikolaus von 104
Crick, Francis Harry Compton 152
Crutzen, Paul J. 133, 135, 384 f.
Curitiba 303

D
Dachau 330
Dahrendorf, Ralf 267, 274, 391
Dalai Lama 263
Dallaire, Roméo 177, 387
Dänemark 97, 126, 232, 236, 355
Davis, Mike 174
DDR *siehe* Deutsche Demokratische Republik
Demokratisierung 27, 59, 62 f., 73, 274, 276
Den Haag 42, 194
Dessau 205
Deutsche Demokratische Republik (DDR) 30, 60, 69, 86, 92 ff., 165, 211, 235, 271, 296, 306, 317, 322, 386, 394
Deutsche Hungerhilfe 332
Deutschland 12, 23, 26 ff., 36, 41, 48 f., 52 ff., 64, 70, 73, 80, 92 ff., 97 f., 100, 103, 105, 110, 112, 118, 126 f., 141, 143, 154, 157, 162, 164, 166 f., 172, 177 f., 180, 182 f., 187, 189, 195, 200, 203, 205, 208 ff., 214, 216, 223, 231 f., 235 ff., 248, 251, 254, 264, 267 ff., 274, 280, 291, 295 f., 298, 302, 306, 310 ff., 315, 317, 329 f., 334, 340, 345, 348, 350, 352, 355, 357, 359 ff., 364, 367, 369, 385, 387, 390 ff., 394 f.

Deutsch-Südwestafrika 180
Điện Biên Phủ 76
Diner, Dan 82, 186, 382, 388
Dix, Otto 208, 388
Dolly (Klonschaf) 153
Donaumonarchie *siehe* Österreich-Ungarn
Doudna, Jennifer 374
Drei-Schluchten-Stausee 128
Dubai 162
Duchamp, Marcel 199, 203, 388
Durban 88, 383

E
Ebert, Friedrich 53
Ebola 369
Ecuador 63
Edinburgh 153
EG *siehe* Europäische Gemeinschaft
Eichendorff, Josef von 367
Eilberg, Heinz 306
Einstein, Albert 360
Eisenstein, Sergej 206
Elfenbeinküste 278
Elsass 110
Emin, Tracy 214
Engels, Friedrich 327, 384, 393
England 53, 225, 385
Enlai, Zhou 78
Erdöl 105, 123, 125, 320
Erhard, Ludwig 305, 393
Eritrea 240
Ernst, Max 208
Europa 12, 15, 22 f., 25 f., 28, 30, 32 f., 35, 43, 48, 52, 56, 58, 61 ff., 68, 70 f., 77, 80, 99, 102 ff., 108, 110 ff., 119, 125, 130, 132, 139, 141 ff., 160, 164, 166, 169 ff., 174 f., 182 f., 187, 192 f., 195, 200 f., 204, 213, 220, 232, 245 ff., 249 ff., 256 f., 262, 268 f., 272 f., 281 f., 291 f., 294 f., 300, 304, 307, 312, 316, 319 f., 351, 355, 361, 368, 370, 372, 387, 391
Europäische Gemeinschaft (EG) 95, 110, 321, 339
Europäische Organisation für Kernforschung (CERN) 362
Europäische Union (EU) 91, 104, 110 ff., 158, 166, 169, 171, 173, 175, 234, 372, 383, 386
Europäische Wirtschaftsgemeinschaft (EWG) 102
EWG *siehe* Europäische Wirtschaftsgemeinschaft

F
FAO *siehe* Food and Agriculture Organization of the United Nations
Federal Reserve (US-Notenbank) 326
Ferguson, Marilyn 257
Finnland 36, 52, 267
Fischer, Joschka 112, 177, 195, 387
Fleming, Alexander 143
Florenz 345, 396
Food and Agriculture Organization of the United Nations (FAO) 338
Ford, Gerald 320
Ford, Henry 309
Fosdick, Raymond B. 329, 395
Franco, Francisco 28, 55, 65, 208 f., 380
Frank, Anne 177 f., 387
Frankfurt am Main 223, 379, 381, 387, 389 f., 393
Frankreich 30, 39, 55, 62, 76, 78, 82, 85, 97, 112, 126, 129, 162 f., 166, 172 f., 188, 209, 224, 268, 320, 352, 384 f., 389
Fraser, Andrea 214
Frauen 27, 30, 45, 48, 181, 184, 214, 223 f., 227, 229 ff., 237 ff., 259, 268 f., 271 f., 275, 278 f., 293, 297 f., 330, 358, 373, 381, 391
Freiburg im Breisgau 302, 391

Friedan, Betty 233
Frowne, Sadie 157

G
Gagarin, Juri 358
Galtung, Johan 37
Gandhi, Mahatma 58, 78, 83, 263, 336, 395
Gardasee 167
Gasperi, Alcide de 102
GATT *siehe* General Agreement on Tariffs and Trade (GATT)
Gazastreifen 79
Gemeinschaft Unabhängiger Staaten (GUS) 108
General Agreement on Tariffs and Trade (GATT) 308
Genf 147, 287, 362
Genscher, Hans-Dietrich 158, 386
Georgien 53, 370
Germania 101
Ghana 103, 346, 354f., 396
Gibraltar 129
Giscard d'Estaing, Valéry 320
Goebbels, Joseph 19, 23, 379
Goethe, Johann Wolfgang von 92, 118, 360, 383f.
Golfstaaten 161, 279
Gorbatschow, Michail Sergejewitsch 68, 149
Gowon, Yakubu 330
Graf, Friedrich Wilhelm 255
Gray, William S. 277
Greenpeace 118, 122
Greenspan, Alan 326
Griechenland 47, 58, 164, 166, 269
Groote Schuur Hospital 151
Gropius, Walter 206
Großbritannien *siehe* Vereinigtes Königreich (UK)
Grosz, George 208

»Growian« (Windanlage) 126
Grunder, Hans-Ulrich 391
Guatemala 63, 181, 194
Guernica 29, 202
Guernica 209
Guevara, Ernesto Che 75, 85, 382f.
Guinea 278
Gulag 163, 186
Gursky, Andreas 221, 389
GUS *siehe* Gemeinschaft Unabhängiger Staaten (GUS)

H
Habermas, Jürgen 216, 264, 389, 391
Habsburgerreich *siehe* Österreich
Hahn, Otto 306, 360
Hamburger, Arno 121, 139, 141, 385
Hamlet siehe Shakespeare, William
Hammarskjöld, Dag 38
Hamptons 214
Harare 87
Hardt, Michael 219, 221, 389
Hart, Jane 358
Havanna 87
Havel, Václav 69
Hay, James 305, 393
Heidelberg 269
Heinz (Konzern) 330
Helsinki 35, 68, 192
Hensel, Georg 149, 386
Herbert, Ulrich 162
Herero 180, 387
Hesse, Hermann 9, 257, 379, 394
Hindenburg, Paul von 53, 243, 310, 390
Hindukusch 225
Hirohito, Kaiser von Japan 29
Hiroshima 23
Hirst, Damien 199, 220, 388f.
Hitler, Adolf 9, 19, 28, 46, 55, 57, 91f., 94, 101, 185ff., 200, 202, 207f., 223, 227, 237, 310f., 334, 379, 383, 389

HIV (Humanes Immundefizienz-
    Virus) 146, 279, 341, 385
Hobsbawm, Eric 21, 363, 379f., 389,
    394, 396
Holocaust 23, 27, 30, 56, 64, 178, 180,
    183, 185 ff., 195, 387
Holodomor 30, 186, 333
Honecker, Erich 306, 394
Hoover, Herbert 334
Hope, Bob 117, 384
Horthy, Miklós 52
Ho-Tschi-Minh-Stadt 157
Hudson, Rock 145
Humboldt, Wilhelm von 111
Hussein, Saddam 261

I
ICC *siehe* International Crime
    Court (ICC)
IG Metall 362
Indien 58, 76, 78, 83 f., 89, 104, 127, 132,
    142, 161, 164, 174, 227, 229, 246, 250,
    257, 263, 300, 325, 336, 346
Indischer Subkontinent *siehe*
    Indien
Indochina 76
Indonesien 65, 76 f., 104 f., 181, 250,
    326, 374
International Crime Court (ICC)
    42, 193
Internationale Arbeiterhilfe 334
Internationaler Währungsfond
    (IWF) 326
Irak 40, 89, 250, 261, 370
Iran 25, 65, 89, 188, 259 ff., 391
Irland 52, 336
Israel 58, 78, 104, 164, 173, 183, 195, 250,
    259, 317, 330
Italien 28, 36, 48 f., 54, 60, 62, 102, 105,
    140, 157, 162, 167 f., 204, 210, 231, 251,
    269, 311, 320, 360

IWF *siehe* Internationaler Währungs-
    fond (IWF)

J
Jäckel, Eberhard 183, 387
Jackson, Michael 118, 211, 222, 363,
    384
Japan 22, 26, 29 f., 34, 36, 51, 58, 105, 231,
    267, 272, 280, 300, 304, 307, 312, 315 f.,
    320, 324, 352, 393
Jaspers, Karl 20, 380
Java 76
Jemen 175
Jesus von Nazaret 151, 252
Joachim, Hans A. 345, 395
Johannesburg 364
Johannes Paul II., Papst 253
Johannes XXIII., Papst 252, 391
Johansen, Wilhelm 153
Judt, Tony 9, 379
Jugoslawien 25, 42, 69, 80 f., 98, 108,
    110, 166, 172, 193, 382

K
Kabul 225
Kairo 87, 89
Kalabrien 167
Kalkutta 301
Kalter Krieg 22, 31 f., 35, 40, 51, 56, 61,
    67, 70, 76, 84, 87 f., 106, 109 ff., 129,
    188, 193, 211, 218 f., 262, 273, 277, 312,
    338, 357, 368 f., 371
Kambodscha 172, 181, 189
Kanada 82, 161, 171, 267, 321, 332,
    336
Kanarische Inseln 175
Kant, Immanuel 38
Kapstadt 151
Karibik 161
Karl I., österr. Kaiser 99
Karlshorst 83

Kaschmir 174
Kassel 219
Katalonien 111
Kaukasus 53
Kenia 82, 240, 278
Kennedy, John F. 33, 61f., 86, 317, 382
Keynes, John Maynard 313
Khan, Amir Amanullah 225
King, Martin Luther 59
Kirche 68, 210, 244ff., 248f., 251ff., 271, 288, 391
Kissinger, Henry 34
Klee, Paul 208, 386
Klein, Yves 214
Klieme, Eckhard 391
Koch, Robert 141
Kokoschka, Oskar 208
Kollwitz, Käthe 208
Köln 205, 217, 380, 382, 384f., 388
Kolumbien 63
Kolumbus, Christoph 119
Kongo 39, 85, 104, 194
Konrad Lueg 214
Korea 9, 32, 312
Kosovo 195, 380, 387
Krim 368, 371
Kroatien 99
Kuba/Cuba 33, 51, 65, 84f., 277
Kulaken 53, 186
Kuwait 39, 106
Kyoto 123, 132

L

Lagos 301f.
Lake Success 131
Laos 172
LAS *siehe* Arabische Liga (LAS)
Lateinamerika 25, 47, 51, 57, 63, 65, 72, 86, 102, 161, 218, 248, 253f., 280, 338, 369
Laubach, Frank C. 277

Le Corbusier (Jeanneret-Gris, Charles-Édouard) 287, 392
Luê Đức Thọ (nordvietnamesischer Politiker) 34
Leipzig 383
Lemkin, Raphael 179
Lenin, Wladimir Iljitsch 45, 49, 51, 53, 101, 202, 206, 305, 334, 381, 393
Lerner, Jaime 303
Libanon 261
Liberia 103
Libyen 194
Liechtenstein 48
Lilienthal, Otto 345, 356, 395
Linz, Juan José 49, 56
Lissitzky, El 206
London 83, 137, 161, 219, 304, 307, 322, 330, 359, 381, 388, 392
Los Angeles 301
Lumumba, Patrice 85
Lusaka 87
Luxemburg 172
Lyotard, Jean-François 215

M

Madagaskar 182
Madrid 140, 169
Malaysia 105, 161, 315, 326, 374
Mali 194, 240, 278
Managua 253
Mandela, Nelson 46, 67, 72, 381
Mandschurei 28, 161
Mao Zedong 45, 381
Marilyn Monroe 213
Mark Twain 8
Marshall, George C. 129, 384
Marshall-Islands 384
Martinique 77
Marx, Karl 327, 393
Mazedonien 249
McCarthy, Joseph 59, 385

McNeill, John 135, 384f., 393
Médecins Sans Frontières (MSF) 39, 192
Meinhof, Ulrike 337
Melilla 175
Merck (Pharmafirma) 143
Mević, Adnan 288
Mexiko-City 137
Mexiko/Mexico 23, 26, 63, 85, 135, 137, 158, 173f., 231, 279, 302, 324, 329, 395
Miami 220
Miki, Takeo 320
Mitchell, Joan 199, 388
Mitteleuropa 141, 144, 165
Moldawien 370
Monroe, Marilyn *siehe* Marilyn Monroe
Moro, Aldo 62, 320
Moskau 51, 79f., 87, 200, 206, 304, 358
Mount Washington Hotel 313
Müller, Wolfgang 340, 394
Mumbai 302
Mumford, Lewis 287, 392
Münzenberg, Willi 334
Murmansk 312
Murray, Joseph 151
Mururoa-Atoll 129
Mussolini, Benito 28, 49, 54, 101, 162, 311, 345, 360, 382, 396
Mustafa Kemal *siehe* Atatürk (Mustafa Kemal Pascha)

N

NAFTA *siehe* Nordamerikanisches Freihandelsabkommen (NAFTA)
Nagasaki 23
Nagorny-Karabach 108
Naher Osten 25, 248f.
Naimark, Norman M. 188, 388
Naki, Hamilton 151
Nandy, Ashis 229, 389
Nansen, Fridtjof 332
NASA *siehe* National Aeronautics and Space Administration (NASA)
Nasser, Gamal Abdel 78, 89, 127, 261
National Aeronautics and Space Administration (NASA) 359
National Science Foundation 362
Nationalsozialistische Deutsche Arbeiterpartei (NSDAP) 228, 261, 270, 310, 359
NATO *siehe* North Atlantic Treaty Organization (NATO)
Neapel 140
Neckermann, Josef 168
Negri, Antonio 219, 221, 389
Nehru, Jawaharlal 78, 81, 127
Nestlé 324
Neu Delhi 87, 89, 141
Neufundland 353
Neuseeland 82, 232, 267, 315
Neuss, Wolfgang 340
New York 41, 151, 200, 214, 219f., 235, 288, 300, 303, 306f., 358, 382f., 386, 389, 392, 395
Nicaragua 253, 277
Niederlande 76, 126, 172, 178, 205, 268
Niger 241, 278
Nigeria 136, 248, 302, 330, 348
Nil 127
Nixon, Richard 306, 314, 393
Nkrumah, Kwame 103, 318
Nordafrika 65, 82, 248
Nordamerika 24, 247, 316
Nordamerikanisches Freihandelsabkommen (NAFTA) 105
Nordatlantik 118
Nordfrankreich 148, 161
Nordkorea 84, 369
Nordrhodesien (heute Simbabwe) 39

Nordschweiz 110
Nordsee 118
Normandie 30
North Atlantic Treaty Organization (NATO) 31, 33, 35, 41, 95, 107, 370, 387
Norwegen 34, 147, 231, 334
Nothilfe- und Wiederaufbauverwaltung der Vereinten Nationen (UNRRA) 164
NSDAP *siehe* Nationalsozialistische Deutsche Arbeiterpartei (NSDAP)
Nürnberg 36, 91, 191, 383, 385
Nurzai, Kubra 226

O

OAS *siehe* Organisation Amerikanischer Staaten (OAS)
OAU *siehe* Organisation für Afrikanische Einheit (OAU)
Obama, Barack 368
OECD *siehe* Organisation für wirtschaftliche Zusammenarbeit und Entwicklung (OECD)
Oldham 154
Omaheke 180
OPEC *siehe* Organisation erdölexportierender Länder (OPEC)
Oppenheimer, Robert 20, 23, 379
Organisation Amerikanischer Staaten (OAS) 86, 102, 382
Organisation der Vereinten Nationen für Bildung, Wissenschaft und Kultur (UNESCO) 131, 276f.
Organisation erdölexportierender Länder (OPEC) 105
Organisation für Afrikanische Einheit (OAU) 104, 394
Organisation für Sicherheit und Zusammenarbeit in Europa (OSZE) 369, 371
Organisation für wirtschaftliche Zusammenarbeit und Entwicklung (OECD) 170, 273, 308, 321
Orient 25
Osmanisches Reich 54, 98, 180, 245, 260
Ostblock 32, 48, 51, 60, 68f., 110, 212f., 218, 322f., 369
Österreich 36, 55, 81, 91, 97, 99, 140, 232
Österreich-Ungarn 91, 99, 102, 140
Osteuropa 29f., 69, 158, 165, 186, 210, 253, 268, 270, 296, 312, 333f., 374
Ostgebiete, ehemalige dt.e 158, 165
Ostküste (USA) 300
Ostmitteleuropa 47, 72, 165
Osttimor 104, 181
OSZE *siehe* Organisation für Sicherheit und Zusammenarbeit in Europa (OSZE)
Othello *siehe* Shakespeare, William
Oy im Allgäu 149
Ozeanien 292

P

Pakistan 87, 89, 104, 161, 164, 174, 231, 246, 352
Pan American Health Organization 146
Pankhurst, Emmeline 45, 48, 381
Pará 130
Paraguay 65
Paris 30, 36, 70, 83, 200, 209, 215, 219, 320, 389, 392
Parton, Dolly 153
Pasternak, Boris 210
Paul VI., Papst 252f., 287
Pazifik 305, 311
Pearl Harbor 22, 29, 357
Peenemünde 359
Peking 263
Penicillin 143

Peru 121, 384
Pfizer (Pharmafirma) 143
Philippinen 48, 105, 317
Picasso, Pablo 200, 202, 209, 388
Picht, Georg 267, 274, 391f.
Pink Floyd 8
Pinochet, Augusto 64f., 382
Pius XII., Papst 243, 251, 390
Pius XI., Papst 251
Pius X., Papst 251
Planck, Max 350
PLO 88
Polen 19, 27, 30, 60, 68f., 112, 157, 162, 165, 182, 186, 210, 225
Polke, Sigmar 214
Pollock, Jackson 211, 222
Portugal 47, 57, 65, 166, 182, 269
Postmoderne 215f.
Potemkin 206
Potsdam 165, 390
Prag 158
Prinsengracht 178
Puerto Rico 321
Punta del Este 86
Putin, Wladimir Wladimirowitsch 368
Putnam, Hilary 140, 385

Q
Qing, Ai 203

R
RAF *siehe* Rote Armee Fraktion (RAF)
Rambouillet 320, 394
Rao, Narasimha 75, 382
Rat für gegenseitige Wirtschaftshilfe (RGW) 102, 308
Rathenau, Walther 14, 379
Reims 82
Reischauer, Edwin O. 34
Renner, Karl 99
RGW *siehe* Rat für gegenseitige Wirtschaftshilfe (RGW)
Rhein 119
Richard III. *siehe* Shakespeare, William
Richter, Gerhard 214
Rimini 167
Rio de Janeiro 124, 132
Ríos Montt, Efraín 194
Rockefeller Foundation 332
Rom 29, 42, 54, 57, 62, 107, 166, 193, 208, 254
Roma 100, 180, 184f., 345, 395
Röntgen, Wilhelm 150
Roosevelt, Franklin D. 143, 311
Rote Armee Fraktion (RAF) 60, 337
Rote Khmer 181, 189
Rotterdam 161
Ruanda 25, 43, 177, 181, 193, 387
Rumänien 36, 69, 111, 270
Russland 25f., 49, 60, 101, 108, 140, 180, 200ff., 206, 212, 219, 232, 249, 299, 310, 325, 332, 336, 357, 360, 368f.

S
Saatchi, Charles 220
Sachsen 237, 383
Sahara 144, 248
Saigon *siehe* Ho-Tschi-Minh-Stadt
Salazar, António de Oliveira 65
Sambia 278
San Francisco 36
Sanger, Margaret 287
San Juan 321
Sankara, Thomas 306, 394
Santiago de Chile 64
Sarajevo 288
Sarasin, Paul 131

Saturn (Raketenprogramm) 359
Saudi-Arabien 48, 103, 175, 230 f., 260 f.
Sauvy, Alfred 75, 79, 382
Schiller, Friedrich 92
Schmidt, Helmut 184, 320
Schneemann, Carolee 214, 222
Schöneberger Rathaus 61
Schottland 111
Schröder, Gerhard 41
Schuman, Robert 102
Schuricke, Rudi 167
Schweden 38, 52, 81, 126, 246
Schweiz 52, 81, 182, 201, 232, 267 ff., 391
SED siehe Sozialistische Einheitspartei Deutschlands (SED)
Sédar Senghor, Léopold 83
Senegal 83
Senghaas, Eva 37
Seoul 302
Sétif 82
Shakespeare, William 14, 379
Shell 118
Shetland-Inseln 118
Shoa 30, 182 f., 185, 187
Shumway, Norman 151
Siebenbürgen 99
Simbabwe (früher Rhodesien) 175
Sinai 79
Singapur 105, 161, 315
Sinti 180, 184 f.
Slowenien 99
Snyder, Timothy 187, 379, 388
Sobibór 182
Somalia 25, 89, 144, 223, 240
Somme 201
Sontag, Susan 145, 385
Sowjetunion (UdSSR) 12, 24, 26, 29 ff., 39, 49, 51, 57, 60, 63, 67 f., 71, 77, 79 f., 85 f., 88, 98, 101 f., 105, 108, 128, 130, 149, 162 f., 185 ff., 206, 209 f., 226, 251, 262, 270, 277, 299, 308, 310, 312 f., 316, 322, 333 f., 353, 357 f., 370
Sozialistische Einheitspartei Deutschlands (SED) 94, 271, 357, 393 f.
Spanien 29, 47, 55, 57, 65, 140, 166, 169, 208 f., 251, 387
»Sputnik 1« (Satellit) 31, 273, 357
Srebrenica 43
Sri Lanka 162
SS (Schutzstaffel) 162, 359
Stalingrad 30
Stalin, Josef Wissarionowitsch 9, 46, 51, 53, 57 f., 80, 86, 149, 158, 185 ff., 200, 209 f., 305, 310, 312, 322, 333 f., 388, 393, 395
Stammheim 337
Steptoe, Patrick 154
Stirling, James 216
Stockholm 131, 379
Stroessner, Alfredo 65
Stuttgart 216, 337
Subsahara 392
Südafrika 57, 59, 66, 73, 103, 188, 192, 319, 325, 336
Südamerika 26, 63, 82, 160, 280, 291, 295, 299, 307, 324, 374
Sudan 103, 194
Südengland 144
Südeuropa 299
Südkorea 248, 267, 280, 315, 317, 326, 348
Südostasien 58, 76, 105, 140, 161
Südostasien-Assoziation (ASEAN) 105, 173
Südspanien 119
Suezkanal 78
Sukarno 78
SWAPO 88
Syrien 250, 368
Szöllösi-Janze, Margit 281, 392

T

T4 (Tiergartenstraße 4, Berlin; nationalsozialistische Krankenmordaktion) 149
Tadschikistan 108
Taiwan 315, 326
Taliban 227, 262
Tawil, Kamal el- 117, 384
Teheran 88, 277
Tennessee 126, 311
Tereschkowa, Walentina 358
Thailand 105, 231, 326
Thatcher, Margaret 65
Thomas, E. Donnall 151
Thüringen 237
Tibet 78, 263
Tigerstaaten 87, 319
Titanic 345, 352 f., 395 f.
Tito, Josip Broz 69, 80, 88
Togo 241, 278
Tokio 36, 301
Toyota 324
Trabant (Pkw) 323
Transvaal 160
Treblinka 182
Trient 102
Troebst, Stefan 164, 387
Truman, Harry S. 46, 58, 313, 381
Tschad 241, 341
Tschechoslowakei 55, 69, 157, 165
Tschernobyl 118, 130, 217, 353, 384
Tschetschenien 108
Türkei 33, 54, 58, 99, 144, 164, 166, 180, 182, 231, 279, 372
Tutsi 181
Tutu, Desmond Mpilo 72

U

UdSSR *siehe* Sowjetunion (UdSSR)
Uganda 194, 241, 274
Ukraine 30, 186 f., 333, 370, 372, 395
Ulbricht, Walter 323
UN *siehe* Vereinte Nationen
UNESCO *siehe* Organisation der Vereinten Nationen für Bildung, Wissenschaft und Kultur (UNESCO)
Ungarn 36, 52, 69, 99, 112, 157, 165, 183
UNO *siehe* Vereinte Nationen
UNRRA *siehe* Nothilfe- und Wiederaufbauverwaltung der Vereinten Nationen
Ursprung, Philip 217
Uruguay 63, 279
USA *siehe* Vereinigte Staaten von Amerika (USA)

V

Valente, Caterina 157, 167, 386
Valmy 118
Venedig 219
Venezuela 63
Verdun 128, 201
Vereinigtes Königreich (UK) 39, 52, 62, 65, 78, 142, 152, 154, 166, 268, 312, 320, 330, 334, 336, 352
Vereinigte Staaten von Amerika (USA) 20, 22, 24, 26, 31 ff., 39 ff., 48 f., 51, 58 f., 63, 70 f., 76 f., 79 f., 85 f., 88, 101 f., 105 ff., 109, 119, 122, 126, 129, 142, 151 f., 158, 161, 163, 170, 173 f., 179, 192, 195, 203, 213, 231 ff., 235, 244, 250 f., 255 f., 259, 262, 270, 272, 281, 300, 304, 308 f., 311 ff., 317, 320, 324, 326, 338, 341, 347 f., 351, 357, 359, 361, 368 f., 394
Vereinte Nationen (UN/UNO) 7, 19 f., 35, 38 f., 42 f., 76, 81, 86, 94, 107, 109, 112, 124, 131, 144, 164, 172, 177 ff., 181, 185 f., 188 f., 191, 193, 195, 232 f., 240, 288, 317, 338 f., 373, 379, 382 f., 387, 390

Versailles 370, 383
Videla, Jorge Rafael 65
Vietnam 34, 161, 172, 277, 298
Viktor Emanuel III., König von
 Italien 54
Voegelin, Eric 56, 382
Völkerbund 8, 27, 38, 101, 131, 147, 254, 332
Volksrepublik China 51, 77f., 293, 308, 326, 334
Volkswagen AG 361
Vorderer Orient 295
Vũng Tàu 157

W

Wannsee 182, 387
Warhol, Andy 213f.
Waris Dirie 223, 389
Warschau 169
Wartburg (Pkw) 323
Washington D.C. 393
Watson, James 152
Watt, James 135
Webber, Herbert J. 153
Weight Watchers 330, 395
Weimar 52, 119, 205, 310

Weimarer Republik 52, 92, 205, 235, 310, 394
Weißrussland 30, 187, 334
Weiwei, Ai 200, 202f., 219, 388
Weizsäcker, Richard von 91, 237, 383
Wels, Otto 45, 381
Westdeutschland 165, 273, 317, 387, 394
Westerwald 306
Westeuropa 47, 54, 142, 182, 246, 259, 268, 323, 339f.
Westpapua 104
Wilkins, Maurice 152
Willem de Klerk, Frederik 67
Wilson, Harold 320
Wilson, Woodrow 91, 100, 308, 383
Wolfsburg 361
Wright, Wilbur 345, 356, 395
Würth Solar (Unternehmen) 365

Z

Zentralafrikanische Republik 194
Ziegler, Adolf 207, 388
Zola, Émile 202
Zürich 201, 388
Zuse, Konrad 361
Zweig, Stefan 15, 19, 42, 283, 379